2024
国家统一法律职业资格考试

历年客观试题精讲

主编 桑 磊

编著 郑玉双 祁春轶 刘东亮 吴志伟

理论法

［章节版］

历年经典客观题，配套教材大纲，章节自测

十余位法学专家学者倾力奉献，全新解读；深度解析命题思路，点拨答题方法

扫码进题库

中国法制出版社

CHINA LEGAL PUBLISHING HOUSE

图书在版编目（CIP）数据

2024 国家统一法律职业资格考试历年客观试题精讲：章节版．理论法/桑磊主编．—北京：中国法制出版社，2024.6

ISBN 978-7-5216-4156-1

Ⅰ．①2… Ⅱ．①桑… Ⅲ．①法的理论–中国–资格考试–题解 Ⅳ．①D920.4

中国国家版本馆 CIP 数据核字（2024）第 032517 号

策划编辑：李连宇

责任编辑：李连宇　黄丹丹　刘海龙　潘环环　　　　　　　　　封面设计：拓　朴

2024 国家统一法律职业资格考试历年客观试题精讲：章节版．理论法

2024 GUOJIA TONGYI FALÜ ZHIYE ZIGE KAOSHI LINIAN KEGUAN SHITI JINGJIANG：ZHANGJIEBAN. LILUNFA

主编/桑　磊

经销/新华书店

印刷/三河市华润印刷有限公司

开本/787 毫米×1092 毫米　16 开　　　　　　　　　　印张/14.75　字数/430 千

版次/2024 年 6 月第 1 版　　　　　　　　　　　　　　2024 年 6 月第 1 次印刷

中国法制出版社出版

书号 ISBN 978-7-5216-4156-1　　　　　　　　　　总定价：261.00 元（全八册）

北京市西城区西便门西里甲 16 号西便门办公区

邮政编码：100053　　　　　　　　　　　　　　　　传真：010-63141600

网址：**http：//www.zgfzs.com**　　　　　　　　　　编辑部电话：**010-63141811**

市场营销部电话：010-63141612　　　　　　　　印务部电话：**010-63141606**

（如有印装质量问题，请与本社印务部联系。）

本书二维码内容由桑磊法考提供，用于服务广大考生，有效期截至 2024 年 12 月 31 日。

目　录

	试题	详解

第一部分　法理学

第一章　法的本体

试题

第一节　法的概念

📶 **1.** 法谚有云："法无定法，则无法。"对此，下列哪一说法是正确的？（2023年回忆版）

A. 法律追求绝对的确定性

B. 法的不确定性违背法的属性

C. 不确定的法不是法律

D. 法律解释可以消除一切不确定性

📶 **2.** 一名孕妇因难产被送进医院，但其丈夫却拒绝在剖宫产手术单上签字。医院将情况上报，领导指示"如果家属不签字，不得进行手术"。在"违法"与"救死扶伤"的两难中，主治医生只能使用急救药物，不敢"违法"进行剖宫产手术。最后，孕妇因抢救无效死亡。根据法律规定，在紧急情况下，没有取得近亲属书面同意或医疗机构负责人批准的，则不得实施手术。对此，下列哪些说法是错误的？（2019年回忆版）

A. 即使会致病人死亡，医生也不能违法实施手术，这体现了法律实证主义的要求

B. 自然法学派认为恶法亦法，医生在紧急情况下有权实施手术

C. 在生命和医疗秩序价值产生冲突时，只能按照个案中的比例原则进行解决

D. 排他性法律实证主义认为一个特定的法律体系有可能依据承认规则，使道德标准成为该体系的效力的必要条件

📶 **3.** "法学作为科学无力回答正义的标准问题，因而是不是法与是不是正义的法是两个必须分离的问题，道德上的善或正义不是法律存在并有效力的标准，法律规则不会因违反道德而丧失法的性质和效力，即使那些同道德严重对抗的法也依

然是法。"关于这段话，下列说法正确的是：（2015-1-90）

A. 这段话既反映了实证主义法学派的观点，也反映了自然法学派的基本立场

B. 根据社会法学派的看法，法的实施可以不考虑法律的社会实效

C. 根据分析实证主义法学派的观点，内容正确性并非法的概念的定义要素

D. 所有的法学学派均认为，法律与道德、正义等在内容上没有任何联系

📶 **4.** 关于法的规范作用，下列哪一说法是正确的？（2014-1-10）

A. 陈法官依据诉讼法规定主动申请回避，体现了法的教育作用

B. 法院判决王某行为构成盗窃罪，体现了法的指引作用

C. 林某参加法律培训后开始重视所经营企业的法律风险防控，反映了法的保护自由价值的作用

D. 王某因散布谣言被罚款300元，体现了法的强制作用

📶 **5.** 一外国电影故事描写道：五名探险者受困山洞，水尽粮绝，五人中的摩尔提议抽签吃掉一人，救活他人，大家同意。在抽签前摩尔反悔，但其他四人仍执意抽签，恰好抽中摩尔并将其吃掉。获救后，四人被以杀人罪起诉并被判处绞刑。关于上述故事情节，下列哪些说法是不正确的？（2013-1-53）

A. 其他四人侵犯了摩尔的生命权

B. 按照功利主义"最大多数人之福祉"的思想，"一命换多命"是符合法理的

C. 五人之间不存在利益上的冲突

D. 从不同法学派的立场看，此案的判决存在"唯一正确的答案"

6. 关于实证主义法学和非实证主义法学，下列说法不正确的是：（2013-1-88）

A. 实证主义法学认为，在"实际上是怎样的法"与"应该是怎样的法"之间不存在概念上的必然联系

B. 非实证主义法学在定义法的概念时并不必然排除社会实效性要素和权威性制定要素

C. 所有的非实证主义法学都可以被看作是古典自然法学

D. 仅根据社会实效性要素，并不能将实证主义法学派、非实证主义法学派及其他法学派（比如社会法学派）在法定义上的观点区别开来

第二节　法的价值

1. 贝某驾车行驶中遇行人正在通过人行横道，其未停车让行，受到罚款 100 元、记 3 分的行政处罚。贝某认为其驾车靠近人行横道时，行人已经停在了人行横道上，故不属于"正在通过人行横道"，如果司机向停在人行横道上的行人让路，会影响行车效率。后贝某向法院提起行政诉讼。法院经审理认为，根据《道路交通安全法》第 47 条之规定，机动车行经人行横道时，应当减速行驶；遇行人正在通过人行横道，应当停车让行。对"正在通过"的理解不能局限于"通过"的内涵，而是应当考虑汽车和行人在交通过程中的强势和弱势地位，这也是现代交通文明的内在要求。法院遂判决贝某败诉。关于本案，下列哪些说法是错误的？（2022 年回忆版）

A. 司机遇到行人通过人行横道时停车属于消极义务

B. 《道路交通安全法》第 47 条的规定属于法律原则

C. 法官判决体现了交通安全价值高于效率价值

D. 法官仅进行了文义解释

2. 《民法典》在物权编第十四章中新增了"居住权"，其中第 366 条规定："居住权人有权依照合同约定，对他人的住宅享有占有、使用的用益物权，以满足生活居住的需要。"对此，下列哪一理解是正确的？（2020 年回忆版）

A. 作为一项人权，居住权先于《民法典》而存在

B. 居住权是道德权利也是法律权利

C. 居住权基于人权而存在

D. 该条文表述的是准用性规则

3. 某消防员牺牲后被评为烈士，张某在某微信群发布侮辱性的不当言论，诋毁烈士的品德和形象。检察院认为其做法属于发表恶意侮辱烈士言论的违法行为，故提起民事公益诉讼，要求张某在媒体上公开赔礼道歉，消除影响。对此，下列哪些表述是错误的？（2020 年回忆版）

A. 检察院维护英烈名誉的公益诉讼行为体现了社会正义

B. 要求张某对其侮辱性言论赔礼道歉，体现了家长主义原则

C. 秩序价值与自由价值是绝对冲突的

D. 检察院的民事公益诉讼行为体现了法的国家强制性

4. 秦某以虚构言论、合成图片的手段在网上传播多条"警察打人"的信息，造成恶劣影响，县公安局对其处以行政拘留 8 日的处罚。秦某认为自己是在行使言论自由权，遂诉至法院。法院认为，原告捏造、散布虚假事实的行为不属于言论自由，为法律所明文禁止，应承担法律责任。对此，下列哪一说法是正确的？（2017-1-8）

A. 相对于自由价值，秩序价值处于法的价值的顶端

B. 法官在该案中运用了个案平衡原则解决法的价值冲突

C. "原告捏造、散布虚假事实的行为不属于言论自由"仅是对案件客观事实的陈述

D. 言论自由作为人权，既是道德权利又是法律权利

5. "法律只是在自由的无意识的自然规律变成有意识的国家法律时，才成为真正的法律。哪里法律成为实际的法律，即成为自由的存在，哪里法律就成为人的实际的自由存在。"关于该段话，下列说法正确的是：（2016-1-88）

A. 从自由与必然的关系上讲，规律是自由的，但却是无意识的，法律永远是不自由的，但却是有意识的

B. 法律是"人的实际的自由存在"的条件

C. 国家法律须尊重自然规律

D. 自由是评价法律进步与否的标准

6. 临产孕妇黄某由于胎盘早剥被送往医院抢救，若不尽快进行剖宫产手术将危及母子生命。当时黄某处于昏迷状态，其家属不在身边，且联系不上。经医院院长批准，医生立即实施了剖宫产手术，挽救了母子生命。该医院的做法体现了法的价值冲突的哪一解决原则？（2015-1-9）

　　A. 价值位阶原则

　　B. 自由裁量原则

　　C. 比例原则

　　D. 功利主义原则

7. 张林遗嘱中载明：我去世后，家中三间平房归我妻王珍所有，如我妻今后嫁人，则归我侄子张超所有。张林去世后王珍再婚，张超诉至法院主张平房所有权。法院审理后认为，婚姻自由是宪法基本权利，该遗嘱所附条件侵犯了王珍的婚姻自由，违反《婚姻法》规定，因此无效，判决张超败诉。对于此案，下列哪一说法是错误的？（2014-1-13）

　　A. 婚姻自由作为基本权利，其行使不受任何法律限制

　　B. 本案反映了遗嘱自由与婚姻自由之间的冲突

　　C. 法官运用了合宪性解释方法

　　D. 张林遗嘱处分的是其财产权利而非其妻的婚姻自由权利

8. 关于法与人权的关系，下列哪一说法是错误的？（2014-1-15）

　　A. 人权不能同时作为道德权利和法律权利而存在

　　B. 按照马克思主义法学的观点，人权不是天赋的，也不是理性的产物

　　C. 人权指出了立法和执法所应坚持的最低的人道主义标准和要求

　　D. 人权被法律化的程度会受到一国民族传统、经济和文化发展水平等因素的影响

9. 法律谚语："平等者之间不存在支配权。"关于这句话，下列哪一选项是正确的？（2013-1-9）

　　A. 平等的社会只存在平等主体的权利，不存在义务；不平等的社会只存在不平等的义务，不存在权利

　　B. 在古代法律中，支配权仅指财产上的权利

　　C. 平等的社会不承认绝对的人身依附关系，法律禁止一个人对另一个人的奴役

　　D. 从法理上讲，平等的主体之间不存在相互的支配，他们的自由也不受法律限制

第三节　法的要素

1. 任某应聘甲公司的法务部门职位，被该公司人力部门以其户籍地为"H省"为由拒绝。任某以就业歧视为由将甲公司起诉到法院。法院认为，根据《就业促进法》第3条之规定，劳动者就业，不因民族、种族、性别、宗教信仰等不同而受歧视。甲公司以户籍地为由拒绝任某，是以与"工作内在要求"无必然联系的因素对劳动者进行无正当理由的差别对待。因此，法院判决甲公司向任某赔礼道歉。关于该案，下列哪一说法是正确的？（2022年回忆版）

　　A. 《民法典》和《就业促进法》是同一种法律部门

　　B. 劳动者不受歧视的权利属于相对权

　　C. 《就业促进法》第3条所规定的原则属于政策性原则

　　D. 法官判决甲公司赔礼道歉，体现的是法的强制作用

2. 关于法律规则和法律原则的区别，下列哪些说法是正确的？（2018年回忆版）

　　A. 对一般情形之个案，两个法律规则之间发生冲突，一个有效，另一个就无效

　　B. 对一般情形之个案，两个法律原则之间发生冲突，一个有分量，另一个就无分量

　　C. 穷尽法律规则，方可适用法律原则，这是为了防止法官在法律适用上出现过度自由裁量

　　D. 在任何情况下，法官都不得舍弃法律规则而直接适用法律原则

3. 王甲经法定程序将名字改为与知名作家相同的"王乙"，并在其创作的小说上署名"王乙"以增加销量。作家王乙将王甲诉至法院。法院认为，公民虽享有姓名权，但被告署名的方式误导了读者，侵害了原告的合法权益，违背诚实信用原则。关于该案，下列哪一选项是正确的？（2017-1-10）

　　A. 姓名权属于应然权利，而非法定权利

　　B. 诚实信用原则可以填补规则漏洞

　　C. 姓名权是相对权

D. 若法院判决王甲承担赔偿责任，则体现了确定法与道德界限的"冒犯原则"

4. 法律格言云："不确定性在法律中受到非难，但极度的确定性反而有损确定性"。对此，下列哪些说法是正确的？（2017-1-59）

A. 在法律中允许有内容本身不确定，而是可以援引其他相关内容规定的规范

B. 借助法律推理和法律解释，可提高法律的确定性

C. 通过法律原则、概括条款，可增强法律的适应性

D. 凡规定义务的，即属于极度确定；凡规定权利的，即属于不确定的

5. 《治安管理处罚法》第 115 条规定："公安机关依法实施罚款处罚，应当依照有关法律、行政法规的规定，实行罚款决定与罚款收缴分离；收缴的罚款应当全部上缴国库。"关于该条文，下列哪一说法是正确的？（2016-1-8）

A. 表达的是禁止性规则

B. 表达的是强行性规则

C. 表达的是程序性原则

D. 表达了法律规则中的法律后果

6. 全兆公司利用提供互联网接入服务的便利，在搜索引擎讯集公司网站的搜索结果页面上强行增加广告，被讯集公司诉至法院。法院认为，全兆公司行为违反诚实信用原则和公认的商业道德，构成不正当竞争。关于该案，下列哪一说法是正确的？（2016-1-9）

A. 诚实信用原则一般不通过"法律语句"的语句形式表达出来

B. 与法律规则相比，法律原则能最大限度实现法的确定性和可预测性

C. 法律原则的着眼点不仅限于行为及条件的共性，而且关注它们的个别性和特殊性

D. 法律原则是以"全有或全无"的方式适用于个案当中

7. 《刑事诉讼法》第五十六条规定："采取刑讯逼供等非法方法收集的犯罪嫌疑人、被告人供述和采用暴力、威胁等非法方法收集的证人证言、被害人陈述，应当予以排除。"对此条文，下列哪一理解是正确的？（2015-1-10）

A. 运用了规范语句来表达法律规则

B. 表达的是一个任意性规则

C. 表达的是一个委任性规则

D. 表达了法律规则中的假定条件、行为模式和法律后果

8. 2011 年，李某购买了刘某一套房屋，准备入住前从他处得知该房内两年前曾发生一起凶杀案。李某诉至法院要求撤销合同。法官认为，根据我国民俗习惯，多数人对发生凶杀案的房屋比较忌讳，被告故意隐瞒相关信息，违背了诚实信用原则，已构成欺诈，遂判决撤销合同。关于此案，下列哪些说法是正确的？（2015-1-56）

A. 不违背法律的民俗习惯可以作为裁判依据

B. 只有在民事案件中才可适用诚实信用原则

C. 在司法判决中，诚实信用原则以全有或全无的方式加以适用

D. 诚实信用原则可以为相关的法律规则提供正当化基础

9. 尹老汉因女儿很少前来看望，诉至法院要求判决女儿每周前来看望 1 次。法院认为，根据《老年人权益保障法》第十八条规定，家庭成员应当关心老年人的精神需求，不得忽视、冷落老年人；与老年人分开居住的家庭成员，应当经常看望或问候老年人。而且，关爱老人也是中华传统美德。法院遂判决被告每月看望老人 1 次。关于此案，下列哪一说法是错误的？（2014-1-11）

A. 被告看望老人次数因法律没有明确规定，由法官自由裁量

B. 《老年人权益保障法》第十八条中没有规定法律后果

C. 法院判决所依据的法条中规定了积极义务和消极义务

D. 法院判决主要是依据道德作出的

第四节 法的渊源

1. 李某驾驶摩托车与高某驾驶的出租车相撞，李某死亡，交警部门认定双方承担同等责任。在交警部门主持下，高某与李某之妻张某达成调解协议作出赔偿。不久，张某发现自己已怀孕，后生下女儿小鑫。张某依据《民法通则》第 119 条，认为侵权受偿主体还包括死者生前"扶养"的人，遂要求高某支付女儿的抚养费。高某依据国务院

制定的《道路交通事故处理办法》第37条，认为受偿主体只是死者生前"实际扶养"的人，故拒绝作出赔偿。对此，下列哪些说法是错误的？（2018年回忆版）

A. 根据特别法优于一般法的原则，本案应当优先适用《道路交通事故处理办法》

B. 双方当事人关于本案法律适用问题的辩论，属于外部证成

C. 法官对案件事实的确认过程，是一个纯粹的事实判断的过程

D. 张某和高某的行为，均体现了法的指引作用

📶 **2.** 某区质监局以甲公司未依《食品安全法》取得许可从事食品生产为由，对其处以行政处罚。甲公司认为，依特别法优先于一般法原则，应适用国务院《工业产品生产许可证管理条例》（以下简称《条例》）而非《食品安全法》，遂提起行政诉讼。对此，下列哪些说法是正确的？（2017-1-56）

A. 《条例》不是《食品安全法》的特别法，甲公司说法不成立

B. 《食品安全法》中规定食品生产经营许可的法律规范属于公法

C. 若《条例》与《食品安全法》抵触，法院有权直接撤销

D. 《条例》与《食品安全法》都属于当代中国法的正式渊源中的"法律"

📶 **3.** 耀亚公司未经依法批准经营危险化学品，2003年7月14日被区工商分局依据《危险化学品安全管理条例》罚款40万元。耀亚公司以处罚违法为由诉至法院。法院查明，《安全生产法》规定对该种行为的罚款不得超过10万元。关于该案，下列哪些说法是正确的？（2016-1-57）

A. 《危险化学品安全管理条例》与《安全生产法》的效力位阶相同

B. 《安全生产法》中有关行政处罚的法律规范属于公法

C. 应适用《安全生产法》判断行政处罚的合法性

D. 法院可在判决中撤销《危险化学品安全管理条例》中与上位法相抵触的条款

📶 **4.** 律师潘某认为《母婴保健法》与《婚姻登记条例》关于婚前检查的规定存在冲突，遂向全国人大常委会书面提出了进行审查的建议。对此，下列哪一说法是错误的？（2015-1-11）

A. 《母婴保健法》的法律效力高于《婚姻登记条例》

B. 如全国人大常委会审查后认定存在冲突，则有权改变或撤销《婚姻登记条例》

C. 全国人大相关专门委员会和常务委员会工作机构需向潘某反馈审查研究情况

D. 潘某提出审查建议的行为属于社会监督

📶 **5.** 李某因热水器漏电受伤，经鉴定为重伤，遂诉至法院要求厂家赔偿损失，其中包括精神损害赔偿。庭审时被告代理律师辩称，一年前该法院在审理一起类似案件时并未判决给予精神损害赔偿，本案也应作相同处理。但法院援引最新颁布的司法解释，支持了李某的诉讼请求。关于此案，下列认识正确的是：（2015-1-89）

A. "经鉴定为重伤"是价值判断而非事实判断

B. 此案表明判例不是我国正式的法的渊源

C. 被告律师运用了类比推理

D. 法院生效的判决具有普遍约束力

📶 **6.** 原告与被告系亲兄弟，父母退休后与被告共同居住并由其赡养。父亲去世时被告独自料理后事，未通知原告参加。原告以被告侵犯其悼念权为由诉至法院。法院认为，按照我国民间习惯，原告有权对死者进行悼念，但现行法律对此没有规定，该诉讼请求于法无据，判决原告败诉。关于此案，下列哪一说法是错误的？（2014-1-12）

A. 本案中的被告侵犯了原告的经济、社会、文化权利

B. 习惯在我国是一种非正式的法的渊源

C. 法院之所以未支持原告诉讼请求，理由在于被告侵犯的权利并非法定权利

D. 在本案中法官对判决进行了法律证成

第五节　法的效力

📶 **1.** 最高人民法院《关于适用〈中华人民共和国民法典〉时间效力的若干规定》提出，民法典施行前的法律事实引起的民事纠纷案件，当时的法律、司法解释没有规定而民法典有规定的，可以适用民法典的规定。对此，下列一说法是正确的？（2023年回忆版）

A. 《民法典》没有溯及力

B. 该规定表明新法优于旧法

C. 该规定的效力等同于法律

D. 该规定需要在全国人大常委会备案

2. 有法谚云："语言是法律精神的体现。"关于该法谚，下列哪一说法是正确的？（2021 年回忆版）

A. 若语言有歧义，则法律无效力

B. 若语言可被翻译，则法律必然可以被移植

C. 语言表述法理，法理形成规范

D. 语言表述相同，则法律含义必然相同

3. 有法谚云："法律为未来作规定，法官为过去作判决。"关于该法谚，下列哪一说法是正确的？（2016-1-11）

A. 法律的内容规定总是超前的，法官的判决根据总是滞后的

B. 法官只考虑已经发生的事实，故判案时一律选择适用旧法

C. 法律绝对禁止溯及既往

D. 即使案件事实发生在过去，但"为未来作规定"的法律仍然可以作为其认定的根据

4. 赵某因涉嫌走私国家禁止出口的文物被立案侦查，在此期间逃往 A 国并一直滞留于该国。对此，下列哪一说法是正确的？（2015-1-13）

A. 该案涉及法对人的效力和空间效力问题

B. 根据我国法律的相关原则，赵某不在中国，故不能适用中国法律

C. 该案的处理与法的溯及力相关

D. 如果赵某长期滞留在 A 国，应当适用时效免责

第六节 法律部门与法律体系

"当法律人在选择法律规范时，他必须以该国的整个法律体系为基础，也就是说，他必须对该国的法律有一个整体的理解和掌握，更为重要的是他要选择一个与他确定的案件事实相切合的法律规范，他不仅要理解和掌握法律的字面含义，还要了解和掌握法律背后的意义。"关于该表述，下列哪一理解是错误的？（2017-1-12）

A. 适用法律必须面对规范与事实问题

B. 当法律的字面含义不清晰时，可透过法律体系理解其含义

C. 法律体系由一国现行法和历史上曾经有效

的法构成

D. 法律的字面含义有时与法律背后的意义不一致

第七节 法律关系

1. 王某因母亲孙某摔伤后生活不能自理而将其送往养老院接受养老照护，并签订了养老协议。在养老院期间，因照顾不周，孙某身体状态出现恶化，送往医院后因救治无效死亡。王某向养老院索赔，养老院以已按照护理标准照顾孙某为由拒绝赔偿。法院经审理后认为，依据《民法典》第 1165 条"行为人因过错侵害他人民事权益造成损害的，应当承担侵权责任"的规定，认定养老院在孙某身体恶化的过程中存在一定过错，因此应当承担赔偿责任。关于该案，下列哪一说法是错误的？（2022 年回忆版）

A. 王某与养老院之间存在调整性法律关系

B. 在本案中存在法律责任竞合

C. 法律规则是由规范语句所表达的

D. 法官对养老院过错的证成属于内部证成

2. 某科研团队研发了一个人工智能交互主体"小 K"，并用小 K 生成了一篇文章。团队成员赵某在文章上私自署名并公开发表，其他成员将其诉至法院。法院认为，文章虽然是由"小 K"完成，但"小 K"是人工智能交互主体基础框架，属于研发团队通过智力劳动创造的精神产品，故赵某的行为侵犯了该团队的知识产权。关于科技发展对法律关系的影响，下列哪些说法是正确的？（2021 年回忆版）

A. 扩大了法律关系主体的权利能力

B. 扩大了法律调整的社会关系的范围

C. 增加了法律关系主体的种类

D. 增加了法律关系客体的表现形式

3. 某家具厂老板张某与员工李某发生纠纷。张某威胁李某不给其发工资，李某气愤之下拿杯子砸向张某但未砸到，张某遂找人将李某打成重伤。李某报案后，公安机关逮捕了张某，后检察机关依法提起公诉，法院依法作出裁判。据悉，检察院曾和张某签订一份家具买卖合同。对此，下列哪一说法是错误的？（2018 年回忆版）

A. 张某和李某之间既存在调整性法律关系又存在保护性法律关系

B. 张某和检察院之间的买卖合同关系中权利具有一定程度的任意性

C. 张某与法院之间存在纵向法律关系

D. 张某和公安机关之间存在第一性法律关系

4. 甲和乙系夫妻，因外出打工将女儿小琳交由甲母照顾两年，但从未支付过抚养费。后甲与乙闹离婚且均不愿抚养小琳。甲母将甲和乙告上法庭，要求支付抚养费 2 万元。法院认为，甲母对孙女无法定或约定的抚养义务，判决甲和乙支付甲母抚养费。关于该案，下列哪一选项是正确的？（2016-1-10）

A. 判决是规范性法律文件

B. 甲和乙对小琳的抚养义务是相对义务

C. 判决在原被告间不形成法律权利和义务关系

D. 小琳是民事诉讼法律关系的主体之一

5. 张某到某市公交公司办理公交卡退卡手续时，被告知：根据本公司公布施行的《某市公交卡使用须知》，退卡时应将卡内 200 元余额用完，否则不能退卡，张某遂提起诉讼。法院认为，公交公司依据《某市公交卡使用须知》拒绝张某要求，侵犯了张某自主选择服务方式的权利，该条款应属无效，遂判决公交公司退还卡中余额。关于此案，下列哪一说法是正确的？（2015-1-12）

A. 张某、公交公司之间的服务合同法律关系属于纵向法律关系

B. 该案中的诉讼法律关系是主法律关系

C. 公交公司的权利能力和行为能力是同时产生和同时消灭的

D.《某市公交卡使用须知》属于地方规章

6. 王某恋爱期间承担了男友刘某的开销计 20 万元。后刘某提出分手，王某要求刘某返还开销费用。经过协商，刘某自愿将该费用转为借款并出具了借条，不久刘某反悔，以不存在真实有效借款关系为由拒绝还款，王某诉至法院。法院认为，"刘某出具该借条系本人自愿，且并未违反法律强制性规定"，遂判决刘某还款。对此，下列哪些说法是正确的？（2014-1-53）

A. "刘某出具该借条系本人自愿，且并未违反法律强制性规定"是对案件事实的认定

B. 出具借条是导致王某与刘某产生借款合同法律关系的法律事实之一

C. 因王某起诉产生的民事诉讼法律关系是第

二性法律关系

D. 本案的裁判是以法律事件的发生为根据作出的

第八节　法律责任

1. 顾某欲以 600 万元无形资产出资，为达到当时公司法出资比例的要求，其用不实货币出资虚增注册资本，并向工商部门出具了虚假证明文件，但无形资产价值计入资本公积金留存公司，未造成公司资产总额降低。后工商部门在执法中发现顾某存在虚报注册资本行为，认为其存在恶意，情节严重，遂对顾某等作出处罚并向公安机关报案。在检察院提起公诉后，法院经审理后认为，顾某等人实施了虚报注册资本行为，但将无形资产转为资本公积金的做法的恶意性不强，情节显著轻微，危害不大，对其进行刑事追责并不会产生实质的社会效益。关于该案，下列哪些说法是正确的？（2022 年回忆版）

A. 执法应当遵循合理性原则

B. 法律概念的抽象性是执法者行使自由裁量权的原因

C. 法院的归责体现了公正和效益原则

D. 法律的客观目的是执法者进行自由裁量的依据

2. 李某向王某借款 200 万元，由赵某担保。后李某因涉嫌非法吸收公众存款罪被立案。王某将李某和赵某诉至法院，要求偿还借款。赵某认为，若李某罪名成立，则借款合同因违反法律的强制性规定而无效，赵某无需承担担保责任。法院认为，借款合同并不因李某犯罪而无效，判决李某和赵某承担还款和担保责任。关于该案，下列哪些说法是正确的？（2016-1-59）

A. 若李某罪名成立，则出现民事责任和刑事责任的竞合

B. 李某与王某间的借款合同法律关系属于调整性法律关系

C. 王某的起诉是引起民事诉讼法律关系产生的唯一法律事实

D. 王某可以免除李某的部分民事责任

3. 下列构成法律责任竞合的情形是：（2014-1-91）

A. 方某因无医师资格开设诊所被卫生局没收

非法所得，并被法院以非法行医罪判处 3 年有期徒刑

B. 王某通话时，其手机爆炸导致右耳失聪，可选择以侵权或违约为由追究手机制造商法律责任

C. 林某因故意伤害罪被追究刑事责任和民事责任

D. 戴某用 10 万元假币购买一块劳力士手表，其行为同时触犯诈骗罪与使用假币罪

详 解

第一节 法的概念

1. [答案] B　　[难度] 难

[考点] 法的特征、法律解释

[命题和解题思路] 每年法考客观题，法谚题目必然出现。命题人钟情于这一题型，主要是因为法理学理论性和学说性强，在人类的思想历程中留下了大量脍炙人口、言简意赅的经典语句。在这些语句上大做文章，既能体现出法理学的魅力，也能考查考生的法理学理解深度，所以经久不衰。而这类题目对考生来说整体难度偏高。破解之道有两个：一是灵活运用所学原理。万变不离其宗，**法谚一定与法理学知识点直接关联**，比如本题即涉及法的特征；二是不可太"较真儿"，法谚毕竟不是关于法律的真理，**考生不需要按法谚的绝对意义来作出判断**，比如在本题中，如果考生认为"法无定法，则无法"意味着不确定的法就不是法，则掉入圈套，大错特错了。

[选项分析] "法无定法，则无法"，强调的是法律要保持稳定性和确定性，才能对人们的行为进行确定性指引，发挥其各种作用。法的确定性是法的规范性、普遍性和强制性等特征的体现，只有保持确定性，法才能充分体现出自身的特征。所以，确定性是法的诸多特征的体现。但**法律追求确定性，并不意味着法律追求绝对的确定性，因为法不是自然规律，无法做到像自然规律那样不受任何干扰地运行**。法律受制于各种因素，因此绝对的确定性无法实现。A 选项错误。

法是用来对人们的行为进行指引的，只有法律是确定的，人们才能知道怎样做才合法。因此，**法的规范性和普遍性要求法律对人们的行为作出明确清晰的指引**，否则就会影响法的作用的实现，**也与法的本性相违背**。B 选项是从法的特征的角

度作出的判断，是正确的。

法的确定性是从应然的角度来说的，但并不意味着确定性一定在具体的法律身上得以完全体现。**如果一部法律所使用的语言是模糊的，规定的权利和义务是不清楚的，则该法律的确定性程度比较低，但并不意味着不确定的法律就不是法律**。无论从自然法还是法律实证主义的观点来看，不确定的法律都不会失去其作为法律的资格。C 选项错误。

D 选项与法律解释有关。法律解释是为了让法律在实践中得到更好的适用。如果法律不确定，则可以通过法律解释阐明其含义，让法官更好地判案。**虽然存在着多种解释方法，但并不意味着法律解释可以消除所有的不确定性**。法律解释方法的运用也存在限度，而且不同的方法可能会得到相反的结论。D 选项错误。

2. [答案] BCD　　[难度] 难

[考点] 法的概念的学说、法的价值冲突及其解决

[命题和解题思路] 题干事件源自一起真实报道，其涉及的法律条文是《民法典》第 1219、1220 条。据此条文，医务人员在诊疗活动中需要实施手术的，应当及时向患者说明医疗风险等情况，并取得其书面同意；不宜向患者说明的，应当向患者的近亲属说明，并取得其书面同意。医务人员未尽到该义务，造成患者损害的，医疗机构应当承担赔偿责任。因抢救生命垂危的患者等紧急情况，不能取得患者或者其近亲属意见的，经医疗机构负责人或者授权的负责人批准，可以立即实施相应的医疗措施。本题围绕该事件和相关法律规定，考查了法理学中法的概念的争议和法的价值冲突的解决。可以说，命题的基本知识点都是重者恒重，选项则设置了多个干扰项。大家在解题时，需要结合《民法典》的内容，对法理学上的判断作出分析，需要准确回忆选项针对的知识点，结合其具体内容进行准确辨识和判断。

[选项分析] 实证主义理论在定义法的概念时，坚持"分离命题"，认为法和道德是分离的，在回答法是什么时，不需要将道德因素包括在内。因此，**法律实证主义认为在法律命令什么与正义要求什么之间，在"实际上是怎样的法"与"应该是怎样的法"之间，不存在概念上的必然联系。**

在该事件中，一方面，根据法律的规定（"命令"），在紧急情况下，没有取得近亲属书面同意或医疗机构负责人批准的，不得实施手术。但是另一方面，医生"救死扶伤"的职业道德需要医生在紧急情况下，以救人为首要选择，不管是否满足相应程序的要求。从医生的做法来看，在可能致病人难产死亡的情况下，医生没有听从职业道德，而是坚持不能违法实施手术，这体现了法律实证主义的要求。A选项正确。

在法律理论上，传统的自然法理论区分自然法和实在法，认为自然法代表着自然律令、真理和正义，自然法高于实在法。在理论取向上，自然法独立于实在法之外；实在法应当反映自然法；自然法的效力高于实在法，违背了自然法的法律就不再是法律，因此恶法非法。按照自然法学派的观点，在可能导致孕妇难产的情况下，医生应以职业道德和职业伦理所要求的"救死扶伤"为重，哪怕违法进行手术。所以，该选项后半句是正确的，但是前半句设置了命题陷阱。B选项错误。

法的价值冲突的解决原则包括个案中的比例原则和价值位阶原则。其中，个案中的比例原则指的是，在具体案件情境中，与其他法的价值相比较，哪一个法的价值更具有优先性或分量更重。即在价值的相互冲突中，损害程度最小的法的价值是更具有优先性或分量的价值。价值位阶原则指的是，在不同的法的价值间可以确立一个价值位阶，当不同位阶的法的价值发生冲突时，位阶高的价值优于位阶低的价值。二者的主要区别在于，前者注重冲突价值损害程度上的比较，而后者注重冲突价值位阶重要性上的比较。题干的事件涉及生命和医疗秩序价值之间的冲突，一般在解决这一冲突时是按照价值位阶原则进行的。C选项错误。

D选项是纯粹理论上的考查。在德沃金对哈特的承认规则理论批判后，分析法实证主义分裂为包容性法律实证主义和排他性法律实证主义：包容性法律实证主义认为"一个特定的法律体系有可能依据承认规则使得道德标准成为该体系的效力的必要条件或充分条件"；排他性法律实证主义认为"道德标准对一个规范的法律身份而言既不是充分条件也不是必要条件，法律是什么不是什么，是社会事实问题"。D选项故意进行混淆，是错误的。

3. ［答案］C　　　［难度］中
［考点］法的概念的争议、法与道德的联系
［命题和解题思路］题干引文出自辅导用书①"法与道德"部分，而法的概念之争实际上讨论的就是法在本质上是否具有道德内涵，即内容的正确性是否是法的概念的定义要素。命题人采取纯理论阐释法，将这两部分融会贯通，回看辅导用书开篇第一节"法的概念的争议"，有如蓦然回首，于灯火阑珊处，巧妙地考查了法理学最为经典的题目。从各选项设计上，命题人采用偷梁换柱的策略，将各学派的观点进行杂糅，正话反说，反话正说，考查考生知识掌握的牢固度、清晰度。这要求考生在备考时要准确理解这两部分内容，按照自然法学派、实证分析法学派、社会法学派不同的研究视角，梳理总结其对"法是什么"的回答。

［选项分析］法在本质上是否具有道德内涵，西方法学界存在的两种观点。其一，以自然法学派为代表，它"肯定法与道德存在本质上的必然联系，认为法在本质上是内含一定道德因素的概念。实在法只有在符合自然法、具有道德上的善的时候，才具有法的本质而成为法。一个同道德严重对立的邪恶的法并不是一个坏的法，而是丧失了法的本质的非法的'法'，因而不是法，即'恶法非法'"。其二，以分析实证主义法学派为代表，它"否定法与道德存在本质上的必然联系，认为不存在适用于一切时代、民族的永恒不变的正义或道德准则。法学作为科学无力回答正义的标准问题，因而是不是法与是不是正义的法是两个必须分离的问题，道德上的善或正义不是法律存在并有效力的标准，法律规则不会因违反道德而丧失法的性质和效力，即使那些同道德严重对抗的法也依然是法，即'恶法亦法'"。因此，引文反映的是实证主义法学派的观点，不是自然法学派的基本立场。A错误。

法实证主义者是以权威性制定和社会实效两个要素定义法的概念的。以社会实效为首要定义要素的是社会法学派，它属于经验实证主义法学派，强调法律和社会之间的关系，视法律为一种社会现象。社会法学派注重考虑法的作用、效果，

_____

① 国家统一法律职业资格考试辅导用书编辑委员会组编的《国家统一法律职业资格考试辅导用书》（法律出版社，连续出版），简称辅导用书。

而不是它的抽象内容，因此法律规则被认为是达到社会公正结果的指针，而不应该仅仅是在法律条文中被束缚的僵硬规定。所以 B 错误。

非实证主义者以内容的正确性作为法的概念的一个必要的定义要素，而法实证主义者以权威性制定和社会实效两个要素定义法的概念的。具体到**分析实证主义法学派，它以权威性制定为首要要素来定义法的概念（而非内容的正确性）**。例如奥斯丁认为，强权或者命令是法律的本质。哈特则通过"法律是初级规则和次级规则的结合"来揭示法律的概念。初级规则涉及的是个人必须去做或不可以做的行为，而构成次级规则的承认规则、变更规则和裁判规则规定了初级规则被确定、引进、废止和变动的方式，以及违规事实被决定性的确认的方式。凯尔森认为法律规则的有效性来源于上一级法律规则，直至基本规则。总之，**分析实证主义法学派认为，道德上的善或正义不是法律存在并有效力的标准，法律规则不会因违反道德而丧失法的性质和效力**，即使那些同道德严重对抗的法也依然是法。所以，C 正确。

实证主义法学派认为，在定义法的概念时，不必考虑道德因素，即法和道德是分离的，法律与道德、正义等在内容上没有任何联系。但是并非所有法学学派均持这种看法，**例如自然法学派认为法在本质上内含一定的道德因素**，"实在法只有在符合自然法、具有道德上的善的时候，才具有法的本质而成为法；一个同道德严重对立的邪恶的法并不是一个坏的法，而是丧失了法的本质的非法的'法'，因而不是法"。所以 D 错误。

4. ［答案］D   ［难度］中
［考点］法的作用（规范作用）
［命题和解题思路］从法是一种社会规范来看，法具有规范作用，具体分为指引、评价、教育、预测和强制五种。在本题中，命题人在形式上采用了具体事例考查法的命题形式，虽然考点单一，但是并非没有难度，而是"杀机暗藏"。在内容上，四个选项分别涉及四个不同的规范作用（C 是干扰项），命题人故意声东击西，混淆正误，需要考生逐一进行判断筛选。该考点属于重点考查内容，考生在备考时应当对各规范作用进行归纳总结，作出区分。解题的关键是理解每一种作用针对的对象和每一种作用的具体含义。

［选项分析］A 是干扰项。法的教育作用是指通过法的实施，使法律对一般人的行为产生影响。这种作用又具体表现为示警作用和示范作用。**法律发挥教育作用的前提是，事先存在一个法的实施**。陈法官依据诉讼法规定主动申请回避，这并未体现法的教育作用。如果说，陈法官看到王法官没有依据诉讼法的规定主动申请回避，受到处分，在主审案件中提出回避申请，那就是体现了法的教育作用。所以，A 错误。

法的指引作用是指法对本人的行为具有引导作用，**作用对象是作为行为主体的每个人自己**。具体分为：（1）个别性指引，即通过一个具体的指示形成对具体的人的具体情况的指引；（2）规范性指引，即通过一般的规则对同类的人或行为的指引。法院判决王某行为构成盗窃罪，并没有体现法的指引作用。B 错误。实际上，选项 A 中体现的是法的指引作用。

C 是重点干扰项。林某参加法律培训后开始重视所经营企业的法律风险防控，这实际上体现了法的指引作用。那么，是否反映了法的保护自由价值的作用呢？首先，在法的规范作用中，并没有这一作用，这构成干扰。其次，法对自由的保护体现在，"法律确认、尊重、维护人的自由权利，以主体的自由行为作为联结主体之间关系的纽带"。**林某的行为是一种个体行为，这里并没有体现法律的作用**。C 错误。

法的强制作用是指法可以通过制裁违法犯罪行为来强制人们遵守法律，**作用的对象是违法者的行为**。王某因散布谣言被罚款 300 元，体现了法的强制作用。D 正确。

┌─────────────────────────────────┐
易混淆点解析

法的规范作用的不同对象

指引作用：行为人本人的行为。

评价作用：他人的行为。

教育作用：通过法的实施，对一般人的行为。

预测作用：人们相互之间的行为。

强制作用：违法者的行为。
└─────────────────────────────────┘

5. ［答案］CD   ［难度］中
［考点］无明确考点，相近考点是法的概念、法的价值
［命题和解题思路］看过萨伯《洞穴奇案》

的考生，对题干并不会陌生。命题人取材"洞穴探险者案"，通过本题实际上进行了一次法理研讨的操练。从形式上看，该题采取了一题多问的案例考查法。从内容上看，命题人在选项中设置了"功利主义"和"唯一正确的答案"，增加了这道题的难度。该题考点不清晰，对考生的阅读面和扎实的法理基础提出一定要求。但是选项设计并没有刻意为难考生，实际杀伤力并不算很大，体现了命题人举重若轻、"寓教于考"的良苦用心。

[选项分析] 其他四名探险者按照约定，将抽签结果不利的摩尔杀死并吃掉，以一人之死救活他人。这四个人当然侵犯了摩尔的生命权，所以才会被以杀人罪起诉并被判处绞刑。A 正确，也没有难度。

功利主义是道德哲学中的一个理论，代表人物是边沁和密尔。边沁在《道德与立法原理导论》中阐述了功利原理和最大幸福原理。边沁认为，自然将人置于乐和苦两大主宰之下，肉体和精神上的快乐与痛楚决定了人们的选择和行为，因为人都是趋利避害的。"善"就是最大限度地增加了幸福的总量，并且引起了最少的痛楚；"恶"则反之。"最大多数人之福祉"应该是私人道德或公共政策的唯一合理指南。密尔在进一步发展中，回应了对功利主义的批评，将功利主义人性化，并对其功利主义演算进行修正，以容纳人道主义的关切。按照功利主义"最大多数人之福祉"的思想，"一命换多命"是符合法理的，如同塔利法官的陈词所说的那样："我们如此珍视生命，以至于我们总倾向于更多的人而不是更少的人在悲剧性事故中存活下来"。B 正确。

五名探险者受困山洞，水尽粮绝。"吃掉一人，救活他人"是为了免于五人全部饿死。但是谁被吃掉？抽签代表一种程序上的公正，它以"所有参与抽签的人认同抽签规则"作为前提。但是依题干所述，"在抽签前摩尔反悔，但其他四人仍执意抽签"（在此处，富勒的实际案情情节更为复杂）。反悔的摩尔被抽中，他反悔代表他试图保有生命权，这是他作为人的根本利益。而其他四人坚持按照抽签的结果，吃掉摩尔以存活下去，也是为了保有生命权。五人之间存在利益上的冲突，C 错误。

如同萨伯在书中所述，"富勒通过精巧地裁剪事实，既给一些法官很好的理由去判决无罪，又给另一些法官很好的理由去判决有罪"。巧妙地裁剪事实是为了引起人们对法律思想多样性的关注，因为优秀的法官分别站在不同的立场上对判决理由进行论证，所以对这种多样性进行了充分展示。是尊重法律条文，还是应当探究立法精神？是维持法治传统，还是以常识来判断更为合理？从不同法学派的立场看，此案的判决不存在"唯一正确的答案"，D 错误。

> **题外话**
>
> 如果你想了解更多。
>
> 《洞穴奇案》一书是向富勒"洞穴探险者案"的致敬之作。该案被称为有史以来最伟大的法律虚构案例，它展现了"法律本身的引人入胜"。五位不同的法官，判决观点集中在"不同的事实情节和司法判例上"，并处于"不同的法律原则和政治背景中"，由此重要的原则冲突被具体化，不同法哲学流派的观点被阐明。萨伯在《洞穴奇案》中续写了九个新的司法观点，借此阐述了法哲学的最新发展。
>
> 萨伯在"导言"中提到，"富勒虚构的案例是以一些令人揪心的真实案例为基础的"，其中最重要的两个案例是 1842 年美国诉霍尔姆斯案（U. S. v. Holmes）和 1884 年的女王诉杜德利与斯蒂芬案（Regina v. Dudley & Stephens）。这两个案件都是在海难发生了杀人和追诉，书中对此有相关文献指引。

6. [答案] C　　　[难度] 难

[考点] 法的概念的争议

[命题和解题思路] 该题出其不意，采用否定式设问法考了一个"非重点"（原因可见"题外话"），即"法的概念的争议"。这部分内容本身较难，命题人选项设计的理论性较强，又是不定项的题型，题目难度较大。如果考生备考时未能重视这一考点，又没有一定的法理学基础，会在这道题上"百般踌躇"。此前关于"实证主义法学"的考查，都是在"法与道德"的脉络下进行，在这道题中命题人考的是实证主义法学和非实证主义法学在"法的概念"上的争议。命题人故意混淆各种观点，使四个选项都"扑朔迷离"。给考生的答题秘籍是，立足于"实证主义法学"对"法的概念"是如何定义的，再和非实证主义法学进行区分。

[选项分析] 一般来说，实证主义法学和非实证主义法学关于"法的概念"争论的中心问题是法与道德之间的关系。实证主义理论主张，法和道德是分离的，在"实际上是怎样的法"与"应该是怎样的法"之间，不存在概念上的必然联系。A 正确。

B 是重点干扰项。辅导用书在提到"权威性制定"和"社会实效"两个"法的概念"的要素时，是从实证主义法学的角度讨论的。经验实证主义法学在定义法的概念时，以社会实效为首要要素，如法律现实主义，其强调法律和社会之间的关系，视法律为一种社会现象。而分析实证主义法学在定义法的概念时，以权威性制定为首要要素，如凯尔森的纯粹法学，其认为法律规则的有效性来源于上一级法律规则，直至基本规则。非实证主义法学以内容的正确性作为法的概念必要的定义要素，但是其并不必然排除法的概念中社会实效性要素和权威性制定要素，如超越自然法与法实证主义之争的所谓第三条道路的法学理论以内容的正确性与权威性制定或社会实效性要素同时作为法的概念的定义要素。B 正确。

从逻辑上来看，非实证主义法学是实证主义法学之外的其他法学。因此，它既包括自然法学，也包括超越自然法与法实证主义之争的法学理论。"古典自然法学"只是自然法学的一个发展阶段，C 错误。

D 也是重点干扰项，但是选项表述有问题。在逻辑上，实证主义法学派和非实证主义法学派是否已经穷尽法学派的全部内容？此外，按照辅导用书的观点，社会法学派在定义法的概念时，以社会实效为首要要素，属于实证主义法学派，即前面说的经验实证主义法学。抛开这个问题，那么"仅根据社会实效性要素，并不能将实证主义法学派和非实证主义法学派在法定义上的观点区别开来"，是否正确？实证主义法学派和非实证主义法学派在法的定义上的观点之别，关键是否以内容的正确性作为法的概念的一个必要的定义要素。仅根据社会实效性要素，并不能将二者区别开来，D 正确。

> **题外话**
> 为什么需要讨论"法的概念"
> 如辅导用书所说，对法律人的职业来说，法的概念的研究具有重要的意义。"在法律实务中，

法律人所持的法的概念的立场不同，对同一个案件所做的法律决定就不同。"当法律人必须在一定的时间压力下作出决定，他有时不得不在法律决定的过程中进行立场选择。

第二节　法的价值

1. [答案] ABD　　　[难度] 中

[考点] 法律权利和法律义务、法律原则、法律价值、法律解释

[命题和解题思路] 本题改编自最高人民法院发布的第 17 批指导性案例之全国首例"斑马线之罚"案（指导案例 90 号）。从近几年的命题来看，随着指导性案例不断增多，命题人特别热衷于从指导性案例中选取案件进行命制。指导性案例经过最高人民法院的改编加工之后，释法说理的层次较高，饱含着丰富的法理学原理，是值得考生重点关注的备考素材。全国首例"斑马线之罚"案引发了热烈的法理学讨论，其反映的法律解释方法之冲突也受到案例教学的热点关注。本题以综合性考查方式设计了各个选项，降低了本题的难度。考生需要注意的是，本题完全可以以法律解释方法、法律解释冲突的解决模式为考点对本案例进行深挖，设计更难的选项。因此，法律解释是每年必考的重中之重，要求考生全面充分掌握。

[选项分析] A 选项具有较高的迷惑性。法律义务可以区分为积极法律义务和消极法律义务。积极的法律义务体现的是采取某种积极的作为以实现特定的目的。在本案中，贝某在行驶中遇到行人，应当停车让路。虽然停车是使行驶中的车辆进入静止状态，但停车并非消极不作为，而是积极地促使汽车状态改变的作为，这就如同发现起火点而快速将火灭掉，是一种积极灭火行为，而不是灭火的消极不作为。因此，贝某停车属于积极义务，而非消极义务。A 选项错误，当选。

《道路交通安全法》第 47 条所规定的内容属于法律规则。法律规则是采取一定的逻辑结构形式具体规定权利和义务，以及相应的法律后果的行为规范。第 47 条对于机动车经过人行横道时应该如何行驶作出了明确的规定。法律规则有着确定的逻辑结构，包括假定条件、行为模式和法律后果等。虽然条文中没有规定法律后果，但这是

法律规则与法律条文之内容与形式关系的体现，并不影响该条文包含着法律规则这一判断。法律原则是法律规则背后的价值性准则或规范，其内容笼统概括，显然第47条不属于法律原则。B选项错误，当选。

C选项考查法律的价值，但考点略微有些超纲。辅导用书中只列举了秩序、自由、人权和正义四种基本价值。但需要考生理解并且掌握的是，还存在许多其他形式的法律价值，对这些价值的理解可以参照前述四种基本价值。不同价值之间会存在冲突，解决这些价值冲突可以遵循个案中的比例原则或者价值位阶原则。本案涉及安全和效率两种价值，属于秩序和自由等法律价值的派生价值，它们之间的冲突也完全可以按照上述两种原则加以解决。从生活常理和法官判决意见可以看出，安全和效率这两种价值之间存在着不同位阶，交通安全价值要高于出行效率价值，应当受到优先保护。C选项正确，不当选。

针对行人停在斑马线上，是否还属于《道路交通安全法》第47条所规定的"正在通过"，贝某认为应当对"正在通过"进行文义解释，即行人停在斑马线上就不是"通过"行为的体现。法官的判决意见认为不能仅对"正在通过"进行文义解释，还要考虑第47条的立法目的。机动车在穿越人行横道时处于强势地位，而行人处于弱势地位，应当把行人处在斑马线的状态都视为"正在通过"的状态。这体现的是对法律规范背后的伦理原则和价值追求进行解释，即客观目的解释。因此，法官在本案中，同时运用了文义解释和客观目的解释。D选项错误，当选。

2. ［答案］C　　［难度］难

［考点］法的价值的种类（人权）、法律规则的分类

［命题和解题思路］"居住权"是《民法典》的新增内容。原有民事法律只承认"房屋所有权"和"租赁权"两种房屋的利用形式，这难以完全满足当事人对房屋功能的多样化需求。居住权则同时具有稳定性和灵活性，可以填补"房屋所有权"和"租赁权"的中间地带，有利于最大限度地发挥房屋的效用，充分保障所有权人对房屋的自由支配。本题将这一制度设置与法理学中的人权问题结合起来进行考查，颇有灵思，对考生提

出较高要求。在答题时，考生需要一方面准确把握人权的概念和内容，另一方面准确理解"居住权"作为一项民事权利的意义，在此基础上理解二者之间的关系。如果能对国际公约中"住房权"和物权法意义上的"居住权"进行准确区分，就能正确解锁这道题。

［选项分析］人权是指每个人作为人应该享有的权利，但是"居住权"并非人权。这是因为，在"和居住有关的权利"上，国际公约和民法中的含义并不相同。在国际公约中，作为生存权这一基本人权意义上的居住的权利，又称住房的权利。《世界人权宣言》第25条规定，人人有权享受为维持其本人和家属的健康及福利所需的生活水准，包括食物、衣着、住房、医疗和必要的社会服务。联合国经济、社会和文化权利委员会《关于获得适当住房权的第四号一般性意见（一九九一年）》第1条规定："适足的住房之人权由来于相当的生活水准之权利，对享有所有经济、社会和文化权利是至关重要的。"这里所说的居住的权利是指为生存而必须提供的住房方面的保障，其适用的主体是国家。但是在民法中，居住权有其特定含义，是指非所有人因居住而使用他人住房及其附属设施的权利，是用益物权的一种，它是用于调整平等民事主体之间房屋用益关系的一种权利。所以，A选项错误。

法律权利是规定或隐含在法律规范中，实现于法律关系中的，主体以相对自由的作为或不作为的方式获得利益的一种资格或自由。所以，当《民法典》对居住权作出规定后，它就成为一项法律权利。但是，居住权并非道德权利。这是因为道德权利指的是，从自然法和自然权利的理论出发，"存在某些无论被承认与否，在一切时间和场合属于全体人类的权利。这些权利是每一个人按其本性应该享有和不容侵犯的，它们不是一种恩赐或施舍，人们仅凭其作为人就享有这些权利，而不论其在国籍、宗教、性别、种族、社会身份、职业、文化、财产和社会属性或任何其他方面的差异"。从居住权的定义来看，它并不具有这种天然必当的属性，所以B选项错误。

居住权虽然并非人权，但却是基于人权而存在的。《民法典》中对居住权进行规定，除了为利用房屋提供了更多方式外，还有一个立法目的，即将房屋所有权在居住权人和所有人之间进行分

配,从而满足各自不同的需求,这既可以实现特定弱势群体的住房保障,也可以灵活地满足当事人的其他住房需求。例如"以房养老",或者给照顾家庭三代人的保姆以居住权,都可以实现保证其老有所养,老有所居。所以,C选项正确。

选项D考查的是法律规则的分类。按照规则内容的确定性程度,可以把法律规则分为确定性规则、委任性规则和准用性规则。**准用性规则,是指内容本身没有规定人们具体的行为模式,而是可以援引或参照其他相应内容规定的规则**。《民法典》第366条规定了具体的行为模式,所以不是准用性规则,D选项错误。

3. [答案] BC [难度] 中

[考点] 法的价值种类(秩序、自由、正义)、法的价值冲突及其解决、法的特征

[命题和解题思路] 在近年的法考大纲修改中,法理学做了比较多的考点变动,这些变动对于法考的备考而言有一定难度。这是因为:第一,变动的内容没有历年真题作参考,考生无法得知命题人如何出招;第二,因为新增必考,所以考生接到"无影拳"的机会很大。这道真题实际上沿用了法理学一贯的考查形式,即案例分析法,取材"湖州市首例英烈保护领域民事公益诉讼案件",但是却体现了两个新:一是涉及的诉讼类型新,二是涉及的考点内容新(选项A和B)。所以这道题有助于考生管中窥豹,一探命题人的招数,值得好好揣摩。在答题时,大家要善于抓住题干和选项的关键字,准确复原知识点核心内容。另外,结合部门法知识中的"公益民事诉讼"也有助于拆招解题。

[选项分析] 在正义的概念上,客观意义的正义是指社会共同生活的正直的、道德上合理的状态和规则,其实质是一种"社会正义"。法学中的正义主要涉及的就是社会正义。英雄烈士的所作所为,如消防员在火场上奋不顾身、英勇顽强,是中华民族精神的载体和化身。因此,英雄烈士理应得到全社会的尊敬和爱戴,而不是肆意诋毁。英烈的名誉、荣誉等人格利益不仅属于其个人和近亲属,也是社会公共利益的一部分。**检察机关提起民事公益诉讼,承担的是维护公共利益的重要职责,而对社会公共利益的捍卫和充分保护就是一种社会正义**。在公共利益遭受损害时,检察

院维护英烈名誉的公益诉讼行为体现了社会正义,A选项正确。

在证成法律限制人的自由的原则中,**家长主义原则是指在一些特定领域,人们由于信息不对称或匮乏而不能判断自己的利益导致滥用或误用其自主权,而国家相信在这些领域能够作出正确的判断,通过合理地行使职权可保护个人免受伤害,或者为了人们自身的好处而引导他们,无论他们喜欢与否**。家长主义出于增加当事人利益或使其免于伤害的善意考虑,不顾当事人的主观意志而限制其自由。要求张某对其侮辱性言论赔礼道歉,并没有体现家长主义原则,B选项错误。张某之所以不能肆意诋毁英烈,需要对其言论承担民事责任,是因为证成法限制人的自由的伤害原则,因为他的行为对英烈本人和社会公共利益造成伤害。

在法的价值中,秩序是人和事物存在与运转中具有一定一致性、连续性和确定性的结构、过程和模式。**对秩序的追求,是人类社会生活的价值目标之一**。只有在稳定、和平、安宁、有序的社会环境下,个人和社会才能实现真正的发展。自由指在没有外在强制的情况下,能够按照自己的意志进行活动的能力。**自由作为法的价值,意指法珍视主体根据自己的意志、目的,而不是按照外界强制或限制来行动的能力,并以确认和保障人的这种能力为己任**。从题干来看,一方面,张某有发表言论的自由;另一方面,在公共领域中有维护英烈名誉的社会秩序,二者在一定程度上是冲突的,即张某不能随意发表恶意侮辱烈士的言论,破坏社会共同生活的道德上合理的状态。但是不能因此就说,秩序价值与自由价值是绝对冲突的。在张某的言论不会对社会秩序和他人造成伤害的情况下,他享有充分的言论自由。C选项错误。

法的特征之一是,法具有国家强制性,是以国家强制力为后盾保证实施的社会规范。这意味着,**法具有保证自己得以实现的力量,即法律强制是一种国家强制,是以军队、警察、法庭、监狱等国家暴力为后盾的强制**。在检察院提起民事公益诉讼时,就是由作为国家法律监督机关的检察院代表国家,并且以国家名义提起为维护公共利益的诉讼,借助法庭等国家暴力为后盾,对伤害公共利益的行为提起控诉并作为原告出庭支持

自己的主张。这一行为体现了法的国家强制性，D选项正确。

4. [答案] D [难度] 难

[考点] 法的价值的种类（自由、秩序）、法的价值冲突及其解决、法适用的步骤、人权的概念

[命题和解题思路] 关于虚构事实，通过合成图片在网络、微信上散布虚假事实的新闻报道，近年来屡见不鲜。很多当事人也和秦某一样，用言论自由为自己的行为辩解。这道题从社会问题取材，命题思路开阔，选项设计具有迷惑性。在形式上，命题人采用常见的案例分析法进行考查，需要考生结合理论和案例表述作出判断，尤其是选项 B 和 C。从内容上看，该题属于考点分布较广的综合题，但各考点仍体现了"重者恒重"的命题规律。对这类题，考生需要判断命题人的考查意图和具体考点，这样就不至于发生不知道"个案平衡原则"所言为何的情况。考生在备考时如抓住重点知识点，并对其进行全面掌握，此题就可迎刃而解。

[选项分析] A 是干扰项。自由是法的价值之一。根据我国《宪法》第 35 条，中华人民共和国公民有言论的自由。那么，秦某以虚构言论、合成图片的手段在网上传播"警察打人"的信息，是属于行使言论自由权吗？和任何自由一样，言论自由是有一定的限度。我国《宪法》第 51 条规定："中华人民共和国公民在行使自由和权利的时候，不得损害国家的、社会的、集体的利益和其他公民的合法的自由和权利。"这体现了约翰·密尔提出的"伤害社会或他人"原则，即"一个人的仅涉及其自身的行为不受社会约束，自由只有在对社会或他人造成伤害时才受限制"。法律规定中对言论自由的限制，法理上所确立的限制原则，都体现了对秩序这一法的价值的强调。但是，对法的诸价值而言，自由代表了最本质的人性需要，它位于法的价值的顶端；秩序必须接受自由的约束。对言论自由的限制并没有使秩序价值超越于自由价值，而位于法的价值的顶端，仅是框定了言论自由的范围，使其内涵更加明确。A错误。

B 是重点干扰项。个案平衡原则是法的价值冲突的解决原则之一（该原则在 2018 年大纲修改中已删除），它指在处于同一位阶上的法的价值之间发生冲突时，必须综合考虑主体之间的特定情形、需求和利益，以使得个案的解决能够适当兼顾双方的利益。首先，在题干案例中，根本不存在法的价值冲突。这是因为秦某的行为由于损害了国家和社会的利益，不属于《宪法》中言论自由保护的范围，这里没有体现法的自由价值。县公安局对秦某处以行政拘留及法院对其行为性质的认定与判决，都仅体现了法的秩序价值。其次，即使就该原则而言，从题干表述中，也看不出法官综合考虑了主体之间的特定情形、需求和利益后运用了个案平衡原则。B 错误。

法适用的步骤之一是确认事实。对于确认事实，考生一定要明确的是，这个过程不是一个纯粹的案件客观事实陈述和归结的过程，而是一个在法律规范与事实之间的循环过程。作为法律推理小前提的案件事实，不是一种纯粹的生活事实，而是在考量已知的事实和判断该事实在法律上的意义的基础上，形成的案件事实。因此，"原告捏造、散布虚假事实的行为不属于言论自由"是对案件客观事实的确认，即在考量已知事实和判断该事实在法律上的意义的基础上，形成案件事实。对比一下，"秦某以虚构言论、合成图片的手段在网上传播多条'警察打人'的信息"仅是对案件客观事实的陈述。C 错误。

人权是指每个人作为人应该享有或者享有的权利。人权既可以作为道德权利存在也可以作为法律权利而存在。但是，在根本上，人权是一种道德权利。为了保障人权的实现，必须把人权法律化，这使它成为法律权利。言论自由作为人权，既是道德权利又是法律权利。秦某捏造、散布虚假信息，不仅在道德上是欺骗他人的一种行为，不属于言论自由保护的范围；而且在法律上也违反了我国《宪法》第 51 条的规定，不属于法律上言论自由保护的范围。D 正确。

5. [答案] BCD [难度] 难

[考点] 法的价值的种类（自由）

[命题和解题思路] 命题人所选的这段引文出自马克思《第六届莱茵省议会的辩论》（第一篇论文），副标题是"关于出版自由和公布等级会议记录的辩论"。该文写于 1842 年，当时马克思 24 岁，这是他公开发表的第一篇政论。辅导用书在

"法的自由价值"部分用这段话论证"自由是衡量国家的法律是否是'真正的法律'的一种评价标准"。命题人围绕这段话设计了该纯理论阐释题，四个选项看起来都"模棱两可"，难以取舍。因为引文被从原著自身的论述脉络中截取出来，脱离了自身语境，它的含义边界是模糊的，并且开始延展和扩张，所以较难作答。给考生的答题秘籍是，首先判断各选项的观点正误，错误的或者表述不严谨的观点肯定是不对的；其次判断各观点和引文是否有关系，这对于单选题比较重要，综合历年考题，对于多选和不定项不必作此判断。

[选项分析] 自由与必然是揭示人类活动和事物发展客观规律之间相互关系的一对哲学范畴。在马克思主义的理论中，必然是指客观事物的本质和规律，是外在的约束，对于人类主观而言，必然的存在是一种"不自由"。自由建立在对客观规律及人自身正确认识的基础上，是对客观世界的驾驭、运用和改造。因此，自由是"在没有外在强制的情况下，能够按照自己的意志进行活动的能力"。从引文来看，自由与必然的关系上，规律是自由的，但却是无意识的（"自由的无意识的自然规律"）；法律是自由的，当法律尊重自然规律，并将其体现在国家法律中，"法律成为实际的法律，即成为自由的存在"。法律是由公共权力机构制定或认可的具有特定形式的社会规范，因此是"有意识的国家法律"。A 前半句的判断是对的，后半句是错的，因此 A 错误。

"自由在于根据对自然界的必然性认识来支配我们自己和外部自然界"，法律属于对人类社会共同体生活规律的认识，并通过公共权力机构制定或认可，将其规律表述为不同于习惯、道德、宗教等具有特定形式和内容的、具有普遍性的调整人的行为的社会规范，并以国家强制力为后盾，通过法律程序保证其权利义务配置的实现。结合引文可以看出，真正地对人类社会共同体生活规律进行认识和反映的法律，是"人的实际的自由存在"的条件，B 正确。

结合引文，并从自由与必然的关系来看，国家法律只有"在自由的无意识的自然规律变成有意识的国家法律时，才成为真正的法律"，即国家法律须尊重自然规律。例如在立法的原则中，科学立法即体现了"立法应当尊重社会的客观实际状况，根据客观需要反映客观规律的要求，以理

性的态度对待立法工作，注意总结立法现象背后的普遍联系，揭示立法的内在规律，避免主观武断、感性用事"。C 正确。

作为承载多种价值的规范综合体，法律承载的最本质的价值是"自由"。自由是人性最深刻的需要，"人类活动的基本目的之一，便是为了满足自由需要，实现自由欲望，达成自由目的"。所以法律必须确认自由，体现、尊重和保障人的自由，"以主体的自由行为作为联结主体之间关系的纽带（如民法上的'意思自治'）"。因此可以说自由是评价法律进步与否的标准，它是"人们评价、批判甚至推翻专制法律的工具"。"专制制度下的法律虽然由国家制定，形式上具有合法权威，然而由于本质上背离了自由的要求，因而只能是一种徒具形式的'恶法'。"D 正确。

6. [答案] A　　[难度] 中

[考点] 法的价值冲突及其解决

[命题和解题思路] 法的价值冲突的解决原则，分别在 2008 年和 2011 年通过"紧急避险"和"宽严相济"刑事政策各考过一次，这次命题人再度以案说法，将该考点重装上阵，"王者归来"。法的价值是"法这种规范体系（客体）为人（主体）所重视、珍视的性状、属性和作用"，例如，法对秩序的维护、对自由的保障、对效率的追求、对生命的捍卫、对正义的实现等。由于社会生活的多元，法的价值间会产生冲突，因此需要一定的原则来平衡这些难以避免的冲突。这些都是命题人在考点选择和选项设计时考虑到的。本题需要考生准确记忆法的价值冲突的解决原则（排除干扰项），并能分辨它们之间的差异。

[选项分析] 价值位阶原则，是指在不考虑具体案件的情境下，法的各个价值之间的优先性关系。这一原则在运用时，是把法的价值排成一定的位阶，"一般而言，自由代表了人的最本质的人性需要，它是法的价值的顶端；正义是自由的价值外化，它成为自由之下制约其他价值的法律标准；而秩序则表现为实现自由、正义的社会状态，必须接受自由、正义标准的约束"。题干案例的价值冲突中，一边是孕妇的生命权，医院有义务在这种紧急情况下实施剖宫产手术，挽救母子生命；另一边是医疗秩序，即在医院实施手术时，需要征得患者家属的同意和签字确认。在家属联系不

上的情况下，经院长批准，未经正常医疗程序即实施手术，这体现了对生命权的重视，"生命高于一切"。这是体现了价值位阶原则。A 正确。

B 是重点干扰项。在家属联系不上的情况下，医院院长批准立即实施手术。这是院长在法定职权范围内的一种裁量，即根据实际情况，采取特殊问题特殊对待。但是，法的价值冲突解决原则中，并没有"自由裁量原则"。B 错误。

比例原则是指"为保护某种较为优越的法价值须侵及一种法益时，不得逾越此目的所必要的程度"。也就是说，如果某种价值的实现必然以其他价值的损害为代价，那么要使被损害的价值减到最小限度。这一原则在运用时，需要对被实现的价值的优越性和被损害价值的程度进行妥当性、均衡性的权衡和判断。题干中并没有进行这种权衡和判断，C 错误。

功利主义是道德哲学中的理论。以边沁为代表，功利主义理论认为，人类的行为被苦与乐的感受所支配，同时苦乐是可以量化的并且有一定的标准。根据功利主义，如果某项行动将增大有关的人的幸福，那么就赞成这项行动，如果将减小则反对，并且这以效果非动机来作为判断标准。在此基础上，"最大多数人的最大幸福"应该是私人道德或公共政策的唯一合理指南。医院的做法并未体现这一原则。更重要的是，2018 年大纲修改后，辅导用书只提到两个解决原则：价值位阶原则、个案中的比例原则。功利主义原则是干扰项，D 错误。

7. [答案] A　　[难度] 中

[考点] 无对应考点，相近考点是法的价值（自由）、权利、法律解释的方法

[命题和解题思路] 题干案例改编自真实案例。虽然婚姻自由受法律保护，但是一些人在传统的男权观念影响下，仍然希望女子守寡，通过一些形式限制其婚姻自由。命题人形式上采取的是案例分析法的命题形式，内容上该题没有单纯考查法理学的知识点，而是在选项中结合了民法学和宪法学的知识，这使难度增加。该题突出了权利之间的冲突，如选项 A 和 B 的设计，这体现了法理学对现实纠纷及其解决的关注和反思。由于是单选题，如果考生对合宪性解释方法的含义不确定，可以优先选择最明显的错误选项。

[选项分析] 婚姻自由是一项基本权利。《宪法》第 49 条明确规定，禁止破坏婚姻自由。婚姻自由是指婚姻当事人按照法律规定，在婚姻问题上享有充分自主的权利，任何人不得强制和干涉。它是人的自由意志在婚姻中的体现。但是和其他公民基本权利一样，婚姻自由必须在法律规定的范围内进行，如《民法典》规定结婚的条件和程序、离婚的条件和程序等。这一权利既不允许他人侵犯，也不允许当事人滥用。A 错误。

遗嘱自由是公民在生前通过遗嘱形式自由处分其遗产的权利，它是意思自治原则在继承法中的体现，也是财产自由权的延伸和保障。在该案中，张林作为房屋的所有权人，有权立遗嘱处分自己的财产，这体现了遗嘱自由。但是张林的遗嘱表明，王珍对三间平房的继承是附义务的遗嘱继承，且所附义务限制了王珍的婚姻自由。这反映了遗嘱自由与婚姻自由之间的冲突，B 正确。

C 选项是重点干扰项。它虽然涉及法律解释方法，但是超纲了。关于"合宪性解释"详见难点解析。C 正确。

张林的遗嘱是：我去世后，家中三间平房归我妻王珍所有，如我妻今后嫁人，则归我侄子张超所有。可见，张林遗嘱处分的是其财产权利而非其妻的婚姻自由权利。只是这种财产处分自身限制了其妻的婚姻自由权利。D 正确。

> **难点解析**
>
> 关于"合宪性解释"
>
> 作为一种法律解释方法，它指的是在法律有两种或者更多解释可能时，选择其中和宪法不抵触的解释。合宪性解释起源于宪法诉讼判例，德国联邦宪法法院的定义是："如果可以对某一规范作出多种解释，并且部分解释所形成的结果是该规范是违反宪法的，部分解释所形成的结果是该规范合宪，那么该规范就是合宪的，必须对之作出合宪解释。"因此，合宪性解释本质上是选择一种可以回避法律违反宪法无效，从而维护国家法秩序之稳定与统一的法律解释方法。根据题干交代，并不能看出法官在审判中在多种解释可能之间进行了比较，并选择和宪法不抵触的解释。但是题干指明，"法院审理后认为，婚姻自由是宪法基本权利，该遗嘱所附条件侵犯了王珍的婚姻自由"，可视为运用合宪性解释得出的结论。

8. [答案] A　　[难度] 易

[考点] 人权的概念、法与人权的一般关系

[命题和解题思路] 尊重和保障人权是当今国际社会的一项基本道义原则。命题人采取纯理论阐释法考查了"法与人权"这个知识点，考点虽然单一，但是各选项从不同角度阐释人权的内涵、法和人权的关系，考查具有一定深度。在实践层面，由于所处的立场不同，对人权的具体含义和保障人权的具体方式，都有非常大的争议。命题人故意把选项 A 和 B 设计得"模棱两可"，需要考生答题时注意选项表明的立场。考生如果充分掌握了辅导用书中关于人权的概念、人权与法律的评价标准、法与人权的实现等内容，此题就可以"迎刃而解"，因为选项的表述都可以在书中找到（A 是反着说的）。

[选项分析] 人权，是每个人作为人应该享有的权利。人权既可以作为道德权利而存在也可以作为法律权利而存在。例如，生命权是一种道德权利，不能无端剥夺人的生命，或者肆意对人施加恐吓、虐待和折磨，即不能用非人的方式待人。为了保障人权的实现，人权被法律化，这使它又成为法律权利。例如，各国刑法都将侵害他人生命权的罪行，处以最重的刑罚，由此推出生命权是法律所保障的一种重要权利。A 错误。

B 是重点干扰项。马克思主义法学认为，人权在本原上具有历史性。"人权存在和发展的内因是人的自然属性，外因是社会的经济、文化状况"，"人权不是天赋的，也不是理性的产物，而是历史地产生的，最终是由一定的物质生活条件所决定的"。B 是正确的。

人权可以作为判断法律善恶的标准，不体现人权要求的法律不是好的法律。人权指出了立法和执法所应坚持的最低的人道主义标准和要求，如禁止任意剥夺人的生命，禁止肆意对人施加恐吓、虐待和折磨，禁止随意限制他人的自由，禁止任意剥夺他人的财产，在突发性灾难面前，个体必须获得政府的救助等。C 正确。

法是人权的体现和保障。人权只有以法律权利的形式存在才有其实际意义。人权法律化的程度既受到一国的经济和文化发展的制约，又受到一国民族传统和基本国情的影响。辅导用书中举了很多有说服力的例子。D 正确。

9. [答案] C　　[难度] 中

[考点] 权利与义务、法律关系客体的种类、法的价值的种类（自由）

[命题和解题思路] 法谚/格言、名家名言是法理学部分的"保留曲目"。也许像张明楷老师在《刑法格言的展开》扉页借雪莱的诗所言，"一切高尚的诗，都是无限的，就像第一粒橡子，潜藏着所有的橡树"，这里面也"永远溢淌着智慧和愉悦之水的源泉"。这类题从多个角度对一句话进行理解，没有明确的考点，难度通常较大。考生答题时，必须综合法理学的知识，仔细辨析每一个选项的表述，不必因为考点隐蔽而慌乱。在本题中，命题人选取了"平等者之间不存在支配权"这句法谚，需要考生思考在平等/不平等的社会中权利与义务的关系；法谚中支配权的具体内涵。其中"支配权"在选项上又通过财产权、人身权等权利的分类进行设计，通过权利与自由的角度进行考查。这四个选项都有一定的迷惑性，对考生提出较高的要求，需要考生在一定程度上结合法制史的知识作出判断。

[选项分析] 选项 A 是重点干扰项，涉及权利和义务的相互联系。在结构上，权利和义务不能孤立地存在和发展，一方的存在和发展必须以另一方的存在和发展为条件。辅导用书中引用了马克思的话，对此进行精辟概括："没有无义务的权利，也没有无权利的义务。"所以，无论在平等的还是不平等的社会，权利和义务都是同时存在的。A 错误。

选项 B 涉及对"支配权"的理解。支配权是权利主体享有的对权利客体直接管领和控制的权利，权利人可以排斥他人对同一客体行使与自己相同的权利，并可禁止他人非法妨碍自己行使支配其客体的行为。物权、人身权、知识产权都属于支配权，B 错误。此项需要结合民法知识，可能构成干扰项。

法律否认绝对的人身依附关系，并禁止一个人对另一个人的奴役，体现了社会的进步和人类法制文明的发展。在人人平等的社会中，人身不能被视为法律上的"物"，不能成为物权、债权和继承权的客体（包括形成绝对的人身依附关系），禁止贩卖或拐卖人口，禁止买卖婚姻，禁止对他人人身非法强行行使权利（包括奴役他人）。C 是对引言的正确阐释。

选项 D 的前半句是对的，错在后半句。看到"自由不受法律限制"这样的字眼，就应能判断是错误的。自由不是绝对的，这意味着自由建立在不伤害他人，不破坏或消极影响社会，不损害国家和公共利益的前提下。马克思说，"法典就是人民自由的圣经"，就是主张用法律来保障、实现真正的自由。

> ### 难点解析
> 　　古代法律中关于"人身的支配权"相关规定（以《十二铜表法》为例）
> 　　《十二铜表法》的"第八表私犯"规定，如果毁伤他人肢体，他人得"同态复仇"；折断他人骨头，处相应罚金；对他人的偶然侵害，应负赔偿责任等。此外，对人身的支配还通过"第四表家长权"扩展到他人的人身，如规定"家属终身在家长权的支配下。家长得监察之、殴打之、使作苦役"等。

第三节　法的要素

1. ［答案］D　　　［难度］中

［考点］法律部门、权利与义务、法律原则的种类、法的作用

［命题和解题思路］本题改编于最高人民法院指导案例 185 号《闫佳琳诉浙江喜来登度假村有限公司平等就业权纠纷案》。该指导案例于 2022 年 7 月由最高人民法院发布，体现出该案的重要社会意义，本题针对该案例进行命制，体现了法考命题的强烈现实关怀。本题是综合性考查，在一个案件中考查了多个法理学基础知识点。该案案情并不复杂，各选项也围绕案件针对法律部门、法律原则等基础知识点进行设计，难度并不高，但需要考生对这些核心知识点精准掌握，不仅能够理解每个概念是什么，还要和案件事实进行准确对应。

［选项分析］法律部门，是指根据一定标准和原则对一国现行的全部法律规范进行划分所形成的同类法律规范的总称。法律部门是法理学中考查频率较低的一个知识点，但命题人结合案例进行考查，提示考生不能忽视知识体系中比较冷门的知识点。按照我国法律体系的划分，法律部门主要有宪法及宪法相关法、行政法、民商法、经济法、社会法、刑法、诉讼与非诉讼程序法

等。《民法典》是民商法法律部门的主要法律，而《就业促进法》涉及的是劳动关系和社会保障领域，旨在对劳动者的合法权益进行保障，属于典型的社会法部门。因此，《民法典》和《就业促进法》属于两个不同的法律部门，A 选项错误。

基于权利义务主体的范围，可以将权利义务分为绝对权利义务和相对权利义务。绝对权利义务针对的是不特定的法律主体，相对权利义务针对的是特定的权利义务主体。按照法律规定，劳动者有不受歧视的权利，而这种权利针对的是不特定的用人单位。只有在一个具体的劳动合同之中，才存在劳动者和用人单位之间的相对权利义务关系。在本案中，劳动者不受歧视的权利首先指向的是劳动者作为一个主体不受不特定的用人单位的歧视。只有在甲公司歧视任某之后，二者之间才形成一种保护性法律关系，即保护任某免受甲公司歧视的权利，在这个意义上免受歧视的权利才是一种相对权。而在一般意义上，免受歧视的权利是一种绝对权。B 选项错误。

按照法律原则产生的基础不同，可以将法律原则分为公理性原则和政策性原则。公理性原则是由法律原理构成的原则，政策性原则是一个国家或民族出于一定的政策考量而制定的一些原则。公理性原则往往与法律所追求的价值和法律自身的理性要求有关，如人人平等、罪刑法定等。政策性原则往往与一个国家特定时期的政策追求紧密相关，如计划生育政策。劳动者不受歧视原则与人人平等、人权保障等基本原则一样，体现的都是法律所追求的特定价值和理性要求，所以是公理性原则，而非政策性原则。C 选项错误。

法的作用，是指法作为规范对人们的行为和社会产生的影响，法的规范作用可以分为指引、评价、教育、预测和强制作用。法的强制作用，是指通过制裁违法犯罪行为来强制人们遵守法律。法院判决甲公司赔礼道歉，体现的正是将甲公司的歧视行为视为违法，从而对其进行制裁。考生在判断法的规范作用时应当注意，法的这些不同类型的规范作用可以在同一法律评价之中都有所体现，因此赔礼道歉同样也体现出法律对甲公司的评价和教育作用。D 选项正确，当选。

难点解析

法的规范作用及其相互关系

法的各种规范作用之间存在着密切关系，在法律实施的过程中，不同作用会同时出现。例如，任某遵守法律的规定（如遵守交通规则），是法律发挥指引作用的体现，也可以说法律对其合法行为作出了评价。如果任某违反法律的规定（如超速行驶），则法的指引作用被破坏，法律通过制裁对其行为作出非法的评价，制裁的过程也是法律对其进行教育和对其行为进行强制的体现。

2. [答案] AC　　[难度] 中

[考点] 法律原则与法律规则的区别、法律规则与法律原则的适用

[命题和解题思路] 法律原则与法律规则的区别，以及法律原则适用的条件是法理学中"重者恒重"的考点，该题以直接设问法进行提问，属于纯理论阐释的考查。命题形式比较简单直接，但是对基础知识的把握要求较高。考生在答题时需要还原到法律规则和法律原则在适用方式上的不同，法律规则和法律原则的功能定位，以及法律原则适用的条件，从而对各项表述作出判断。这要求考生备考时将这一部分知识梳理清楚，理解透彻。

[选项分析] 法律规则和法律原则的区别之一体现在二者的适用方式上。其中，法律规则以"全有或全无的方式"应用于个案中，即如果一条规则所规定的假定条件和行为模式被该案件事实所满足，那么，这条规则所规定的法律后果就被确定地适用该案件；如果该规则规定的假定条件和行为模式没有被满足或者由于与另一个规则相冲突而被排除，那么，该规则对裁决就不能起任何作用。所以，A 正确。

承接前面的分析，法律原则是以衡量的方式应用于个案中，即比较不同法律原则具有的"强度"（分量）。当两个原则在具体的个案冲突时，法官要根据案件的具体情况，在不同强度的原则间作出权重和衡量：强度较强的原则对该案件的裁决具有指导性的作用；分量较轻的原则也发挥作用，但不是决定性的。所以，B 错误。

法律规则和法律原则在法律上的功能定位是：

法律规则能最大限度地实现法的确定性和可预测性，而法律原则因其笼统概括，所以在适用时有较大的余地供法官选择和灵活应用。但是，为了尽量降低法官在适用法律原则时可能存在的对自由裁量权的滥用，需要对法律原则的适用设定严格的条件，其中之一就是穷尽法律规则，方得适用法律原则。这意味着，在有具体的法律规则可供适用时，不得直接适用法律原则。只有出现无法律规则可循的情况，才可以适用法律原则弥补"法律漏洞"。所以，C 正确。

法律原则不仅可以为相关的法律规则提供正当化基础，而且可以对法律漏洞进行填补，也可以纠正个案中的不正义。因此，当把某个法律规则适用于具体案件，会产生极端的不可容忍的不正义的裁判结果时，法官可以舍弃法律规则而直接适用法律原则。所以，D 错误。

3. [答案] B　　[难度] 难

[考点] 权利的含义、法律原则的适用、权利的分类、法与道德的联系

[命题和解题思路] 近年来，出现培训机构"蹭名校"招生，企业"蹭知名商标"销售等新现象引起的诉讼案件，题干案例"蹭姓名"销售小说，与前述案件如出一辙。命题人运用案例分析法，考查了多个考点，体现一定的广度。选项 D 虽然涉及重点知识点，但是考查内容却较冷僻，将考生引向确定法与道德界限的"冒犯原则"，这增加了本题的难度。考生如果不知道"冒犯原则"的具体含义，可以先就前三个选项进行判断，也可以选出正确答案。但是，这需要考生扎实掌握各考点内容。对于单选题，适当时候可以运用排除法。

[选项分析] 姓名是通过语言文字信息区别人群个体差异的标志，它也是人们在社会中进行信息交流的工具。每个人都有决定、使用、变更自己的姓名并要求他人尊重自己姓名的权利，并通过自己的姓名标识自我，标识自我的所有物、创造物、行为和思想。姓名权是人作为人的一种应然权利。同时，它也是一种法定权利，如我国《民法典》第 110 条规定，自然人享有姓名权。所以 A 错误。

在该案中，王甲为了增加自创小说的销量，不惜经法定程序将自己的名字改为和知名作家

"王乙"相同。但是，这会对小说的购买者和读者造成误导，他们会误以为是王乙的作品而购买此书。在这种情况下，在王甲已合法更名为"王乙"的情况下，他是否侵犯了王乙的姓名权？《民法典》第1014条规定，任何组织或者个人不得以干涉、滥用、假冒等方式侵害他人的姓名权或者名称权。王甲假冒了王乙的姓名权吗？在王甲经法定程序变更姓名的情况下，将该规则适用于该案时出现了法律漏洞。因此，可以用诚信原则填补规则漏洞，作出裁判。这符合法律原则的适用条件之一，即穷尽法律规则，方得适用法律原则。在出现无法律规则可以适用的情况下，法律原则（本案是"诚信原则"）可以作为弥补"规则漏洞"的手段发挥作用。B正确。

C是干扰项。在权利的分类中，根据相对应的主体范围不同，将权利分为绝对权利和相对权利。绝对权利又称"对世权利"，是对应不特定的法律主体的权利。相对权利又称"对人权利"，是对应特定的法律主体的权利。姓名权是绝对权，任何他人都不得干涉本人决定、使用、变更自己的姓名的权利，都不得盗用、假冒本人的姓名权。虽然在具体诉讼中，是具体某人侵犯了某姓名持有者本人的姓名权，但是这并不影响姓名权是绝对权的权利属性。因为所有权也是典型的绝对权，在对所有权提出的侵权诉讼中，所有权的权利属性是不变的。考生之所以会误解，是因为这里真正的相对权是诉讼中的权利。所以，C错误。

D是重点干扰项。法与道德虽然在内容上存在联系，但是近现代法在确认和体现道德时大多注意二者重合的限度，倾向于只将最低限度的道德要求转化为法律义务。确立这一限度的原则有伤害原则、法律家长主义原则、冒犯原则等。其中冒犯原则是指一个不道德的行为虽然不伤害别人，但是却冒犯了别人，如使人愤怒、羞耻或惊恐的淫荡行为或者放肆行为，也应当由法律所禁止。王甲的行为不仅可能冒犯到王乙的读者群，而且它还如题干所述，确实"侵害了原告的合法权益"。因此，若法院判决王甲承担赔偿责任，不是体现了确定法与道德界限的"冒犯原则"，而是伤害原则，即由密尔提出的"伤害社会或他人"原则，一个不道德的行为在对社会或他人造成伤害时，应当由法律所禁止。二者区分的关键是，是否一个不道德的行为已经对他人造成伤害。D错误。

难点解析

关于"冒犯原则"

冒犯原则是在20世纪50年代至60年代由美国法学会《标准刑法典》委员会提出的。之所以提出该原则，一方面是因为"伤害原则"无法对针对冒犯行为进行的惩罚提供证成，另一方面是出于对法律道德主义的反对，按照法律道德主义的观点，像通奸等不道德的行为都被定为犯罪。实际上，国家权力不应强制实施纯粹的道德和宗教标准，其一是因为除了法律还存在其他社会规范，对一些不道德行为的调整可以由这些社会规范进行；其二是因为在一个多种族多民族的社会，人们对"道德败坏""不道德"持有多元的观点。在这种情况下，为了避免过急地偏离传统法律路线，他们提出了"冒犯原则"。"冒犯行为是明知可能被人看到并会使人极度羞耻、惊恐或激怒的公然的淫荡和放肆行为。这种行为公然地侮辱公众的道德信念、道德感情和社会风尚，因此必须受到刑事制裁。"与法律道德主义的区别在于，冒犯原则把应受制裁的不道德行为的范围限定在"公然的不道德的行为"内，这样极大地缩小了法律惩罚不道德行为的范围。

4. [答案] ABC　　[难度] 难

[考点] 法律规则的分类、法律推理的含义与特点、法律解释的含义与特点、法律原则的含义、权利和义务的含义

[命题和解题思路] 法的确定性是所有法律制度追求的基本目标之一。辅导用书在法律规则的分类、法律规则与法律原则的区别、法律推理、法律解释、法治等多处，结合法的确定性/不确定性进行论述。命题人通过法律格言，采用纯理论阐释法，将这些考点融会贯通，炖作一锅，展示了高超的考点料理技艺。这道大餐选取的食材都是历年重点考点，但是"确定性/不确定性"的命题主调决定了选项的表述不同以往，难辨真颜，颇考查功力。因此，考生需要具备扎实的法理学知识和理论素养，才能辨析其中真伪。答题技巧是，辨析每一个选项的具体考点，理解其核心概念的含义，判断该选项的考查意图，作出判断。

[选项分析] A 是重点干扰项，考点隐蔽。法的确定性，意味着行为主体可以依据现行法律规定对特定情势的评价，预期自己行为的结果，决定如何行为。因此，法的确定性才成为法治的形式要素之一。这要求法律规则应当具有明确的逻辑结构，规定明确的假定条件和在一定行为模式下的法律后果，这样行为人才可以对自己的行为进行预期。所以，按照规则内容的确定性程度不同，把法律规则分为确定性规则、委任性规则和准用性规则。其中，确定性规则是指内容本已明确肯定，无须再援引或参照其他规则来确定其内容的法律规则；准用性规则是指内容本身没有规定人们具体的行为模式，而是可以援引或参照其他相应内容规定的规则。选项 A 隐蔽地考查了"准用性规则"这一考点，准用性规则本身不像确定性规则那样具体明确，但这是一种立法技术，目的是避免法律表述上的重复。A 正确。

法律尽管具备一定的确定性，但是由于法律是概括的、抽象的、具有普遍性的行为规范，当将它适用到具体案件事实上时，在法律规范和案件事实之间仍然存在需要拉近和缝合的裂缝。这时就需要法律解释，即对法律规定的意义进行说明与阐述，进而澄清其内容，使其更加清晰明确。所以，法律解释可提高法律的确定性。法律推理是法律人从一定的前提推导出法律决定的过程中遵循的推论形式。无论运用何种推理类型，它都要受现行法律的约束。由于法律推理是一种寻求正当性证明的推理，因此，在法律推理过程中必须结合案件事实，对推理的规范前提进行解释，这就涉及法律解释，它使法律的含义得以澄清。在这个意义上可以说法律推理提高了法律的确定性。B 正确。（有时，对同一个法律会有不同的解释，或可运用不同的推理得出不同的结论，这时导致了法律适用的不确定，但通过法律论证的义务，总体而言，法律的含义在这个过程中是得到了进一步的澄清，提高了确定性。）

C 是针对格言中的后半句而言：法律规定得过于具体明确会导致法律不能适应不断变化的社会需要，而存在大量法律漏洞的法律，就丧失了它所追求的确定性。法律原则是从大量社会关系中概括出来的通用的价值准则，要求比较笼统，没有具体的行为模式和法律后果，只设定一些概括性的要求或标准，因此在适用时有较大的

余地涵盖不同的社会事实，可增强法律的适应性。概括条款一般指法律中词义模糊、概括性极强的条款，实践中通常以"其他""除此以外""等"兜底条款的方式出现。概括性条款有较高的涵盖力，外延开放，适用时也有较大的余地涵盖不同的社会事实，可增强法律的适应性。C 正确。

D 也构成干扰项。一般来说，义务是主体以相对抑制的作为或不作为的方式保障权利主体获得利益的一种约束手段。虽然义务具有强制履行的性质，但是义务不一定就是极度确定的，如之前考题中考过的《老年人权益保障法》第 18 条规定的"与老年人分开居住的家庭成员，应当经常看望或问候老年人"的义务，如何算是"经常"并不是极度确定的。权利是主体以相对自由的作为或不作为的方式获得利益的一种手段，在诸多法律规则中，对权利的规定相对而言都是确定的，如著作权法中对具体的各项著作权的规定及被侵权时的责任追偿方式。确定/不确定来源于抽象的法律规范和具体的案件事实之间的紧张关系，并不以权利或义务不同而有差异。D 错误。

5. [答案] B   [难度] 易

[考点] 法律规则的分类、法律原则的含义、法律规则的逻辑结构

[命题和解题思路] 命题人通过法条分析法，着重考查了法律规则的分类及其逻辑结构，体现了"重者恒重"的命题规律。选项 C 要注意审题，但是问题不大。对法律规则的分类，答题要点是明确不同区分标准下，分为哪些类别及其含义。对法律规则的逻辑结构，答题要点是明确假定条件、行为模式和法律后果的具体所指。

[选项分析] 按照规则的内容规定不同，法律规则分为授权性规则和义务性规则。其中，义务性规则分为命令性规则和禁止性规则。这一分类中的识别关键是表述的字眼，如禁止性规则常用"不得""禁止"等；命令性规则常用"应当""应该""必须"等；授权性规则常用"可以""有权利""有……自由"等。该法条用"应当"表述公安机关罚款处罚的规则，是义务性规则，A 错误。

按照规则对人们行为规定和限定的范围或程度不同，法律规则分为强行性规则和任意性规则。

强行性规则内容规定具有强制性质，不允许人们随便加以更改的法律规则，如义务性规则、职权性规则。任意性规则规定在一定范围内，允许人们自行选择或协商确定为与不为、为的方式以及法律关系中的权利义务内容。一般权利性规则属于任意性规则。B正确。

法律原则是为法律规则提供某种基础或本源的综合性的、指导性的价值准则或规范，其中程序性原则是直接指涉及程序法（诉讼法）问题的原则。而法律规则是采取一定的结构形式具体规定人们的法律权利、法律义务以及相应的法律后果的行为规范。该条具体规定了公安机关进行罚款处罚的法律义务，属于法律规则。C错误。

法律规则的逻辑结构中，行为模式规定了人们如何具体行为之方式或模型，具体分为可为模式、应为模式和勿为模式；法律后果规定了人们在作出符合或不符合行为模式的要求时应承担相应的结果，分为合法后果和违法后果。该条规定了公安机关实施罚款处罚的应为模式，并未表述法律后果。D错误。

6.［答案］C　　［难度］难

［考点］法律规则与语言、法律原则与法律规则的区别

［命题和解题思路］法的要素是逢考必考的重点内容，围绕每一个知识点都可以进行各种变换组合，真是看我"七十二变"。在该题中，命题人结合"搜索引擎公司被强行加载广告"的案例进行考查，具有一定深度，体现了法理学的"实践之思"。BCD选项考查的是法律原则和法律规则在内容上、适用方式上的区别，尤其是选项C具有一定迷惑性，需要考生对此进行准确理解和记忆。选项A增强了干扰性，考生要牢记一切法律规范（包括法律规则和法律原则）都必须以作为"法律语句"的语句形式表达出来。

［选项分析］A为重点干扰项。法律通过语言得以表达、记载、解释和发展，一切法律规范（包括法律规则和法律原则）都必须以作为"法律语句"的语句形式表达出来，诚实信用原则也是如此。在辅导用书中，只在"法律规则"部分讨论了"法律规则与语言的关系"，指出"法律规则是通过特定语句表达的"。那么法律原则是不是通

过特定语句表达的呢？当然也是了！一切法律规范，包括法律规则和法律原则都具有语言的依赖性，都必须以作为"法律语句"的语句形式表达出来。通过语句，法律规范得以书写、表达和记载，法律的意义得以阐明，法律推理和论证才得以进行。只不过由于法律规则构成了法律规范的主要组成部分，书中才尤其强调了法律规则和语言的关系。A错误。

BCD选项都涉及法律规则和法律原则的区别。

在内容上，法律规则的规定是具体明确的；而法律原则的要求比较笼统、模糊，它只对行为或裁判设定一些概括性的要求或标准，所以相比较而言，法律规则更能最大限度地实现法的确定性和可预测性，B错误。

法律规则着眼于主体行为及各种条件的共性，其明确具体的目的是削弱或防止法律适用上的"自由裁量"；而法律原则的着眼点不仅限于行为及条件的共性，而且关注它们的个别性和特殊性，因此在个案中法官有较大的选择余地，可以灵活适用，C正确。

在适用方式上，法律规则是以"全有或全无的方式"（all or nothing）或涵摄的方式应用于个案中，而法律原则具有不同的强度，当原则间发生冲突时，要对其进行价值判断和价值评价，以确定某些原则比其他原则具有更大的"分量"，D错误。

易混淆点解析

法律规则与法律原则的区别

法律规则和法律原则的区别是易混淆点，也是难点。适用范围的区别较不容易犯错。适用方式的区别前面解题时已经提到，多做几年真题就能记住。**这里重点总结内容上的区别：**

（1）在内容上，法律规则具体明确的，它预先设定具体的假定条件（可为模式、应为模式或者勿为模式）和明确的法律后果（合法后果或者违法后果）；而法律原则的要求比较笼统、模糊，它只对行为或裁判设定一些概括性的要求或标准。

（2）在法律规则着眼于主体行为及各种条件的共性，其明确具体的目的是削弱或防止法律适用上的"自由裁量"；而法律原则的着眼点不仅限于行为及条件的共性，而且关注它们的个别性

和特殊性，因此在个案中法官有较大的选择余地，可以灵活适用。这里极容易犯错，考生会以为法律原则是综合性的、指导性的价值准则，应该关注行为和条件的共性才对。实际上，这一区别是针对法官的适用而言的，正因为法律原则是高度一般化的规范，所以在具体应用时，在针对案件具体化的过程中就会表现出对个别性和特殊性的关注。例如，民法上的"自愿原则"在"合同缔结""婚姻成立""遗嘱设立"中关注的是各自领域不同的"意思自治"的构成条件。

7. ［答案］A ［难度］易

［考点］法律规则与语言、法律规则的分类、法律规则的逻辑结构

［命题和解题思路］《刑事诉讼法》第56条标志着我国在立法层面上，正式确立了非法证据排除规则。命题人选择此条文，从形式层面考查法律规则的几个常见知识点，体现了"重者恒重"。"规范语句"（选项A）在2010年、2013年也出现过，多次"刷脸"，考生应该都记住了。答题要点是正确理解法律规则分类的标准和特征、法律规则逻辑结构各部分的具体含义。

［选项分析］一切法律规范都是以作为"法律语句"的语句形式表达的，这意味着法律规则的语句可能运用"必须""应该""禁止"等这样的道义助动词，以表达义务性规范（如题干条文），或者运用"可以"这样的道义助动词，以表达授权性规范。A正确。

按照对人们行为限定的范围或程度不同，法律规则分为任意性规则和强行性规则。任意性规则是指在一定范围内，允许人们自行选择或协商确定为与不为、为的方式以及法律关系中的权利义务内容的法律规则，有"可以""有权""有……权利"等字眼。强行性规则是指内容规定具有强制性质，不允许人们随便加以更改的法律规则，有"必须""应当""不得""禁止"等字眼。该条文是强行性规则，B错误。

按照内容的确定性程度不同，法律规则分为确定性规则、委任性规则和准用性规则。委任性规则是指内容尚未确定，而只规定某种概括性指示，由相应国家机关通过相应途径或程序加以确定的法律规则，通常表述为，"××管理办法，由×

×部门依据本法另行制定"。该条文不是委任性规则，而是确定性规则，C错误。

在法律规则的逻辑结构中，假定条件是适用该规则的条件和情况的部分，即法律规则在什么时间、空间、对什么人适用以及在什么情境下对人的行为有约束力的问题；行为模式是规定人们如何具体行为之方式的部分；法律后果是规定人们在作出符合或不符合行为模式的要求时，应承担相应的结果的部分。该条文只表达了行为模式，没有涉及假定条件和法律后果。D错误。

8. ［答案］AD ［难度］难

［考点］当代中国法的非正式渊源（习惯）、法律原则与法律规则的区别、法律原则的适用

［命题和解题思路］说是"吉屋出售"，有时未必吉屋。如题干案例中，吉屋变凶宅，在现实二手房交易中并非个案。如果在不知情的情况下买到凶宅，法律如何保护购房人的权益？根据我国的民俗习惯，发生凶杀案的房屋不吉利，当事人在出售时应该秉承诚实信用予以告知。因此，命题人采取案例分析法，选取民俗习惯、诚实信用原则考查法理学的传统重点（法的非正式渊源、法律原则的功能和适用方式等），使其焕发新意。考生需要准确地理解和记忆这部分内容，并能在具体案例中进行娴熟地判断。选项B的超纲，使这道题难度增大，这要求考生平时扩大部门法的涉猎广度，并结合部门法学习法理学。

［选项分析］对法官裁判依据的讨论，在法理学上实际讨论的是法的渊源，即特定法律共同体所承认的具有法的约束力或具有法律说服力，并能够作为法律人的法律决定之大前提的规范来源的资料。正式的法的渊源是"具有明文规定的法律效力，并且直接作为法律人的法律决定的大前提的规范来源的那些资料"，如宪法、法律、法规等制定法。对于正式法源，法律人有义务适用它们。非正式的法的渊源是"不具有明文规定的法律效力，但具有法律说服力并能够构成法律人的法律决定的大前提的准则来源的那些资料"，如正义标准、道德信念、习惯、权威性法学著作等。民俗习惯"是特定共同体的人们在长久的生产生活实践中自然而然形成的，是该共同体的人们事实上的共同情感和要求的体现，也是他们的共同理性的体现"。非正式的法的渊源只有在不

违背法律规定的情况下，才可以成为裁判依据。A 正确。

B 是重点干扰项，也超纲了。一般认为，诚实信用原则是一项民法的基本原则，因此考生很容易误判 B 是正确的。命题人实际上在这里设置了一个陷阱。从诚实信用"善意真实，坦诚不欺、真诚守信、合理公平"的含义出发，公法学者指出，这一原则不仅是市场经济活动的基本准则，而且可以进入公法领域，成为行政法中的基本原则。它不仅要求行政主体实施行政行为应当以诚实信用为基础，而且还要求政府廉洁高效、取信于民，如行政立法应当不溯及既往；不得随意变更或者撤销行政行为；由于公益原因对相对人造成损失的，应当给予相应补偿等。B 错误。

在适用方式上，法律规则是以"全有或全无的方式"应用于个案中，"如果一条规则所规定的条件被该案件事实所满足，那么，这条规则所规定的法律后果就被确定地适用该案件"，"如果该规则规定的条件没有被满足或者由于与另一个规则相冲突而被排除，那么，该规则对该案件就是无效的"。而法律原则是以衡量的方式应用于个案当中的，也就是在适用中需要比较不同法律原则的"强度"。所以 C 错误。

法律原则，是为法律规则提供某种基础或本源的综合性的、指导性的价值准则或规范。它对理解法律规则具有指导意义，也可以为相关的法律规则提供正当化基础。例如，在本案中，争议涉及合同成立的法律规则。房屋内发生非正常死亡现象属于影响合同订立的重大事项，卖房人应当主动披露。如果故意隐瞒相关信息，属于违反了诚实信用原则，构成欺诈，不符合合同成立的事实构成。D 正确。

9. [答案] D　　[难度] 易

[考点] 法律规则的逻辑结构、义务的概念、演绎法律推理（大前提）

[命题和解题思路] 命题人偏爱《老年人权益保障法》第 18 条，在 2013 年试卷一第 54 题刚考过该条，次年又结合案例再考一次。"考了又考"的原因在于，该法 2012 年进行修订，第 18 条被称为"常回家看看"的关于探视老人的法律规定，目的是从法律角度倡导关怀"空巢老人"。从形式上看，命题人在该题采取案例分析法和否

定式设问法的命题形式，从内容上看各考点跨度较大，既有对该法条的逻辑结构分析，又有对该法条法律适用的理解。考生识别错误选项的关键是，必须明确当法律将道德规范在法律中进行明确和具体化时，该道德规范就成为正式的法律渊源。

[选项分析] 法律规定，"与老年人分开居住的家庭成员，应当经常看望或问候老年人"，那么怎么算是"经常"？探望老人是一种道德义务，法律在这里把道德义务上升为法律义务。作为法律义务，关于探视老人的次数又不能在立法上表述得过于机械，所以立法者用"经常"这个概括性的词语。在法律适用中，具体次数可以由法官根据实际情况自由裁量，要考虑子女和父母居住的距离、是否异地等情况。A 正确。

在法律规则的逻辑结构中，法律后果是指法律规则中，规定人们在作出符合或不符合行为模式的要求时应承担相应的结果的部分。第 18 条只规定了家庭成员关心老年人的精神需求的行为模式，并没有规定违反这种行为模式，如不经常看望或问候老年人，会承担什么后果。B 正确。

义务在结构上包括两个部分：一是义务人必须根据权利的内容作出一定的行为，这被称为"积极义务"或"作为义务"，常有"应当""必须"这样的字眼；二是义务人不得作出一定行为的义务，这被称为"消极义务"或"不作为义务"，常有"不得""禁止"字眼。第 18 条既规定了"应当关心老年人的精神需求""应当经常看望或问候老年人"这样的积极义务，又规定了"不得忽视、冷落老年人"这样的消极义务，C 正确。

法院判决在进行演绎法律推理时，作为推理的大前提主要是《老年人权益保障法》第 18 条，因此这是依法而不是主要依据道德作出的判决。题干中法官指出"关爱老人也是中华传统美德"，是为了增强法律规定的合法性基础，强化判决的说服力。这句话出现在题干中，是命题人设置的陷阱。D 错误。

第四节　法的渊源

1. [答案] AC　　[难度] 难

[考点] 正式的法的渊源的效力原则、内部证成与外部证成、法适用的步骤、法的作用

[命题和解题思路] 这道题运用的是法理学常见的命题方式，即案例分析法，在考查特点上属于多考点的综合题。即使法考对第一阶段客观题考试的考查目标进行了重新定位，更加侧重对基础知识的考查，但综合题的考查形式仍会适当保留。考生答题时要准确解读案例的内容，抓住**关键字**；再判断各选项的考查目的，结合基础知识作出判断。归根结底，综合题就是**基础知识叠加考查**的一种方式，成功解题的关键是抓住知识点中的要点。

[选项分析] 选项 A 考查的是正式的法的渊源的效力原则，因为从题干表述可以看出，在选择法律适用的依据时，原被告双方分别选择了《民法通则》和《道路交通事故处理办法》，而二者规定的内容产生冲突。这时候首先要判断的就是这两个法律文件是否**处于同一位阶**，这主要通过立法主体来判断。二者分别由全国人大和国务院制定，分属"法律"和"行政法规"，所以应当按照上位法优于下位法的原则来解决，适用《民法通则》的规定。选项 A 所说的"特别法优于一般法的原则"是在同一位阶的情况下才会适用的。因此，选项 A 错误。

选项 B 考查的是内部证成和外部证成的区别。法律适用的过程是给法律决定提供充足的支持性理由的过程，即一个法律证成的过程。法律决定的合理性取决于两方面：一方面，法律决定按照一定的推理规则从前提中推导出来；另一方面，推导法律决定所依赖的前提是合理、正当的。从这一视角出发，法律证成分为内部证成和外部证成。内部证成负责法律决定按照一定的推理规则从相关前提中**逻辑地推导出来**。外部证成负责对法律决定**所依赖的前提**进行证成。因此，确定大前提的**法律规范推理**，和确定小前提的**案件事实推理**，都是外部证成。双方当事人关于本案法律适用问题的辩论，是在确定法律推理的大前提，属于外部证成。选项 B 正确。

选项 C 考查的是考生对法的适用步骤的理解。法适用的步骤可以简要概括为确认事实，寻找法律规范，并推导法律决定。在实际的法律适用中，确认事实和寻找法律规范不是各自独立且严格区分的单个行为。就查明和确认案件事实而言，这个过程不是一个纯粹的事实归结过程，是一个**在法律规范与事实之间的循环过程**，即法律人必须

对当事人向他叙述的多姿多彩的芜杂的生活事实进行整理、选择、判断，考虑事实是否具有法律上的重要性、属于哪一个具体的法律调整领域、具体和哪个（些）部门法的具体法律规范有关等，进而用该法律规范所规定的事实构成要件检验当事人所叙述的生活事实，用法律语言将当事人叙述的纯粹的生活事实转化为"法律事实"或案件事实。所以，选项 C 错误。

选项 D 考查的是考生能否对法的五种规范作用作出区分，区分的关键是其**法律行为指向的主体和具体内容**。法的指引作用是指法对本人行为的引导作用，行为的主体是每个人自己。在题干案例中，张某依据《民法通则》第 119 条，要求高某支付女儿的抚养费；而高某依据《道路交通事故处理办法》第 37 条，拒绝作出赔偿，这均体现了法的指引作用。选项 D 正确。

2. [答案] AB　　[难度] 易

[考点] 正式的法的渊源的效力原则；公法、社会法与私法的含义与区别；当代中国法的正式渊源

[命题和解题思路] 无论对于守法还是法的实施而言，正确理解法的渊源及其冲突的解决原则与方法，都是非常重要的。在该题中，命题人采用案例分析法，考查了法理学的传统重点，但是选项 A 的陷阱设计很有技巧，可能令一些考生中招。这要求考生准确理解"特别法优先于一般法"的适用前提。公法、社会法与私法的区别连续两年进行考查，但是难度不大。从这道题来看，考生在备考时吃透历年重点考点，考场上便可运筹帷幄。答题关键是，准确判断两部法律文件的法律渊源类别。

[选项分析] 首先，从制定主体和法律名称及其内容判断，《食品安全法》属于法的正式渊源中的"法律"，《条例》属于"行政法规"。正式的法的渊源在同一事项的规定上产生冲突时，**具体解决原则分为三种情况**：一是不同位阶的法的渊源之间效力冲突的解决原则；二是同一位阶的法的渊源之间效力冲突的解决原则；三是位阶出现交叉时法的渊源之间效力冲突的解决原则。《食品安全法》和《条例》属于不同位阶的法的渊源，二者产生冲突时应当遵循法律高于行政法规的原则，适用《食品安全法》的规定。只有在同一位

阶的法的渊源之间出现效力冲突时，才可以适用"特别法优先于一般法"的原则。A正确。

公法与私法的划分，是大陆法系国家的一项基本分类。一般来说，公法以维护公共利益为主要目的，调整国家与公民、政府与社会之间的关系，遵循权力法定的原则，公认的公法部门包括宪法和行政法等。《食品安全法》中规定食品生产经营许可的法律规范符合公法的特征，具体属于行政法，B正确。

根据《立法法》第108条规定，全国人大常务委员会有权撤销同法律相抵触的行政法规。因此，如果《条例》与《食品安全法》相抵触，法院无权直接撤销，只能由全国人大常委会审查撤销或改变。如果考生不熟悉该条文，只要牢记法院在任何情况下都无权撤销各级立法机关的制定法。制定法的撤销只能由有关立法机关，按照《立法法》授予的权限进行。C错误。

当代中国法的正式渊源包括宪法、法律、行政法规、部门规章和地方政府规章、地方性法规、自治条例和单行条例、国际条约、国际惯例等。因此，在"当代中国法的正式渊源"的语境下，"法律"仅指狭义的法律，即全国人大及其常委会制定的规范性文件。题干中的《食品安全法》属于法律。《条例》的制定主体是国务院，属于当代中国法的正式渊源中的行政法规。D错误。

3. ［答案］BC　［难度］易

［考点］不同位阶的法的渊源之间的冲突原则；公法、社会法与私法的含义与区别

［命题和解题思路］纵览近十年司考和法考，"法的渊源"总受命题人青睐。这个考点散发魅力的原因，在于它涉及法律人职业的核心。为了解决具体争议并获致一个合理的法律决定，法律人需要考虑在哪些地方、在多大范围寻找作为法律决定大前提的法律规范？这就是法的渊源问题，它不仅涉及正式的和非正式的不同渊源，也涉及不同情况下法的渊源冲突的解决，后者也是法考的一个难点。该题命题人采取案例分析法，考查的是行政法规和法律之间发生冲突时的效力问题，解决方法。考生需要结合《立法法》扎实准确掌握好这部分内容。公法、社会法和私法这一分类虽然首次亮相，但是在该题选项中难度不大。

［选项分析］效力位阶是考生在掌握法的正式渊源时，就必须准确理解的。判断法律渊源效力位阶的关键是看制定主体。考生虽然可能不清楚《危险化学品安全管理条例》与《安全生产法》的制定主体，但是从名称上可以推测前者的制定主体是国务院，属于行政法规，后者的制定主体是全国人大常委会，属于狭义的法律。《立法法》第98~100条规定了宪法、法律、行政法规、地方性法规、规章之间的效力位阶，其中法律的效力高于行政法规，A错误。

公法与私法的划分，是大陆法系国家的一项基本分类。该分类最早由古罗马法学家乌尔比安提出，但至今法学理论中并没有形成普遍可接受的单一的公法与私法的区分标准。一般来说，二者在调整对象、调整方式、法的本位、价值目标等方面都存在差异。公认的公法部门包括宪法和行政法等，私法包括民法和商法等。《安全生产法》中有关行政处罚的法律规范属于行政法，是公法，B正确。

由于《危险化学品安全管理条例》和《安全生产法》分属行政法规和法律，因此在相关法律规定产生冲突时，要按照不同位阶的法的渊源之间的冲突原则进行解决，包括宪法至上原则、法律高于法规原则、法规高于规章原则、行政法规高于地方性法规原则等。所以，按照法律高于法规原则，应适用《安全生产法》判断行政处罚的合法性，C正确。

法院在审理案件时，对不同位阶的法的渊源之间的冲突，应当按照前面"上位法优于下位法"的原则选择应适用的法律渊源中的法律规范。但是作为司法机关，法院无权在判决中撤销《危险化学品安全管理条例》中与上位法相抵触的条款。根据《立法法》第108条规定，全国人大常委会有权撤销同法律相抵触的行政法规中的条款。D错误。

4. ［答案］B　［难度］中

［考点］当代中国法的正式渊源、位阶出现交叉时的法的渊源之间的冲突原则、社会法律监督体系

［命题和解题思路］不同位阶的法对同一事项进行规定时，有时会发生冲突，这既会影响国家法制的统一，也会违反"同等情况同等对待"

的要求，损害公民权益。因此，需要设计出一些解决机制。命题人在该题中通过事例分析法考查的就是这个知识点。各选项看起来命制得"漫不经心"，实际上"前方高能预警"，极易出错。预警选项是 B 和 C，考的是考生对法条的熟悉程度。答题要点是首先明确两个法律文件的法律渊源类别（通过立法主体判断），其次准确理解和记忆辅导用书"位阶出现交叉时的法的渊源之间的冲突原则"，以及《宪法》《立法法》的相关条文。

[选项分析] 在学理上，"不同位阶的法的渊源之间的冲突原则包括宪法至上原则、法律高于法规原则、法规高于规章原则、行政法规高于地方性法规原则等"。《母婴保健法》是由全国人大常委会制定的，属于狭义的法律；《婚姻登记条例》是由国务院制定的，属于行政法规。根据《立法法》第 99 条规定，法律的效力高于行政法规，所以《母婴保健法》的法律效力高于《婚姻登记条例》，A 正确。

B 是重点干扰项，这涉及法律冲突的具体解决。辅导用书中对不同位阶的法的渊源之间的冲突如何解决，并没有进行说明，所以该选项难度较大。重点法条是《立法法》第 108 条，据此全国人大常务委员会有权"撤销"（仅仅是撤销）同宪法和法律相抵触的行政法规。但是由于全国人大并不是行政法规的立法主体，所以"不能改变"行政法规。这与《宪法》第 67 条是一致的，根据第七项，全国人大行使的职权包括"撤销国务院制定的同宪法、法律相抵触的行政法规、决定和命令"，也没有"改变"。B 错误。这道题的学理是，"不能越权行使权力"，在解决法的效力冲突时也是如此。

选项 C 超纲了，《立法法》第 110 条规定了"有权提出法律审查建议的主体"，其中公民认为行政法规同法律相抵触的，可以向全国人大常务委员会书面提出进行审查的建议。进而第 113 条规定，"全国人民代表大会有关的专门委员会、常务委员会工作机构应当按照规定要求，将审查情况向提出审查建议的国家机关、社会团体、企业事业组织以及公民反馈，并可以向社会公开"。C 正确。

社会监督是指由各政党、各社会组织和公民依照宪法和有关法律，对各种法律活动的合法性所进行的监督。潘某作为公民，他的行为属于社会监督，D 正确。

5. [答案] BC　　[难度] 中

[考点] 法适用的步骤（确认事实）、当代中国法的正式渊源和非正式渊源、类比法律推理、法的效力的含义

[命题和解题思路] 本题从形式上看，命题人采取案例分析法的命题形式；从内容上看，也是多考点综合题，考点分布广。命题人用代理律师的抗辩意见，巧妙引出对判例在当代中国法的渊源中具体位置的思考（选项 B），而且律师的类比推理法律思维方式也别出一格（选项 C）。综合来看，各考点都算是常规重点，需要考生在备考时抓住重点，扎实掌握。选项 D 考到规范性法律文件和非规范性法律文件在效力上的不同，考生正确作答的关键是能区分"普遍约束力"和"法律约束力"的区别。

[选项分析] 法律人用法律规范解决个案纠纷的过程，在形式上运用的是逻辑中的三段论推理。其中，小前提是查明和确认的案件事实；大前提是选择和确定的符合案件事实构成的法律规范，结论是以整个法律体系的目的为标准，从两个前提中推导出法律裁决。李某因热水器漏电受伤，诉至法院要求厂家赔偿包括精神损害的损失。厂家是否应当进行相应赔偿，在法官需要查明和确认的案件事实中，就包括了李某受伤的等级，这决定了厂家是否需要进行赔偿，以及如果需要赔偿的具体类型和数额。"经鉴定为重伤"是对伤情的事实判断，并未涉及价值判断。A 错误。

正式的法的渊源是指具有明文规定的法律效力，并且直接作为法律人法律决定大前提的规范来源的那些资料，在当代中国主要为以宪法为核心的各种制定法，这是由我国国家和法的本质所决定的。非正式的法的渊源则是指不具有明文规定的法律效力，但具有法律说服力并能够构成法律人法律决定大前提的准则来源的那些资料，如正义标准、理性原则、习惯等。当今中国，法的非正式渊源主要包括习惯、判例、政策。判例作为法律渊源专指一定层级和范围内，法院先前的某一判决具有法律效力，可以成为之后审判同类案件的依据。此时，判例具有法律上的一般约束

力。判例并不是我国正式的法的渊源，B 正确。

类比推理是从个别到个别的推论，是根据两个或两类事物在某些属性上是相似的，从而推导出它们在另一个或另一些属性上也是相似的。类比法律推理是将当前案件与先前判例（先例）进行比较，找出其相同点与不同点，并且判断其重要程度。当一个先例的事实与当前案件的事实，相似到要求有同样的结果时，法官的判决必须依照先例（除非这个早先的判决被否决）进行；而当一个先例的事实与当前案件的事实，不同到要求有不同的结果时，法官的判决必须作出不同判决。该案被告律师认为，一年前该法院在审理一起类似案件时并未判决给予精神损害赔偿，本案也应作相同处理，这是运用了类比推理，C 正确。

选项 D 是重点干扰项。法的效力分为规范性法律文件的效力和非规范性法律文件的效力。规范性法律文件的效力是指法律的生效范围或适用范围。这里的规范性法律文件专指一定国家机关按照法定权力范围，依据法定程序制定出来的、以权利义务为主要内容的、有约束力的、要求人们普遍遵守的行为规则的总称。非规范性法律文件的效力是指判决书、裁定书、逮捕证、许可证、合同等的法的效力。非规范性法律文件是适用法律的结果而不是法律本身，因此不具有普遍约束力。"法律上的约束力"是规范性法律文件的效力和非规范性法律文件都具有的，但不同之处在于，在非规范性法律文件，如判决只对特定事项特定法律关系主体适用，因此不能反复适用，不具有普遍约束力。D 错误。

6. ［答案］A ［难度］中

［考点］权利、当代中国法的非正式渊源（习惯）、法律证成

［命题和解题思路］自改革开放以来，公民权利意识不断提高。在"权利的时代"，各种权利名目被"发明"出来，例如养狗权、眺望权、相思权等。2010 年试卷一第 7 题对"接吻权"进行了考查，在本题中命题人考查的是"悼念权"。本题形式上采取的是案例分析法和否定式设问法，内容上涉及多个考点，考查具有一定广度，其中习惯作为非正式的法律渊源、法律证成考查难度都不大。选项 C 的设问回应的问题是，法律是否应

当保护公民主张的"新型权利"？如何面对权利时代的"权利泛化"？通过判断命题人的考查意图和具体考点，有助于考生正确作答。如果对"经济、社会、文化权利"的涵盖内容不确定，可以用排除法。

［选项分析］A 的考点实际上超纲了。"经济、社会、文化权利"的内容详见下面"难点解析"。本案中的被告侵犯了原告悼念和追思父亲的权利，这不是经济、社会、文化权利，A 错误。

中国法的非正式渊源包括习惯，更具体地说是社会习惯，"它是特定共同体的人们在长久的生产生活实践中自然而然形成的，是该共同体的人们事实上的共同情感和要求的体现，也是他们的共同理性的体现"。中国素来有慎终追远的传统，亲属对死者进行悼念、哀思，符合传统道德情理，属于社会习惯。B 正确。

法律权利，是国家通过法律规定对法律关系主体可以自主决定作出某种行为的许可和保障手段。其特点之一是，不同于"道德权利""自然权利""习惯权利"，法律权利通过法律规范进行规定，因此也被称为法定权利。被告侵犯了原告悼念和追思父亲的权利，这一权利现行法律并没有规定，所以法院以"于法无据"未支持原告诉讼请求。C 正确。

法律适用过程是一个法律证成的过程。法律证成是法官对法律判决提供充足理由的活动或过程，这里既包括依据一定的法律解释方法获得法律规范，即大前提；也包括根据法律确定案件事实，即小前提；还包括按照一定的推理规则从相关前提中逻辑地推导出法律决定。虽然题干没有进行完全交代，但是我们可以看出，法官在得出判决的过程中，进行了裁判理由的说明，可视为法官对判决进行了法律证成。D 正确。

> **难点解析**
> 经济、社会、文化权利
> "经济、社会、文化权利"的官方文本是联合国《经济、社会及文化权利国际公约》，它是国际人权公约的组成部分。该公约第 6～15 条具体规定了权利的内容，包括工作权（第 6 条）、享受公平和良好工作条件、同工同酬、晋升及带薪休假等休息权（第 7 条）、享受社会保障的权

利（第9条）、婚姻自由、家庭权和妇女儿童权益（第10条）、为自己和家庭获得相当的生活水准的权利（包括足够的食物、衣着和住房等）（第11条）、享有最高的体质和心理健康的权利（第12条）、受教育权（第13、14条）、享受科学文化生活的权利（第15条）等。

第五节 法的效力

1. [答案] D　　[难度] 易

[考点] 法律效力、法律解释、备案审查

[命题和解题思路] 最高人民法院《关于适用〈中华人民共和国民法典〉时间效力的若干规定》并不是新文件，而是2020年最高法院发布的司法解释，所以本题算是旧题新解。本题考查的要点也是常规考点，涉及法的溯及力、法律效力、备案审查等，难度不高，只要考生能够辨析法律解释和法律的关系，对法的溯及力问题把握准确，就不会做错。

[选项分析] A选项考查法的溯及力的基本原理。法律一般不溯及既往，但在特殊情况下可以溯及既往。尽管在辅导用书中，==主要强调了刑法可以从旧兼从轻，但并不排除其他法律也可以溯及既往==。本题中所涉司法解释，正是法的溯及力的体现。最高法院以司法解释的形式确认了民法典的溯及力，也是一种制度创新。A选项错误。

B选项具有一定的迷惑性。考生一定要把法的溯及力问题和新法与旧法的问题区分清楚。==法的溯及力是指法律对其生效前的行为是否适用的问题==。而新法与旧法是指在两部法律同时生效的情况，应该适用哪部法律的问题，如《民法通则》和《民法总则》在2017～2020年间同时生效，则涉及新法与旧法的关系问题。最高法院司法解释只是解决了《民法典》是否在其生效前有溯及力的问题，而不是新法与旧法的问题。B选项错误。

C选项考查司法解释的效力。考生对这个考点应该非常熟悉。按照我国的法律解释体制，立法解释的效力与法律相同，但司法解释的效力要低于法律，不能与法律相冲突。C选项错误。

D选项考查对司法解释的监督。根据《法规、司法解释备案审查工作办法》第9条第1款规定，==法规、司法解释应当自公布之日起30日内报送全==

==国人大常委会备案==。据此，该规定应当在全国人大常委会进行备案，这是对司法解释进行备案审查的程序性要求。D选项正确。

2. [答案] C　　[难度] 中

[考点] 法的效力的含义、法的移植的含义、法律规则与语言、法律解释的含义与特点

[命题和解题思路] 该题在命题形式上是"法谚考查法"，法谚言简意赅又意蕴深远，适合对考生进行综合性的全面考查，也可以实现较大跨度的考点选择。可以说，从2013年到2021年，法考法理学客观题的情怀不变，法谚让考生一再感受到那"永远溢淌着智慧和愉悦之水的源泉"。"语言是法律精神的体现"，侧重于==表述法律、法律的语言、语言所承载的法律的意义及其精神三者之间的关联==，选项的设计分别从==法的效力、法律移植、法律规范与语言、法律解释与语言==的角度出发，对其含义进行真假莫辨的解读，需要考生具备一定的知识储备和理解、辨析能力。在答题时，考生要首先判断出每个选项关注的重点内容，结合不同知识的要点和法律适用的具体情况，排除干扰项，作出正确选择。

[选项分析] 法律是以作为"法律语句"的形式表达出来的，它具有语言的依赖性。语言具有不确定性，词语和句子的含义通常是多义的、不确定的、待解释的，甚至是变化的。因此，在实践中需要遵循一定的解释方法，对法律语言表述的含义进行解释，澄清歧义，获得共识。法的效力指法的约束力，是人们应当按照法律规定的行为模式来行为，必须予以服从的一种法律之力。==法的效力是一种体现国家意志性的国家强制力，即使法律的语言是有歧义的，它也依然有效==。只是法治国家需要在法律实施中，尽量排除歧义，保证法律适用的统一。因此，A错误。

法律移植是用来表征同时代（共时性）的国家间相互引进与吸收法律这种实践的术语。它指在鉴别、认同、调适、整合的基础上，引进、吸收、采纳、摄取、同化外国法，使之成为本国法律体系的有机组成部分。法的移植体现的是空间上的内外关系。==是否能够进行法律移植，需要考量国外法和本国法之间的同构性和兼容性、外来法律的本土化条件与制约、法律移植的优选性等==多方面的因素。所以，即使表述法律的语言是可

以被翻译的，也不能说法律必然可以被移植，B错误。

　　法律借助语言得以表达、记载、解释和发展，一切法律规范都是以作为"法律语句"的语句形式表达出来。法律规范以语句作为载体，而语句表达的是法律规范的意义。法律规范不仅具有字面含义，还蕴含着立法者的价值诉求和独立存在于法律内部的合理性所要求的法的"理性的目的"或"在有效的法秩序的框架中客观上所指示的"目的。这就是蕴含在法律规范中的法理，法律规范就是在这样的法理上具体形成并具有意义。因此，C正确。

　　由于语言的多义性，通过语言表述的法律规范具有一定的"开放空间"，如不同的法律概念在不同的表意脉络中会具有不同的含义。因此，在法律解释时需要将待解释的概念置于其上下文中，通过体系解释、主观目的解释、客观目的解释等方法确定其含义。D错误。

3. [答案] D　　[难度] 难

　　[考点] 法的时间效力、法的溯及力、同一位阶的法的渊源之间的冲突原则

　　[命题和解题思路] 该题是围绕"法谚"命制的纯理论阐释题。命题人所选的法谚涉及如何在时间之流中，正确理解法律的时间效力、法的溯及力和法的效力冲突的解决。在时间维度上，一方面，法律是一种在当下对未来约束进行的约定，它需要在未来规范预期出现时，兑现承诺；另一方面，每一个案件到达法院时，争议已经发生，因此法官依法裁判，肯定法的可预期性和安定性，会影响到社会秩序的走向。命题人从这两个方面设计了四个选项，具有一定难度，主考点落在"法的效力"上。该题需要考生具备较高的法理学素养，答题时结合法的时间效力、法的溯及力、同一位阶的法的渊源之间的冲突原则等考点作出判断，必要时运用排除法。

　　[选项分析] A是重点干扰项。法律是调整人的行为的社会规范。社会规范是维系人们之间交往行为的基本准则。虽然法律作为社会规范是以公共权力为后盾，具有特殊的强制性，但是从法与社会的一般关系来看，社会是法产生的基础，"法律应该是社会共同的、由一定物质生产方式所产生的利益和需要的表现"。立法者在制定法律时

需要对社会既存的问题提供解决方案，也需要适当考虑未来可能出现的情况，但是不能说法律的内容规定总是超前的。法官是对已经发生的争议作出判决，其判决根据主要是已经制定生效的法律。当然个别时候，法律的发展会滞后于社会发展，难以解决新的社会纠纷，但是不能说法官的判决根据总是滞后的。A错误。

　　B考查对新法与旧法的含义及二者之间关系的理解。通常在两种情况下言及新法与旧法：（1）在法的时间效力上，新法是对某一事项作出的新的规定，而规范该事项之前的规定就被称为旧法。在同一位阶的法的渊源之间发生冲突时，遵循"新法优于旧法"的原则。该原则也成为法的默示废止的法理依据，在新法律公布后，原有的法律即丧失效力。法官在选择法律规范裁判案件时，应当适用争议发生时规范该事项的最新规定，即新法。从这个角度来看，B错误。（2）在讨论法的溯及力时，也会谈论新法和旧法的关系。法的溯及力指的是争议发生后，在法院裁决案件的过程中，立法机关对争议涉及的法律又制定了新的规定，这时新规定是新法，此前的规定是旧法。一般而言，在刑法领域各国通例是适用"从旧兼从轻"原则，即适用犯罪行为发生时的法律（注意在这里该法律虽然被称为旧法，但是仍属于第一种情况里"争议发生时规范该事项的最新规定"，因此与第一种情况并不冲突）。但是如果新法处罚较轻，就适用新法。从这一角度，B"一律选择适用旧法"也是错误的。

　　法律是否溯及既往，讨论的是争议发生后，在法院裁决案件的过程中，立法机关对争议涉及的法律又制定了新的规定，那么新规定是否可以适用到待决案件上？就有关侵权、违约的法律和刑事法律而言，一般以法律不溯及既往为原则。但是，法律不溯及既往并非绝对。目前，各国刑法采用的通例是"从旧兼从轻"的原则，即新法原则上不溯及既往，但是新法不认为犯罪或者处刑较轻的，适用新法。这符合现代刑法的宽和谦抑精神。此外，在某些有关民事权利的法律中，法律也有溯及力，这是为了给权利提供更多的保障。C错误。

　　在法官审判案件时，案件事实虽然发生在过去，但是"为未来作规定"的法律是在事实发生时有效的法律，它为法律行为的发生提供了可预

测性。因此，法官可以将其作为事实认定的根据。D 正确。

4. [答案] A　　[难度] 易

[考点] 法对人的效力原则、法的空间效力、法的溯及力、法律责任的免责条件（时效免责）

[命题和解题思路] 在本题中，命题人通过简短案例考查几处知识点，综合度较高，每个选项都是"带刺玫瑰"。考生需要辨析空间效力的含义、法对人的效力的含义和原则、法的溯及力的含义以及结合部门法理解时效免责的例外情况。"法的效力"属于"有内涵"的考点，在时间效力、空间效力和对人的效力中，有很多小的知识点值得一考，今后还会在综合题的某个选项中出现。考生备考时可以对每处细微知识点进行归纳总结，为自己赢得胜算。

[选项分析] 法对人的效力是指法律对谁有效力，适用于哪些人。世界各国法律实践先后采用了属人主义、属地主义、保护主义和综合主义四种原则。法的空间效力是指法在哪些地域有效力，适用于哪些地区。赵某因犯罪被立案侦查，在此期间逃往 A 国并一直滞留于该国。在此案中，需要考虑中国的法律可否适用于赵某，即法对人的效力；也要考虑是否可以依据中国的法律处罚已经滞留于 A 国的赵某，以此提出引渡等，即法的空间效力。A 正确。

在法对人的效力上，我国采取属地主义为主，与属人主义、保护主义相结合的综合主义原则。根据《刑法》第 6 条规定，凡在中国领域内犯罪的，除法律有特别规定的以外，都适用本法。赵某虽然逃往 A 国，但是犯罪行为发生在中国，而且是中国公民，走私国家禁止出口的文物也危害到中国利益，所以应该适用中国法律。B 错误。

法的溯及力是指法对其生效以前的事件和行为是否适用。一般新法颁布，会涉及这个问题。这里没有涉及法的溯及力。C 错误。

选项 D 需要结合刑法知识理解。时效免责是指法律责任经过了一定的期限后而免除。根据《刑法》第 88 条规定，在人民检察院、公安机关、国家安全机关立案侦查或者在人民法院受理案件以后，逃避侦查或者审判的，不受追诉期限的限制。赵某已经被立案侦查，所以即使他长期滞留在 A 国，也不能适用时效免责。D 错误。

第六节　法律部门与法律体系

[答案] C　　[难度] 易

[考点] 法适用的步骤、体系解释、法律体系的含义

[命题和解题思路] 引文出自辅导用书"法适用的步骤"部分，命题人采用纯理论阐释法和否定式设问法，巧妙地在不同考点之间进行跳跃，考查跨度大。该题在常规重点之外考了一个非常规重点，即"法律体系的含义"，起到"无招胜有招"的效果。这要求考生要具有非常扎实的法理学基础，"会者不难，难者不会"，会者一眼即可看出错误选项，此题即迎刃而解。如不然，就必须结合法适用的步骤和体系解释的内容来答题，识别其他各项中所运用的障眼法。

[选项分析] 法适用的过程包括确认事实、寻找法律规范、推导法律决定三个步骤，但是它们并非各自独立。一方面，在确认案件事实的过程中，法律人必须结合法律规范对生活事实进行选择、截取和判断，将纯粹生活事实转化为"法律事实"。另一方面，法律人在寻找法律规范时，也必须在该国的法律体系中选择一个与他确定的案件事实相切合的法律规范，并通过法律解释缝合规范与事实之间的紧张关系。引文主要阐述了第二个方面，A 正确。

法律是概括的、抽象的、具有普遍性的行为规范，而且有的法律中还存在概念模糊、规范冲突等问题。当面对具体的案件事实时，需要进行法律解释以理解法律规定的含义。一般而言，在解释方法上首先运用文义解释的方法。当字面含义不清晰时，可以将被解释的法律条文放在整部法律中乃至整个法律体系中，联系此法条与其他法条的相互关系来解释其含义，这就是体系解释的方法。B 正确。

法律体系是指一国的全部现行法律规范，按照一定的标准和原则，划分为不同的法律部门而形成的内部和谐一致、有机联系的整体。法律体系的特征之一是一国现行法构成的体系，反映一国法律的现实状况，不包括已废止的历史上曾有效的法律。因此 C 错误。

D 是重点干扰项。需要考生结合法理学的理论常识进行判断，它也与立法者的目的解释和客观目的解释有关。一方面，立法者在表述法律规

范时，可能会出现词不达意的情况，这会使法律文本的字面含义和立法者真正想表述的内容不一致。因此，在适用法律时，才需要通过立法资料对立法者的目的或意图进行证成。另一方面，客观解释论者认为，法律一经制定即与立法者相分离而成为一种客观存在，立法者赋予法律的意义和期待并不具有约束力，有约束力的是作为独立存在的法律内部的合理性所要求的各种目的。这些合理目的也是随着社会的发展而演变，这也会导致法律的字面含义和法律背后的意义不一致。所以 D 正确。

第七节　法律关系

1. ［答案］D　　　［难度］易

［考点］权利与义务、法律原则的种类、法的作用

［命题和解题思路］养老纠纷是法律实践中较为高发的一类纠纷，对养老机构的责任认定也成为司法裁判中的难题。本题选择了一个在事实认定上存在一定争议的案件进行命制，综合考查了多个知识点，但并未针对案件中的争议点进行深挖，而是"手下留情"，考查的知识点都属于常规考点，选项难度设计不高，属于送分题。只要考生对基础知识点掌握精准，平时多进行类似模拟题的训练，这类题目不会失分。

［选项分析］根据法律关系产生的依据、执行的职能和实现规范的内容不同，可以将法律关系分为调整性法律关系和保护性法律关系。调整性法律关系是指基于人们的合法行为而产生的、执行法的调整职能的法律关系。通常来说，调整性法律关系体现的是法律的指引作用，即人们根据法律规范而对自己的行为作出合法调整。在本案中，王某与养老院之间签订养老协议，委托养老院对孙某进行照护，二者之间所签订的合同体现的是调整性法律关系。保护性法律关系是指由于违法行为而产生的、旨在恢复被破坏的权利和秩序的法律关系，其主要意义在于恢复被破坏的法律秩序。在本案中，由于养老院对孙某照料不周，致使孙某不治而亡，法院判决养老院承担赔偿责任，这体现的是法院对养老院的制裁，是典型的保护性法律关系。因此，A 选项正确，不当选。

法律责任竞合是关于法律责任的原理的一个小要点，并非常考，因为符合法律责任竞合的典型案例并没有那么多。但每次考查，通常都会略有难度，对考生的知识点掌握精准度提出了较高要求。法律责任竞合是指一个法律主体的同一个法律行为导致了两种或两种以上的法律责任的产生，而且这些法律责任之间是冲突的。法律责任竞合与法律责任并存容易混淆，但二者之间在本质上是不同的，也是命题人在命题中喜欢设计的"坑"。本题关于法律责任竞合的考查相对来说比较友好，没有设置太多的障碍，考生只要对案情把握准确，就不易出现判断失误。王某与养老院之间签订养老协议，孙某的死亡体现出养老院并未履行协议所规定的内容，因此养老院应承担违约责任。同时，由于养老院照顾不周，致使孙某病重而亡，养老院存在过错，构成侵权，应承担侵权责任。养老院的同一个行为引发了相互冲突的违约责任和侵权责任。考生可能疑惑的是法院判决并未体现出养老院的违约责任。显然，法院判决体现的只是在责任竞合的情况下选择侵权责任以解决两种责任之间的竞合，而没有忽视养老院的违约责任。B 选项正确，不当选。

法律规范是关于人们行为或活动的应然性要求，包括法律规则和法律原则。无论是规则还是原则，都需要通过语句的形式加以表达，否则规范就永远是抽象的，远离实际生活。我们所看到的实际生效的法律条文，首先，是一些关于规范的语句。其次，通过对这些语句进行理解，我们才能发现其背后所承载的意义，也就是法律规范。因此，法律规则是由规范语句所表达。关于法律规范与规范语句之间的关系，并不是新的考点，在以往考试中多次考查过。考生需要注意的是，并非所有的法律规则都需要以规范语句的形式表达出来，否则法律文本就会太过僵化。此外，在辅导用书中，只是分析了法律规则与规范语句之间的关系。但毫无疑问的是，法律原则同样也需要以规范语句来表达，只是法律原则的规范语句的表达方式在很多时候不同于法律规则的规范语句，因为法律规则表达的是"应该做"，而法律原则表达的是"应该是"。C 选项正确，不当选。

法的证成是指在法律适用过程中对法律决定或判断作出理由支持。法的证成分为内部证成和外部证成两种形式，按照推理规则从相关前提推导出结论的过程是内部证成，对法律决定所依赖的前提的证成属于外部证成。在本案中，法官依

据《民法典》的相关规定和养老院照顾不周的案件事实进行演绎推理，从而作出结论，这个过程属于内部证成。然而，从本案来看，对案件事实的认定是存在争议的。养老院是否存在过错，需要法院进行更进一步的理由说明。所以，法官不能直接依据三段论得出养老院应该承担法律责任的结论，而是需要对养老院在孙某病重而亡的事实上是否存在过错进行新的论证，即外部证成。因此，法官对养老院过错的证成并非从前提推导出结论的内部证成，而是对作为案件小前提的案件事实的外部证成。D 选项错误，当选。

难点解析

法律规范与语言

法律规范与语言之间的关系是理解法律规范的重要方面，也是命题人喜欢反复做文章的一个主题，但辅导用书对这个知识点的介绍比较简略，容易让考生产生很多困惑。对于这个问题，考生需要理解两点。

一方面，所有的法律规范最终都必须通过语言和语句加以表达，否则我们无从获知到底存在哪些规范，但法律规范和语言毕竟是两个方面，二者无法完全匹配，所以就会存在法律表达模糊的问题，因此法律解释和执法、司法者的自由裁量就成为必须。

另一方面，在规范表达上，法律规则与法律原则的要求是不同的。法律规则的规范表达非常严格，通常是规范语句，而且一旦落实到法律条文之中，则必须充分尊重白纸黑字的条文。法律原则也需要通过规范法律条文表达，也会写入法律文本之中，但法律原则并不需要以规范语句来表达，比如法律面前人人平等或者诚实信用，而且法律原则的规范语句背后存在着一个丰富的价值空间，无需拘泥于外在的文字表达，如对平等的理解仅仅从字面表达上不会得出太多信息，反而需要对平等到底是什么进行更深入的探究。在这一点上，法律原则与法律规则存在较大不同。

2. [答案] BD　　[难度] 难
[考点] 法律关系的含义、法律关系主体的含义和种类、权利能力和行为能力、法律关系客体的含义和种类、科技进步对法的影响

[命题和解题思路] 这道题通过人工智能交互主体"小 K"的研发及其生成成果侵权责任的司法裁判，考查了人工智能（AI）生成成果的可版权性，及其权利归属和救济途径。相关问题在知识产权法领域仍存在理论争议，考题从法理学的角度考查科技进步对法的影响，具体涉及法律调整的法律关系的范围、法律关系的主体及其权利能力、法律关系客体的表现形式。考题紧密结合人工智能时代出现的新问题，视角敏锐新颖，体现了很高的命题水准。考生在答题时，需要结合法律关系部分的基础知识，也可以联系民法、知识产权法的相关内容作出判断。

[选项分析] 法律关系的主体是法律关系的参加者，即在法律关系中一定权利的享有者和一定义务的承担者。法律关系主体的权利能力又称权利义务能力，是指能够参与一定的法律关系，依法享有一定权利和承担一定义务的法律资格。在题干描述的情况下，法律关系的主体是赵某和研发团队的其他成员，根据法律规定，他们作为公民从出生时起到死亡时止，具有权利能力。可见，其权利能力作为享有权利和承担义务的法律资格，只存在有无的问题，而没有多少的问题，所以 A 错误。

法律关系是在法律规范调整社会关系的过程中所形成的人们之间的权利和义务关系。法律调整的社会关系范围广泛，但是仍然存在法律不调整的社会关系领域，如爱情、友情等"法外空间"。法律只调整适合由其调整并且应当由其进行调整的社会关系领域。随着科技的发展和人工智能的出现，法律调整的社会关系的范围扩大了，即增加了围绕人工智能交互关系及其相关社会关联的新的社会关系，其中不免会产生新的冲突与问题，需要从法律上提供解决方案。所以，B 正确。

法律关系主体的种类包括公民（自然人）、机构和组织（法人）、国家。"小 K"是人工智能交互主体基础框架，其由核心对话引擎、多重交互感官、第三方内容的触发与第一方内容生成等构成。虽然研发人员为其赋予了虚拟形象、职业身份和人格特质，但是在法律上人工智能仍然是以与人类智能相似的方式做出反应的智能机器（虽然有时甚至表现出比人类更高的智能），它并不能成为法律上的主体，因此也并没有增加法律关系

主体的种类。C 错误。

法律关系的客体是指法律关系主体之间权利和义务指向的对象，包括物、人身、精神产品、行为结果等种类。人工智能的生成物有时表现出惊人的才华，如微软小冰曾生成数万首诗歌，其中 139 首被结集成诗集《阳光失了玻璃窗》。在法律上，人工智能的生成物被认定为设计者通过智力劳动创造的精神产品，即智力成果。与传统的通过物体（书本、砖石、纸张、胶片、磁盘）或大脑记载下来并加以流传的思维成果不同，人工智能融合了文本、全双工语音与实时视觉的新感官，其内部检索模型、生成模型、共感模型经过历次技术迭代可以实现自主学习，其生成物可以达到独创性的要求，这增加了知识产权法律客体的表现形式。所以，D 正确。

3. ［答案］D　　　［难度］中

［考点］法律关系的分类

［命题和解题思路］法律关系的分类是法理学中的基础知识点，也是传统意义上的重点知识点。在司法考试时代，2008 年、2011 年对该考点曾进行单一考点命题（2008-1-7，2011-1-12），但在 2013 年以后该考点只是在综合题的某选项中出现。本题的出现在一定程度上表明了法考客观题的命题趋势转向侧重对基础知识点进行深入考查。所以，考生在备考时要准确掌握基础知识，辨析不同法律关系分类的标准，抓住不同类型法律关系的特点；在答题时还原知识点内容，对题干案例的具体内容作出准确判断。

［选项分析］根据法律关系产生的依据、执行的职能和实现规范的内容不同，可以把法律关系分为调整性法律关系和保护性法律关系。调整性法律关系是基于人们的合法行为而产生的、执行法的调整职能的法律关系，它所实现的是法律规则的行为规则（指示）的内容。保护性法律关系是由违法行为而产生的、旨在恢复被破坏的权利和秩序的法律关系，它执行着法的保护职能，所实现的是法律规则的保护规则（否定性法律后果）的内容。根据题干表述，张某和李某之间存在劳动合同关系（关键词是"员工"），它是调整性法律关系。同时，又存在刑事法律关系（关键信息是"张某找人把李某打成重伤"），它是基于违法行为产生的，是保护性法律关系。选项 A 正确。

根据法律主体在法律关系中的地位不同，可以把法律关系分为纵向（隶属）的法律关系和横向（平权）的法律关系。纵向（隶属）的法律关系是指在不平等的法律主体之间所建立的权力服从关系，其权利义务的特点具有强制性，不能随意转让或放弃。横向（平权）的法律关系是指平权法律主体之间的权利义务关系，其权利义务的特点具有一定程度的任意性。张某和检察院之间的买卖合同关系属于横向（平权）的法律关系，其中权利具有一定程度的任意性，如双方协商一致可以变更合同。选项 B 正确。

张某与法院之间存在刑事诉讼法律关系，其中张某是被告，是犯罪嫌疑人，法院是国家审判机关，二者之间法律地位不平等，权利义务具有强制性，不能随意转让或放弃，所以这是一种纵向法律关系。选项 C 正确。

根据相关法律关系作用和地位的不同，可以把法律关系分为第一性法律关系（主法律关系）和第二性法律关系（从法律关系）。第一性法律关系，是人们之间依法建立的不依赖其他法律关系而独立存在的或在多项法律关系中居于支配地位的法律关系。由此而产生的、居于从属地位的法律关系，就是第二性法律关系或从法律关系。一般来说，调整性法律关系、实体法律关系是第一性法律关系；保护性法律关系、程序法律关系是第二性法律关系。张某和公安机关之间存在基于张某的违法行为而产生的刑事侦查法律关系，即保护性法律关系，也产生了刑事诉讼法律关系，即程序法律关系，所以二者之间存在的是第二性法律关系。选项 D 错误。

4. ［答案］B　　　［难度］易

［考点］法的渊源、义务的分类、法律关系的内容、法律关系的产生、法律关系的主体

［命题和解题思路］命题人依然采取案例分析法的命题形式，在内容上 BCD 三个选项都是围绕法律关系各考点设计的，涉及相对义务和绝对义务的分类、法律关系的产生的条件、法律关系的主体，考生扎实理解这部分内容就可以对选项"斩断决伐"。A 选项的设计，要求考生辨析"规范性法律文件和非规范性法律文件"的不同。考生务必明确规范性法律文件是要求人们普遍遵守的行为规则的总称，具有规范性、一般性的特点。

[选项分析] A 选项涉及**规范性法律文件和非规范性法律文件的区别**。规范性法律文件是要求人们普遍遵守的行为规则，**可以重复适用**。判决只是针对特定的诉讼双方主体作出的法律文书，不能重复适用，属于非规范性法律文件，A 错误。

B 选项涉及**义务的分类**。根据相对应的主体范围将义务分为绝对义务和相对义务。绝对义务（或称"对世义务"）对应不特定的权利人；"相对义务"（或称"对人义务"）对应特定的权利人。根据《民法典》第 1067 条第 1 款的规定："父母不履行抚养义务的，未成年子女或者不能独立生活的成年子女，有要求父母付给抚养费的权利。"因此，甲和乙对小琳的抚养义务是相对义务，B 正确。

法院判决甲和乙支付甲母抚养费，**判决作为一种法律行为，引起甲、乙和甲母之间的基于"债"的法律关系的产生**，形成法律权利和义务关系，C 错误。

题干所述的民事诉讼法律关系中，法律关系的主体有法院、甲母（原告）、甲和乙（被告），小琳不是该法律关系的主体，D 错误。

易混点解析

规范性法律文件和非规范性法律文件

有的考生把判决视为规范性法律文件，这是错误的。**规范性法律文件**是一种总称，是一定国家机关按照法定权力范围，依据法定程序制定出来的、以权利义务为主要内容的、有约束力的、要求人们普遍遵守的行为规则的总称。**非规范性法律文件也是一种总称，它们虽然也具有法律约束力，但是和规范性法律文件相比，具有以下特点：**第一类是针对特殊主体、特殊事件并在特定时间而制定的法律文件，如司法机关在适用法律时对具体案件所作的法律解释；第二类是不重复适用，没有规范性的法律文书，如判决书、公证文书等；第三类是法律主体为了依法实现某种法律结果，而一方、双方或多方就特定事项共同做出的书面记载或达成的特定协议，如遗嘱、合同等。

---

5. [答案] C　　[难度] 易

[考点] 法律关系的种类、法律关系主体的权利能力、当代中国法的正式渊源

[命题和解题思路] 一些公用企业和具有独占地位的经营者（如银行、邮政、电信、水电气等公用企业）常常从自身利益出发，通过"霸王条款"侵犯消费者权益。题干看似在表述公交公司的"霸王条款"如何被法院判决无效，实则命题人在选项设计上考查的是**法律关系（分类、法人主体的权利能力和行为能力）**这一常见重点，难度不大。选项 D 是常考的法的渊源这一重点，考生注意辨识其制定主体。

[选项分析] 按照主体在法律关系中的地位不同，区分纵向（隶属）法律关系和横向（平权）法律关系。纵向法律关系是指在不平等的法律主体之间所建立的权力服从关系，横向法律关系是指平权法律主体之间的权利义务关系。在张某和公交公司之间的服务合同法律关系中，法律主体的地位是平等的，因此这属于横向法律关系。A 错误。

主法律关系是人们之间依法建立的不依赖其他法律关系而独立存在的或在多向法律关系中居于支配地位的法律关系。由此而产生的、居于从属地位的法律关系，就是从法律关系。在实体和程序法律关系中，前者是主法律关系，后者是从法律关系。所以该案中的诉讼法律关系是从法律关系，B 错误。

公民和法人要成为法律关系的主体，必须具有权利能力和行为能力，即具有法律关系主体构成的资格。和公民不同，法人（如公交公司）的行为能力和权利能力是同时产生和同时消灭的。C 正确。

《某市公交卡使用须知》是由该市公交公司制定的，它实际上是一种格式合同，不是地方规章。地方规章的制定主体是省、自治区、直辖市和设区的市、自治州的人民政府。D 错误。

6. [答案] ABC　　[难度] 易

[考点] 法适用的步骤；法律关系的产生、变更与消灭（法律事实、法律事件）；法律关系的种类

[命题和解题思路] 恋爱时你侬我侬，为对方一掷千金，分手时则要求"吃了我的给我吐出来"，这种现象时有发生。实践中也有因之而生的诉讼，或者要求返还不当得利，或者争议是恋爱花销还是借款。命题人以同类争议为引，在该题

中采取案例分析法考查"法律关系"和"法适用的一般原理"两处知识点，考点跨越大，但是都属于常见的重点。前者考到法律关系的分类、法律关系产生的条件，后者考到法适用中的事实认定和法律依据。从选项设计上来看，考得很细，和案例结合非常紧密，需要考生在备考时多通过同类模拟试题，扎实地掌握常见重点内容。实战考试时案例和选项都千变万化，考生必须把书中抽象的理论具体化进行理解，才能在考试时立于不败之地。

[选项分析] 法适用的步骤之一是确认事实。"刘某出具该借条系本人自愿，且并未违反法律强制性规定"这是对案件事实的认定。那么，为什么事实认定中还需要出现法律判断呢？对于事实认定，考生一定要明确的是，这个过程不是一个纯粹的事实归结过程，而是一个在法律规范与事实之间的循环过程。作为法律推理小前提的案件事实，不是一种纯粹的生活事实，而是在考量已知的事实和判断该事实在法律上的意义的基础上，形成的案件事实。A 正确。

法律关系的形成、变更和消灭，需要具备一定的条件。最主要的两个条件是法律规范和法律事实。法律事实是法律规范所规定的、能够引起法律关系产生、变更和消灭的客观情况或现象，它具体分为法律事件和法律行为。出具借条的法律行为，导致了王某和刘某之间产生借款合同法律关系，属于引起法律关系产生的法律事实。B 正确。

第一性法律关系，是人们之间依法建立的不依赖其他法律关系而独立存在的，或在多向法律关系中居于支配地位的法律关系。由此而产生的、居于从属地位的法律关系，就是第二性法律关系。在实体和程序法律关系中，前者是第一性法律关系，后者是第二性法律关系，如因王某起诉产生的民事诉讼法律关系。C 正确。

法律事实具体分为法律事件和法律行为。法律事件是法律规范规定的、不以当事人的意志为转移而引起法律关系形成、变更或消灭的客观事实，具体分为社会事件和自然事件。法律行为是人们实施的、能够发生法律效力、产生一定法律效果的行为。刘某出具借条的法律行为，引起借款合同成立。法官作出裁判的基础是，该法律行为导致有效合同的成立。因此，这里并不是以法

律事件的发生为根据，D 错误。但是"裁判是以……为根据作出"，通常应该是法律规范，选项表述不够严谨。如果考生从这个角度思考，D 也是错误的。

> **易混点解析**
>
> 法律关系产生、变更和消灭中的法律规范、法律事实、法律事件和法律行为
>
> 法律关系的形成、变更和消灭，需要具备一定的条件。最主要的条件是法律规范和法律事实。法律规范是法律关系形成、变更和消灭的法律依据，直接的前提条件就是法律事实。法律事实是法律规范与法律关系联系的中介。依据是否以人的意志为转移，法律事实分为法律事件和法律行为，即法律行为和法律事件都是法律事实的下位概念。法律事件分为社会事件和自然事件，前者如社会革命、战争等，后者如人的生老病死、自然灾害等。

第八节　法律责任

1. [答案] ABCD　　[难度] 难

[考点] 执法的基本原则、法律责任的归责原则

[命题和解题思路] 本题改编自顾某军案。题中设计了对顾某不认定为犯罪而不追究刑事责任的情节，同时兼顾考查执法原则、自由裁量权等常被考生忽视的考点，这一系列组合拳加大了题目难度，对考生的应试能力提出了较高要求。应对这类题目，需要考生对所学知识点融会贯通，不要拘泥于知识点的条条框框，而是真正理解每个知识点背后的原理。

[选项分析] 执法合理性原则是指执法机关在执法时应当权衡多方面的利益因素和情境因素，兼顾公平、公正、合理、适度。在本案中，顾某等人存在虚报注册资本的行为，但其虚报行为本身并无恶意。执法者在认定行政相对人是否违法的情形中，应当充分考虑相对人的行为背景和主观意图，而不能机械地适用冷冰冰的法律条文，所以从本案可以得出，执法者应当遵守合理性原则这一要求。A 选项正确。

B 选项是重点干扰项。法律规范是由法律语句所表达的，法律语句又是由法律概念所构成的。如果不能理解法律概念，则无法完整理解法律规

范的内涵。但法律概念类型多样，而且通常都是抽象和概括的。由于概念是抽象的，而现实却是具体的，**在把抽象的概念与具体的现实进行对应**的过程中，执法者和司法者都需要进行自由裁量。在本案中，恶意注册中的"恶意"就是一个非常抽象和概括的概念。工商部门在判断顾某等是否构成虚报注册资本时，需要运用自由裁量作出综合判断。因此，概念的抽象性是执法者进行自由裁量的原因。B 选项正确。

归责原则是指国家机关在进行归责时应当遵循的原则，主要有责任法定原则、公正原则、效益原则和责任自负原则四种。公正原则是指任何违法、违约行为都应当追究相应的责任，同样如果不存在违法或违约，则通常不应当追究责任。效益原则是指追责时应当进行成本和效益分析，讲求法律责任的效益。在本案中，法院认定顾某等人情节轻微，不构成犯罪，因此不应当追究刑事责任，这体现了责罚相当，也就是公正原则。法院同时认为对顾某进行追责不会产生**实质的社会效益**，这是对**归责的成本和收益**进行分析。考生需要注意的是，通常情况下效益原则在法官的归责之中体现的并不明显，这个往往是作为迷惑选项出现。但在本题中，命题人特别地针对法官的效益计算作出了叙述，因此效益原则是能够体现出来的。C 选项正确。

D 选项同样也是考查自由裁量权，但与 B 选项的切入点不同。B 选项强调的是由于法律概念的抽象性，因此自由裁量是不可避免的。D 选项的落脚点则在于对执法者的自由裁量进行限制，是从应然角度出发的。从本案中可以看出，工商部门在认定顾某是否存在恶意以及是否应当被定为虚报注册资本违法行为的问题上存在着较大的自由裁量空间。要将执法者的自由裁量权限定在**一个合理的范围**之中，就必须综合考虑**法律的客观目的**。D 选项正确。

难点解析

关于自由裁量权

自由裁量权是法理学的一个基础性概念，但在辅导用书中论述不多，容易让考生误以为这个概念不重要。但无论是在执法实践还是司法实践之中，自由裁量权都是不可避免的，也是必要

的。抽象的法律规范与鲜活的法律现实分属于两个范畴，不可能实现完全对应，赋予执法者和司法者以自由裁量权，恰恰反映的是通过执法和司法过程中承担公共权力的主体运用智慧赋予法律规范以生命和活力的意义。只是在实践中，执法者和司法者的自由裁量权必须受到限制，否则就会有滥用之虞。特别是在执法之中，应当通过明确自由裁量权的基准，促使执法者在合法和合理的限度之内进行裁量，才能最大程度地保障行政相对人的合法权益。

2.　［答案］BD　　［难度］中

［考点］法律责任的竞合；法律关系的种类；法律关系的产生、变更与消灭；法律责任的免责条件

［命题和解题思路］命题人采取案例分析法，考查法律责任和法律关系两处"常规重点"。在四个选项设计上，正因为大的考点已经多次考过，所以除了前两项"法律责任的竞合""法律关系的种类"，命题人在选项 C 和 D "避重就轻"考了"事实构成"和"不诉及协议免责"两个冷门考点。考生在答题时，可以通过判断命题人的考查意图和具体考点来锁定相应知识点的内容，再对选项作出判断。

［选项分析］法律责任的竞合分别在 2008 年、2011 年、2014 年考过。它指由于某种法律事实的出现，导致两种或两种以上的法律责任产生，而这些责任之间相互冲突的现象。法律责任竞合的特点是：（1）数个法律责任的主体为同一法律主体。（2）责任主体实施了一个行为。（3）该行为符合两个或两个以上的法律责任构成要件。（4）数个法律责任之间相互冲突。虽然不同的法律部门之间，如民事责任和刑事责任之间能够发生竞合，但是判断的要点仍然是要同时满足四个特点。若李某的罪名成立，一方面，他由于非法吸收公众存款的行为，构成非法吸收公众存款罪，应当承担相应的刑事责任；另一方面，李某向王某借款的行为，成立借款合同，应当按照合同约定的期限，返还借款，否则需要承担相应的民事责任。在这里责任主体实施的是两个行为，且民事责任和刑事责任之间没有冲突，所以不存在竞合。A错误。

法律关系按照其产生的依据、执行的职能和实现规范的内容不同，可以分为调整性法律关系和保护性法律关系。调整性法律关系是基于人们的合法行为而产生的、执行法的调整职能的法律关系，它所实现的是法律规范（规则）的行为规则（指示）的内容。各种依法建立的民事法律关系是调整性法律关系，如李某与王某间的借款合同法律关系。B 正确。

法律关系形成、变更和消灭的条件中，法律规范是法律关系形成、变更和消灭的法律依据；法律事实是直接的前提条件。在分析引起一个法律关系形成、变更和消灭的法律事实时，可以看到一种普遍现象，那就是两个或两个以上的法律事实引起同一个法律关系的产生、变更或消灭。在法学上把两个或两个以上的法律事实所构成的相关的整体，称为"事实构成"。引起该案民事诉讼法律关系产生的事实就是一个事实构成，其中不仅有王某的起诉行为，还有法院的立案受理行为。C 错误。

法律责任的免除也称免责，是指法律责任由于出现法定条件被部分或全部地免除。在我国的法律规定和法律实践中，一种免责形式是不诉及协议免责，即如果受害人或有关当事人不向法院起诉要求追究行为人的法律责任，行为人的法律责任就实际上被免除，或者受害人与加害人在法律允许的范围内协商同意的免责。对于"告诉才处理"的刑事案件和大多数民事纠纷，责任人是向受害人或者民事法律关系的相对方承担责任，而不是向国家承担责任，所以法律将追究责任的决定权交给受害人和有关当事人。王某和李某基于借款合同建立了民事法律关系，王某作为债权人可以免除债务人李某的部分民事责任，D 正确。

3. [答案] BD　　[难度] 难
[考点] 法律责任的竞合
[命题和解题思路] 命题人通过四个小的具体案例，考查法律责任竞合的特征，这比单纯考理论难度升级。命题人故意将看似竞合实非竞合的情况掺杂其中，并设计为不定项，使难度等级再升一格，只要其中一个判断错误就功亏一篑。给考生的答题秘籍是，正确理解法律责任竞合的特征，从特征理解它和其他不属于竞合的情况之间的区别。因

此下面先讲难点解析，再逐一分析选项。

[选项分析] A 是重点干扰项。如果考生对法律责任竞合的理解仅限于表面，就可能在此犯错。方某因无医师资格开设诊所"被卫生局没收非法所得"，并"被法院以非法行医罪判处 3 年有期徒刑"，它虽然符合法律责任的竞合（见下文的难点解析）的前三个特点，但是不符合第 4 个特点，即方某的行为产生的行政法律责任和刑事法律责任是可以并存的，而不是相互冲突，所以这里不存在责任竞合。A 错误。

王某通话时，其手机爆炸导致右耳失聪，可选择以侵权或违约为由追究手机制造商法律责任。这符合法律责任的竞合的 4 个特点的要求，责任主体是手机生产/销售商，一个行为是手机的生产/销售，符合侵权行为法律责任和违约行为法律责任构成要件，这两个法律责任之间相互冲突。如果对手机生产/销售商既追究侵权法律责任，又追究违约法律责任，那会产生对一个手机的生产/销售行为重复追究法律责任的问题，违反了归责中"公正原则"，即责任与损害相均衡，"责罚相当"。B 正确。法律责任竞合一直以侵权责任和违约责任的竞合举例，这个选项不至于选错。

林某因故意伤害罪被追究刑事责任和民事责任，这和选项 A 是类似的情况，符合法律责任的竞合的前三个特点，但是不符合第 4 个特点即林某的故意伤害行为产生的刑事法律责任和民事法律责任是可以并存的，而不是相互冲突，所以这里不存在责任竞合。C 错误。

戴某用 10 万元假币购买一块劳力士手表，其行为同时触犯诈骗罪与使用假币罪，这符合四个特点的要求，责任主体是戴某，一个行为是用 10 万元假币购买一块劳力士手表，符合诈骗罪和使用假币罪的责任构成要件，这两个刑事法律责任之间相互冲突。如果对戴某既按照诈骗罪又按照使用假币罪定罪处罚，也违反了归责中"公正原则"，即责任与违法相均衡，"罚当其罪"。D 正确。考生根据刑法中的"想象竞合"也可以正确作答。

难点解析
法律责任的竞合
竞合，从语义上讲，是竞相符合或同时该当。法律责任的竞合是指由于某种法律事实的出

现，导致两种或两种以上的法律责任产生，而这些责任之间相互冲突的现象。这时，对这些相互冲突的责任不能同时追究，只能追究其一。法律责任竞合既可发生在同一法律部门内部，如民法上侵权责任和违约责任的竞合，也可发生在不同的法律部门之间，如民事责任、行政责任和刑事责任等之间的竞合。

法律责任的竞合的特点是：（1）数个法律责任的主体为同一法律主体。而不同法律主体的不同法律责任可以分别追究，不存在相互冲突的问题。（2）责任主体实施了一个行为。如果是数个行为分别触犯不同的法律规定，并且符合不同的法律责任构成要件，则应针对各行为追究不同的法律责任，而不能按责任竞合处理。（3）该行为符合两个或两个以上的法律责任构成要件。行为

人虽然仅实施了一个行为，但该行为同时触犯了数个法律规范，符合数个法律责任的构成要件，因而导致了数个法律责任的产生。（4）数个法律责任之间相互冲突。如果数个法律责任可以被其中之一所吸收，如某犯罪行为的刑事责任吸收了其行政责任；或可以并存，如某犯罪行为的刑事责任与附带民事赔偿责任被同时追究，则不存在责任竞合的问题。当责任主体的数个法律责任既不能被其中之一所吸收，也不能并存，而如果同时追究，显然有悖法律原则与精神时，就发生法律责任间的冲突，产生竞合。总结一下，就是"**同一法律主体（注意并不是一个，而是责任主体范围一致），一个行为，符合两个或两个以上的法律责任构成要件，数个法律责任之间相互冲突**"。

第二章　法的运行

试　题

第一节　立　法

关于我国立法和法的渊源的表述，下列选项不正确的是：（2013-1-87）

A. 从法的正式渊源上看，"法律"仅指全国人大及其常委会制定的规范性文件

B. 公布后的所有法律、法规均以在《国务院公报》上刊登的文本为标准文本

C. 行政法规和地方性法规均可采取"条例""规定""办法"等名称

D. 所有法律议案（法律案）都须交由全国人大常委会审议、表决和通过

第二节　法的实施

1. 辅警王某在下班途中发现李某违法停车，遂拍照上传至交管系统，后交管部门对李某进行罚款处罚。李某不服，将交管部门起诉到法院。法院经过审理后认为，辅警执法时没有交警在场，取证程序不当，判决撤销该处罚。关于该案，下列哪些说法是正确的？（2022年回忆版）

A. 该案体现出执法具有主动性特征

B. 现代法治具有形式合理性特征

C. 该案判决体现辅警执法具有合法性，但缺乏合理性

D. 辅警发现违法停车即拍照，体现了执法效率原则

2. 春秋时期，强兼弱削，纷争不已。子产执政郑国，铸刑书，择能使之，愿闻庶人议政，养民也惠，使民也义，由是郑国得以安定休养，几及百年。关于执政，子产有言，"唯有德者能以宽服民，其次莫如猛。夫火烈，民望而畏之，故鲜死焉；水懦弱，民狎而玩之，则多死焉，故宽难"。对此，下列说法正确的是：（2019年回忆版）

A. 执法不严会破坏法律的权威性和国家强制性，导致更多违法行为

B. 对任何违法行为都不能姑息纵容，不能免责

C. 在法律适用中宽严相济，赋予法官自由裁量权，就能实现司法公正

D. 科学立法原则要求在立法时可以超出法律规定，斟酌事理情理，宽严结合

3. 王某向市环保局提出信息公开申请，但未在法定期限内获得答复，遂诉至法院，法院判决

环保局败诉。关于该案，下列哪些说法是正确的？（2016-1-60）

A. 王某申请信息公开属于守法行为

B. 判决环保局败诉体现了法的强制作用

C. 王某起诉环保局的行为属于社会监督

D. 王某的诉权属于绝对权利

4. 卡尔·马克思说："法官是法律世界的国王，法官除了法律没有别的上司。"对于这句话，下列哪一理解是正确的？（2015-1-14）

A. 法官的法律世界与其他社会领域（政治、经济、文化等）没有关系

B. 法官的裁判权不受制约

C. 法官是法律世界的国王，但必须是法律的奴仆

D. 在法律世界中（包括在立法领域），法官永远是其他一切法律主体（或机构）的上司

第三节　法适用的一般原理

1. 沈某在祖父去世后继承了其房产，并诉至法院要求继祖母李某搬离该房屋。法院认为，此房屋是李某的唯一居所，且李某年事已高，无其他生活来源，让其搬离违背公序良俗。虽然此房屋并未登记设立居住权，但根据《民法典》中设立居住权的立法目的，应当承认李某的居住权利，故驳回沈某的诉讼请求。对此，下列说法正确的是：（2021年回忆版）

A. 判决体现了法律分配正义的个人需求原则

B. 为了证成李某的权利，法官进行了目的论扩张

C. 沈某的所有权是普通权利，受居住权这一基本权利的限制

D. 为了确保判决的合目的性，法院考量了公序良俗

2. 甲在因公外出的路上因交通事故而受伤，交警无法查明事故原因，只作出了一份交通事故证明。人社局认为甲在因公外出时没有选择必经路线，而是绕路，据此作出不认定为工伤的决定，甲遂诉至法院。法院认为，根据《劳动法》的立法目的，从保护劳动者合法权益出发，劳动者有权自由选择因公外出的路线，故应对甲认定为工伤。对此，下列哪一说法是正确的？（2020年回忆版）

A. 人社局对因公外出的路线的认定，属于当然推理

B. "因公外出"属于评价性概念

C. 法院认为因公外出的路线可以自由选择，这是法的内部证成

D. 交通事故证明属于非规范性法律文件

3. 古有一辩士持白马非马之说。一日辩士骑白马进城，守城门卫说："马过城门须纳税。"辩士称："白马非马，故不须纳税。"门卫不为所动，坚称"不为马不纳税则不能进城"。最终，辩士为了进城只得纳税。对此，下列哪一说法是正确的？（2019年回忆版）

A. 双方讨论的是法律问题而不是事实问题

B. 门卫执法的强制性来源于国家权力

C. "马过城门须纳税"可以直接适用，不需要解释

D. 双方的分歧是"白马是不是马"，对此须进行内部证成

4. 甲公司派员工伪装成客户，设法取得乙公司盗版销售其所开发软件的证据并诉至法院。审理中，被告认为原告的"陷阱取证"方式违法。法院认为，虽然非法取得的证据不能采信，但法律未对非法取证行为穷尽式列举，特殊情形仍需依据法律原则具体判断。原告取证目的并无不当，也未损害社会公共利益和他人合法权益，且该取证方式有利于遏制侵权行为，应认定合法。对此，下列哪些说法是正确的？（2017-1-58）

A. 采用穷尽式列举有助于提高法的可预测性

B. 法官判断原告取证是否违法时作了利益衡量

C. 违法取得的证据不得采信，这说明法官认定的裁判事实可能同客观事实不一致

D. 与法律规则相比，法律原则应优先适用

5. 据《二刻拍案惊奇》，大儒朱熹作知县时专好锄强扶弱。一日有百姓诉称："有乡绅夺去祖先坟茔作了自家坟地。"朱熹知当地颇重风水，常有乡绅强占百姓风水吉地之事，遂亲往踏勘。但见坟地山环水绕，确是宝地，遂问之，但乡绅矢口否认。朱熹大怒，令掘坟取证，见青石一块，其上多有百姓祖先名字。朱熹遂将坟地断给百姓，并治乡绅强占田土之罪。殊不知青石是那百姓暗中埋下的，朱熹一片好心办了错案。对此，下列说法正确的是：（2017-1-90）

A. 青石上有百姓祖先名字的生活事实只能被建构为乡绅夺去百姓祖先坟茔的案件事实

B. "有乡绅夺去祖先坟茔作了自家坟地"是一个规范语句

C. 勘查现场是确定案件事实的必要条件，但并非充分条件

D. 裁判者自身的价值判断可能干扰其对案件事实的认定

6. 关于法的适用，下列哪一说法是正确的？（2015-1-15）

A. 在法治社会，获得具有可预测性的法律决定是法的适用的唯一目标

B. 法律人查明和确认案件事实的过程是一个与规范认定无关的过程

C. 法的适用过程是一个为法律决定提供充足理由的法律证成过程

D. 法的适用过程仅仅是运用演绎推理的过程

7. 徐某被何某侮辱后一直寻机报复，某日携带尖刀到何某住所将其刺成重伤。经司法鉴定，徐某作案时辨认和控制能力存在，有完全的刑事责任能力。法院审理后以故意伤害罪判处徐某有期徒刑10年。关于该案，下列哪些说法是正确的？（2015-1-58）

A. "徐某作案时辨认和控制能力存在，有完全的刑事责任能力"这句话包含对事实的法律认定

B. 法院判决体现了法的强制作用，但未体现评价作用

C. 该案中法官运用了演绎推理

D. "徐某被何某侮辱后一直寻机报复，某日携带尖刀到何某住所将其刺成重伤"是该案法官推理中的大前提

8. "法律人适用法律的最直接目标就是要获得一个合理的决定。在法治社会，所谓合理的法律决定就是指法律决定具有可预测性和正当性。"对于这一段话，下列说法正确的是：（2014-1-92）

A. 正当性是实质法治的要求

B. 可预测性要求法律人必须将法律决定建立在既存的一般性的法律规范的基础上

C. 在历史上，法律人通常借助法律解释方法缓解可预测性与正当性之间的紧张关系

D. 在法治国家，法律决定的可预测性是理当崇尚的一个价值目标

第四节　法律解释

1. 有法谚云："对法律最好的解释是法律本身。"关于这句话，下列哪一说法是正确的？（2022年回忆版）

A. 立法的过程也是法律解释的过程

B. 法律之外无解释

C. 对法律所作的解释都是最佳解释

D. 可以对法律进行客观目的解释

2. 甲为新车购买了车辆损失险，其中规定保险车辆遭受保险责任范围内的意外事故（包括火灾）而造成损失，乙保险公司应依合同规定给予赔偿。后该车因自燃损毁，甲诉至法院要求乙保险公司进行赔偿。法官审理查明，"自燃"属于"火灾"的一种，但由于合同中已将"车辆自燃损失保险"作为车损险的一个附加险进行单独规定，所以其中的"意外事故（火灾）"不包括自燃情况，自燃不属于车辆损失险的赔偿范围。关于该案，下列哪些说法是正确的？（2021年回忆版）

A. 法官运用了体系解释

B. 法官运用了比较解释

C. 法官运用了文义解释

D. 法官适用了法律解释方法的冲突模式

3. "法官是会说话的法律，法律是沉默的法官。"对此，下列哪一说法是正确的？（2020年回忆版）

A. 不经法官，法律就无从解释

B. 不经裁判，在法律上就没有义务

C. 法律不经解释，就无法适用

D. 法律不经法官适用，就没有效力

4. 《全国人民代表大会常务委员会关于〈中华人民共和国刑法〉第一百五十八条、第一百五十九条的解释》中规定："刑法第一百五十八条、第一百五十九条的规定，只适用于依法实行注册资本实缴登记制的公司。"关于该解释，下列哪一说法是正确的？（2016-1-13）

A. 效力低于《刑法》

B. 全国人大常委会只能就《刑法》作法律解释

C. 对法律条文进行了限制解释

D. 是学理解释

5. 王某在未依法取得许可的情况下购买氰化钠并存储于车间内，被以非法买卖、存储危险物质罪提起公诉。法院认为，氰化钠对人体和环境具有极大毒害性，属于《刑法》第125条第2款规定的毒害性物质，王某未经许可购买氰化钠，虽只有购买行为，但刑法条文中的"非法买卖"并不要求兼有买进和卖出的行为，王某罪名成立。关于该案，下列说法正确的是：（2016-1-89）

A. 法官对"非法买卖"进行了目的解释

B. 查明和确认"王某非法买卖毒害性物质"的过程是一个与法律适用无关的过程

C. 对"非法买卖"的解释属于外部证成

D. 内部证成关涉的是从前提到结论之间的推论是否有效

6. 某法院在一起疑难案件的判决书中援引了法学教授叶某的学说予以说理。对此，下列哪些说法是正确的？（2015-1-57）

A. 法学学说在当代中国属于法律原则的一种

B. 在我国，法学学说中对法律条文的解释属于非正式解释

C. 一般而言，只能在民事案件中援引法学学说

D. 参考法学学说有助于对法律条文作出正确理解

7. 张某出差途中突发疾病死亡，被市社会保障局认定为工伤。但张某所在单位认为依据《工伤保险条例》，只有"在工作时间和工作岗位突发疾病死亡"才属于工伤，遂诉至法院。法官认为，张某为完成单位分配任务，须经历从工作单位到达出差目的地这一过程，出差途中应视为工作时间和工作岗位，故构成工伤。关于此案，下列哪些说法是正确的？（2015-1-59）

A. 解释法律时应首先运用文义解释方法

B. 法官对条文作了扩张解释

C. 对条文文义的扩张解释不应违背立法目的

D. 一般而言，只有在法律出现漏洞时才需要进行法律解释

8. 关于我国司法解释，下列哪些说法是错误的？（2014-1-54）

A. 林某认为某司法解释违背相关法律，遂向全国人大常委会提出审查建议，这属于社会监督的一种形式

B. 司法解释的对象是法律、行政法规和地方性法规

C. 司法解释仅指最高法院对审判工作中具体应用法律、法令问题的解释

D. 全国人大法律委员会和有关专门委员会经审查认为司法解释同法律规定相抵触的，可以直接撤销

9. 李某在某餐馆就餐时，被邻桌互殴的陌生人误伤。李某认为，依据《消费者权益保护法》第7条第1款中"消费者在购买、使用商品和接受服务时享有人身、财产安全不受损害的权利"的规定，餐馆应负赔偿责任，据此起诉。法官结合该法第7条第2款中"消费者有权要求经营者提供的商品和服务，符合保障人身、财产安全的要求"的规定来解释第7条第1款，认为餐馆对商品和服务之外的因素导致伤害不应承担责任，遂判决李某败诉。对此，下列哪一说法是不正确的？（2013-1-13）

A. 李某的解释为非正式解释

B. 李某运用的是文义解释方法

C. 法官运用的是体系解释方法

D. 就不同解释方法之间的优先性而言，存在固定的位阶关系

第五节　法律推理

1. 甲和乙通过聊天工具达成一项买卖协议。后两人出现纠纷，甲将乙起诉至互联网法院。互联网法院认为互联网纠纷是双方通过网络信息服务进行交易而产生的纠纷，聊天工具只是信息通信服务，而非信息服务，遂驳回甲的请求。对此，下列哪些说法是正确的？（2023年回忆版）

A. 关于互联网纠纷的规定存在嗣后漏洞

B. 关于互联网纠纷的规定存在明显漏洞

C. 法官进行了目的论限缩

D. 甲和法院之间存在纵向法律关系

2. 张三明知某商店出售的白酒系酒精勾兑，分批多次购买后向商店主张索赔，在商店拒不赔付后将商店起诉至法院。法院审理后认为，根据生活经验，消费者系为生活和生产需要而购买物品者，张三为获利而购买物品，因此不是消费者，

故驳回其请求。对此，下列哪些说法是正确的？（2023年回忆版）

A. 消费这个概念包含着价值判断

B. 法官进行了经验推定

C. 法官对消费者的界定是内部证成

D. 法官对消费者的解释是限缩解释

📶 **3.** 甲公司开发了某款网络游戏，其中的卡通人物涉嫌使用了著名影星乙在某部电视剧中的经典形象。乙遂向法院起诉，要求甲公司停止侵权并赔偿损失。法官经审理认为，《著作权法》并未对网络游戏使用视听作品中的形象作出规定，但网络游戏情节设计与改编视听作品在性质上相似，因此可以认定为《著作权法》第52条所规定的"以改编、翻译、注释等方式使用作品"，遂判决甲公司构成侵犯著作权。对此，下列哪一说法是正确的？（2022年回忆版）

A.《著作权法》所存在的法律漏洞为隐藏漏洞

B. 法官运用了类比推理

C. 法官进行了目的论的扩张

D. 法官创设了新的权利类型

📶 **4.** 侯某在甲公司工作期间发生工伤，经鉴定构成十级伤残。在后续工作中，侯某存在严重违反公司制度等情节，甲公司据此与其解除劳动合同。侯某请求一次性伤残补助，被公司拒绝。后侯某将公司起诉到法院。法官经审理认为，根据《工伤保险条例》第37条，职工本人提出解除劳动、聘用合同的，用人单位需支付一次性伤残就业补助金。举轻以明重，在用人单位辞退员工的情况下，更应该支付补助金。关于该案，下列说法正确的是：（2022年回忆版）

A. 法官所运用的推理形式是当然推理

B. 甲公司解除劳动合同的做法是法律行为

C. 法院作出的判决具有普遍约束力

D.《工伤保险条例》第37条是任意性规则

📶 **5.** 甲男在和乙女结婚时，向乙母吕某支付了彩礼。后二人离婚，甲男要求吕某返还彩礼，吕某主张彩礼属于无偿赠与，后诉至法院。法官调研发现当地确实有送彩礼的风俗，但是甲乙二人办理结婚登记手续后并未共同生活，根据相关司法解释，这属于应当支持返还彩礼的情形，故判决吕某返还彩礼。对此，下列哪些说法是错误的？（2021年回忆版）

A. 法官运用了涵摄的方法

B. 法官运用了反向推理

C. 当地风俗是法官推理的大前提

D. 法官对民俗的查证是法的发现

📶 **6.** 某法院在审理一起合同纠纷案时，参照最高法院发布的第15号指导性案例所确定的"法人人格混同"标准作出了判决。对此，下列哪一说法是正确的？（2017-1-11）

A. 在我国，指导性案例是正式的法的渊源

B. 判决是规范性法律文件

C. 法官在该案中运用了类比推理

D. 在我国，最高法院和各级法院均可发布指导性案例

📶 **7.** 在宋代话本小说《错斩崔宁》中，刘贵之妾陈二姐因轻信刘贵欲将她休弃的戏言连夜回娘家，路遇年轻后生崔宁并与之结伴同行。当夜盗贼自刘贵家盗走15贯钱并杀死刘贵，邻居追赶盗贼遇到陈、崔二人，因见崔宁刚好携带15贯钱，遂将二人作为凶手捉拿送官。官府当庭拷讯二人，陈、崔屈打成招，后被处斩。关于该案，下列哪一说法是正确的？（2016-1-12）

A. 话本小说《错斩崔宁》可视为一种法的非正式渊源

B. 邻居运用设证推理方法断定崔宁为凶手

C. "盗贼自刘贵家盗走15贯钱并杀死刘贵"所表述的是法律规则中的假定条件

D. 从生活事实向法律事实转化需要一个证成过程，从法治的角度看，官府的行为符合证成标准

📶 **8.** 新郎经过紧张筹备准备迎娶新娘。婚礼当天迎亲车队到达时，新娘却已飞往国外，由其家人转告将另嫁他人，离婚手续随后办理。此事对新郎造成严重伤害。法院认为，新娘违背诚实信用和公序良俗原则，侮辱了新郎人格尊严，判决新娘赔偿新郎财产损失和精神抚慰金。关于本案，下列哪些说法可以成立？（2014-1-52）

A. 由于缺乏可供适用的法律规则，法官可依民法基本原则裁判案件

B. 本案法官运用了演绎推理

C. 确认案件事实是法官进行推理的前提条件

D. 只有依据法律原则裁判的情形，法官才需提供裁判理由

9. 范某参加单位委托某拓展训练中心组织的拔河赛时，由于比赛用绳断裂导致范某骨折致残。范某起诉该中心，认为事故主要是该中心未尽到注意义务引起，要求赔偿 10 万余元。法院认定，拔河人数过多导致事故的发生，范某本人也有过错，判决该中心按 40% 的比例承担责任，赔偿 4 万元。关于该案，下列哪一说法是正确的？（2013-1-15）

A. 范某对案件仅做了事实描述，未进行法律判断

B. "拔河人数过多导致了事故的发生"这一语句所表达的是一种裁判事实，可作为演绎推理的大前提

C. "该中心按 40% 的比例承担责任，赔偿 4 万元"是从逻辑前提中推导而来的

D. 法院主要根据法律责任的效益原则作出判决

详　解

第一节　立　法

[答案] BD　　　[难度] 中

[考点] 当代中国法的正式渊源（法律、行政法规、地方性法规）、立法程序（法律案的审议、法律的表决和通过、法律的公布）

[命题和解题思路] 该题题干简单明了，命题人避开常见重点，采用否定式设问法将两处知识点联系起来进行命题。从内容上看，选项无关理论分析和价值判断，都是事实描述和判断的问题，个别选项在考点上甚至有些"冷僻"（选项 B 和 C）。该题展现了命题人对考生的期望：作为一个法律人，应当了解中国现实的法律运作及法律的效力渊源，应当知道在立法中，法律案如何审议、表决、通过，法律如何公布；中国法的正式渊源的内容、范围和通常名称。正确作答要求考生一是理解中国的立法程序，二是全面了解当代中国法的正式渊源。

[选项分析] 法的正式渊源是指具有明文规定的法律效力，可以直接作为法律决定大前提的规范来源的那些资料，如宪法、法律、法规等。当代中国法的正式渊源主要为以宪法为核心的各种制定法，包括宪法、法律、行政法规、地方性法规、自治条例和单行条例、规章、国际条约、国

际惯例等。这里的"法律"仅指全国人大及其常委会制定的规范性文件，A 正确。

法律的公布是立法程序的最后一个步骤，它是法律生效的前提。法律的公布具体是指立法机关或国家元首将已通过的法律以一定的形式予以公布，以便全社会遵守执行。我国公布法律的报刊是全国人大常委会公报以及"在全国范围内发行的报纸"，在全国人大常委会公报上刊登的法律文本为标准文本。B 错误。

C 为重点干扰项，因其考点较为冷僻。我国行政法规的名称，按照《行政法规制定程序条例》第 5 条的规定为"条例""规定""办法"，如《机动车交通事故责任强制保险条例》《企业名称登记管理规定》《有线电视管理暂行办法》。而我国的地方性法规，一般采用"条例""规则""规定""办法"等名称，如《××省法律援助条例》《××省实施〈中华人民共和国产品质量法〉办法》。C 正确。

法律案的审议是立法机关对已经列入议事日程的法律案正式进行审查和讨论。辅导用书在立法程序部分，讲解法律案的审议、表决和通过时，是以全国人民代表大会及其常务委员会的立法程序为例进行说明。其他的立法程序一般参照进行。无论 D 选项的"法律议案"是指的狭义法律层面，还是广义法律层面，说"须交由全国人大常委会审议、表决和通过"，都过于狭窄了。即使是狭义的法律，即"全国人大及其常委会制定的规范性文件"，对于全国人民代表大会制定的法律，是由全国人民代表大会全体会议进行审议、表决和通过的。D 错误。

第二节　法的实施

1. [答案] AB　　　[难度] 难

[考点] 执法、法治

[命题和解题思路] 本题的命制极为精巧，也会让考生"出其不意"。执法是法治实践的热点领域，实践中存在着丰富的案例。随着习近平法治思想相关知识点的不断强化，法理学中关于立法和法律实施的知识点的考查呈现出弱化的趋势，而更多地在习近平法治思想中加以考查。本题的命制却反其道而行之，围绕执法的特点和基本原则进行了全面的考查。考点的设计对考生的知识掌握程度提出了较高要求，而且设置了多个陷阱，

使得本题难度较高。考生在应对该题时，应当扎实掌握**法理学和习近平法治思想关于执法的基本原理**，与案例紧密结合，依据常理、常识、常情，才能准确作答。

[选项分析] 执法是法律实施的重要途径，甚至是最为普遍和广泛的一种实施形式。执法具有多项特征，包括国家权威性和国家强制性、主体特定性、内容广泛性、主动性和单方面性、权力行使的优益性等。执法的主动性是指行政机关在进行社会管理时，应当以积极的行为主动执行法律、履行职责，而不一定需要行政相对人的请求和同意。在本案中，辅警王某在下班路途中发现违法行为，依然主动取证进行执法，这体现了**执法的主动性特征**。考生可能会疑问，既然法官认为李某执法程序违法，那么其执法是否依然能够体现出执法的主动性。这里需要区分的是，执法活动的特征和具体执法行为的合法性问题。执法机关主动履行职责的过程中可能会因为**违反程序而出现执法不当**的情况，但这并不影响执法活动的主动性特征。A选项正确。

现代法治具有丰富的内涵，法治意味着法律具有最高权威、良法之治、人权得到尊重和保障、国家权力必须依法行使等。在本案中，法院判决认为辅警执法程序不当，这体现了国家权力必须依法行使，即符合正当程序。程序的一个重要内涵即是法律应当满足形式化的要求，即使执法的目的是正当的，执法过程也必须符合**严格的步骤和方式**，如果违反了这些步骤，即使其结果合理，执法也与法治相冲突。因此，现代法治具有形式合理性特征。B选项具有一定的难度，如果考生拘泥于现代法治的内涵而不能将**正当程序与形式合理性**相结合，则容易判断失误。法治的形式合理性也是法的程序性特征的体现，因此考生应当对法理学知识点融会贯通。B选项正确。

在本案中，辅警在下班路途中发现违停，在没有警察在场的情况下取证上传。这一做法从目的上来说是正当的，因为违法停车的确违反了法律，对交通秩序造成影响。但辅警执法并未遵守**法律所规定的严格程序**，其取证也不能作为执法的依据。因此，辅警执法是典型的目的合理但程序违法。C选项错误。

D选项具有较强的迷惑性。执法的一个基本原则是执法效率原则，即执法应当采取实现目标的最有效率的手段。在交通执法中，如果出现车主违法停车，对其进行处罚并及时恢复交通秩序是必要的。然而，行政执法的基本原则都有一个基本前提，即所有的执法活动必须是合法的，**只有在合法的基础上才能追求正当程序原则、比例原则和执法效率原则等**。辅警执法虽然具有时间上的效益，但其本身是违法的，所以不能体现执法效率原则。D选项错误。

> **难点解析**
>
> 关于法治理论
>
> 辅导用书中关于法治内涵的知识点是对近现代各种法治理论的高度概括，反映的是关于法治的基本共识。在法理学研究中，关于法治内涵的代表性理论之一是富勒所提出的程序法治观，如果对富勒的观点有所了解，那么考生对本题中的B选项的认识就会更深刻。富勒的程序性法治观包含以下八项要求，这八项要求更多的是突出法治的形式意义：
>
> （1）一般性（普遍性）；
>
> （2）公布；
>
> （3）非溯及既往；
>
> （4）明确；
>
> （5）不矛盾；
>
> （6）可为人遵守；
>
> （7）稳定性；
>
> （8）官方行为与法律的一致性。

2. [答案] A　　[难度] 难

[考点] 执法的特点、归责与免责、司法的原则、科学立法原则、依法立法原则

[命题和解题思路] 子产是春秋时期著名的政治家、思想家。他在执政郑国期间，推行政治经济改革，与楚、晋等国外交，使郑国出现中兴局面。题干中的引文选自《左传·昭公二十年》，是子产临终前以水火为喻，告诫继任者子太叔为政之道，阐明了"宽以济猛，猛以济宽"之宽猛相济的观点。该观点既是子产执政二十多年内政外交的经验总结，也是先秦儒家对历史政治统治经验的高度概括和提炼。后来，宽猛相济成为中国历代统治者治理国家的根本手段，在中国当代刑事政策中也多有贯彻。该题选项主要结合法的运

行中的相关考点设计，具有一定的干扰性。考生在解答这类题时，首先需要准确解读题干内容，对其观点作出基本概括（宽猛相济）；其次再结合这一基本观点审慎排查各选项，通过识别相关考点，复原考点要点作出准确判断。

[选项分析] 子产的话的原意是：只有有德行的人，才能够用宽和的方法来使民众服从，差一等的人不如用严厉的方法。例如，火的特点是猛烈，百姓一看见就害怕，所以很少有人死在火里；而水的特点是柔弱，百姓轻视而玩弄它，有很多人便死在水里。因此，宽和的施政方法很难施行。以此观之，执法不严代表在执法中不严格按照法律的规定行使管理职权、履行职责、实施法律，即放松法律的标准。由于行政机关执行法律的过程就是代表国家进行社会管理，其具有国家权威性和强制性，所以执法不严会破坏法律的权威性和国家强制性，使人们轻视法律的权威，导致更多违法行为。A 正确。子产身后的史实也证明了这一点，子太叔执政后，不忍心严厉而用宽和方法施政。结果郑国的盗贼很多，聚集在叫萑苻的湖沼附近。子太叔很后悔，说："要是我早听他老人家的话，就不会到这种地步了。"于是，他派步兵去攻打萑苻的盗贼，把他们全部杀了，盗贼才有所收敛。

子产的话并不是一味强调施政以猛，他所说的"猛"，实际是为了预防犯罪，重点是审时度势，宽猛相济。所以在历史上，孔子听说发生在郑国的事后，还对此作出评价："善哉！政宽则民慢，慢则纠之以猛；猛则民残，残则施之以宽。宽以济猛，猛以济宽，政是以和。"对违法行为不能姑息纵容，应当根据违法的具体情况进行责任的归结。但是，有的时候如果出现了法律上规定的条件，责任人所应当承担的法律责任就可能被部分或全部地免除，如时效免责、不诉免责、协议免责、自首和立功免责、人道主义免责等情况。B 的表述过于绝对，是错误的。

在法律适用中应当宽严相济，为此常常需要赋予法官自由裁量权，但是由此却带来一些问题。例如，在刑事审判司法实践中，不同法官对自由裁量权行使的具体尺度把握不统一，常造成宽严相济刑事政策在具体刑事个案中表现的结果不一致。这具体表现在，一些案情相似的案件，各省在量刑结果上存在着较大的差距；在审判实践中，

同一个案件一审和二审的量刑结果也可能相差很大。因此，通过相关法律规定对量刑幅度进行细化，有助于制约刑事案件法官的自由裁量权，更好地落实宽严相济的刑事政策，并同时实现司法公正。C 没有看到这一问题，是错误的。

科学立法原则要求立法应当尊重社会的客观实际状况，根据客观需要，反映客观规律的要求，注意总结立法现象背后的普遍联系，揭示立法的内在规律，避免主观武断地制定法律。因此，应当从实际出发，科学合理地规定公民、法人和其他组织的权利与义务、国家机关的权力与责任。科学立法原则需要在立法时斟酌事理情理，宽严结合，但是这并不代表立法可以超出法律规定进行，因为这和依法立法的原则是冲突的。依法立法原则要求，立法必须以宪法为依据，遵循宪法的基本原则，符合宪法的精神。同时，立法主体、立法权限、立法内容、立法程序都应当符合法律的规定，立法机关必须严格按照法律规定行使职权，履行职责。所以，D 错误。

3. [答案] ABC　　[难度] 易

[考点] 守法的含义与构成、法的规范作用与社会作用、社会法律监督体系、权利的分类

[命题和解题思路] 信息公开能够促进政府行为规范化，推动依法行政。2015 年 4 月，国务院办公厅印发了《2015 年政府信息公开工作要点》，其中环境保护是 9 大重点推进的信息公开领域之一。命题人以此为背景，采取案例分析法考查了多个考点，具有一定广度。考生需要判断命题人在各考点的考查意图，如在本题中守法是否仅仅是履行义务？如何理解判决中体现的法的强制作用？如何理解社会监督的多种形式？诉权属于何种权利类型？这样再结合复习时总结归纳的要点，就取得了"解题密码"。

[选项分析] A 是重点干扰项。守法是指公民、社会组织和国家机关以法律为自己的行为准则，依照法律行使权利、履行义务的活动。守法内容包括行使法律权利和履行法律义务，两者不可分割。如果把守法内容仅仅理解为消极、被动地履行义务，即做法律所要求做的事或者不做法律所禁止的事，就可能认为王某的行为与守法无关。对于守法，一定要注意的是它还包括积极主动地行使自己的权利。公民王某有向市环保局提

出信息公开申请的权利（《政府信息公开条例》第20条），他的行为是守法行为，A 正确。

在法的规范作用中，强制作用是指法可以通过制裁违法犯罪行为来强制人们遵守法律。这里，强制作用的对象是违法者的行为。法的强制作用体现了法律的权威，有助于使法律的规定转化为社会现实，实现社会的良性有序发展。法院判决环保局败诉，是对环保局的违法行为的制裁，并进而强制其遵守法律，公开政府信息，这体现了法的强制作用。B 正确。

法律监督体系由国家机关的监督和社会监督组成。社会监督是非国家机关的监督，是指由各政党、各社会组织和公民依照宪法和有关法律，对各种法律活动的合法性所进行的监督。根据主体不同，它分为中国共产党的监督、社会组织的监督、公民的监督、法律职业群体的监督和新闻舆论的监督等。王某起诉环保局的行为是其中的公民监督，属于社会监督。C 正确。

在权利的分类中，根据相对应的主体范围不同，将权利分为绝对权利和相对权利。绝对权利，又称"对世权利"，是对应不特定的法律主体的权利。相对权利又称"对人权利"，是对应特定的法律主体的权利。由于环保局在法定期限内没有答复王某的申请，王某提出行政诉讼，其诉权针对环保局，该权利对应的主体是特定的义务人，属于相对权利。D 错误。

4. [答案] C　　[难度] 易

[考点] 法与社会的一般关系；司法的含义、特点和原则

[命题和解题思路] 因为马克思主义法理学的研究传统，辅导用书和考题中经常出现对马克思名言的引用。该题采取纯理论阐释法考查对这一"名家名言"的理解。命题人采用虚张声势的策略，故意把四个选项进行包装，考验考生的辨识力。这种题不易作答的地方在于，一是从不同角度理解一句话，"横看成岭侧成峰"，难以分辨正误；二是考点不明晰，答题时，考生需要确定相近考点，仔细辨别选项表述的内容，用排除法作答。这道题既然是在讲"法官"，那就是和司法、司法的特点和原则有关。

[选项分析] 法以社会为基础。法对社会的调整，是"通过调和社会各种冲突的利益，进而

保证社会秩序得以确立和维护"。"为了有效地通过法律控制社会，必须使法律与其他的资源分配系统（宗教、道德、政策等）进行配合"。法官的法律世界不能和其他社会领域隔绝，司法需要面向社会的世俗生活，为人们社会生活中的困惑、矛盾和冲突寻找到切实的法律解决方案。在很多经典案例的判决中，都不仅体现了法官对法律的理解，也展现了法官们对社会生活其他领域的深刻体察，展现了法官们的实践智慧。A 错误。

法官在司法中行使裁判权时，需要依照法定程序、依法裁判案件，必须正确适用法律，不得滥用职权，枉法裁判。裁判权不仅受到制约，也受到监督，不能任意行使。这和司法机关依法独立行使职权的司法原则并不矛盾，该原则不仅强调司法权的专属性，行使职权的独立性，也具有行使职权合法性的含义。B 错误。

法官是法律世界的国王，但必须在裁判中"以法律为准绳"，严格依法裁判，按照法律所规定的权限，严格按照法定程序裁判案件，不能任法而为，枉法裁判。这就是做法律的奴仆，是法治原则在司法领域的体现。C 正确。

法官的法律世界只是司法领域，在这一领域它对案件有裁判权。但是根据职业分工，立法者、执法者、法官、检察官、律师等分别从事不同的工作，行使不同的权力/权利，必须遵从国家权力体制的架构。法官不能成为其他一切法律主体（或机构）的上司，D 错误。

第三节　法适用的一般原理

1. [答案] ABD　　[难度] 难

[考点] 正义、目的论扩张、可预测性与正当性

[命题和解题思路] 该题取材社会生活中的案例，考查了《民法典》中"居住权"的司法适用。在《民法典》中，这一制度设立的目的是"落实党中央的要求，认可和保护民事主体对住房保障的灵活安排，满足特定人群的居住需求"。题干争议的情况并非"居住权"的法定情形，法官基于特殊考量在法律适用中追求了判决的合理性。该题在考点选择和选项设计上都体现出一定的理论力度，突破了以往的命题窠臼。考生在答题时，需要先回归基础知识点，再结合案例描述，对选

项作出分析和判断。在对知识的理解上，既要灵活又要严守概念本身的内涵。

[选项分析] 在正义这一法的价值上，分配正义涉及一个共同体或社会如何分配其成员作为共同体的一个分子的基本权利与义务，如何划分由大家的合作所产生的利益与负担。分配正义的个人需求原则指的是，按照每个社会成员的个人需求进行分配。这一分配原则的依据是，个人作为人自身就是目的，个人作为人应当得到维持其存在的物与东西。所以，最低生活保障等各种社会福利制度安排，就是满足人作为人的必然的客观的个人需求。如果把国家对整个共同体成员的权利设置和保障视为分配正义调整的范围，那么"居住权"制度的设立体现了个人需求原则的运用。因此，该案判决对李某居住权利的确认和保障，是运用个人需求原则的体现，A 正确。

目的论扩张是指虽然法律规范的文义没有涵盖案件事实，但是依据法律的规范目的应该将相同的法律后果赋予该事实，故将该法律规范的适用范围扩张到该案件事实上。根据《民法典》的规定，居住权的设立有合同和遗嘱两种方式，但是从题干描述来看，李某对房屋的合法居住既没有基于合同约定，也没有基于遗嘱。但是法官认为，"房屋是李某的唯一居所，且李某年事已高，无其他生活来源"，所以根据《民法典》中设立居住权的立法目的，承认李某的居住权利，将相应法律规范的适用范围扩张到该案件事实上。这是运用了目的论扩张，B 正确。

如果以普通权利和基本权利来对法律权利进行分类，基本权利应该是宪法中规定的公民享有的重要的、必不可少的那些权利，此外的权利都属于普通权利。因此，所有权是普通权利，而《民法典》中规定的居住权也是普通权利。C 错误。

在法治社会，合理的法律决定意味着法律决定具有可预测性和正当性（又称合目的性）。法律决定的正当性意味着按照实质价值或某些道德考量，法律决定是正当的或正确的。法官在裁判理由中指出，房屋是李某的唯一居所，且李某年事已高，无其他生活来源，让其搬离违背公序良俗，因此虽然此房屋并未登记设立居住权，但仍通过目的论扩张的法律方法承认李某的居住权利。所以，D 正确。

2. [答案] D [难度] 难

[考点] 当然推理、法律概念的分类、内部证成与外部证成、法的效力的含义

[命题和解题思路] 这道题取材于真实案例，为了兼顾多个考点，对事实进行了一波三折的改造，从命题类型上属于一道多考点的综合题。在考点选择上，选项 A 和 B 都是 2018 年、2019 年的新增考点，体现了逢新必考的命题规律，也增加了考试的难度。选项 C 和 D 都是法理学的重点考点，所以这道题比较考验考生的知识储备和对知识点掌握的精准度，是一道典型的"不送分题"。在解题时，大家需要用慧眼拨开题干的纷繁表述，抓住每个选项的考查重点，用每个知识点中的概念内涵进行分析判断。这要求考生在备考时，对每个知识点中概念的相互辨析要掌握准确，如不同法律推理的类型、评价性概念、描述性概念和论断性概念的区分、内部证成和外部证成的区分、规范性法律文件和非规范性法律文件的区分等。

[选项分析] 当然推理是指由某个更广泛的法律规范的效力，推导出某个不那么广泛的法律规范的效力，它的特点是根据两类案件事实的性质轻重程度进行判断和推理。具体来说，当然推理包括两种形式，分别是举轻以明重和举重以明轻。人社局对因公外出的路线的认定指出，"甲在因公外出时没有选择必经路线，而是绕路，故作出不认定为工伤的决定"，这里并没有对两类案件事实的性质轻重程度进行判断，所以没有适用当然推理，A 选项错误。事实上，人社局预设的推理前提是，因公外出是指按照必经路径前往工作地点，从而对甲的行为性质作出认定，这是运用了演绎推理。

在法的概念的分类中，评价性法律概念和描述性法律概念、论断性法律概念相区分，它们都是按照概念的功能对法律概念进行的分类。评价性法律概念是指包含对事实或事物的价值判断的概念，它以一种特殊的方式指涉被评价的事实，如正当防卫、公序良俗等。因为涉及价值判断，而价值判断又是和主体关联在一起的，只能获取价值共识，所以含有评价性概念的命题没有真假之分。"因公外出"并非评价性概念，因为根据《最高人民法院关于审理工伤保险行政案件若干问题的规定》第 5 条的规定，"因工外出"是指职工

受用人单位指派，到外地或者工作场所以外的地方工作、学习、开会、参加社会活动，以及因为工作需要外出从事与工作职责有关的活动。是否存在因公外出可以通过具体事实进行判断，而不需要进行价值判断。所以，"因公外出"实际上是一个描述性的概念，即描述事实的概念。B 选项错误。

在法律证成中，内部证成是指按照一定的逻辑规则，通过各个前提，逻辑地推导出法律决定。内部证成关注的是各个前提与结论之间的逻辑关联问题，即从前提到结论之间的推论是否有效。外部证成则是指对法律决定所依赖的前提的证成，它关注的是法律决定所依赖的前提的正确性和合理性。外部证成的主要对象是在内部证成过程中所使用的各个前提。简单地说，内部证成关注由前提到结论的逻辑推导步骤，而外部证成则关心各前提本身的证成。在题干的案例中，法官内部证成需要解决的是"人社局作出不认定为工伤的决定"是否正确，是否应予撤销。对此作出判决，需要回答的一个前提是，如何确定甲因公外出的路线？所以，法院认为因公外出的路线可以自由选择，这是法的外部证成，C 选项错误。

在法的效力问题上，规范性法律文件专指一定国家机关按照法定权力范围，依据法定程序制定出来的、以权利义务为主要内容的、有约束力的、要求人们普遍遵守的行为规则的总称。非规范性法律文件则是指判决书、裁定书、逮捕证、许可证、合同等，它是适用法律的结果而不是法律本身，它只对特定事项特定法律关系主体适用，因此不能反复适用，不具有普遍约束力。交通事故证明是适用相关行政法律的结果，属于非规范性法律文件，D 选项正确。

3. [答案] B   [难度] 难

[考点] 法适用的步骤、法的特征（强制性）、法律解释的特点

[命题和解题思路] 白马非马是我国古代的一个著名哲学命题，出自《公孙龙子·白马论》，它是战国时期赵国的公孙龙提出的。从逻辑学上看，公孙龙发现了名词的外延和内涵的关系，即就"马"的外延来说，"马"这个名词包括白马在内；但是就"马"的内涵来说，"马"这个名词指马的本质属性，和"白马"这个名词所代表的

概念属性是有区别的。所以，不能把这两个名词混同起来。但是，"白马非马"割裂了语言概念与内在实质含义的联系，用语言概念绕开本质进行诡辩。该题通过辩士骑白马进城与门卫的一番交涉为案例，结合法律适用、法的特征等考点进行命题，巧妙有趣。答题时，大家不必纠结"白马非马"原本的争论，而应注意通过题干和选项判断命题人的考查意图，再结合相关考点内容作出判断。

[选项分析] 法适用的过程包括确认事实、寻找法律规范、推导法律决定三个步骤，但是它们并非各自独立。一方面，在确认案件事实的过程中，法律人必须结合法律规范对生活事实进行选择、截取和判断，将纯粹生活事实转化为"法律事实"。另一方面，法律人在寻找法律规范时，也必须在该国的法律体系中选择一个与他确定的案件事实相切合的法律规范，并通过法律解释缝合规范与事实之间的紧张关系。题干案例虽然涉及的是执法问题，但是一样存在确认事实和法律规范解释之间的交融关系。守城门卫说的"马过城门须纳税"是在陈述一个法律规范，而辩士辩称的"白马非马"是进行事实上的争辩，"故白马不须纳税"则是认为该事实不能被涵摄在"马过城门须纳税"的法律规范之下。门卫坚称"不为马不纳税则不能进城"则是在重申法律规范的同时，暗指"白马亦马"，理应纳税。所以，双方讨论的不仅是法律问题，也是事实问题。A 错误。

从题干可以看出，无论辩士如何巧舌如簧，最终为了进城仍不得不为马纳税。这是因为，"马过城门须纳税"是国家法律，守城门卫代表国家执行这一法律规则。法的特征之一是，法具有国家强制性，是以国家强制力为后盾保证实施的社会规范。作为一种国家强制的法律强制，是以军队、警察、法庭、监狱等国家暴力为后盾的强制，其合法性基础在于国家权力的合法性和有效性。门卫在对法律进行执行时所具有的强制性，来源于法律自身所具备的国家强制性，而其是来源于赋予法律效力的国家权力。B 正确。

法律是以日常语言或借助日常语言而发展出来的术语表达，这些用语具有歧义性、模糊性和价值的开放性。因此，法律具有意义的选择空间和多种说明的可能性，这意味着全部法律文字在原则上都是可以解释的，并且需要解释。在这个

意义上，法律适用的过程就是一个法律解释的过程。所以，"马过城门须纳税"作为一个法律规则，也是需要进行解释的。例如，当辩士提出"白马非马"时，门卫就需要对规则中"马"的含义作出解释，即马是一种脊椎动物亚门哺乳纲奇蹄目马科马属的草食性动物，其可能有不同的毛色，如白色、褐色、黑色等。因此，C错误。

内部证成是指按照一定的逻辑规则，通过各个前提，逻辑地推导出法律决定。它关注的是各个前提与结论之间的逻辑关联问题。外部证成的主要对象是，在内部证成过程中所使用的各个前提。简单地说，内部证成关注由前提到结论的逻辑推导步骤，而外部证成则关心各前提本身的证成。在题干案例中，双方围绕"马过城门须纳税"这一法律规则，结合具体事实"白马过城"，争辩的是"白马过城门是否须纳税"，这是法律证成需要得出的结论，也是内部证成的目标。为此需要进行证明的前提之一是，"白马是不是马"，而这是外部证成需要解决的。所以，D错误。

4. ［答案］ABC　　　［难度］中

［考点］法适用的目标、法适用的步骤（确认事实）、法律规则与法律原则的适用

［命题和解题思路］商场如战场，那么在商场是否也可以像战场一样运用兵法策略，如本案这样乔装改扮，关门捉贼？命题人取材真实案例，运用案例分析法设计了该题目，除了D选项这一常见重点外，其他三个选项考点都不是很明晰，在一定程度上增加了本题的难度。考生可以通过选项中的关键词，如"法的可预测性""利益衡量""裁判事实与客观事实"来判断命题人的考查意图，再结合相关知识点对选项作出判断。

［选项分析］法律中的穷尽式列举指的是，在某一具体的法律规则中，无一遗漏地列举了全部具体情况。这使法律规则更为清晰明确，有助于提高法的可预测性。穷尽式立法也为法官作出法律决定提供了明确的依据，有利于实现法律适用的可预测性。A正确。该选项实际上超纲了，与立法技术有关，需要考生对法的可预测性有较完整的理解。（但是在立法中，有时为了提高法对千变万化的社会生活的适应性，会运用"其他情形"等兜底条款。）

司法裁判中的利益衡量是法官运用自由裁量权的产物，在制定法存在一定解释空间或者法律规定比较概括模糊的情况下（如本案"法律未对非法取证行为穷尽式列举"），法官可以在裁判中进行利益衡量。它具体指法官在不违反法律规定的前提下，根据个案的具体情况，对相关利益关系进行确认、比较、权衡、取舍，最终对更重要的利益予以保护。判断法官对"原告取证违法与否"是否进行了利益衡量，要在题干中寻找相关字句。题干中有"原告取证目的并无不当，也未损害社会公共利益和他人合法权益，且该取证方式有利于遏制侵权行为"的字句，表明法官在"原告的著作权权益"与"社会公共利益和他人合法权益"之间进行了利益衡量，认为原告的著作权权益更值得保护。B正确。该选项也超纲，但是不难判断。

C是重点干扰项。法适用的步骤包括**确认事实、寻找法律规范、推导法律决定**三个方面。其中查明和确认事实是为推导法律决定所适用的三段论推理提供小前提。查明和确认案件事实需要对芜杂的生活事实进行整理、选择和判断，将其转化为"法律事实"才能将一定的规范适用在特定的案件上。法官认定的裁判事实（"法律事实"）需要通过合法的证据进行支持。违法取得的证据不得采信，客观上会导致法官建构的裁判事实和客观事实有出入。在刑事领域，这是为了遏止国家机关违法取证的行为，保障公民基本权利；在民事领域，是为了制止私主体为赢得诉讼不惜侵害公共利益或他人合法权益，作出违反法律禁止性规定的行为，二者都重在彰显程序公正的价值。C正确。该选项的瑕疵是，和本案的具体情况不一致，只能说是对题干"虽然"一句的补充说明。

从内容上看，法律规则明确具体，有具体的假定条件、行为模式和法律后果；而法律原则较为笼统，在对行为的设定上，只提出一些概括性的要求，并不通过具体的行为模式，规定应当如何去实现或满足这些要求。因此，法律规则能最大限度实现法的确定性和可预测性，防止法官在法律适用上的"自由裁量"。在个案裁判中，应当优先适用法律规则。穷尽法律规则，方得适用法律原则，即只有出现无法律规则可循的情况，才可以适用法律原则弥补"法律漏洞"。D错误。

5. [答案] CD　　[难度] 难

[考点] 法适用的步骤（确认事实）、法律规则与语言

[命题和解题思路] 题干案例出自明末凌濛初的拟话本小说集《二刻拍案惊奇》卷十二 "硬勘案大儒争闲气"，命题人着眼于 "硬勘" 二字上，采用案例分析法，从多角度考查了法适用的步骤中 "确认事实" 这一考点，具有一定深度。因为选项的内容在辅导用书中并没有直接涉及，因此对考生提出较高要求。尤其是选项 A 具有一定的迷惑性，以往考题注重考查 "事实确认" 和 "法律规范" 之间的关系，该题则重在 "生活事实" 和 "案件事实" 之间的差异。选项 B 结合考查了 "法律规则与语言" 中的 "规范语句"，但是难度不大。该题需要考生在备考时全面掌握 "法适用的步骤" 这一考点，多做真题和模拟试题，以训练实例分析能力。需要指出的是，选项 C 表述存在瑕疵，是可争议的。

[选项分析] A 是重点干扰项。法适用的过程包括确认事实、寻找法律规范、推导法律决定三个步骤。在确认案件事实的过程中，需要对芜杂的生活事实进行整理、判断、选择、截取，一方面通过合法、真实的证据查明确认事实，另一方面结合法律规范，考查事实在法律上的重要性，循环往复以形成案件事实。因此，作为法律推理小前提的案件事实，不是一种纯粹的生活事实，而是在考量已知的事实（通过证据进行支持）和判断该事实在法律上的意义的基础上，形成的案件事实。当存在多种案件事实可能性的情况下，就需要进一步补充证据，尽可能缩小最终形成的案件事实和生活事实之间的差距。青石上有百姓祖先名字的生活事实既可以被建构为 "该坟地是该百姓祖先坟茔，被乡绅夺去" 的案件事实，也可以被建构为 "该青石是百姓事先暗中埋下，伪造证据诬陷乡绅" 的案件事实。因此，在这种情况下，朱熹应当不只是依靠 "硬勘" 的证据，还要进一步寻找和收集更多证据以排除其他可能性，确认案件事实。所以，A 错误。

在法理学中，"规范语句" 专指表达法律规范时所运用的特定语句，它通常运用 "必须" "应该" 或 "禁止" 等这样的道义助动词，以表达义务性规范，或者运用 "可以" 这样的道义助动词，以表达授权性规范。"有乡绅去祖先坟茔作了自

家坟地" 不是一个规范语句，仅是百姓对案件事实的陈述（该事实还需要经过司法机关在法律适用中进行确认）。B 错误。

勘查现场是对事发处所及其遗留痕迹和其他物证所进行的勘验和调查，目的是发现、收取痕迹和其他物证，了解和研究案件争议的具体情况和性质，确定进一步调查方向和范围，为审判案件提供证据。确认案件事实，不仅需要勘查现场，还需要运用询问、讯问、辨认、检查、搜查、实验、鉴定等方法，所以勘查现场并非确定案件事实的充分条件。那么是不是必要条件呢？一些考生在异议中指出，在民事案件中，不一定要勘验现场；在刑事案件中，有可能不存在勘验现场的条件，无法勘验现场，或者有的案件利用已有的证人证言就足以证明犯罪事实未发生，则根本不需要进行勘验现场。无论是古代还是现代民事诉讼，审判者没有法定义务去勘查现场。即使审判者不去勘查现场，也能通过证人证言、呈堂证据、当事人陈述、法医的鉴定等，确定案件事实，因此并非必要条件。这一争议是合理的，由此得出 C 错误。其实，C 选项表述有瑕疵，如果加上 "在该案中"，本案勘查现场的确是确定案件事实的必要条件，那么 C 正确。

裁判者是具有一定价值判断的人，因此在审判中，他自身的价值判断可能干扰其对案件事实的认定，如本案中朱熹带有道德成见，认为 "常有乡绅强占百姓风水吉地之事"，因此该案中乡绅也是强占百姓祖先坟茔，在确认案件事实时没有考虑到其他可能性。这就要求法官在确认案件事实的过程中，尽可能保持价值中立，通过合法、真实的证据查明确认事实。在存在多种案件事实可能性的情况下，进一步补充证据，尽可能缩小最终形成的案件事实和生活事实之间的差距，排除自身价值判断对案件事实认定的干扰。所以，D 正确。

6. [答案] C　　[难度] 易

[考点] 法适用的目标（可预测性与正当性）、法适用的步骤、法律证成、法律推理

[命题和解题思路] 司法实践之所以重视 "裁判理由"，如《民事诉讼法》第 155、157 条规定，裁判文书应当写明裁判理由，是与理论法学界对 "法学方法论" 的研究和推动分不开的。命题人采用纯理论阐释法，考查 "法适用的一般原理" 这

一重量级考点。该题体现了"重者恒重",具有一定的考查深度。选项 C 的表述也是属于经常来"刷脸"的,降低了这道题的难度。从备考角度来看,考生应当熟读并好好理解这部分内容,做到"逢考必赢"。

[选项分析] 法律人适用法律的目标是获得一个合理的法律决定。在法治社会,合理的法律决定不仅意味着法律决定的可预测性,即避免武断和恣意,将法律决定建立在既存的法律规范的基础上;还要求法律决定具有正当性,即按照实质价值或某些道德考量,法律决定应当是正当的或正确的。如果仅仅追求可预测性,不考虑正当性,会导致一些法律决定虽然是按照法律规范作出的,实现了形式公正,但是却违背了法的正义理念,丧失了实质公正。A 错误。

法适用的过程包括确认事实、寻找法律规范、推导法律决定三个步骤,但三者不是各自独立且严格区分的单个行为。法律人查明和确认案件事实的过程不是一个纯粹的事实归结过程,而是要在法律规范与事实之间进行目光的来回穿梭。这是因为在将一定的法律规范适用到特定案件中时,法律人必须按照法律规范规定的事实构成,对生活事实进行选择、截取和判断,从而将纯粹生活事实转化为"法律事实"。这并不是一个与规范认定无关的过程。B 错误。

法律适用的过程是一个法律证成的过程,"证成"是给一个决定提供充足理由的活动或过程。法律人适用法律的过程,无论是寻找法律规范并明确其含义即大前提,还是确定案件事实即小前提,或是法律裁判的作出,都是用来向法律决定提供支持程度不同的理由,即为法律决定提供充足理由的法律证成过程。C 正确。

在法适用的过程,不仅要运用演绎推理,也要运用归纳推理、类比推理(如在判例法系国家)、设证推理等,只不过对于大陆法系国家来说,演绎推理是主要的推理形式。D 错误。

7. [答案] AC　　　[难度] 中

[考点] 法适用的步骤、法的作用(规范作用)、演绎法理推理

[命题和解题思路] 法适用的步骤中法官推理的大小前提、查明和认定案件事实的过程、法律推理的类型等已经成为近年来法理学部分的"最

佳主角"。在本题中,命题人采取案例分析法,着重考查了这几个知识点,体现了"重者恒重""常考常新"的命题规律。辅导用书这部分内容虽然写得较难,但是命题人在选项设计中"以案说理"时,还是手下留情。考生应当结合考题,牢牢掌握这部分的各考点内容,争取"逢题必会""逢考必过"。选项 B 考的是法的规范作用,命题人采用"绵里藏针"的策略设置了一个陷阱,考生需要正确理解不同规范作用类型的含义,将其避开。

[选项分析] A 可能构成干扰项。它其实是当年单选第 7 题选项 B 的具体运用。法适用的过程分为确认事实、寻找法律规范、推导法律决定三个步骤,但考生务必明确的是,三者不是各自独立且严格区分的。对于查明和确认案件事实的过程来说,这不是一个纯粹的事实归结过程,而是在法律规范与事实之间进行目光的来回穿梭。这是因为在将一定的规范适用在特定的案件中时,法律人必须按照法律规范规定的事实构成,对生活事实进行选择、截取和判断,从而将纯粹的生活事实转化为"法律事实"。"徐某作案时辨认和控制能力存在,有完全的刑事责任能力"这是在用《刑法》中关于"完全刑事责任能力"的规定来对徐某作案时的责任能力进行判断,属于对事实的法律认定。A 正确。

B 是重点干扰项。考生需要首先明确的是,法的规范作用(辅导用书讲解了指引、评价、教育、预测和强制五种)并不是绝对排除的关系,而是在一个法律事实中,可能体现法的多种规范作用。接下来,只需要根据具体的规范作用的内涵作出判断。强制作用是指法可以通过制裁违法犯罪行为来强制人们遵守法律,强制作用的对象是违法者的行为。法院以故意伤害罪判处徐某有期徒刑 10 年,这是对违法者犯罪行为的制裁,体现了法的强制作用。评价作用是指法律作为一种行为标准,具有判断、衡量他人行为合法与否的评判作用,行为的对象是他人。法院以故意伤害罪判处徐某有期徒刑 10 年,这是以法律作为标准,对徐某行为合法与否的评判,体现了法的评价作用。考生需要注意的是,法的评价作用既可以是来自司法机关的正式评价,也可以是来自普通人的非正式评价,但是前提都是以法律,而不是其他社会规范作为标准。B 错误。

演绎推理是从大前提和小前提中必然地推导

出结论或结论必然地蕴涵在前提之中的推论。演绎法律推理是适用一般法律规范(大前提),对具体案件事实(小前提)作出判决的推理。在该案中,法官适用《刑法》相关规范(第234条),对徐某携带尖刀到何某住所将其刺成重伤的具体法律行为作出判决,认定其构成故意伤害罪,判处有期徒刑10年。这是运用了演绎推理。C正确。

在演绎法律推理中,查明和确认的案件事实,是小前提;选择和确定的与案件事实相符合的法律规范,是大前提。"徐某被何某侮辱后一直寻机报复,某日携带尖刀到何某住所将其刺成重伤",这是查明和确认的案件事实,是小前提。D错误。

8. [答案] ABCD　　　　[难度] 中

[考点] 法适用的目标(可预测性与正当性)

[命题和解题思路] 题干引文来自辅导用书,命题人采用纯理论阐释法围绕一个单一考点,主旨考查法适用的目标,即法律决定的可预测性和正当性,具有一定深度。在选项设计上,C的难度较大,具有一定干扰性,需要考生首先明确这种紧张关系指的是什么,再作出判断。这部分内容,考生在理解上可能有一定难度,尤其是可预测性与正当性之间的紧张关系及其缓解的方法。ABD三个选项的表述在书中都可以大致找到,要求考生复习时认真阅读理解这部分内容,并对要点进行总结归纳。

[选项分析] 在法适用的目标中,法律决定的可预测性是形式法治的要求,而正当性是实质法治的要求。法律决定的正当性是指按照实质价值或某些道德考量,法律决定是正当的或正确的。这里所谓的实质价值或道德是有一定范围的或受到限制的,主要是指特定法治国家的宪法规定的一些该国家的公民都承认的、法律和公共权力应该保障与促进的实质价值,如我国宪法规定了人权、自由和平等。A正确。

可预测性是法的安定性的内在价值,它意味着做法律决定的人在做决定的过程中应该尽可能地避免武断和恣意。这要求法律人"必须将法律决定建立在既存的一般性的法律规范的基础上"。一般性的法律规范的存在,使人们不必在每一个具体情境中,重新建立自己的预期,而是可以根据需要,从一个富有意义的、既定的、具有法律

性质的抽象秩序脉络中,再生产和确立自己的预期。在现代法治社会,基于这种信赖,法律人必须将法律决定建立在既存的一般性的法律规范的基础上,从而才能使这种信赖不至于落空,通过法治实现现代国家治理。B正确。

C是重点干扰项。法律决定的可预测性与正当性之间存在着一定的紧张关系。原因在于,"有的法律决定不是做决定的人武断地和恣意地作出的,即实现了可预测性,然而该决定与特定国家的法秩序所承认的实质价值或道德相背离。同时,我们也应该看到,有些法律决定是正当的,却是做法律决定的人武断地和恣意地作出的。实质上,这种紧张关系是形式法治与实质法治之间的紧张关系的一种体现"。法律人如何在二者之间寻找最佳的协调?由于法律规范具有概括性、抽象性和一般性,因此需要按照一定的方法来适用它,如运用法律解释说明规范的文义,甚至文义背后的立法者的目的、历史上的适用情况及其评价、比较法的维度、在整个法律体系中的含义、法的客观目的等。这都有助于拉近可预测性和正当性之间的鸿沟。另外,像客观目的的解释,有助于实现法律决定与实质价值或道德的一致,缓解可预测性与正当性之间的紧张关系。C正确。

法治的本意是通过法律的治理。法律决定可预测性的程度越高,人们有效安排和计划自己的生活的可能性越大。反之,如果法律决定不具有可预测性或可预测性的程度非常低,生活在社会中的人就不可能在理性的基础上计划和安排自己的生活,社会生活也就不可能正常进行。"对在特定的一个时间段内的特定国家的法律人来说,法律决定的可预测性具有初始的优先性。因为对于特定国家的法律人来说,首先理当崇尚的是法律的可预测性。"如果人们可以信赖法律,那么就可以在更高程度上保持具有风险的信赖或者不信赖。而且,在遭遇失望时,人们可以不必通过诉诸个体的暴力执行、求诸大众认可等方式,对自己确信的"公正理念"进行宣示,而是可以投靠在意义上稳定化的、长期有效的法律规范及其法律适用上,通过理解其含义来指引自己的行为。当人们能够确定,他们在哪些预期上可以援引法律,社会秩序就会呈现为具有更低的或然性。社会发展的更大成就便是建立在这样的法律之上。D正确。

第四节　法律解释

1. ［答案］D　　　［难度］中

［考点］法律解释

［命题和解题思路］本题是典型的名言警句式考查方式，以法理学中一句广为流传的谚语进行考查。尽管该谚语的出处并不可考，但由于这句话体现出法律解释在法律实践中的独特意义，因此常常被引用。本题选取这一警句进行考查，并不让人意外，但选项的设计却别出心裁，没有拘泥于法律解释的固定知识点，而是更加突出对法律解释在整体法律实践中意义之考查。因此，该题的难度略高，对考生穿越知识点表层而在法理学知识体系中进行贯通的能力提出了较高要求。法律解释始终是法考命题的重中之重，考生不仅需要熟练掌握法律解释的方法、位阶和体制等，也需要对法律解释在整体法律实践中的法理意义有着清晰准确的定位。

［选项分析］法律解释是一项特别的活动。当法律被制定出来开始生效时，法律的意义和内涵就需要通过不断的解释而体现出其规范意义，也就是法律所发挥的各种作用。法律解释是在法律适用的过程之中对法律的内涵和意义所作出的说明，以清楚地指引执法者进行执法和司法者裁决案件。因此，法律解释只有在法律被制定出来成为确定生效的规范之后才能启动。考生可能会产生疑问，在形成法律草案并由立法者进行表决的过程之中，难道就不存在法律解释吗？这一疑问恰恰是对立法实践的误解。立法是通过严格的程序将法律制定出来的过程，尽管在立法草案撰写、征求意见和表决的过程中都可能随着对草案条文含义的释明，但这种阐释的目的是展现某一条文应当如此规定的必要性，而非对这个未生效的条文进行解释。只有在法律正式生效后，解释者针对立法者的动机和意图作出进一步的阐释，这才构成法律解释。A选项不当选。

法律被制定出来之后，需要通过各种方式进行解释，才能更好地适用。对法律进行解释应当围绕法律自身的文本而展开，但这并不意味着完全不能脱离法律文本对法律进行解释。对立法者的主观目的的解释需要参照立法者的立法材料，对法律进行历史解释需要对历史事实进行分析。因此，法律解释主要围绕法律自身而展开，但仍然需要借助于法律之外的其他因素。B选项不当选。

对法律进行解释可以采取不同方法，主要包括文义解释、主观目的解释、历史解释、体系解释、比较解释和客观目的解释等。在对法律进行解释时，并不是每种解释方法都能起到理想的解释效果。在很多案件中，如果只是采取文义解释，并不能很好地呈现出法律规范的内涵，例如在高压气瓶案中，一对夫妻因为在网上售卖高压气瓶而被法院判决认定为非法买卖枪支罪。如果只对"枪支"进行文义解释，显然不能得出高压气瓶属于枪支的结论。因此，并不是每种法律解释都是最佳解释。而且，在同一个案件之中，不同的解释方法所得出的结论可能会出现冲突，这就需要在个案中结合案件情况进行法律解释方法位阶的判断。C选项不当选。

"对法律最好的解释是法律本身"这句谚语所强调的是，法律被制定出来之后，其包含的规范就具有了独立的生命和意义，承载法律规范的条文本身并不能完全由制定这些条文的立法者和条文出现的历史与社会背景所决定，而是具备了独立的客观目的。客观目的解释是对法律背后的"理性的目的"所作出的解释。这种理性的目的，展现的正是法律自身所具有的客观价值和目的。因此，这句话明显地体现出客观目的解释的意义。D选项当选。

> **知识拓展**
>
> 经典法谚一览
> 法无定法，则无法。
> 法律有时会沉睡，但绝不会消亡。
> 法律为未来作规定，法官为过去作判决。
> 法律不关心琐碎的事情。
> 法律是理性的命令。
> 任何人都不得从自己的错误行为中获益。
> 权利应当服从正义，而不是高于正义。
> 法官是会说话的法律。

2. ［答案］ACD　　　［难度］难

［考点］体系解释、比较解释、语义解释、冲突适用模式

［命题和解题思路］该题取材社会新闻报道中的汽车自燃事件，从车辆保险类别、车险规定的内容、对"自燃"法律性质的认定及其责任归结

等方面进行了案例事实的描述与分析，**考查了法律解释的含义与特点、法律解释的方法、法律解释方法的适用模式等重点考点，其中选项 D 的"法律解释方法的冲突模式"是 2021 年的新增考点**。该题在法律解释的对象上并非常见的法律规范，而是**非规范性法律文件的"合同"条款**，这为该题的理解增加了一定难度。考生在答题时，需要回归到基础知识点中的法律解释方法和不同的法律解释方法的适用模式，通过对**不同解释方法和不同适用模式的特点及其区别进行准确辨析**，即可正确作答。

[选项分析] 法律解释是一定的人、组织以及国家机关在法律实施或适用过程中对表达法律的语言文字的意义进行揭示、说明和选择的活动。**法律解释的对象是特定的，即那些能够作为法律决定大前提来源的文本或资料，在现代国家主要有制定法，判例，私法上、行政法上、国家法上和国际法上的协议、习惯等**。因此，题干中对"保险合同"条款的解释，属于对私法上的协议的解释，是一种法律解释行为。

在法律解释方法上，体系解释是指将被解释的法律条文放在整部法律中乃至整个法律体系中，联系此法条与其他法条的相互关系来解释法律。法官在解释合同条款中"意外事故（包括火灾）"的含义时，将其置于整个合同和车辆保险体系中进行理解，这是运用了体系解释的方法，A正确。

比较解释是指根据外国的立法例和判例学说对某个法律规定进行解释。比较解释是用另一个社会或国家的法律状况证成某个法律解释结果。题干中没有明显的运用比较解释的描述，所以 B 错误。

文义解释也称语法解释、文法解释、文理解释，是指按照表达法律的语言文字的日常意义和技术意义来说明某个法律文本或资料的含义。题干指出，法官审理查明，"自燃"属于"火灾"的一种，这是对"火灾"进行了文义解释，即在时间或空间上失去控制的燃烧所造成的灾害，这种失去控制的燃烧既可能是外力造成的，也可能是物体自身引起的。所以，C 正确。

在法律解释方法的适用模式中，冲突模式是指法律人针对特定案件事实，同时适用两种以上的法律解释方法对特定法律文本或法的渊源进行

解释，得到至少两个相互对立、冲突的解释结果，而且这些解释结果证成了不同法律决定。在题干案例中，法官运用了文义解释和体系解释两种方法，其中根据文义解释，"自燃"属于"火灾"的一种，应属于车辆损失中的意外事故，乙保险公司应做出车辆损失赔偿；根据体系解释，自燃险是车损险的一个附加险，所以车损险中的"意外事故（火灾）"不包括自燃情况，自燃不属于乙保险公司车辆损失险的赔偿范围。这样就得到了两个相互冲突的解释结果，但是法官表明体系解释得出的结果具有优先性。所以，D 正确。

3. [答案] C　　[难度] 中

[考点] 法律解释的含义与特点、义务的含义、法的效力的含义

[命题和解题思路] 题干引文出自美国著名学者爱德华·S. 考文，他是拥有崇高公众声望的宪法学权威，普林斯顿大学麦考密克法理学讲席教授，代表作有《美国宪法的"高级法"背景》等。这道题在命题形式上遵循了法理学常见的法谚考查法，即用言简意赅的一句话引出一个问题，然后从各个不同角度切入设计选项，其中多有故意断章取义、移花接木、逻辑跳跃的表述陷阱。大家在答题时，可以先理解引言的意思，然后逐一推敲选项对此作出的解释，用已掌握的法理学原理寻找每个表述的逻辑漏洞。正确作答的关键是，准确把握法律解释、法律义务、法律适用、法律效力的含义和特征。

[选项分析] 引文的基本含义是：法律被制定出来后只是静态的法律文本和在文本中的法律规范体系。但是在法律适用中，法官会解释法律的含义并将其用于裁判案件，这就是"法官是会说话的法律"。被制定出来的法律虽然不能自己说话，但是在法律中却对社会生活样态中的人与人之间的关系进行了规范，明确了其权利和义务，界分其权属范围，规定了争议可以如何解决，也就是"法律是沉默的法官"。

法律解释是一定的人、组织以及国家机关在法律运用或实施过程中，对表达法律的语言的意义的揭示、说明和选择。法律解释既是人们日常法律实践的重要组成部分，也贯穿于法律适用的整个过程。因此，根据解释主体和解释效力的不同，可以把法律解释分为正式解释（包括立法解

释、司法解释和行政解释）和非正式解释（分为学理解释和任意解释）。所以，法律解释的主体是多元的，并非不经法官，法律就无从解释，A 错误。

法律义务是设定或隐含在法律规范中、实现于法律关系中的，主体以相对抑制的作为或不作为的方式保障权利主体获得利益的一种约束。法律义务的特点之一在于，它直接或间接地由法律规范所规定。所以，不能说不经裁判，在法律上就没有义务，B 错误。法律义务和裁判之间的关系则在于，当在法律规范中的法律义务落实于法律关系中，但是没有以法律规定的方式被实现，如没有被履行，这时可以通过提起诉讼，经过法官裁判加以明确，从而促使其被履行。

在法律适用中，表述法律的语言的意义需要澄清，才能具体适用到每个具体案件上。这是因为，法律是用日常语言或借助日常语言而发展出来的术语表达，这些用语具有歧义性、模糊性和价值上的开放性，即具有意义的选择空间和多种说明的可能性。这意味着全部法律文字在原则上都需要解释，法律适用的过程就是一个法律解释的过程。所以，法律不经解释，就无法适用，C 正确。

法的效力即法的约束力，是指人们应当按照法律规定的行为模式来行为，必须对法律规定予以服从的一种法律之力。法的效力，通常指规范性法律文件的效力，而规范性法律文件具有普遍约束力。从这个意义上来看，法律被国家机关制定出来后即具有法的效力，人们都有遵守的义务，它不以是否被适用为前提。所以，不能说法律不经法官适用，就没有效力，这属于对题干引文的误读，D 错误。

4. [答案] C　　[难度] 中等

[考点] 当代中国的法律解释体制、法律解释的种类

[命题和解题思路] 这道题看似是"法条分析题"，其实命题人在法条的选择和选项的设计上都"剑走偏锋"，意不在对法条进行分析（除了选项 C），而是指向全国人大常委会所作的立法解释，考查其性质（选项 D）、效力（选项 A）和解释范围（选项 B）。关于全国人大常委会法律解释的效力，辅导用书并未讲述，但是在"本章主要法律规定"中指出了《立法法》的相关重点条文（第

53 条）。这要求考生务必结合讲述内容，认真研读法律规定部分的重点条文。

[选项分析] A 是重点干扰项。在我国"一元多级"的法律解释体制中，"一元"指的是"法律（狭义）解释权属于全国人民代表大会常务委员会"。那么作为全国人大的常设机关，全国人大常委会法律解释的效力和全国人大制定的法律的效力之间，二者孰高孰低？《立法法》第 53 条明确规定："全国人民代表大会常务委员会的法律解释同法律具有同等效力。"因此 A 错误。如果考生不熟悉该条文，很可能误选该项。

B 涉及全国人大常委会法律解释的范围。《宪法》第 67 条规定，全国人大常委会行使下列职权："（一）解释宪法，监督宪法的实施；……（四）解释法律……"；《立法法》第 48 条规定，法律解释权属于全国人大常委会。法律有以下情况之一的，由全国人大常委会解释："（一）法律的规定需要进一步明确具体含义的；（二）法律制定后出现新的情况，需要明确适用法律依据的"。所以全国人大常委会可以进行法律解释的不仅限于《刑法》，B 错误。

C 需要结合 2013 年《公司法》的修改进行理解，限制解释也是超纲考点，增加了这道题的难度。如果考生没有背景知识，可以抓住"只适用于"的字眼，也有助于作出正确判断。限制解释和字面解释、扩张解释并列，指在法律条文的字面含义显然比立法原意宽时，作出比字面含义窄的解释。该项立法解释的背景是《公司法》修改中关于公司注册资本登记制度的改革：2013 年 12 月 28 日，全国人大常委会通过了修改《公司法》的决定，降低了公司设立门槛，以减轻投资者负担，便利公司准入。具体地说，放宽了公司注册资本要求，除了法律、行政法规和国务院决定另有规定外，取消了最低注册资本要求，不再要求实缴注册资本，实行注册资本认缴登记制。《刑法》第 158 条是对"虚报注册资本罪"、第 159 条是对"虚假出资、抽逃出资罪"的规定，这两项罪名都属于"妨害对公司、企业的管理秩序罪"。根据题干所引的立法解释，这两项罪名"只适用于依法实行注册资本实缴登记制的公司"，如商业银行、金融资产管理公司、信托公司等，不再适用于"实行注册资本认缴登记制的公司"。该解释结合《公司法》的修改及其修法目的，对《刑

法》第 158、159 条进行了限制解释，使法律体系融贯一致，消除了矛盾冲突。C 正确。

在法律解释的分类中，学理解释又称非正式解释，一般是指由学者或其他个人及组织对法律规定所作的不具有法律约束力的解释。全国人大常委会的法律解释是有解释权的国家机关进行的立法解释，属于正式解释，而非学理解释，D 错误。

5. [答案] ACD　　[难度] 难

[考点] 法律解释的方法（目的解释）、法适用的步骤（查明事实）、内部证成与外部证成的区分

[命题和解题思路] 题干案例改编自最高人民法院 2013 年 1 月 31 日发布的指导案例 13 号"王召成等非法买卖、存储危险物质案"。该案的一个争议焦点是，"非法买卖"是否要求兼有买进和卖出的行为。命题人采取案例分析法，围绕该争议点和法官的裁判意见考查了**法律解释的方法（选项 A）、法适用的步骤（选项 B）和法律证成等法理学的"王牌考点"**，具有一定难度。考生答题关键是，在充分理解法官裁判意见的基础上，结合这部分知识对选项进行一一判断。这部分是备考重点，但死记硬背是不够的，必须结合真题和模拟试题进行掌握。

[选项分析] A 是重点干扰项。**在法律解释的方法中，目的解释包括主观目的解释和客观目的解释。**主观目的解释又称立法者的目的解释，是根据参与立法的人的意志或立法资料揭示某个法律规定的含义。这种方法需要以一定的立法资料如会议记录、委员会的报告等为根据，探寻立法者的目的或意图。客观目的解释是根据"理性的目的"（rational aims）或"在有效的法秩序的框架中客观上所指示的"目的即法的客观目的，而不是根据过去和目前事实上存在的任何个人的目的，对某个法律规定进行解释。这种方法在运用时，可以借助探寻"被规整之事物领域的结构"和一些法律原则（拉伦茨所说的"法伦理性的原则"，详见 2013 卷一第 11 题的难点解析）来理解法的客观目的。从题干陈述，不能看出法官对"非法买卖"进行了主观目的解释，但是从**"法院认为，氰化钠对人体和环境具有极大毒害性"至少可以判断，法官探寻了"被规整之事物领域的**

结构"，即氰化钠易致人中毒或者死亡，极易对环境和人的生命健康造成重大威胁和危害。因此，国家建立了危险化学品管理秩序，氰化钠是被列入危险化学品名录中进行严格监督管理的限用的剧毒化学品。在未依法取得许可的情况下购买氰化钠并存储于车间内，属于违反国家监管规定、破坏危险化学品管理秩序的行为，对他人的生命、健康和财产安全造成现实威胁，足以危害公共安全。所以，王某未经许可购买氰化钠，虽只有购买行为，也构成了非法买卖、存储危险物质罪，刑法条文中的"非法买卖"并不要求兼有买进和卖出的行为。这里法官运用了客观目的解释，A正确。

法律人用法律规范解决个案纠纷的过程，在形式上运用的是逻辑中的三段论推理。其中，小前提是查明和确认的案件事实；大前提是选择和确定的符合案件事实构成的法律规范，结论是以整个法律体系的目的为标准，从两个前提中推导出法律裁决。所以，法适用的步骤包括确认事实、寻找法律规范和推导法律决定。其中，查明和确认案件事实需要对芜杂的生活事实进行整理、选择和判断，将其转化为"法律事实"才能将一定的规范适用在特定的案件上。**查明和确认"王某非法买卖毒害性物质"的过程是在查明和确认案件事实，是在为法律推理准备小前提，它是法律适用的步骤之一，所以 B 错误。**

法律适用过程是一个证成过程，即给法律决定提供充足的支持性的理由。**法律适用中，法律决定的合理性取决于两方面：一方面，法律决定是按照一定的推理规则从前提中推导出来的；另一方面，推导法律决定所依赖的前提是合理的、正当的。从这一视角出发，法律证成分为内部证成和外部证成。外部证成负责对法律决定所依赖的前提进行证成，它的主要对象是：在内部证成过程中所使用的各个前提。**因此，确定大前提的法律规范推理和确定小前提的案件事实推理，都是外部证成。总之，内部证成关注由前提到结论的逻辑推导步骤，而外部证成则关心各前提本身的证成。该案的内部证成要完成的是，王某的行为是否构成《刑法》第 125 条第 2 款规定的"非法买卖、存储危险物质罪"，在这一过程中涉及一个前提，即如何理解"非法买卖"，所以需要对该前提进行外部证成。C 正确。

D 是纯理论上的考查。在大陆法系国家，内部证成是按照演绎推理的逻辑规则，通过大小前提，逻辑地推导出法律决定。它关注的是各个前提与结论之间的推论是否有效，D 正确。

6. [答案] BD　　　[难度] 中

[考点] 法律原则的含义、法律解释的种类、法律解释的含义和特点

[命题和解题思路] 命题人在这道题中打破出题常规，**从法理学角度考查了"学说"**。在辅导用书中，"学说"只在"比较解释"方法部分提到一次。而实际上，在司法实践中学说扮演着重要角色。所以，命题人不畏"爆冷门"之责，以一简短事例引出四个选项，具体考查如何认识学说，它的性质（选项 A 和 B）、适用范围（选项 C）和作用（选项 D）。考生在答题时，可以把各选项放**到其涉及的考点（如法律原则的内涵、非正式解释的含义等）中**，这有助于在遇冷门时保持沉稳并作出正确判断。此外平时要扩大阅读，厚积薄发。

[选项分析] 法律原则，是为法律规则提供某种基础或本源的综合性的、指导性的价值准则或规范，它是法律规范的一种，具有逻辑结构简单、抽象、涵盖面广等特点。学说是学者针对现行法框架中某一具体法律问题，提出的较为系统的法教义学上的意见，它涉及具体法律问题的事实构成和法律效果，具有学理性、明确的针对性。法学学说在当代中国不属于法律原则，A 错误。

在法律解释的分类中，正式解释是由特定的国家机关、官员或其他有解释权的人对法律作出的具有法律上约束力的解释。非正式解释，一般是由学者或其他个人及组织对法律规定所作的不具有法律约束力的解释。**二者的关键区别在于是否具有法律上的约束力**。学说是学者针对现行法框架中某一具体法律问题，提出的较为系统的法教义学上的意见，其对法律条文的解释是学术性的，不具有法律上的约束力，属于非正式解释。B 正确。

C 是重点干扰项。从立法例上看，《瑞士民法典》中肯定了学说的地位。那么，这是否意味着只能在民事案件中援引法学学说？通说在法律论证中发挥着重要作用（详见难点解析），它不仅可

以在民事案件作为说理依据，也可以在刑事、行政等案件中进行引用。构成通说基础的学说在司法中的也不仅仅限于在民事案件中才可以引用。C 错误。

法律解释是对法律规定意义的说明与阐述。法学学说是学者针对现行法框架中某一具体法律问题，提出的较为系统的法教义学上的意见。对法学学说的参考有助于对法律条文作出正确理解。D 正确。

难点解析

关于"学说"与"通说"

学说，是指学者针对现行法框架中某一具体法律问题，提出的较为系统的法教义学上的意见。**通说建立在学说的基础上，它指针对现行法框架中某一具体法律问题，"经过一段时间的讨论后形成的、由多数法律人所持有的法律意见（法教义学意见），所以也被称为'多数意见'"**。通说意味着学界对某一具体法律问题的事实构成和法律效果已经形成的通常的、一般的、并获得普遍认同的见解。在中世纪法学中，为了避免过于个人化、过分自由的法律解释，就强调对于普遍意见和权威观点的批判性引用。根据《瑞士民法典》第 1 条规定，如本法没有可为适用的规定，法官应依据习惯，习惯法亦无规定时，法官应根据其作为立法者而阐发的规则判案。在此，他要遵循业已公认的学说和传统。这指出了在缺少法律和习惯法规定的情况下，法官可以适用通说进行法律论证。**通说的作用在于：**（1）通说经受了讨论和实践的考验，可以得到多数人的验证与接受，法院"在实践中不必对每个问题都进行新的判断，可以减轻实践工作中的负担"；（2）对通说的引用能够使法官"不易脱离已被接受并被证实了的解决办法"，遵循相对客观的标准，这有利于实现法的安定性和正义要求；（3）法教义学体系在形成和发展中，体现出社会意识的塑造力，对通说的遵从有助于避免法官造法中的专断。

---

7. [答案] ABC　　　[难度] 中

[考点] 法律解释的方法（语义解释）、法律解释的含义与特点

[命题和解题思路] 设立工伤保险，对工伤进

行认定和补偿，反映了现代福利国家注重社会整合的理念。随着产业多样化，工伤的表现形式日趋复杂。命题人采取案例分析法，围绕"工伤认定"的争议考查了法律解释的相关知识点，具有一定深度。如何对工伤的具体认定标准进行解释，体现了司法中的价值选择。命题人将此转化为对选项 C 和 D 的设计。考生也从这一角度才能更好地理解并判断法官进行法律解释时运用的方法。选项 A 和 D 都是纯理论考查，尤其 D 是"飞来一脚"，看考生能否中招。考生如果能准确理解法律解释的必要性，就可逢凶化吉。

[选项分析] A 是纯粹理论上的考查。在法律解释的方法中，文义解释是按照日常的、一般的或法律惯用的语言使用方式，对法律条文运用的语言的含义进行清晰地说明。法律解释不能超过可能的含义，否则即超越法律解释的范畴，进入另一种意义上的造法活动。所以，文义是法律解释的起点，也是法律解释的界限。文义解释是所有法律解释方法中最基本也是首先运用的解释方法。A 正确。

扩张解释在辅导用书中并未涉及，B 和 C 都超纲了。但是这一考点在 2014 年卷一第 14 题出现过，因此考生应该不陌生。扩张解释，也称扩大解释，和字面解释、限制解释并列。字面解释是严格按照法律条文字面的通常含义解释法律，既不缩小字面含义，也不扩大字面含义，而扩大解释指在法律条文的字面含义显然比立法原意窄时，作出比字面含义广的解释。从字面来看，工伤发生的时间和地点应当是"在工作时间和工作岗位上"。但是有的工作性质决定了，为了完成工作必须出差，必须经历从工作单位到达出差目的地这一过程。如果按照字面含义，出差途中不视为"在工作时间和工作岗位上"，将使立法原意变窄，因为立法对工伤进行规定，就是为了使劳动者在从事职业活动或者与职业有关的活动时免受伤害。因此，法官将出差途中解释为"在工作时间和工作岗位上"，认为张某的死亡构成工伤，这是运用了扩张解释。B 正确。

如前所述，法律解释不能超过可能的含义，否则即超越法律解释的范畴，进入另一种意义上的造法活动。扩张解释作出了比字面含义广的解释，容易导致法官造法。因此需要将扩张解释限定在立法目的的框架下。这要求法官探求立法者

基于哪些价值判断和利益衡量，在法律体系中制定了某部法律，规定了某种制度，拟定了某一具体法律规范，从而对立法者的目的或意图进行证成，使扩张解释不违背立法目的。C 正确。

D 也是法律解释的理论考查，出其不意，但却是一个重点干扰项。需要法律解释的原因，首先法律是概括的、抽象的、具有普遍性的行为规范，只有经过解释，才能成为具体行为的规范标准；其次法律中存在概念模糊、规范冲突、甚至法律漏洞，只有经过解释，才能消除和弥补这些问题；最后法律具有相对稳定性，但是社会生活中不断出现新情况和新问题，因此只有经过解释，才能弥补立法的滞后性，适应不断变化的社会需要。所以法律解释不仅贯穿法律适用的整个过程，也是人们日常法律实践的重要组成部分。并非只有在法律出现漏洞时才需要进行法律解释，D 错误。

8. [答案] BCD　　　[难度] 难

[考点] 社会法律监督体系、当代中国的法律解释体制

[命题和解题思路] 司法解释通过一种"零敲碎打"的方式完善现行法律，延长法律的稳定期，缓和法律的一般性与社会问题多样性之间的紧张关系。命题人采取纯理论阐释法，对"司法解释"进行挖掘和提问，四个选项就是四个问题，即司法解释的对象（选项 B）、司法解释权的主体（选项 C）、对司法解释的国家机关监督和社会监督（选项 D 和 A）。正确回答这些问题实际上极具现实意义。本题考点较冷僻，一般的《法理学》教材和辅导用书对这一知识点"轻描淡写"，命题人使它在司法考试中留下一笔浓墨重彩。考生答题关键是全面理解"司法解释"和《各级人民代表大会常务委员会监督法》相关条文（第 32、33 条）。

[选项分析] 社会监督，是指由各政党、各社会组织和公民依照宪法与有关法律，对各种法律活动的合法性所进行的监督。根据《各级人民代表大会常务委员会监督法》第 32 条，"公民认为最高人民法院、最高人民检察院作出的具体应用法律的解释同法律规定相抵触的，可以向全国人民代表大会常务委员会书面提出进行审查的建议"，这是一种社会监督。A 正确。

根据全国人大常委会 1981 年发布的《关于加强法律解释工作的决议》，在我国的法律解释体制

中，司法解释是指国家最高司法机关在适用法律、法令的过程中，对如何具体应用法律、法令的问题所作的解释。在实践中，司法解释的对象是狭义的法律，多不涉及行政法规，更不会涉及地方性法规。如果考生误把这里的司法解释理解为法律解释，或者对其解释对象不明确，都可能判断错误。B错误。

根据《关于加强法律解释工作的决议》，凡属于法院审判工作中具体应用法律、法令的问题，由最高人民法院进行解释，即审判解释；凡属于检察院检察工作中具体应用法律、法令的问题，由最高人民检察院进行解释，即检察解释。在实践中，二者还经常作出联合解释，有时还会同公安部、国家安全部或司法部等一起发布解释。C错误。如果考生把司法解释权主体只理解为最高法，就可能选错。

根据《各级人民代表大会常务委员会监督法》第33条，全国人大（宪法和）法律委员会和有关专门委员会经审查认为司法解释同法律规定相抵触，可以提出要求最高法或者最高检对相关司法解释予以修改、废止的议案，或者提出由全国人民代表大会常务委员会作出法律解释的议案，由委员长会议决定提请常务委员会审议，而不是直接撤销。D错误。如果考生对法条不熟悉，考虑到全国人大（宪法和）法律委员会和有关专门委员会作为下属委员会，应该没有直接撤销法律解释的权力，也可以正确作答。

9. [答案] D　　[难度] 易

[考点] 法律解释的种类、语义解释、体系解释、法律解释方法的位阶

[命题和解题思路] 这道题取材于真实案例，命题人用案例考查法，通过该案法律适用过程考查了法律解释的分类和方法。该题虽然考点单一集中，但是考查具有一定广度，从选项设计上既需要考生能够辨析非正式解释和正式解释的区别，又能够区分文义解释、体系解释等解释方法的差异，并能够理解法律解释方法的位阶关系。考生需要扎实掌握相关的具体知识点，才能作出正确辨析和区分。

[选项分析] 根据解释主体和解释效力的不同，法律解释分为正式解释与非正式解释。正式解释，是由特定的国家机关、官员或其他有解释

权的人对法律作出的具有法律上约束力的解释。非正式解释，一般是指由学者或其他个人及组织对法律规定所作的不具有法律约束力的解释。李某的解释明显是非正式解释，A正确。

文义解释，是按照日常的、一般的或法律惯用的语言使用方式，对法律条文所运用的语言的含义进行清晰的说明。李某在该餐馆就餐时，被邻桌互殴的陌生人误伤。他认为，依据《消费者权益保护法》第7条第1款"消费者在购买、使用商品和接受服务时享有人身、财产安全不受损害的权利"，自己作为消费者，在餐馆接受服务时，人身安全受到损害，餐馆应负赔偿责任。这是运用了文义解释的方法，B正确。

体系解释，是指将被解释的法律条文放在整部法律中乃至整个法律体系中，联系此法条与其他法条的相互关系来解释法律。法官结合该法第7条第2款中"消费者有权要求经营者提供的商品和服务，符合保障人身、财产安全的要求"的规定来解释第7条第1款，是运用了体系解释的方法，C正确。

为大多数法学家认可的解释方法的位阶是：（1）语义学解释→（2）体系解释→（3）立法者意图或目的解释→（4）历史解释→（5）比较解释→（6）客观目的解释。但是，这种位阶关系不是固定的，其确定的各种方法之间的优先性关系是相对的而不是绝对的。法律人在法律适用中，可以充分说理的情况下，改变其优先性关系。D错误。

第五节　法律推理

1. [答案] CD　　[难度] 难

[考点] 法律漏洞、法律关系

[命题和解题思路] 本题案例比较精巧，虽然案情简单，但情节有趣，涉及法理学的基础性原理。虽然互联网信息通信服务和互联网信息服务只有两字之差，但其本质不同，在法理学上意义重大。命题人抓住这一点小题大做，非常细致地考查了法律漏洞的类型，用心良苦，难度也较高。考生如果不熟悉法律漏洞的具体类型，则很容易误判。

[选项分析] A和B两个选项考查法律漏洞的类型。关于互联网纠纷的法律规定要求互联网纠纷在互联网法院解决，但这一规定存在漏洞，因为该规定并未排除形式上符合互联网纠纷但实际上不符的部分纠纷，本案涉及的买卖纠纷就是此

种情形。买卖双方的确是通过聊天软件签订的协议，使用了互联网服务，但此种情形并不是真正的互联网纠纷。互联网纠纷本质上是双方通过网络信息服务进行交易而产生的纠纷，比如在电商平台上购物或者在二手车直卖网上买车产生的纠纷。根据这一分析，关于互联网纠纷的法律规定存在漏洞，这种漏洞是自始就有的，立法者并未清楚区分互联网通信服务和信息服务，但立法者并非有意如此，而是由于语言的模糊性和实践的复杂性，本以为立法很圆满，实际上却出现了漏洞。这种漏洞是自始漏洞，也是隐藏漏洞，A 和 B 选项错误。

C 选项考查法律漏洞填补的方式，比较常规。只要考生能够确认，本案涉及的是隐藏漏洞，即立法者以为制定的比较完满，但实际上包含了不该纳入的内容，此种情况下需要运用目的论限缩。本案中，这一方法具体体现为应该将法律规定也涵盖的"互联网通信服务"排除出去，以符合立法目的。C 选项正确。

D 选项考查法律关系的分类。按照法律关系主体地位不同，法律关系可分为横向法律关系与纵向法律关系。纵向法律关系是权力地位不同的主体之间的关系，特别是公权力主体与普通个体之间的关系。本案中，诉讼当事人与法院之间的权力关系是不平等的，所以存在纵向法律关系。D 选项正确。

2. ［答案］BD ［难度］难
［考点］法律概念、法律推理、法律证成、法律解释
［命题和解题思路］本题是新瓶装旧酒。命题人用了一个非常经典的问题考查法律方法。在现实生活中，知假买假的问题在法学界争论了很多年，在司法裁判中也始终无法统一。争议的要点在于知假买假者到底是否应当视为消费者。本题围绕这个争议而命制，考查的要点也是关于司法裁判的核心原理。选项设计难度中规中矩，但综合性较强，对考生要求也比较高。如果考生受过较好的训练，则 C 和 D 选项不易出现判断失误。A 和 B 选项则具有一定干扰性，需要考生仔细分辨，特别是对消费概念的把握，需要明晰法律中的价值判断的关键特征。

［选项分析］A 选项考查法律概念，也考查法

律中的价值判断。法律概念是法理学中不太容易把握的一个知识点，主要原因在于法律实践中的概念太过丰富，是否涉及价值，有时不易分辨。在本案中，"消费"是否包含着价值判断，需要结合生活常理和"消费"这个概念的内涵来确定。消费意味着为生活和生产需要而购物，这个过程并不涉及好与坏的判断，而是对消费过程的描述，因此不含价值和感情色彩。A 选项错误。

B 选项涉及法律推理的种类。法律推理有演绎、类比、归纳、反向、当然和设证六种推理类型。本题考查设证推理中的经验推定。法官基于经验判断，认为消费者是为了生产和生活需要而购买物品的主体，又确认张三不是为了生产和生活需要，而是为了营利去购买商品。从经验上来讲，张三不是消费者。考生需注意的是，经验推定是一种很不确定的推理方式，因为经验并不可靠，但题干里清楚交代法官基于经验对消费者作出了判断，因此符合经验推定的模式。B 选项正确。

C 选项考查法律证成。法律证成是一个难点，但近几年考查难度并不高。法律证成分为内部证成和外部证成两种。内部证成主要是逻辑推导，外部证成则是对内部证成的前提进行的证成。张三是否应被认定为消费者从而获得赔偿，仅靠内部证成并不能得出结论，法官必须对张三是否是消费者这个小前提作出进一步的证成，因此需要进行外部证成。C 选项错误。

D 选项考查法律解释中的限缩解释。从文义来说，消费者是指花钱购物的主体，所有购物的人都应该被当作消费者，因为我们无法判断购买者的动机。但在本案中，法官基于经验，对消费者的内涵进行了限缩，将那些为了营利而消费的人排除出去，这是一种限缩解释。D 选项正确。

3. ［答案］C ［难度］中
［考点］法律漏洞、类比推理、法律权利
［命题和解题思路］随着互联网技术的迅速发展，科技对法律的冲击越来越激烈。既有的法律规范无法充分应对技术发展的步伐，由此产生的法律纠纷给司法裁判带来了严峻挑战。本题即是在这一背景之下命制的。网络游戏在市场需求的推动下蓬勃发展，但其法律问题也日益突出。网络游戏对电视剧情节的改编和人物形象的使用引

发很多权利争议，但既有的知识产权相关法律却存在诸多规范缺失。本题以网络游戏使用电视剧经典形象引发的纠纷为切入点考查法律漏洞这一理论难点，兼顾法律推理和法律权利等常规考点，选项设计具有一定难度，需要考生能够精确区分明显漏洞和隐藏漏洞之间的差异，特别是要能精准理解，隐藏漏洞是法律表面上看起来是完满的，但忽视了应设例外的情况。同时也要对法律中的类比推理的适用条件充分把握。

[选项分析] 法律漏洞按照表现形态可以分为明显漏洞与隐藏漏洞。简言之，明显漏洞是指法律应该作出规定而未作出规定，隐藏漏洞是指法律作出了规定，但对应设例外之处未清楚设立。在本案中，《著作权法》并未对网络游戏使用电视剧形象的做法作出明确规定，鉴于互联网的迅速发展，这是应当规定而未规定的事项，因此是明显漏洞，而非隐藏漏洞。A选项错误。

法官在该案中将网络游戏改编电视剧形象的做法类比于改编视听作品的做法，这表面上看起来是进行类比推理，所以B选项干扰性很强。考生需要注意的是，法律中的类比推理是指通过两个案例的相似性而将一个案例的判决结果应用于待决案件之上。只有在两个类似案例之间进行类比才是类比推理。本案中，法官将网络游戏对照于视听作品，并不是在网络游戏和视听作品之间进行类比，而是将改编视听作品这一规定的目的扩张到网络游戏这一案例之中。B选项错误。

承前所述，《著作权法》第52条所规定的内容仅指在创作视听作品时以改编、翻译、注释等方式使用他人的试听作品构成侵权，而网络游戏在情节设计和人物形象上与视听作品具有较强的可类比性，因此法官将第52条的目的扩张到网络游戏这种原本未被规范涵盖的情形之中，从而对著作权人形成更有力的保护。这种做法属于典型的目的论扩张，借此来弥补《著作权法》所存在的明显漏洞。C选项正确。

法官在本案中运用了目的论扩张，将《著作权法》第52条未涵盖的情形涵括进来，为了更好地保护影视剧作品的相关著作权。但不能据此认为法官在本案中创设了新的权利类型。法官通过填补漏洞的方式对乙的著作权进行保护，可以说是通过司法的方式将乙本应受法律保护的权利加以确认，只能说是对著作权的权利内涵加以丰富，

而非创设。D选项错误。

> **知识拓展**
>
> 关于法律漏洞的填补
>
> 在辅导用书之中，法律漏洞填补与法律证成、法律解释、法律推理等知识点放在一起，同属于法律适用的知识板块，但辅导用书并未对这些法律适用活动之间的关系作出清楚界定，给考生造成一定困扰。
>
> 一般来说，法律证成、法律解释和法律推理是在有明文法律规定的情况下，为了作出合理结论而进行的法律适用过程，而法律漏洞填补则针对没有明文法律规定的新兴情形。特别是法律漏洞填补和法律解释要区分，因为法律解释针对的是成文的法律，而法律漏洞填补是将没有规定的那部分空白补齐。但需要注意的是，在法律漏洞填补的过程之中，法律证成和法律推理也是同时发生的。法律漏洞填补是为了更好地实现法律适用的目标，因此也是法律证成的一部分。同时，无论是目的论扩张还是限缩，都需要按照一定的法律推理形式得出最终的结论。

4. [答案] AB   [难度] 中

[考点] 法律推理、法律事实、非规范性法律文件、法律规则的分类

[命题和解题思路] 本题改编自真实案例，是劳动纠纷领域的一个典型案例，特别是二审法院运用当然推理形式，判决甲公司向侯某支付一次性伤残就业补助金，体现了司法定分止争、保护劳动者合法权益的社会意义。本题根据案例中所体现的法律推理、法律关系等法理学问题进行综合性命制，考点多元，但选项设计难度适中，作为一个不定项选择题，对考生比较友好。考生需要对法律推理的种类、法律规则的分类等常考但易错的知识点烂熟于心，才能以不变应万变，将这种常规形式的综合性命题的分数完全掌握。

[选项分析] 当然推理是指由某个更广泛的法律规范的效力推导出某个不那么广泛的法律规范的效力，典型的体现是举轻以明重和举重以明轻。本案中法官所进行的推理过程是：《工伤保险条例》第37条规定的是员工提出解除劳动合同的情况下都应该获得一次性伤残就业补助金，更何况是员工被公司辞退，处于更为不利的地位，更应

该正当地获得补助金。在司法裁判中，法官充分地运用当然推理的情形并不常见，当然推理在命题设计中通常都是作为干扰选项出现。因此，考生应当结合本案对当然推理的内涵进行更深地理解。A 选项正确。

法律事实是法律规范所规定的、能够引起法律关系产生、变更和消灭的客观情况或现象。法律事实以是否以人的意志为转移作为标准，可以分为法律事件和法律行为。法律行为是基于人的意志而使法律关系发生变化的事实。在本案中，甲公司解除劳动合同的做法属于公司意志的体现，因此是法律行为，而非法律事件。B 选项正确。

法院作出的判决属于非规范性法律文件。非规范性法律文件不同于法律、行政法规等规范性法律文件，是由有权机关或社会主体根据法律所形成的，对特定当事人具有法律效力的法律文件，比如判决书、罚单、合同等。非规范性法律文件并不具有规范性法律文件那样的普遍约束力，只对当事人生效。C 选项错误。

法律规则按照对人们的行为规定和限定的范围或程度不同，可以分为强行性规则和任意性规则。强行性规则不允许人们对规则内容随意更改，任意性规则允许人们自行选择或协商权利和义务的相关内容。《工伤保险条例》第 37 条规定的内容是关于用人单位应当承担支付一次性伤残就业补助金的法律义务，其内容不能由当事人随意更改，因此是强行性规则，而非任意性规则。D 选项错误。

5.[答案] BCD　　[难度] 难

[考点] 演绎推理、反向推理、法的发现与法的证成的区分

[命题和解题思路] 彩礼起源于中国古代从议婚到成婚过程中的婚姻礼节，在《礼记》记载的"六礼"中，纳征即男方把聘礼送到女方家里。征是成功的意思，即送彩礼之后，婚约正式缔结，一般不得反悔。在现代生活中，彩礼虽然被批评为陋习，但是仍在一些地区作为习俗而存在。关于彩礼的返还，《最高人民法院关于适用〈中华人民共和国民法典〉婚姻家庭编的解释（一）》在第 5 条专门作出规定。该题围绕具体案例考查了法律推理的类型、法律推理的前提、法的发现和法的证成问题，体现了"重者恒重"的考点选择

规律。考生在答题时，紧密联系相关考点的内容、相近考点的辨析，即可排除干扰，做出准确判断。

[选项分析] 涵摄是将外延较窄的概念划归/包摄到外延较宽的概念之下。在法律推理中，涵摄是将特定事实，置于法律规范的要件之下，以获致一定的结论的思维过程，因此，法律演绎推理是涵摄的形式。在该案中，法官将案件事实置于《最高人民法院关于适用〈中华人民共和国民法典〉婚姻家庭编的解释（一）》第 5 条的规范要件下，得出判决结论。该条规定："当事人请求返还按照习俗给付的彩礼的，如果查明属于以下情形，人民法院应当予以支持：（一）双方未办理结婚登记手续；（二）双方办理结婚登记手续但确未共同生活；（三）婚前给付并导致给付人生活困难。适用前款第二项、第三项的规定，应当以双方离婚为条件。"法官运用了涵摄的方法，A 正确，不当选。

反向推理是指从法律规范赋予某种事实情形以某个法律后果推出，这一后果不适用于法律规范未规定的其他事实情形。反向推理显示，某法律规范只适用于它明确规定的情形。在该案中，返还彩礼的事实情形属于法律规范所规定的情形，所以法官没有运用反向推理，B 错误，当选。

在演绎推理中，大前提是现行成文法中的法律规定，在我国法律实践中，包括司法解释。在该案中，演绎推理的大前提依据《最高人民法院关于适用〈中华人民共和国民法典〉婚姻家庭编的解释（一）》第 5 条所建构的，即当事人离婚时请求返还按照习俗给付的彩礼的，如果双方办理结婚登记手续但确未共同生活的，人民法院应当予以支持。虽然题干表明，法官调研发现当地确实有送彩礼的风俗，但是通常依照彩礼习俗，离婚时并无返还彩礼的必要。所以，在该案裁判时，当地风俗并不是法官推理的大前提，C 错误，当选。

在法律裁判作出的过程中，法的发现是指法律人获得法律决定的事实过程；而法的证成指法律人对其所得出的决定提供尽可能充足的理由，为了使该决定是合理的而进行推理或论证的过程。二者是两种不同性质的过程，但是并非两个先后各自独立发生的过程，而是同一个过程的不同层面。因此，法的发现是特定法律人的心理因素与社会因素（如直觉、偏见、情感、利益立场、社会阶层、价值偏好等）引发他针对特定案件作出

某个具体决定的实际过程。在该案中，法官对民俗的查证是在查明和确认案件事实内容，寻找社会习惯并将其内容与国家的法律规定进行对照，但是并没有作出具体决定。因此，这并不是法的发现，D错误，当选。

6. [答案] C　　　[难度] 中

[考点] 当代中国法的正式渊源、法的效力范围、类比法律推理

[命题和解题思路] 最高人民法院于2010年11月印发了《关于案例指导工作的规定》，标志着中国特色案例指导制度初步确立。该制度有利于法官参照指导性案例审理好类似案件，避免"同案不同判"，提高办案质量和效率。命题人在该题中采用案例分析法，考查考生对指导性案例及其具体运用的理解，体现了法理学命题的推陈出新。选项D超纲，需要考生平时多关注司法改革的内容和进程。前三个选项都是重点考点，只要考生准确判断命题人的考查意图和具体考点，扎实掌握各考点内容，就能拨云见日。考生需要避免的理解误区是，类比推理仅是英美法系国家才可运用的推理形式。

[选项分析] A涉及如何正确理解指导性案例在法律渊源中的位置。正式的法的渊源是"具有明文规定的法律效力，并且直接作为法律人的法律决定的大前提的规范来源的那些资料，如宪法、法律、法规等制定法"。在当代中国，正式的法的渊源主要为以宪法为核心的各种制定法，包括宪法、法律、行政法规、地方性法规、自治条例和单行条例、规章、国际条约、国际惯例等。指导性案例不是制定法，不是正式的法的渊源。虽然《最高人民法院关于案例指导工作的规定》中没有明确指出，但是《最高人民检察院关于案例指导工作的规定》第15条规定，检察院参照指导性案例办理案件，可以引述相关指导性案例进行释法说理，但不得代替法律或者司法解释作为案件处理决定的直接依据。A错误。

B是干扰项，涉及对"规范性法律文件"和"非规范性法律文件"的区分。辅导用书是在"法的效力范围"考点下讨论这一区分，但并没有对"规范性法律文件"进行定义。在张文显主编的《法理学》中，规范性法律文件是一种总称，专指一定国家机关按照法定权力范围，依据法定程序制定出来的、以权利义务为主要内容的、有约束力的、要求人们普遍遵守的行为规则的总称。和非规范性法律文件相比，它具有规范性、一般性的特点，它的范围就是各种制定法。非规范性法律文件是适用法律的结果而不是法律本身，如判决书、裁定书、逮捕证、许可证、合同等，它不具有普遍的约束力。其中，判决只对特定事项特定法律关系主体适用，因此，不具有规范性和一般性，不是规范性法律文件。B错误。

类比推理是从个别到个别的推论，是根据两个或两类事物在某些属性上是相似的，从而推导出它们在另一个或另一些属性上也是相似的。类比法律推理是将当前案件与先前已决案件（英美法系称为"先例"）进行比较，找出其相同点与不同点，并且判断其重要程度。当一个已决案件的事实与当前案件的事实，相似到要求有同样的结果时，法官的判决必须依照已决案件的判决（除非该判决被否决）进行；而当一个已决案件的事实与当前案件的事实，不同到要求有不同的结果时，法官的判决必须作出不同判决。该案法官在审理这一合同纠纷案时，对本案和最高法院发布的第15号指导性案例进行了比较，认定其相同点更为重要，以致可以适用其所确定的"法人人格混同"标准作出判决，这是运用了类比推理。C正确。类比推理是一种推理形式，但并不仅仅是英美法系国家才可运用的推理形式。

在《最高人民法院关于发布第一批指导性案例的通知》中，最高人民法院就指出，各高级人民法院可以通过发布参考性案例等形式，对辖区内各级人民法院和专门法院的审判业务工作进行指导，但不得使用"指导性案例"或者"指导案例"的称谓，以避免与指导性案例相混淆。因此，在法院系统中，只有最高法院可以发布指导性案例，地方各级法院无权发布。此外，在现阶段最高人民检察院和公安部也可以发布指导性案例。D错误。

7. [答案] B　　　[难度] 难

[考点] 非正式的法的渊源、设证法律推理、法律规则的逻辑结构、法适用的步骤（确认事实）

[命题和解题思路] 《错斩崔宁》话本小说以"十五贯戏言成巧祸"被冯梦龙选入《醒世恒言》第三十三卷，在清代又被朱素臣改编为《双雄记》，后来成为著名昆曲剧目《十五贯》。命题人

之所以选择这个经典故事，看中了全篇在"错"字上的情节设计："错斩"以冤案表现了官吏的主观臆断、昏庸腐败；之后的"纠错"以昭雪反映了人们对清官"公平明允"的呼求。该题四个选项涉及四个考点，考点之间跨度大，具有一定难度。考生答题要点仍是"各个击破"，除了法的非正式渊源、法律规则中的假定条件这两处"常规重点"，尤其要正确理解"设证法律推理"及其不足之处，并从法治的角度理解"法律证成"的重要性。

[选项分析] 非正式的法的渊源不具有明文规定的法律效力，但具有一定的法律说服力，如正义标准、理性原则、公共政策、道德信念、社会思潮、习惯、乡规民约、社团规章、权威性法学著作，还有外国法等。话本小说《错斩崔宁》是一部文学作品，不能视为法的非正式渊源。A 错误。

B 是重点干扰项。设证推理较少考到，2008 年卷一第 53 题作为一个选项考过，除此之外再未涉及。设证推理是对从所有能够解释事实的假设中优先选择一个假设的推论。它的一般形式是：C 被观察到，是待解释的现象；如果 H 为真，那么 C 是当然结果；因此，H。在本案中，待解释现象 C 是刘贵家被盗走 15 贯钱，且刘贵被杀死；陈、崔二人同行，且崔宁刚好携带 15 贯钱，陈是刘贵之妾，邻居推理的假设 H 是二人暗结私情，就可能杀死刘贵，盗走 15 贯钱后私奔，这样 C 便是当然结果。所以假设 H 成立。这是运用了设证推理方法，B 正确。

在法律规则的逻辑结构中，假定条件是指法律规则中有关适用该规则的条件和情况的部分，即法律规则在什么时间、空间、对什么人适用，以及在什么情境下对人的行为有约束力（如刑法上对刑事责任能力的规定）。"盗贼自刘贵家盗走 15 贯钱并杀死刘贵"表述的不是法律规则，更不是其假定条件，而仅仅是一个事实陈述，C 错误。

法律适用的过程是一个法律证成的过程。其中，法律人查明和确认案件事实的过程不是纯粹的事实归结，而是在法律规范与事实之间的循环考查。在把当事人叙述的纯粹生活事实转化为"法律事实"时，法律人必须对当事人向他叙述的多姿多彩的芜杂的生活事实进行整理、选择、判断。一方面考量已知的事实，另一方面考虑个别事实在法律上的重要性，循环往复以形成案件事实。从法治的角度看，在邻居将陈、崔二人作为

凶手捉拿送官时，官府有义务对指证的犯罪事实进行整理、选择和判断，根据法定的内容和程序取证，以形成案件事实。但是官府却当庭拷讯二人，使陈、崔屈打成招，这不符合法定的证成标准，D 错误。

难点解析

设证推理的不足及其弥补

由于能够解释事实的假设是多个，所以设证推理以某优先选择的假设作为结论是不可靠的。任何一个假设到现象之间的推论，都既可能为真，也可能由于巧合而为假。法律人在做假设时，"前理解"发挥着重要作用，而"前理解"作为相关的背景知识和感性事实，既可能是对的，也可能是错的。为了弥补设证推理的不足，提高其结论的可靠性，法律人应当做到以下几点：（1）尽可能将待解释现象在理论上所有可能的原因寻找出来；（2）尽可能地使推论结论与待解释现象之间的关系是一种单一的因果关系；（3）认识到假设是开放的、可修正的，用负责任的态度保证证据的合法性和充分性。

8. [答案] ABC   [难度] 易

[考点] 法律规则与法律原则的适用、演绎法律推理、法适用的步骤、法律证成

[命题和解题思路] 在落跑新娘的故事里，新娘用落跑的方式，逃离可以预见的一种婚后生活，用一种背叛全世界的方式，忠实自己内心的声音。但是当一个人生活在一种社会关系里时，他/她的任何重大决定都应当考虑到社会关系里相关的其他人。法律认为"婚礼上的落跑"是违背诚实信用和公序良俗原则的行为，这里的法理很耐人寻味。所以，命题人采用案例分析法，对相关争议司法解决过程中的法理学问题进行考查。四个选项分别涉及四个考点，在具体设计上，主要是围绕法律的具体适用方式展开的，包括法律原则适用的条件、法律推理的运用、对法官提供裁判理由的要求等。考生需要扎实掌握每一个考点的具体内容，才能在不断变招的选项中"接招"，作出正确选择。

[选项分析] A 涉及法律原则的适用条件。由于法律原则更为抽象，不像法律规则那样具体明确，所以直接用法律原则裁判案件，会赋予法官

较大的自由裁量权，危害法律的可预期性。因此需要对法律原则的适用设定严格的条件，其中之一就是"穷尽法律规则，方得适用法律原则"。在该案中，对新娘逃婚的法律行为是否需要追究法律责任，并没有具体的法律规则可供适用，因此法官可依民法基本原则，填补法律的漏洞，裁判案件。A 正确。

演绎推理是从大前提和小前提中必然地推导出结论或结论必然地蕴含在前提之中的推论。演绎法律推理是适用一般法律规范（大前提），对具体案件事实（小前提）作出判决的推理。法官依据诚实信用和公序良俗原则，对新娘的行为作出判决，认定其侮辱了新郎的人格尊严，应赔偿新郎财产损失和精神抚慰金。这是运用了演绎推理。B 正确。

法官进行推理的前提条件之一是小前提，即查明和确认案件事实，这是法律人适用法律解决个案的步骤之一。C 正确。

法官在裁判案件的过程中，需要提出裁判理由，从而使裁判结果以可见和可讨论的方式展示出来，进而规范和监督法官的自由裁量权。法律人适用法律的过程，是在向法律决定提供支持程度不同的理由。无论是依据法律规则还是法律原则裁判案件，法官都需要提供裁判理由。D 错误。

9. ［答案］C　　　　［难度］易

［考点］法适用的步骤、演绎法律推理、法律责任的归责原则

［命题和解题思路］<mark>先描述一个案件事实及其判决推理过程，再分析其中的法适用的步骤，包括事实的确认、法律规范的寻找、法律决定的推导、演绎法律推理的大小前提构建等，已经成为命题人对这部分考点常用的出题模式。</mark>这道题仍然是采取案例考查法，命题人在前三个选项上都是围绕法适用的步骤和法律推理进行设计，考点

相对集中，具有一定深度。考生必须充分理解并掌握法适用的步骤、法律推理的方法，才能轻松应对。为了体现考查广度，命题人在选项 D 考到归责中的效益原则，很有迷惑性，需要考生准确理解和区别不同的归责原则。

［选项分析］范某认为，事故主要是该中心未尽到注意义务引起，要求赔偿 10 万余元。对该中心"未尽到注意义务"的强调，是从法律上侵权责任的归结要件，指出该中心具有主观上的过错。提出"赔偿 10 万元"，是从法律上对侵权责任的承担方式进行主张。因此，范某不仅作了事实描述，还进行了法律判断。A 错误。

演绎法律推理是适用一般法律规范，对具体案件事实作出判决的推理。它的大前提是法律规范，小前提是被确认的案件事实。"拔河人数过多导致了事故的发生"这一语句所表达的是一种裁判事实，可作为演绎推理的小前提，而不是大前提。B 错误。

"该中心按 40% 的比例承担责任，赔偿 4 万元"是法院的判决，也是演绎推理的结论。法院推理的主要依据是《民法典》第 1165 条（行为人因过错侵害他人民事权益造成损害的，应当承担侵权责任）和第 1173 条（被侵权人对同一损害的发生或者扩大也有过错的，可以减轻侵权人的责任）。法院认定的主要事实是：其一，该中心未尽到注意义务；其二，范某本人也有过错（什么过错，题干未交代）。因此，该判决是从逻辑前提中推导出来的，C 正确。

D 是干扰项。归责的效益原则是指在追究行为人的法律责任时，应当进行成本收益分析，讲求法律责任的效益。该案的处理主要体现了归责的公正原则，即综合考虑使行为人承担责任的多种因素，做到合理地区别对待。因此 D 错误。

第三章　法的演进

试 题

第一节　法的起源与法的历史类型

📡 有学者这样解释法的产生：最初的纠纷解决方

式可能是双方找到一位共同信赖的长者，向他讲述事情的原委并由他作出裁决；但是当纠纷多到需要占用一百位长者的全部时间时，一种制度化的纠纷解决机制就成为必要了，这就是最初的法律。对此，下列哪一说法是正确的？（2017-1-13）

A. 反映了社会调整从个别调整到规范性调整的规律

B. 说明法律始终是社会调整的首要工具

C. 看到了经济因素和政治因素在法产生过程中的作用

D. 强调了法律与其他社会规范的区别

第二节　法的现代化

1. 关于法的现代化，下列哪一说法是正确的？（2017-1-14）

A. 内发型法的现代化具有依附性，带有明显的工具色彩

B. 外源型法的现代化是在西方文明的特定历史背景中孕育、发展起来的

C. 外源型法的现代化具有被动性，外来因素是最初的推动力

D. 中国法的现代化的启动形式是司法主导型

2. 关于法的发展、法的传统与法的现代化，下列说法正确的是：（2014-1-93）

A. 中国的法的现代化是自发的、自下而上的、渐进变革的过程

B. 法律意识是一国法律传统中相对比较稳定的部分

C. 外源型法的现代化进程带有明显的工具色彩，一般被要求服务于政治、经济变革

D. 清末修律标志着中国法的现代化在制度层面上的正式启动

第三节　法治理论

"近现代法治的实质和精义在于控权，即对权力在形式和实质上的合法性的强调，包括权力制约权力、权利制约权力和法律的制约。法律的制约是一种权限、程序和责任的制约。"关于这段话的理解，下列哪些选项是正确的？（2013-1-51）

A. 法律既可以强化权力，也可以弱化权力

B. 近现代法治只控制公权，而不限制私权

C. 在法治国家，权力若不加限制，将失去在形式和实质上的合法性

D. 从法理学角度看，权力制约权力、权利制约权力实际上也应当是在法律范围内的制约和法律程序上的制约

详　解

第一节　法的起源与法的历史类型

[答案] A　　[难度] 中

[考点] 法产生的一般规律、法的产生

[命题和解题思路] 如果把法理学各考点比作银河，那么"法的产生及其一般规律"就属于"遥远的星辰"，微微发光，经久粲然一闪。命题人采用纯理论阐释法，避重就轻设计了这一考题。对一段话的理解常常是开放性的，因此命题人通过干扰项的设计，使每一种理解都具有相当的迷惑性，尤其是 C 和 D。对这种题目，考生需要准确理解题干，注意分号前后内容的对比，把握关键性的字眼，如"双方找到一位"（意味着个别纠纷的解决）、"纠纷多到"、"制度化的纠纷解决机制"（意味着大量纠纷的解决），再结合扎实的法理学基础，就可以捕捉到那银河中的粲然星光。

[选项分析] 在法律产生的长期历史过程中，可以总结出一些一般规律。从题干可以看出，分号前讲述的是最初的个别纠纷，在解决时由双方共同信赖的长者进行裁决。这是针对具体人、具体行为进行的个别调整。分号后讲述的是，纠纷不断增多，使长者应接不暇时，为了提高效率并节约成本，产生了制度化的纠纷解决机制。这是针对大量纠纷的统一的、可以反复适用的规范性调整。因此，这段话反映了法的产生过程中从个别调整到规范性调整的规律，A 正确。

从题干的表述中也可以看出，在最初的纠纷解决中，长者作出裁决依据的不是具有一般规范性的法律，而是习惯或习俗。它是在特定共同体中生活的人们在长久的生产生活实践中自然而然形成的，体现了该共同体中人们的共同的理性和要求。长者因为其经验和智慧，更熟知这种使共同体赖以生存的理性和需要。所以，法律并非始终是社会调整的首要工具，法的产生其实经历了从习惯到习惯法、再由习惯法到制定法的发展过程（法产生的另一规律）。B 错误。

C 是重点干扰项。一些考生看到题干中讲到"纠纷多到需要占用一百位长者的全部时间"就认为这里涉及"时间成本"的问题，这体现出经济因素在法产生过程中的作用。这虽然有一定的合理性，但是通常理解法产生过程中的经济因素，

指的是私有制和商品经济的产生。在原始公社制度解体前，生产资料是公有的，没有独立的不同利益的经济主体，利益上的基本一致使人们依靠传统习惯就可以调整经济关系。随着劳动生产率的提高，私有制产生，才需要法律对不同的利益进行调整。退一步，即使承认题干看到了经济因素，那么题干中体现了政治因素吗？法产生过程中的政治因素，主要指的是阶级的产生。在公社制度解体后，社会逐渐分化出奴隶主和奴隶，剥削者和被剥削者，原有习惯不能调整他们之间的关系，奴隶主为了维护统治地位，把本阶级意志制定为法，把被统治阶级的活动约束在一定范围内。因此，法是为了维护和调整一定阶级关系的需要而产生的，题干中并没有体现出这一点，所以 C 错误。

D 也是干扰项，因为"法律与其他社会规范之间存在区别"本身是没错的。但是，当我们仔细比较分号前后，它并没有再强调法律和其他社会规范之间的不同。恰恰相反，原始社会的习惯融道德、宗教等社会规范于一体，即使在规范性调整的初期，习惯法与宗教规范、道德规范等也没有明显的界限。法的产生实际上经历了从个别调整到规范性调整、从一般规范性调整到法的调整的发展过程。随着阶级的产生和对立加剧，法的调整才逐渐从一般的规范性调整中分离出来，成为社会关系的主要调整方式。所以 D 错误。

第二节　法的现代化

1. ［答案］C　　［难度］易

［考点］法的现代化的动力来源、法的现代化的类型、当代中国法的现代化的特点

［命题和解题思路］在法理学考点的银河中，"法的现代化"也是属于遥远却不暗淡的星辰。在该题中，命题人以简洁的设问，采用纯理论考查法进行命题，考点集中，考查具有一定深度。在选项设计上，命题人采用"偷梁换柱"的策略，故意将内发型法和外源型法的动力来源和特点颠来倒去，考验考生知识掌握的准确度、清晰度。此类考题要求考生在复习时，对相关知识点进行归纳总结和对照比较，理顺其逻辑关系，练就火眼金睛。

［选项分析］根据动力来源的不同，法的现代化过程分为内发型法的现代化和外源型法的现代

化。内发型法的现代化是指由特定社会自身力量产生的法的内部创新。外源型法的现代化是指在外部环境影响下，社会受外力冲击，引起思想、政治、经济领域的变革，最终导致法律革新。因此，是外源型法的现代化具有依附性，带有明显的工具色彩，被要求服务于政治、经济变革。A 错误。

由于是特定社会自身力量产生的法的内部创新，所以内发型法的现代化是一个自发的、自下而上的、缓慢的、渐进变革的过程。它是在西方文明的特定社会历史背景中孕育、发展起来的。外源型法的现代化多是在外部因素的压力下，或由于外来干涉，或由于殖民统治，或由于经济上的依附关系而被动发生，普遍发生在后发国家。B 错误。

外源型法的现代化通常是在外部环境的有力推动下，在迫切需要社会政治、经济变革的背景中展开的，因此具有被动性。外来因素，如外来干涉、殖民统治或经济上的依附关系是最初的推动力。C 正确。

中国法的现代化的启动形式是立法主导型，而非司法主导型。这指的是，从清末修律开始，中国法的现代化一直是"通过大规模的、有明确针对性的立法，自上而下地建立全新的法律体制"，而不是在司法裁判中，通过个案纠纷的解决，发现既有法律规范存在的滞后之处，又有新的符合时代要求的规范共识，推动并形成法律规范的演进更新。D 错误。

2. ［答案］BCD　　［难度］中

［考点］法的现代化的类型、法律意识的含义与结构、当代中国法的现代化的历史进程与特点

［命题和解题思路］法的发展、法的传统与现代化不是常考的重点，考试总是对它"不爱那么多，只爱一点点"。该题采取纯理论阐释法，形式上是一题多问的命题形式，内容上选项涉及多个相近考点，具备一定的考查广度。该题四个选项都有一定迷惑性，最大的干扰项是选项B，"法律意识"虽有"意识"之名，但并非一般的"意识"。考生在复习这部分时应对要点进行总结归纳，如法的现代化的动力来源和类型、中国法的现代化的历史进程和独特之处、法律意识的含义与结构等。有备而来，就会百战不殆。

[选项分析] 现代化不仅是物质生活方式的变化，而且是从物质到精神、制度到观念的社会总体的变迁，是特定社会的现代性因素不断增加的过程。法的现代化是指与现代化的需要相适应的、法的现代性因素不断增加的过程。根据动力来源不同，法的现代化分为内发型法的现代化和外源型法的现代化。内发型法的现代化是指由特定社会自身力量产生的法的内部创新。这种现代化是一个自发的、自下而上的、缓慢的、渐进变革的过程。外源型法的现代化是指在外部环境影响下，社会受外力冲击，引起思想、政治、经济领域的变革，最终导致法律文化领域的革新。中国在鸦片战争前是一个封闭保守的农业社会，法律具有中华法系"礼法结合、德主刑辅"的特点。中国法的现代化并不是自发的、自下而上的、渐进变革的过程，而是在外强入侵、被迫签订不平等条约的背景下开始的，法律一方面被迫进行修改，另一方面有识之士推动变法图强。这是一种外源型法的现代化。A 错误。

B 是重点干扰项。一看到"意识"就可能把法律意识是理解为个体心理层面的法律意识，而它常常是短暂的、片段的、易变的，因此认为这个表述是错误的。这是对法律意识的具体含义理解不全面所致的。法律意识是指人们关于法律现象的思想、观念、知识和心理的总称。它在结构上分为**两个层次：法律心理和法律思想体系**。"法律心理是人们对法律现象表面的、直观的感性认识和情绪，是法律意识的初级形式和阶段。法律思想体系是法律意识的高级阶段，它以理性化、理论化、知识化和体系化为特征，是人们对法律现象进行理性认识的产物，也是人们对法律现象的自觉的反映形式"。**正是在法律思想体系的层面上，法律意识是相对稳定的，并具有一定的连续性，它的强有力的传承作用使一个国家的法律传统得以延续**。B 正确。

外源型法的现代化一般是在外部环境强有力的作用下和迫切需要社会政治、经济变革的背景中展开的。它具有一定的依附性，即这种情况下展开的法的现代化进程，带有明显的工具色彩，一般被要求服务于政治、经济变革。法律改革的"合法性"依据，并不在于法律本身，而在于它的服务对象的合理性。C 正确。

鸦片战争前后，当时的有识之士看到了中国

的落后，要求变法图强。1902 年，张之洞以兼办通商大臣的身份，与各国修订商约。英、日、美、葡四国表示，在清政府改良司法"皆臻完善"之后，愿意放弃领事裁判权。为此，清政府下诏，派沈家本、伍廷芳主持修律。以收回领事裁判权为契机，中国法的现代化在制度层面上正式启动了。D 正确。

第三节　法治理论

[答案] ACD　　　[难度] 易

[考点] 法治的含义、法与国家的一般关系

[命题和解题思路] 这是一道既体现了命题人的理论素养，又考查了考生的理论素养的不可多得的好题。引文出自辅导用书"法与国家"这一部分，但是命题人的选项设置，主要是在探讨**法治的含义**。国家是社会秩序和稳定的保证，但也可能沦为压制个人的暴政。因此传统控权理念，强调有限政府，旨在最大限度地保障个人自由和权利，制止国家行政机关干预或限制个人自由和权利。命题人采用纯理论阐释法，从不同角度对这段话进行解读，具有一定深度，充分考查了考生对"近现代法治精义"相知相识有多深。考生在答题时，需要理解到的是，建立分散权力和权力制衡的机制（权力制约权力）、通过宪法规范国家和个人的关系（权利制约权力）、强调依法治国（法律的制约）等都是为了实现对权力的控制。

[选项分析] 在法与国家的关系上，一方面，法律通过表述和确认国家权力，通过赋予国家权力合法性的形式，强化国家权力；另一方面，法律对权力合法性的确认，是以具体的权限、程序和制度安排，对权力设置及行使的方式进行规范，这同时也是对具有扩张本性的权力进行约束和弱化。A 正确。

不同于公权，私权是公民、法人和社会组织，甚至国家在自主、平等的社会生活、相互交往中所拥有的财产权和/或人身权。当私权的行使超出法定界限时，也要受到法律限制。B 错误。

权力不加限制，会因为公共权力滥用导致"以言代法，以权压法"，因为公共权力异化导致公共权力成为谋取个人私利的工具，因为公共权力行使的怠惰，导致行政不作为。这将侵害公众利益，破坏社会公平正义，导致社会矛盾激化，削弱公众对政府的信任，动摇政府的合法地位，使权力最终失

去在形式和实质上的合法性，C 正确。

通过权力制约权力、权利制约权力，是在法律规定的权限、程序和责任承担上的制约，这才符合法治的内涵。D 正确。

第四章　法与社会

试　题

1. 近年来，生成式人工智能的发展给法律带来了挑战。对此，国家网信办联合其他部门通过了《生成式人工智能服务管理暂行办法》。该办法规定，国家坚持发展和安全并重、促进创新和依法治理相结合的原则，采取有效措施鼓励生成式人工智能创新发展，对生成式人工智能服务实行包容审慎和分类分级监管。对此，下列哪一说法是正确的？（2023 年回忆版）

A. 法律必然滞后于科技发展

B. 对人工智能的法律监管，表明科技并非价值中立

C. 该原则是公理性原则

D. 促进创新原则是以个案平衡的原则适用于实践

2. 随着科技发展，无人驾驶汽车已进行研发测试，未来有望在公共交通运输中投入使用。社会公众围绕如何对其进行立法规制、如何进行交通监管、无人驾驶汽车造成事故后是否担责等问题展开讨论。对此，下列哪一说法是正确的？（2018 年回忆版）

A. 对无人驾驶汽车在行驶中引发的民事诉讼，法院可因法无明文规定而不予裁判

B. 科技发展引发的问题只能通过法律予以解决

C. 现行交通法规对无人驾驶汽车的运行问题尚无明确规定，这体现了法的局限性

D. 只有当科技发展造成了实际危害后果时，才能用法律手段进行干预

3. 在小说《悲惨世界》中，心地善良的冉阿让因偷一块面包被判刑，他认为法律不公并屡次越狱，最终被加刑至 19 年。他出狱后逃离指定居住地，虽隐姓埋名却仍遭警探沙威穷追不舍。沙威冷酷无情，笃信法律就是法律，对冉阿让舍己救人、扶危济困的善举视而不见，直到被冉阿让冒死相救，才因法律信仰崩溃而投河自尽。对此，

下列说法正确的是：（2017-1-88）

A. 如果认为不公正的法律不是法律，则可能得出冉阿让并未犯罪的结论

B. 沙威"笃信法律就是法律"表达了非实证主义的法律观

C. 冉阿让强调法律的正义价值，沙威强调法律的秩序价值

D. 法律的权威源自人们的拥护和信仰，缺乏道德支撑的法律无法得到人们自觉的遵守

4. 在莎士比亚喜剧《威尼斯商人》中，安东尼与夏洛克订立契约，约定由夏洛克借款给安东尼，如不能按时还款，则夏洛克将在安东尼的胸口割取一磅肉。期限届至，安东尼无力还款，夏洛克遂要求严格履行契约。安东尼的未婚妻鲍西娅针锋相对地向夏洛克提出：可以割肉，但仅限一磅，不许相差分毫，也不许流一滴血，唯其如此方符合契约。关于该故事，下列说法正确的是：（2016-1-90）

A. 夏洛克主张有约必践，体现了强烈的权利意识和契约精神

B. 夏洛克有约必践（即使契约是不合理的）的主张本质上可以看作是"恶法亦法"的观点

C. 鲍西娅对契约的解释运用了历史解释方法

D. 安东尼与夏洛克的约定遵循了人权原则而违背了平等原则

5. 公元前 399 年，在古雅典城内，来自社会各阶层的 501 人组成的法庭审理了一起特别案件。被告人是著名哲学家苏格拉底，其因在公共场所喜好与人辩论、传授哲学而被以"不敬神"和"败坏青年"的罪名判处死刑。在监禁期间，探视友人欲帮其逃亡，但被拒绝。苏格拉底说，虽然判决不公正，但逃亡是毁坏法律，不能以错还错。最后，他服从判决，喝下毒药而亡。对此，下列哪些说法是正确的？（2013-1-52）

A. 人的良知、道德感与法律之间有时可能发生抵牾

B. 苏格拉底服从判决的决定表明，一个人可以被不公正地处罚，但不应放弃探究真理的权利

C. 就本案的事实看，苏格拉底承认判决是不公正的，但并未从哲学上明确得出"恶法非法"这一结论

D. 从本案的法官、苏格拉底和他的朋友各自的行为看，不同的人对于"正义"概念可能会有不同的理解

详 解

1.［答案］B 　［难度］难

［考点］法与社会、法律原则

［命题和解题思路］生成式人工智能是2023年的大热点，本题紧跟形势，借助于生成式人工智能技术所带来的法律挑战考查了法律与科技的关系、法律原则等基础知识点，角度新颖，命制灵活，对考生的知识要求也很高。考生需要结合所学知识，透彻地理解，灵活地运用。本题的难点在B选项，给考生造成很大困扰。如果考生对人工智能技术的伦理挑战有深入理解，即可迎刃而解。

［选项分析］A选项考查法律与科技的关系。法律与科技的关系和法律与社会之关系的反映。科技的发展受创新驱动，而法律则追求稳定性。二者之间存在张力，在一些先进技术出现的时候，通常会面对法律空白，比如生成式人工智能是全新的技术，没有相应的法律规制。但这并不意味着法律一定会滞后于科技，在一些情况下，法律可以超前规定，比较典型的是元宇宙。元宇宙技术还没有广泛应用，但相关法律规定已经出台，未雨绸缪。A选项过于绝对，是错误的。

B选项考查法律与科技的伦理关系，给考生造成很大困扰。很多考生认为技术就是技术，是中立的和价值无涉的。这是个很大的误解。现代信息技术的一大特征是一定会对价值世界造成冲击。生成式人工智能技术的出现立刻引发伦理争议，比如是否具备了人的意识，是否对人的主体性造成冲击等，这表明科技并非价值中立。因此，通过对科技进行监管，可以防范科技引发的价值危机。B选项正确。

C选项考查法律原则的分类。按照法律原则是否普遍适用，可以分为公理性原则和政策性原则。公理性原则是放之四海而皆准的原则，比如

法律面前人人平等原则。政策性原则则是一些面对具体事务的策略性原则，比如本题中涉及的科技规制原则。如果科技发展到一定程度，能够自动地向善，则本条规定中的这些原则就不需要再单列出来。C选项错误。

D选项考查法律原则的适用方式，具有一定的干扰性。在司法裁判中，如果存在两个相竞争的法律原则，则需要进行权衡以作出选择。在本题中，发展和安全并重原则、促进创新原则和依法治理原则显然不是在司法裁判中适用，而是立法中的原则排序。根据该办法的立法目的，原则之间显然不是并列关系，而是发展和安全并重原则优先，其次是促进创新原则和依法治理原则。毕竟生成式人工智能的发展所引发的风险是非常显著的，因此应当首先强调发展和安全并重。这种排序是基于优先顺序，而非个案平衡。D选项错误。

2.［答案］C 　［难度］中

［考点］法律漏洞的概念、法对科技进步的作用、法的局限性

［命题和解题思路］无人驾驶汽车是人工智能在交通运输领域的运用，因此它也面临同样的问题，即如何协调"促进"与"规制"人工智能发展的法律价值目标，如何应对人工智能技术带来的社会风险，如何设计人工智能时代的调控规范体系？随着无人驾驶汽车在公共交通运输中投入使用，相关问题就成为必须面临和思考的现实问题。该题结合法理学的相关考点，思考法与科技的关系，反思面对科技发展时法的"能"与"不能"，是比较有代表性的综合题。对于这类题目，考生可以通过还原考点内容，结合相关理论知识作出判断。对于过于绝对的表述，要仔细分析，辨识干扰项。

［选项分析］无人驾驶是通过导航系统、传感器系统、智能感知算法、车辆控制系统等智能技术，实现"人工智能+无人驾驶"，颠覆了以往的人车关系和车车关系。对无人驾驶汽车在行驶中引发的民事纠纷该如何解决，法律可能没有明确规定，存在法律漏洞。法律漏洞是违反立法计划（规范目的）的法的不圆满性。对存在法律漏洞的法律纠纷，法官不能用"法无明文规定"拒绝审理案件，因为在法律上有"禁止法官拒绝作出裁判"的规定。所以，法官必须对法律漏洞进行填

补，使争议得到解决。A 错误。

选项 B 考查的是法与科技的关系、法对科技进步的作用。现代科技既能为人类提供改造和利用自然的新手段，也可能带来严重的社会问题。因此，既要有相应的立法预先对科技活动进行规制，也要对科技活动产生的损害进行法律救济。但这并不代表科技发展引发的问题"只能"通过法律予以解决，这是一种法律万能论。除了法律外，也可以通过道德、经济等多种手段进行解决，如通过提倡科技伦理避免科技滥用，通过财政支持提高科技研发能力等。B 错误。

法的局限性是指虽然法在社会生活中具有重要作用，但法律不是万能的。社会生活发展日新月异，立法者不可能提前预知所有情况而进行全面规范。所以，现行交通法规对无人驾驶汽车的运行问题缺乏明确规定。而这正是面对科技发展，法律需要去作出回应的，例如作出交通监管重心上的改变，以往交通管理部门监管的重点是汽车装置的安全性能和驾驶人安全驾驶技能；而在智能驾驶中，避险保障和精确驾驶的软硬件体系，是道路交通检测、准入的重点。C 正确。

D 考查的是法律在对社会关系进行规范时介入的时间。法律在对它认为需要进行调整的社会关系进行规范时，既可以进行事后干预，即当科技发展造成实际危害后果时；也可以进行事中干预，即当危害持续发生时，如某黑客破坏攻击网站，篡改网站信息；也可以根据具体情况进行事前干预，即只要预见到有产生危害后果的危险，如预先对智能驾驶系统的开发者、制造者的资质作出审核，或者预先规定无人驾驶汽车的载客人数、行驶范围等。D 错误。

3. [答案] ACD [难度] 难

[考点] 法的概念的争议、法与道德的联系、法的价值的种类（正义、秩序）、法的效力的根据

[命题和解题思路]《悲惨世界》是雨果在 1862 年发表的长篇小说，它以苦刑犯冉阿让的个人经历为主线，展现了广阔的社会生活画面，融入了作者对法国诸多历史事件、道德哲学、法律和正义的思考。命题人采用经典事例分析法，以此考查了法理学的若干重点考点，思路开阔，干扰项设置具有一定迷惑性。考生在答题时，需要判断命题人的考查意图和具体考点，联系题干表

述，缜密分析各选项的内容。这要求考生全面理解相关知识点的内容，这样才能在这类题上游刃自如。

[选项分析] 看到"不公正的法律不是法律"，便可判断这是自然法学派的观点，即"法在本质上是内含一定道德因素的概念。实在法只有在符合自然法、具有道德上的善的时候，才具有法的本质而成为法，'恶法非法'"。冉阿让为了使孀居姐姐的 7 个孩子免于挨饿，砸破面包店的玻璃，偷拿了一块面包。他被控告为盗贼，判处 5 年有期徒刑。后来他几次越狱，都被追回，刑罚由 5 年增加到 19 年。偷拿面包的行为只是一种道德上可谴责的行为，但是还达不到盗窃的严重社会危害性。法律的规定违背了法律责任承担上的罪刑相当原则，即违背了公正原则。如果认为不公正的法律不是法律，在冉阿让的事件上就会得出，对他进行刑罚的法律因其不公正而不是法律，冉阿让并未构成犯罪，A 正确。

根据人们定义法的概念时对法与道德关系的不同主张，可以区分出两种基本立场，即实证主义和非实证主义。实证主义法律观主张，"在法与道德之间，在法律命令什么与正义要求什么之间，在'实际上是怎样的法'与'应该是怎样的法'之间，不存在概念上的必然联系"。沙威"笃信法律就是法律"，表达的就是实证主义的法律观，法只要满足"权威性制定"的要素即是法律，就应当遵守。而非实证主义的法律观，以自然法学派为代表，认为法与道德联系在一起，以内容的正确性作为法的概念必要的定义要素，主张"恶法非法"。所以，B 错误。

C 可能构成干扰项。正义的实质内容体现为平等、公正等具体形态。强调法律的正义价值，要求分配社会利益和设置权利和义务时不是任意的，要遵循一定的准则。冉阿让"因偷一块面包被判刑，他认为法律不公并屡次越狱"，"他出狱后逃离指定居住地"，隐姓埋名生活，从这些行为可以看出，冉阿让认为自己不应因偷一块面包的起因被不断判刑、加刑和追捕，他强调法律的正义价值，认为自己受到了法律不公正的对待。法律上的秩序是指通过法律机构、法律规范、法律权威所形成的一种社会有序状态。沙威之所以追捕冉阿让，是因为冉阿让的越狱和未按指定居住地居住的行为，都使建立在制定法基础上的秩

序遭到挑战和逾越。他笃信法律就是法律，更确切地说，他信仰由制定法的规则所建立的秩序，并视自己的职责是这种秩序的守护者，相较于法的其他价值，他更强调法律的秩序价值。C 正确。

D 是重点干扰项。D 表面看起来是考查守法，实则考查与守法的理由密切联系的考点"法的效力的根据"。一方面，法的效力来自道德。当法律的规定和个人的道德观念、价值认知相一致，人们就会自觉遵守法律。另一方面，法的效力也会来自法律，来自法律的国家强制力。这时，虽然人们不认同法律的规定，但是会因为惧怕法律的制裁而遵守法律。有的考生因此认为 D 是错误的，他们实际犯的错误是，在第二种情况下，对法律的遵守不是出自内心的自愿，所以不能说是得到了"人们自觉的遵守"。只有得到道德支撑的法律才会得到人们自觉的遵守，因此 D 正确。

4. [答案] AB　　　[难度] 难

[考点] 权利的含义、法与道德的联系、法律解释的方法、人权的概念

[命题和解题思路]《威尼斯商人》是莎士比亚的传世之作，被评价为"不是一个时代，而是属于所有时代"。构成这部戏剧张力的法律纠纷及其解决，也值得法律人从不同视角一再审视。契约是这部戏剧展开的核心。在古代环地中海地区，契约具有神圣的色彩。随着资本主义经济的发展，契约成为主体独立地位和个人自由意志的体现。命题人采取案例分析法，用文学史上的"经典契约"及其争议解决，考查考生运用法理学知识分析案例的能力，具体着重于考生对"权利意识与契约精神""有约必践"的理解，选项设计"扑朔迷离"。该题难点在于如何理解与评价安东尼和夏洛克的契约内容，考生既要理解剧中表现的"契约精神"，又要对契约的内容作出公允评价。

[选项分析] 夏洛克作为文学史上一个典型的反派人物，被刻画为吝啬自私，唯利是图，但是在他身上一定程度上体现了资本主义萌芽时期欧洲商人阶层追求交易公正的理想。夏洛克（作为债权人）主张有约必践，体现了强烈的权利意识。契约的内容是债权人和债务人之间的权利和义务。契约精神不仅包括契约自由、契约平等，还包括

契约信守，夏洛克主张有约必践，也体现了契约精神，A 正确。

B 为重点干扰项，具有迷惑性，极易出错。夏洛克和安东尼之间这份契约的违约条款是：安东尼如不能按时还款，夏洛克有权在安东尼"身上的任何部分割下整整一磅白肉，作为处罚。"夏洛克主张有约必践，要求在安东尼的胸口割取一磅肉，这不仅可能对安东尼的人身造成伤害，而且可能危及他的生命，因此这并不符合社会的伦理规则和人们的正义观念。虽然"契约必须被信守"，但是当契约的内容违背正义，达到一定程度的邪恶时，就不应该被信守。而夏洛克坚持"不合理的契约也要被信守"，本质上可以看作一种"恶法亦法"的观点，B 正确。

历史解释是指依据正在讨论的法律问题的历史事实对某个法律规定进行解释，鲍西娅对契约的解释，即"可以割肉，但仅限一磅，不许相差分毫，也不许流一滴血，唯其如此方符合契约"，并没有运用这一方法，C 错误。

人权是每个人作为人应该享有的权利。人权原则不仅是法的制定和实施应当坚持的最低的人道主义标准和要求，也是私法主体订立契约应当遵循的原则。根据二人的约定，不能按时还款，就在债务人的身上任意部分割去一磅肉作为处罚，这明显违反了最低限度的人道主义要求，违反了人权原则，D 错误。

难点解析

（1）关于《威尼斯商人》中反映的契约精神

该剧创作于 1597 年，揭示了早期资本主义的高利贷者与商业资本家之间的关系，彰显了莎士比亚作品的人文主义特点。由于历史上环地中海地区商品交换和贸易的发达，人们在观念和行动中赋予契约以神圣的色彩。只要立约人是自己作出承诺，无论契约内容是否合理，按照"买方自应注意"的原则，必须无条件履行契约的内容。在当时英国法律中，契约就是"当事人之间的有法律强制可能的合意"。受"契约神圣"法律观念的影响，在故事发生地威尼斯，尽管处于优势地位的基督教徒们憎恶犹太放贷者夏洛克，但是仍然无法毁弃契约。因为社会秩序的良性运转和人们的幸福生活都奠基于稳固的契约制度之上。

（2）关于"恶法亦法"

法与道德在本质上是否有联系，追问的是法在本质上是否包含道德内涵。否定的观点以分析实证主义法学派为代表，"认为不存在适用于一切时代、民族的永恒不变的正义或道德准则。法学作为科学无力回答正义的标准问题，因而是不是法与是不是正义的法是两个必须分离的问题，道德上的善或正义不是法律存在并有效力的标准，法律规则不会因违反道德而丧失法的性质和效力，即使那些同道德严重对抗的法也依然是法，即'恶法亦法'。"那么，夏洛克主张有约必践，这里的"法"是什么？在古罗马法中，契约的意思就是"法锁"，因契约产生的债就是"法律用以把人或集体的人结合在一起的束缚或锁链"。基督教教义接受了罗马法的原则，并在罗马帝国衰落后继续传承这些原则，影响到欧洲中世纪，不仅形成"私约"等同于"国法"的观念，而且在习俗和惯例中还有"契约胜过法律"之说。虽然具体的法律条文不可考证，但是根据契约的内涵，这里的"法"就是："只要立约人是自己作出承诺，即使契约的内容不合理，也必须无条件履行契约的内容。"

5. ［答案］ABCD ［难度］难

［考点］法与道德的联系、法的价值的含义、正义

［命题和解题思路］可以用"经典永流传"来形容这道题。在本题中，命题人考查了"苏格拉底之死"，其中深具韵味的是苏格拉底对逃监机会的放弃及其理由的说明，这又被称为"苏格拉底的申辩"（雅克·达维特在1787年的画作生动地刻画了当时的场景，现藏于纽约大都会博物馆）。苏格拉底生于公元前469年，当时希腊城邦民主政治处于兴盛时期。苏格拉底在公共场所与人辩论，改变了既往哲学家探讨"宇宙的本原和结构问题"而不讨论人事的特点，将哲学讨论的中心放到关注人类道德和政治问题上，并因之获罪。该题对经典事例进行考查，一开法理学考试风气之先。命题人通过事例分析法，引导考生思考人的良知、道德感和法律之间的关系，思考哲人在不公正的处罚和探究真理之权利之间的选择，思考正义的这张"普罗透斯"的脸。本题的难点

是选项C，需要考生正确理解"恶法非法"的含义。其他选项难度都不算大。

［选项分析］苏格拉底被控的罪名有两条：第一，自命为有智慧，"天上地下的一切无不钻研"；第二，自命可以传授德行。第一条是"不敬神"的罪名，第二条是"败坏青年"的蛊惑罪名。法律规定："对一切不相信现存宗教者和对神事持不同见解者，治罪惩罚。"该法律是在伯利克里时代通过的，并经过公民投票表决，是有效的法律。而苏格拉底之所以要在公共场所与人辩论，讨论人类的道德和政治问题，是出于自己的良知和道德感，他追问"什么是一个人应该过的美好生活"，是因为他相信"未经省察的人生是不值得过的"。他追问"什么是正义"，是因为他发现雅典民主制中的问题，相信对此进行讨论是一种公民责任。可见，人的良知、道德感与法律之间有时可能发生抵牾，A正确。

苏格拉底的罪状一般是用于控告智者的。智者把言说看作一种技巧，智者之术强化了公众意见的歧异，却无法为城邦政治重建统一的原则。苏格拉底作为一个哲人，与智者的不同在于他运用辩证法使公众发现自己意见中的自负，通过探讨真理试图为城邦重建统一的根基。苏格拉底被以智者的罪名进行控告，受到了不公正的处罚。但是他选择服从判决，是因为他相信，"一个人自愿生活在一个国家中，并且享受这个国家法律给予的权利，这等于和国家之间订立了'契约'。在这种契约关系中，不服从法律是毁约，是十分不道德的"。可以说，苏格拉底以自身的行动践行了他所探究到的真理，这是十分打动人的。B正确。

C是重点干扰项。自然法学派认为法在本质上内含一定的道德因素。"实在法只有在符合自然法、具有道德上的善的时候，才具有法的本质而成为法。一个同道德严重对立的邪恶的法并不是一个坏的法，而是丧失了法的本质的非法的'法'，因而不是法，即'恶法非法'。"苏格拉底认为判决是不公正的，但是他并没有对城邦的法律的本质进行评价，也没有认为其是"恶法"，是丧失了法的本质的非法的"法"，没有从哲学上明确得出"恶法非法"这一结论。C正确。

本案的法官按照法定的诉讼程序，依据当时有效的法律，在查明事实的基础上，以"不敬神"

和"败坏青年"的罪名判处苏格拉底死刑。他所认为的正义是，依法使犯罪的人归罪，使其接受法律的制裁。苏格拉底认为判决是不公正的，他作为哲人，所作所为是为了寻找那些至关重要的人类道德和政治问题的答案，而没有法律指控的犯罪意图。但是他认为他和国家之间订立了"契约"，逃监就是不服从法律，是毁约。苏格拉底理解的正义就是"遵守自己和城邦之间订立的契约"。苏格拉底的朋友，如克力同认为："雅典的法律不公正，没有理由予以遵守。"因此，欲帮苏格拉底逃亡。他们理解的正义是，"人有权违反不公正的法律判决"。所以，可见不同的人对于"正义"概念有不同的理解。D 正确。

难点解析

关于"苏格拉底的申辩"

苏格拉底对"他和城邦间契约关系"的论证：（1）苏格拉底指出，他的父亲是通过雅典城邦的法律娶了他的母亲，并且生下其本人，其本人的生命是由这个城邦赋予的。（2）雅典城邦制定了有关养育和教育的法律，遵守这些法律的父亲根据它们才使苏格拉底长大成人，使苏格拉底可以结婚、生子、享受自己的生活。（3）雅典城邦还规定，如果对国家怀有不满，可以携带财产远离。但是自己没有远离。这说明自己对生活其中的城邦是满意的。这些都表明，苏格拉底与城邦之间始终订有契约。

苏格拉底对"逃监是蔑视法律的行为，是践踏自己立下的契约"的论证：如果一个人自愿生活在一个国家中，并且享受这个国家法律给予的权利，这等于和国家之间订立了"契约"。在契约中享受权利时，也意味着接受了契约中的义务规定。在这种契约关系中，不服从法律是毁约，是十分不道德的。"逃监是毁坏国家和法律的行为，如果法庭的判决不生效力、被人随意废弃，那么国家还能存在吗？逃监是蔑视法律的行为，是践踏自己立下的契约，是最下贱的奴才干的勾当。如果我含冤而死，这不是法律的原因，而是由于恶人的蓄意。如果我无耻逃亡，以错还错、以恶报恶，毁伤的不仅是法律，而且是我自己、我的朋友和我的国家。"

由此也可以看出作为哲人的苏格拉底和智者之间的区别：哲人有对城邦的爱，而智者多满足于做一个"世界公民"，他们在城邦之间游走，不以哪一个城邦为自己的家园。

题外话

有的学生在课堂上做到本题时，指出"苏格拉底服从判决的决定"是一个事实，而"一个人可以被不公正地处罚，但不应放弃探究真理的权利"是一个价值判断。因此，这个选项是从一个事实问题推出一个价值判断。这是否违反休谟定律？选项表述是否不够严谨？

第一章　宪法概论

试　题

1. 成文宪法和不成文宪法是英国宪法学家提出的一种宪法分类。关于成文宪法和不成文宪法的理解，下列哪一选项是正确的？（2017-1-21）

A. 不成文宪法的特点是其内容不见于制定法

B. 宪法典的名称中必然含有"宪法"字样

C. 美国作为典型的成文宪法国家，不存在宪法惯例

D. 在程序上，英国不成文宪法的内容可像普通法律一样被修改或者废除

2. 我国《立法法》明确规定："宪法具有最高的法律效力，一切法律、行政法规、地方性法规、自治条例和单行条例、规章都不得同宪法相抵触。"关于这一规定的理解，下列哪一选项是正确的？（2016-1-22）

A. 该条文中两处"法律"均指全国人大及其常委会制定的法律

B. 宪法只能通过法律和行政法规等下位法才能发挥它的约束力

C. 宪法的最高法律效力只是针对最高立法机关的立法活动而言的

D. 维护宪法的最高法律效力需要完善相应的宪法审查或者监督制度

3. 宪法的制定是指制宪主体按照一定程序创制宪法的活动。关于宪法的制定，下列哪一选项是正确的？（2015-1-20）

A. 制宪权和修宪权是具有相同性质的根源性的国家权力

B. 人民可以通过对宪法草案发表意见来参与制宪的过程

C. 宪法的制定由全国人民代表大会以全体代表的三分之二以上的多数通过

D. 1954 年《宪法》通过后，由中华人民共和国主席根据全国人民代表大会的决定公布

详　解

1. [答案] D　　[难度] 中

[考点] 宪法的分类

[命题和解题思路] 根据是否存在统一的宪法典，可以把宪法分为成文宪法和不成文宪法，这是传统宪法分类中最基本的一种分类方法。应该说，这一分类并不复杂。但是，在成文宪法和不成文宪法的内涵问题上，还有很多人存在模糊认识，理解不透彻。命题人正是基于这一考虑而布设选项，坐等那些不明就里、不知道奔跑时如何拐弯的"兔子"来撞墙。正确解答本题，需要考生全面、透彻地理解成文宪法和不成文宪法各自的内涵和特点。而要穿透层层迷雾，找到那个准确的答案，仅靠浮光掠影、蜻蜓点水式的学习肯定是不行的，必须下功夫，求真知。

[选项分析] A 选项为重点干扰项，考查不成文宪法的特点。我们知道，不成文宪法没有统一的宪法典，其宪法散见于各种法律规范、宪法判例和宪法惯例。但是，这并不是说不成文宪法就没有任何制定法，其制定法不仅存在，甚至可能还有很多。以作为不成文宪法之代表的英国宪法来说，《权利法案》《王位继承法》等，这些数量繁多的制定法都是英国宪法的组成部分。因此，A 选项错误。——其实，这个选项并不难判断，但是从 2017 年考试结束后司法部公布参考答案并接受异议的情况来看，很多考生认为 A 选项正确。这从反面说明，命题人的命题策略是有效的。

B 选项考查成文宪法的特点。成文宪法具有统一的宪法典，但其宪法典的名称并不一定含有"宪法"字样。比如，当代德国的宪法名称为《联邦德国基本法》。B 选项显然错误。——某些提出

异议的考生认为 B 选项正确，他/她大概从未注意过德国基本法。若知道了这个简单的知识点，一定会恍然大悟。

C 选项考查美国宪法及其渊源。美国最早制定宪法典，是典型的成文宪法国家。但从宪法渊源的角度来讲，宪法典和其他渊源形式（宪法表现形式）是并行不悖的。也就是说，宪法典并不排斥其他渊源形式的存在。以美国宪法为例，其"两党制"的政党制度就不见诸宪法典，而是在长期的政治实践中逐渐形成的宪法惯例。因此，C 选项错误。

D 选项考查英国宪法的特点。虽然成文宪法和不成文宪法、刚性宪法和柔性宪法的分类标准并不相同，但是，成文宪法和刚性宪法、不成文宪法和柔性宪法基本上是重合的。作为不成文宪法的英国宪法，在制定和修改的程序上体现为柔性宪法，其内容可像普通法律一样进行修改或废除。因此，D 选项正确，为当选项。

易混淆点解析

宪法的分类

对宪法进行分类，便于展开宪法学研究。根据不同的标准，可以对宪法进行多种分类。在法考中，三种传统的宪法分类方法常常成为考查的对象。这三种分类方法是：

（1）成文宪法与不成文宪法。其分类标准是宪法是否具有**统一的法典形式**。考生切忌望文生义，误认为不成文宪法没有任何书面的法律文件。不成文宪法的真实含义是没有统一的宪法典。

（2）刚性宪法与柔性宪法。其分类标准是宪法的制定和修改程序以及其法律效力是否与普通法律存在区别。前文指出，成文宪法和刚性宪法、不成文宪法和柔性宪法基本上是重合的，但是，它们的**分类标准并不相同**。切忌将成文宪法简单等同于刚性宪法，也不能将不成文宪法等同于柔性宪法。

（3）钦定宪法、民定宪法和协定宪法。这是**以制宪主体为标准**所作的划分。考生要明确掌握几部重要的宪法之归类。例如，1889 年日本明治宪法和 1908 年清末《钦定宪法大纲》属于钦定宪法，1689 年英国《权利法案》、1830 年法国宪法都属于协定宪法。

2. [答案] D   [难度] 中

[考点] 宪法与法律的关系、宪法效力（宪法效力的表现）

[命题和解题思路] 本题主要考查宪法的效力。很多考生对宪法的效力存在模糊认识。这主要是因为在我国当前的司法实践中**法院不能直接援引宪法作为裁判依据**，由此造成很多人误认为我国宪法没有直接效力或者不适用于司法机关的司法活动，本题 B、C 选项即是命题人针对这一问题而作出的选项设计。正确解答本题，需要对我国**宪法效力的直接性和普遍性**有清楚的认识。

[选项分析] A 选项考查宪法和法律的关系。众所周知，"法律"一词在不同的语境中有不同的含义。题干所援引的《立法法》条款中的两处"法律"，第二个"法律"是指全国人大及其常委会制定的法律，即狭义的法律，但第一个"法律"，即"宪法具有最高的法律效力"中的"法律"则是指的一般特征，是**抽象意义上的法律**，并非特指全国人大及其常委会制定的法律。因此，A 选项错误。

B 选项考查宪法效力的直接性。宪法效力具有最高性和直接性，宪法不仅可以通过法律和行政法规等下位法发挥其约束力，而且**具有直接效力，可以直接约束规范对象**。《宪法》序言的最后一个自然段规定："本宪法……具有最高的法律效力。全国各族人民、一切国家机关和武装力量、各政党和各社会团体、各企业事业组织，都必须以宪法为根本的活动准则，并且负有维护宪法尊严、保证宪法实施的职责。"这是关于宪法直接效力的表述。因此，B 选项错误。

C 选项考查宪法效力的普遍性。如前所述，《宪法》规定，"全国各族人民、一切国家机关和武装力量、各政党和各社会团体、各企业事业组织，都必须以宪法为根本的活动准则"。因而，宪法的效力不只是针对最高立法机关的立法活动而言的，而是具有普遍的约束力。因此，C 选项错误。

D 选项考查宪法效力以及宪法实施的保障。维护宪法的最高法律效力，需要完善相应的宪法审查或者监督制度，否则，宪法就是一纸空文，所谓的最高法律效力不过是梦幻泡影。正因为如此，党的十八届四中全会通过的《关于全面推进依法治国若干重大问题的决定》强调，要"完善全国人大及其常委会宪法监督制度……加强备案审查制度和能力建设"。D 选项正确。

编者注

本题命制时参照的是 2015 年《立法法》第 87 条，2023 年 3 月，全国人大对《立法法》进行了修改，该条文变为第 98 条。2023 年《立法法》对备案审查制度作出了最新规定，本题的 D 选项仅反映了命题时的宪法审查现状，请考生们注意。

3. ［答案］B　　［难度］中

［考点］宪法的制定、宪法修改、新中国宪法的产生与发展

［命题和解题思路］本题主要考查对宪法制定的理解。宪法制定和宪法修改是考试中非常容易混淆的问题。在本题中，命题人故意将宪法制定和宪法修改掺和在一起（A、C 选项），又使用惯用的"调包计""偷梁换柱"，将宪法的公布程序悄悄置换成普通法律的公布程序（D 选项）。——在单项选择的试题设计过程中，命题人特别喜欢"浑水摸鱼"，是谓"乱军引胜"。考生需要努力睁大"法眼"，保持高度警惕，才能避免成为命题人"刀笔"下的牺牲品。

［对比分析］2013 年卷 1 第 21 题选项 B 也考查宪法制定和宪法修改，且侧重考查《宪法》文本是否明确规定了宪法制定。2015 年的本题选项 C 与此类似，《宪法》文本明明没有规定宪法的制定，C 选项却故作一本正经，煞有介事地宣称"宪法的制定……三分之二以上的多数通过"。C 选项似是而非，判断难度远高于 2013 年试卷 1 第 21 题中的选项 B。

［选项分析］A 选项考查制宪权与修宪权的区别。虽然与立法权、行政权和司法权相比，制宪权、修宪权都属于根源性的国家权力，即能够创造其他具体国家权力的权力，但制宪权与修宪权的性质仍有不同。制宪权具有原生性，不需要任何实在法上的依据，它是人民主权原则的具体体现。而修宪权是由制宪权派生出来的，不仅受制

宪权的约束，不可违背制宪权的基本精神和原则，而且需要实在法作为存在的依据（通常由宪法加以规定）。因此，A 选项错误。

B 选项考查宪法草案的讨论。人民对宪法草案发表意见，实际上是以讨论的形式"参与制宪的过程"。因此，B 选项正确。

C 选项是重点干扰项，考查宪法的制定程序。虽然我国 1954 年《宪法》制定时是由第一届全国人大第一次会议"全票"通过的，但是《宪法》文本本身并没有对宪法的制定程序作出任何规定。C 选项陈述的内容实际上是现行《宪法》第 64 条第 1 款关于宪法修改程序的规定。而对于宪法的修改程序（特别是"三分之二以上的多数通过"之规定）考生都很熟悉，稍不注意，就会被命题人"浑水摸鱼"糊弄过去，从而误认为 C 选项正确。因此，C 选项错误。

D 选项也是一个干扰项。D 选项考查的是宪法的公布程序。事实上，1954 年《宪法》通过时，是以全国人大公告的形式公布的，并非由国家主席公布。D 选项所陈述的"由中华人民共和国主席根据全国人民代表大会的决定公布"，实为普通法律的公布程序。因此，D 选项错误。

扩展解释

制宪权

制宪权又称宪法制定权，是创制宪法、设定国家权力及其相互关系并最终使国家权力合法化的一种权力。从根本上说，制宪权源于一国政治秩序发生某种更迭的事实（如革命、政变等）。制宪权理论由法国大革命时期的思想家、政治家西耶斯（Abbe Sieyes）在《第三等级是什么？》一书中首先提出，并经德国魏玛时期的法学家斯密特（Carl Schmitt）发扬光大，后为各国宪法学界广泛接受。根据制宪权理论：（1）制宪权属于全体人民；（2）具体行使制宪权的主体是制宪机关；（3）制宪权不需要任何实在法上的依据，它具有原生性。制宪权理论是人民主权原则的具体体现。

第二章　近代意义宪法的产生

试　题

📶 **1.** 关于宪法的历史发展，下列哪一选项是不正确的？（2014-1-21）

A. 资本主义商品经济的普遍化发展，是近代宪法产生的经济基础

B. 1787 年美国宪法是世界历史上的第一部成文宪法

C. 1918 年《苏俄宪法》和 1919 年德国《魏玛宪法》的颁布，标志着现代宪法的产生

D. 行政权力的扩大是中国宪法发展的趋势

📶 **2.** 近代意义宪法产生以来，文化制度便是宪法的内容。关于两者的关系，下列哪一选项是不正确的？（2013-1-23）

A. 1787 年美国宪法规定了公民广泛的文化权利和国家的文化政策

B. 1919 年德国魏玛宪法规定了公民的文化权利

C. 我国现行宪法对文化制度的原则、内容等做了比较全面的规定

D. 公民的文化教育权、国家机关的文化教育管理职权和文化政策，是宪法文化制度的主要内容

详　解

1. ［答案］D　　［难度］中

［考点］宪法的历史（近代意义宪法的产生、中国宪法的历史发展）

［命题和解题思路］"一切历史都是当代史"，宪法的历史也不例外。命题人在设计本题时，采用了一种"大历史观"的视角，撷取几个重要节点，用四个选项、不足百字概括了近现代宪法两三百年风云变幻史。当然，其中的某个选项有意未作正确陈述。考生要想找到这个不正确的陈述，不仅同样需要拓宽历史的视野，而且需要对近代宪法产生的经济基础、宪法的分类、宪法的发展趋势等多个知识点有准确的理解。

［对比分析］2013 年试卷 1 第 23 题刚考过

"美国联邦宪法和德国魏玛宪法"的内容，2014 年的试题又出现这两个知识点，可见这两个知识点非常重要。由于 2013 年的试题是结合"文化制度"考查美国联邦宪法和德国魏玛宪法的，而 2014 年的试题纯粹是从宪法的历史发展的角度来考查的，相比较而言，2013 年的试题难度稍大一些。

［选项分析］A 选项考查的是近代宪法产生的经济基础。近代宪法的产生，有深刻的经济、政治和思想文化等方面的基础。就经济方面来说，**近代宪法的产生是资本主义商品经济普遍化发展的必然结果**。众所周知，商品经济的发展以自由竞争为条件。尽管奴隶社会和封建社会时期，简单商品经济也蕴含了有限的民主元素，但只有当商品经济普遍发展并成为资本主义社会的基本经济结构时，自由竞争与平等交换的经济要求才通过国家的基本政治制度反映出来。因此，当资产阶级革命取得胜利、建立国家政权以后，便通过宪法的形式，确立资产阶级民主制度，以适应资本主义政治和经济的发展。A 选项内容正确。

B 选项很容易判断。**1787 年美国宪法是世界上最早的成文宪法**，B 选项内容正确。

C 选项考查的是现代宪法产生的标志。由于该选项陈述的内容同时包含了《苏俄宪法》和德国《魏玛宪法》，判断时有一定难度。若要对本选项作出正确选择，首先需要知道现代宪法和近代宪法的区别是什么。概言之，它们有两点重要区别：（1）与近代宪法相比，现代宪法在内容上更加完备，宪法的三部分（国家生活的基本原则、国家机构、公民基本权利和义务）均已具备并趋于成熟；（2）与近代宪法相比，现代宪法的民主性和人民性更强，宪法更加注重保护民众利益。一般认为，**1919 年德国《魏玛宪法》是近代宪法和现代宪法的分水岭**。在《魏玛宪法》以前，各国宪法侧重规定国家机构，对公民基本权利和义务涉及较少。《魏玛宪法》则规定了比较完整的资产阶级民主共和国体制和公民广泛的权利与自由。而同一时期的 **1918 年《苏俄宪法》作为世界上第一部社会主义性质的宪法，也因具备现代宪法的**

特点，同时被视为现代宪法产生的标志。C 选项内容正确。

D 选项是重点干扰项。的确，在世界范围内，资本主义宪法表现出行政权力扩大和国家权力向中央政府集中的趋势（美国比较典型），但是，这一特点与我国宪法的发展趋势并不对应。由于历史和国情的不同，我国宪法的发展趋势是逐步限制本来就比较大的行政权力。我们在学习行政法学时知道，行政指导、约谈等柔性行政方式在政府对经济和社会的管理过程中运用得越来越多。因此，D 选项的内容不正确，符合题干要求。

扩展解释

考生不仅应当知道 1787 年美国宪法是世界上最早的成文宪法，而且，其他几个与宪法的历史发展有关的"第一"，考生也应知晓：（1）欧洲大陆最早的成文宪法是 1791 年法国宪法；（2）亚洲第一部成文宪法是 1889 年日本明治宪法；（3）1918 年的《苏俄宪法》是世界历史上第一部社会主义宪法；（4）中国近现代历史上第一部宪法性文件是《钦定宪法大纲》；（5）中国第一部资产阶级共和国性质的宪法性文件是《中华民国临时约法》。

2. [答案] A　　[难度] 易

[考点] 近代意义宪法的产生（美国宪法、德国魏玛宪法）、我国宪法关于基本文化制度的规定

[命题和解题思路] 我们曾经提示过有些试题可能会将外国法制史和宪法的内容结合起来进行考查，这道题就是一例。考生如果对外国宪法特别是美国宪法的内容有比较清楚地认识，此题就是"小菜一碟"。

[对比分析] 2015 年卷 1 第 62 题再次考查了基本文化制度。与本题侧重考查美国宪法和德国魏玛宪法不同，2015 年的试题侧重考查我国基本文化制度的内容，其难度稍大一些。

[选项分析] A 选项考查对美国宪法的熟悉程度。对 1787 年美国宪法稍有了解的考生都知道，该宪法制定时比较仓促，只规定了国家权力在立法、行政和司法三机关之间的横向分配和联邦与州之间的纵向分权，连公民的基本权利都没有作出规定（1789 年才提出《权利法案》即宪法修正案前十条，1791 年获得批准生效），遑论国家的文化政策！因此，只要了解这一点，就可以判断出 1787 年美国宪法并没有规定公民广泛的文化权利和国家的文化政策。因而，A 选项不正确，符合题干要求。

B 选项考查德国魏玛宪法的内容。1919 年德国魏玛宪法是在德国工人运动高涨的情况下制定的。魏玛宪法规定了比较完整的资产阶级民主共和国体制和公民广泛的权利与自由，带有浓厚的资产阶级民主主义和社会改良主义色彩。如果了解德国魏玛宪法规定了公民广泛的权利和自由，即使并不十分清楚魏玛宪法的具体内容，也可以对 B 选项作出准确判断。

扩展解释

事实上，1919 年德国魏玛宪法不仅详细规定了公民的文化权利，而且还明确规定了国家的基本文化政策。魏玛宪法第一次比较全面系统地规定了文化制度，为后世很多国家的宪法所效仿。

C 选项和 D 选项所陈述内容的正确性不难作出判断。我国现行宪法对文化制度的原则、内容等都作了全面和系统的规定。具体内容包括：（1）国家发展教育事业。详见《宪法》第 19 条。（2）国家发展科学技术事业。详见《宪法》第 20 条。（3）国家发展文学艺术及其他文化事业。详见《宪法》第 22 条和第 21 条第 2 款。（4）国家开展公民道德教育。详见《宪法》第 24 条。这些内容都是我国宪法关于文化制度的重要规定。

第三章　中国宪法的历史发展

试　题

📶 宪法修改是指有权机关依照一定的程序变更宪法内容的行为。关于宪法的修改，下列选项正确

的是：（2016-1-93）

A. 凡宪法规范与社会生活发生冲突时，必须进行宪法修改

B. 我国宪法的修改可由五分之一以上的全国

人大代表提议

C. 宪法修正案由全国人民代表大会公告公布施行

D. 我国 1988 年《宪法修正案》规定，土地的使用权可依照法律法规的规定转让

详　解

[答案] BC　　[难度] 中

[考点] 宪法修改的程序、现行宪法的历次修改

[命题和解题思路] 本题考查宪法的修改。命题人在进行选项设计时密切结合了我国宪法的修改程序，同时考查了现行宪法的历次修改（1988 年宪法修改的内容）。四个选项之中 A 选项涉及宪法修改和宪法解释的关系，对于理论知识储备不足的考生有一定的迷惑性；C 选项的判断，需要知晓我国修宪实践中"由全国人大主席团以全国人大公告的方式"公布宪法修正案的惯行做法。B、D 选项不难判断。

[对比分析] 2014 年卷 1 第 22 题考查的也是宪法修改，且该题选项 B 与本题选项 B 考查的都是宪法修改的提案权主体，只不过命题人故意将 2014 年试题选项 B 中的全国人大代表人数改为"十分之一以上"，而 2016 年的本题选项 B 中的人数是正确陈述。

[选项分析] A 选项考查宪法修改和宪法解释的关系。当宪法规范与社会生活发生冲突不能适应社会现实时，需要酌情修改宪法，但并不是必须修改宪法，很多时候，可以通过宪法解释的方式使宪法规范与社会实际相符合，避免频繁修宪、朝令夕改，以保持宪法的稳定性和权威性。因此，A 选项错误。——我国的宪法修改相对比较频繁，容易误导考生在本选项上作出错误选择。

B 选项考查宪法修改的提案权主体。《宪法》第 64 条规定："宪法的修改，由全国人民代表大会常务委员会或者五分之一以上的全国人民代表大会代表提议……"因此，B 选项正确。

C 选项考查宪法修正案的公布方式。关于宪法修正案的公布方式，我国没有明确的成文法律规定。在实践中，宪法修正案是以"全国人大主席团"的名义公布的，其法律形式是"全国人大公告"。这一问题，我们在 2013 年卷 1 第 89 题的"难点和易混淆点解析"中作过解释。C 选项符合实际，内容正确。

D 选项考查的是 1988 年宪法修正案的具体内容。1988 年《宪法修正案》第 2 条规定："……土地的使用权可以依照法律的规定转让。"该修正案蕴含有"法律保留"原则，土地的使用权只能"依照法律的规定"转让，D 选项将其改为"依照法律法规的规定"，因此，D 选项错误。

> **扩展解释**
>
> 在宪法修正案的公布问题上，部分考生可能会对是"由全国人大主席团公告"还是"由全国人大公告"纠缠不清。准确的说法是：其法律形式是"全国人大公告"，但以"全国人大主席团"的名义公布，也就是说，其落款是"全国人大主席团"。

第四章　宪法的渊源与结构

试　题

第一节　宪法的渊源

🔖 宪法的渊源即宪法的表现形式。关于宪法渊源，下列哪一表述是错误的？（2015-1-21）

A. 一国宪法究竟采取哪些表现形式，取决于历史传统和现实状况等多种因素

B. 宪法惯例实质上是一种宪法和法律条文无明确规定、但被普遍遵循的政治行为规范

C. 宪法性法律是指国家立法机关为实施宪法典而制定的调整宪法关系的法律

D. 有些成文宪法国家的法院基于对宪法的解释而形成的判例也构成该国的宪法渊源

第二节　宪法典的结构

🔖 *1.* 综观世界各国成文宪法，结构上一般包括序言、正文和附则三大部分。对此，下列哪一表述是正确的？（2016-1-21）

A. 世界各国宪法序言的长短大致相当

B. 我国宪法附则的效力具有特定性和临时性两大特点

C. 国家和社会生活诸方面的基本原则一般规定在序言之中

D. 新中国前三部宪法的正文中均将国家机构置于公民的基本权利和义务之前

2. 根据《宪法》的规定，关于宪法文本的内容，下列哪一选项是正确的？（2013-1-21）

A.《宪法》明确规定了宪法与国际条约的关系

B.《宪法》明确规定了宪法的制定、修改制度

C. 作为《宪法》的《附则》，《宪法修正案》是我国宪法的组成部分

D.《宪法》规定了居民委员会、村民委员会的性质和产生，两者同基层政权的相互关系由法律规定

详　解

第一节　宪法的渊源

[答案] C　　　[难度] 中

[考点] 宪法的渊源（宪法惯例、宪法性法律、宪法判例）

[命题和解题思路] 本题考查对宪法渊源的准确理解。命题人选取了影响宪法渊源的因素和宪法渊源的三种表现形式"宪法性法律、宪法惯例、宪法判例"等四个问题作为考查对象，理论性偏强。其中，A、D 两个选项不难判断，选项 B 中的"疑兵计"会让考生举棋不定，选项 C 中的错误则相当隐蔽。这种命题思路多半情况下可以有效起到误导考生误选 B 的效果。除非考生明确知道宪法性法律有两种不同的含义，即成文宪法国家的宪法性法律和不成文国家的宪法性法律，否则就会错过当选的错误选项 C。

[对比分析] 2013 年试卷 1 第 22 题选项 B 考查的是我国宪法的渊源。与其他国家相比，我国宪法的渊源目前不包括宪法判例这种形式（所以该题选项 B 错误）。2015 年的本题则是从一般意义上考查宪法的渊源，并不特指哪个国家。此外，2013 年试卷 1 第 21 题选项 A 也考查了宪法渊源，并且也是以比较隐蔽的方式考查宪法渊源的，不过，该选项是利用考生头脑中对"宪法渊源"的一知半解——知道国际条约是我国宪法渊源的一种形式，但未必清楚我国《宪法》文本并没有规定国际条约的法律地位，也没有规定国际条约与

宪法的关系——来"下套"的。

[选项分析] A 选项考查影响宪法渊源的因素，或者说宪法与"国情"的关系。各国受本国历史文化传统、法律传统、政治力量对比关系以及政治现实等多种因素的影响，选择适合本国实际的宪法表现形式。A 选项正确。

B 选项是重点干扰项。该选项考查宪法惯例的含义。宪法惯例是在长期的政治实践中逐渐形成并被普遍遵循的行为规范，宪法惯例本身并没有任何文字性的书面规定。因此，B 选项正确。——有些考生看到 B 选项中的"政治行为规范"几个字，可能会误认为 B 选项是错误的，其逻辑是"宪法惯例应当是法律规范"，殊不知，宪法惯例是并不见诸文字的政治行为规范，虽然其中也蕴含着调整宪法关系的法律规范。此乃命题人设下的"疑兵计"。

C 选项考查宪法性法律的含义。宪法性法律有两种含义，一是指不成文宪法国家的立法机关制定的、在成文宪法国家一般规定为宪法内容的法律；二是指成文宪法国家的立法机关为实施宪法而制定的调整宪法关系的法律。C 选项仅陈述了宪法性法律的第二种含义，内容不完全，故而错误，是本题的应选项。——在不成文宪法国家，由于没有统一的宪法典，所有调整宪法关系的成文法律都属于宪法性法律。

D 选项考查的是宪法判例。宪法判例属于宪法渊源，D 选项内容正确。

> **扩展解释**
>
> 哪些国家存在宪法判例？
>
> 在这个问题上，不少考生存在模糊认识。宪法判例的形成需要具备两个基本条件：一是法院享有解释宪法的权力；二是存在先例拘束原则。在美国，这两个条件都具备，所以美国最先发展出司法审查权，也最早形成宪法判例（马伯里诉麦迪逊案）。在英国，虽然没有统一的宪法典，但关于公民的自由权利以及保护公民权利不受国家权力侵犯的司法程序的规定，都是由法院的判例确定的，所以英国也存在宪法判例。以英美为代表的普通法系国家都存在宪法判例是没有疑问的。问题是，大陆法系国家有宪法判例吗？很多人认为没有，这种认识其实是错误的。德国联邦宪法法院作出的判决属于宪法判例。其他存在宪

法法院的大陆法系国家，宪法法院作出的判决也属于宪法判例。

第二节　宪法典的结构

1. [答案] D　　[难度] 中

[考点] 宪法典的结构（序言、正文、附则）、中国宪法的历史发展（新中国宪法的产生与发展）

[命题和解题思路] 本题考查宪法典的结构，四个选项内容跨度很大，命题人不仅要求考生"博古通今"——知道我国现行宪法的结构和新中国前三部宪法的结构，还要求考生"学贯中西"——同时了解其他国家宪法结构的情况。这种单项选择其实并不简单。正确解答此题，需要考生对**宪法基本理论"宪法典的结构"**有全面、深入的了解。

[对比分析] 2013 年卷 1 第 21 题选项 C 考查的也是宪法的"附则"，并且该选项将"附则"与"宪法修正案"结合起来进行考查，其干扰效果非常明显，难度上与本题选项 B 不分伯仲。

[选项分析] A 选项考查宪法的序言。宪法序言长短各异，中国宪法序言有很长的篇幅，而美国宪法只有短短的一句话。因此，A 选项错误。

B 选项是重点干扰项，该选项考查宪法附则。其表述方式很容易诱导考生将注意力放在"特定性和临时性两大特点"的归纳是否正确上面，而忽视"我国宪法没有附则"这一前提。因此，B 选项错误。——B 选项的表述方式有点儿像"藏刀计"，若非技高一筹，难以识破！

C 选项也具有很大的干扰性。该选项名义上考查宪法的序言，实际考查宪法正文中的"总纲"。国家和社会生活诸方面的基本原则一般规定在"总纲"之中。考生如果对宪法典的结构以及各组成部分的特点没有准确把握，就会误认为 C 选项正确。

D 选项考查新中国宪法的产生与发展。我们知道，现行宪法，即 1982 年宪法与前三部宪法的一个形式上的区别是，前三部宪法都将"国家机构"放在"公民的基本权利和义务"之前，而现行宪法则将"公民的基本权利和义务"放在"国家机构"之前，以示强调对公民基本权利的保护。因此，D 选项正确。——对于 D 选项，需要结合新中国宪法史的内容才能作出准确判断。该选项

中的"均将……"之全称判断，容易使对该知识点掌握不牢靠的考生因缺乏信心而放弃正确选择的机会。

> **扩展解释**
>
> 宪法的序言
>
> 绝大多数国家的宪法在正文之前，都有一段叙述性文字，规定制定宪法的宗旨、目的、制宪权的来源、宪法的制定过程、宪法的地位以及其他不便以条文的形式规定的内容。对于这段文字，有的国家专设标题称为"序言"或者"前言"。宪法序言的长短不一。如我国现行宪法有 13 个自然段，而美国宪法只有一句话。
>
> 在序言问题上，考生切记，**宪法序言与正文一样具有宪法效力**。虽然序言的语言表述与正文的规范性表述有很大差异，但宪法序言同样具有宪法效力。因为，尽管适用宪法序言的机会并不多，但是在解释宪法时，宪法序言具有重要的指导意义。

2. [答案] D　　[难度] 难

[考点] 宪法与条约的关系、宪法的制定、宪法典的结构（序言、正文、附则）、居民委员会和村民委员会

[命题和解题思路] 本题旨在考查对宪法基本理论的掌握程度。考生在复习宪法时，通常都比较注意我国宪法所规定的具体内容（比如，对于本题选项 D，大家都耳熟能详，几乎无人犯错），但是，对于"宪法基本理论"，由于其与宪法文本没有直接关系，往往被考生忽视。因而，这部分内容常常成为考生的"软肋"。命题人采用避实击虚策略，将矛头指向"宪法与条约的关系""宪法的制定""宪法的结构"这三个关于宪法基本理论的知识点。考生若因大意而准备不周，都会被命题人"一剑封喉"而鸣呼哀哉。反之，考生若能在"宪法基本理论"部分的各个知识点上"高筑墙、广积粮"，则又会是另一番景象。

[选项分析] A 选项考查宪法与国际条约的关系。我国《宪法》并没有对国际条约作出明确规定。如果清楚这一点，考生就不会作出错误选择。但是，对宪法学稍有了解的考生都知道，"宪法的渊源"除了宪法典、宪法性法律、宪法惯例、宪

法判例（我国目前无此渊源）和宪法解释之外，还包括国际条约。的确，国际条约是我国宪法渊源的一种形式，不过《宪法》本身并没有对国际条约作出明确规定。而考生头脑中"宪法的渊源"这一知识点，若掌握得不扎实、不牢靠，就会产生误导作用，使考生误认为 A 选项正确，从而掉进命题人设下的"圈套"。从概率上说，非法学科班出身的考生更容易在 A 选项上犯错。

B 选项考查"宪法的制定"。与 A 选项情况不同，正规法学科班出身的考生反而更容易在 B 选项上犯错。因为很多法学院使用的宪法学教材第一章"宪法总论"部分，在内容安排上往往是"宪法制定"和"宪法修改"两节紧密相连。比如，使用得比较多的许崇德教授主编的《宪法》（中国人民大学出版社 2014 年第 5 版）即是如此。如果考生对宪法制定理论和我国《宪法》对"宪法的制定"是否有明确规定掌握得不够准确，一看到"宪法制定"和"宪法修改"字样，回想起所学过的教材，就会不加思考地作出错误选择。这当然不是教材本身的问题，而是考生的知识掌握得不扎实。实际情况是，我国《宪法》规定了"宪法修改"制度，但是并没有规定"宪法的制定"。由此可见，不怕你不知道，就怕你只知道一点皮毛——"半瓶醋"最危险。

C 选项为重点干扰项。该选项实际考查到两个知识点，一是宪法的结构，二是宪法修正案。首先，宪法的结构一般分为序言、正文和附则。但是，附则只是对某些特殊问题所作的附加规定，它并不是宪法必不可少的组成部分。我国《宪法》就没有附则。其次，C 选项陈述的后半部分是正确的，《宪法修正案》是我国宪法的组成部分。虽然对宪法所作的修改，通常是以《宪法修正案》的形式，按照年代顺序排列在宪法典之后，但它们与附则在性质上完全不同。我国《宪法修正案》的内容，多数属于对正文、个别属于对序言的修改。相应地，我国《宪法修正案》分别属于序言和正文，而非附则。——C 选项的陈述方式颇得"瞒天过海"之精髓，考生若没有努力研习宪法基本理论炼就"火眼金睛"，

很难识破命题人之"诡计"。

D 选项考查宪法文本对居民委员会和村民委员会是如何规定的。《宪法》第 111 条第 1 款规定："城市和农村按居民居住地区设立的居民委员会或者村民委员会是基层群众性自治组织。居民委员会和村民委员会的主任、副主任和委员由居民选举。居民委员会、村民委员会同基层政权的相互关系由法律规定。"据此，D 选项正确。

易混淆点解析

（1）宪法典和其他宪法渊源的关系

宪法渊源是宪法的表现形式。各国受其历史文化传统、法律传统等因素的影响，分别采取符合本国实际的不同的宪法表现形式。概而言之，宪法的渊源包括：宪法典、宪法性法律、宪法惯例、宪法判例、宪法解释和国际条约。除了宪法典之外，包括国际条约在内的各种宪法表现形式都属于宪法渊源，但是，其他宪法渊源不属于宪法典，宪法典通常也不对这些宪法渊源的法律地位作出明确规定。

△扩展解释：有些宪法渊源，如宪法惯例，其法律地位是在长期的政治实践中逐渐形成并被普遍遵循的，宪法惯例本身并没有任何文字性书面规定。宪法惯例一旦转化为书面的法律文件，就不再是宪法惯例。例如，美国宪法上关于总统任职不得超过两次的规定，最初属于宪法惯例，后来被规定为宪法修正案，其性质就由宪法惯例转化为宪法典。

（2）宪法的结构

前文指出，宪法的结构一般包括序言和正文，有的国家的宪法设有附则。附则一般是对宪法的生效条件、生效时间、过渡期安排等特定事项所作的特殊规定。我国现行宪法没有附则。考生要切记这一点。

在附则问题上，考生容易犯的错误，除了把宪法修正案理解为附则之外，还容易把"国旗、国歌、国徽、首都"理解为附则。如果仔细检视我国《宪法》的目录，就会发现"国旗、国歌、国徽、首都"属于正文部分的第四章而不是附则。

第五章　宪法效力

📶 **1.** 关于宪法效力，有如下四种表述：①宪法的地位高于法律和行政法规等其他法律规范；②宪法具有最高的法律效力；③宪法规定了公民的基本权利和义务；④宪法精神深入贯彻在社会生活的各个方面。上述哪些说法能够体现宪法的根本法地位？（2023 年回忆版）

    A. ①②   B. ②③

    C. ①②③   D. ①②③④

📶 **2.** 最高法院印发的《人民法院民事裁判文书制作规范》规定："裁判文书不得引用宪法……作为裁判依据，但其体现的原则和精神可以在说理部分予以阐述。"关于该规定，下列哪一说法是正确的？（2017-1-22）

    A. 裁判文书中不得出现宪法条文

    B. 当事人不得援引宪法作为主张的依据

    C. 宪法对裁判文书不具有约束力

    D. 法院不得直接适用宪法对案件作出判决

📶 **3.** 关于宪法效力的说法，下列选项正确的是：（2014-1-94）

    A. 宪法修正案与宪法具有同等效力

    B. 宪法不适用于定居国外的公民

    C. 在一定条件下，外国人和法人也能成为某些基本权利的主体

    D. 宪法作为整体的效力及于该国所有领域

1. ［答案］C　　［难度］难

［考点］宪法效力

［命题和解题思路］从性质上来讲，宪法是根本法，是治国理政的总章程。这个要点对考生来说非常简单，但本题却反常规，采取了现在不太常见的一种"选项组合式"考法，增加了题目的难度。关于根本法内涵的理解，考生容易想当然，对题目中的四个表述不太容易分辨。这四项内容都体现出宪法的属性，但本题的落脚点在于"根本"属性，因此考生应当选出来最具有根本性的

内容。④具有很强的迷惑性，考生只能结合对宪法的根本性和最高性特征的理解来判断。

［选项分析］宪法的根本法地位体现为两个方面。一是**宪法具有根本性**，宪法调整的是国家政治和法律生活中的根本性问题，比如公民的基本权利和义务，只有在宪法中加以规定，才能体现出基础意义，所以③是正确的。二是**宪法具有最高性**，即宪法规范的效力高于其他规范，具有最高效力，其他规范的效力来自宪法，由此体现出宪法的效力位阶是最高的。所以①②正确。

本题的难点在于④。宪法精神当然是宪法所独有的精神气质，在一个国家中不同于其他法律的精神，比如民法或者刑法。但宪法精神主要指的是宪法在政治和法律生活中深入人心后所产生的认同，这一认同主要体现为每个公民都离不开宪法，社会的运行也离不开宪法，但不同于宪法的根本法地位。所以④不正确。

综上所述，①②③正确，故本题 C 选项正确。

2. ［答案］D　　［难度］易

［考点］宪法实施的概念（宪法的适用）

［命题和解题思路］本题考查我国宪法在司法实务中的适用问题。长期以来，这一问题在理论上和司法实践中都存在争议。直到 2016 年 6 月 28 日，最高人民法院发布《人民法院民事裁判文书制作规范》，这一问题才算有了相对统一的标准。命题人不失时机地抓住这一问题，借此考查考生对宪法适用问题的认识和理解。正确解答本题，需要对该司法解释理解到位。我们在 2015-1-61 的扩展解释中对该司法解释作过说明。

［选项分析］先说 B 选项。援引宪法是当事人的诉讼权利，不可限制或禁止。如果禁止当事人援引宪法作为主张的依据，既侵犯当事人的诉权（宪法基本权利），也侵犯当事人的表达自由。B 选项错误。

C 选项也容易判断。宪法的效力具有普遍性，"全国各族人民、一切国家机关和武装力量、各政党和各社会团体、各企业事业组织，都必须以宪法为根本的活动准则，并且负有维护宪法尊严、

保证宪法实施的职责"（宪法序言最后一自然段），法院当然没有例外，宪法对法院司法活动的成果（裁判文书）也具有约束力。C选项错误。

A选项为重点干扰项，判断费思量。对本题参考答案提出异议的考生几乎都认为"A选项也正确"。我们认为，这种异议是不成立的。A选项的陈述"裁判文书中不得出现宪法条文"意味着裁判文书的说理部分也不能援引宪法条文，意味着裁判文书中的当事人之主张也不能出现宪法条文，这显然与该司法解释的含义不相符合，实践中也是无法操作的（试想，如果当事人援引了宪法条文作为支持自己的诉讼主张的理由，法院裁判文书能够把这部分主张过滤掉吗？如果将其过滤掉，则故意剪裁了诉讼中的事实、没有如实反映当事人的主张，显然不可行）。因此，A选项的陈述不正确。

D选项符合司法解释的含义，陈述正确。

3. ［答案］ACD ［难度］易

［考点］宪法效力（宪法效力的表现）

［命题和解题思路］本题是一道送分题。只要考生对宪法效力的表现即宪法对人的效力和宪法对领土的效力有清楚的认识，答对本题并不是难事。

［选项分析］A选项考查宪法修正案的效力。宪法修正案是宪法修改的一种形式，宪法修正案获得通过并经法定程序公布之后就成为宪法的组成部分。宪法修正案作为宪法的组成部分当然具有与宪法同等的效力。A选项正确。——至于宪法的"序言"是否具有宪法效力是一个很多人存在模糊认识的问题，请见下文扩展解释。

B选项考查宪法对人的效力。毫无疑问，《宪法》适用于所有中国公民。《宪法》第33条规定："凡具有中华人民共和国国籍的人都是中华人民共和国公民。……任何公民享有宪法和法律规定的权利，同时必须履行宪法和法律规定的义务。"也就是说，宪法效力不仅适用于所有生活在中国境内的中国公民，而且对生活、定居在国外的中国公民同样适用。定居在国外的中国公民称为"华侨"，宪法的效力也适用于华侨。因此，B选项错误。

C选项考查的也是宪法对人的效力。宪法不仅适用于自然人，而且适用于"法人"，即具有拟制人格的组织。宪法不仅适用于自然人中的中国公民，而且，对中国境内的外国人也有条件适用。特别是宪法规定的某些基本权利，如财产权、人格尊严不受侵犯等，中国境内的外国人也可以成为这些基本人权的主体。因此，C选项正确。

D选项考查宪法的领土效力。宪法作为整体的效力及于中华人民共和国的所有领域。比如，我国《宪法》在序言中规定："台湾是中华人民共和国的神圣领土的一部分。完成统一祖国的大业是包括台湾同胞在内的全中国人民的神圣职责。"这一表述意味着宪法明确了台湾是中国领土的一部分，宪法效力及于包括台湾在内的所有中国领土（领域）。因此，D选项正确。

> **扩展解释**
>
> **宪法序言具有宪法效力。** 由于宪法序言多是一些宣示性的表述，不同于一般的宪法规范，更不具备一般法律规范所具有的"假定、处理和制裁"三要素，因此，宪法序言有没有宪法效力，很多人对此存在模糊认识。可以肯定地说，由于宪法序言是宪法的组成部分，当然具有宪法效力。尤其是我国宪法的序言，不仅仅表明了为什么要制定宪法，其中还有许多基本国策的宣示，是很多法律法规的制定基础和依据。因此，宪法序言和宪法正文一样，具有最高法律效力。

第六章 国家的基本经济制度

试 题

📶 **1.** 社会主义公有制是我国经济制度的基础。根据现行《宪法》的规定，关于基本经济制度的表述，下列哪一选项是正确的？（2016-1-23）

A. 国家财产主要由国有企业组成

B. 城市的土地属于国家所有

C. 农村和城市郊区的土地都属于集体所有

D. 国营经济是社会主义全民所有制经济，是国民经济中的主导力量

🔖 **2.** 根据《宪法》规定，关于我国基本经济制度的说法，下列选项正确的是：（2014-1-95）

A. 国家实行社会主义市场经济

B. 国有企业在法律规定范围内和政府统一安排下，开展管理经营

C. 集体经济组织实行家庭承包经营为基础、统分结合的双层经营体制

D. 土地的使用权可以依照法律的规定转让

详　解

1. [答案] B　　[难度] 易

[考点] 社会主义公有制是我国经济制度的基础

[命题和解题思路] 本题考查考生对《宪法》关于"公有制"之规定的熟悉程度。命题人在设计这类试题时，常常使用"断章取义、偷梁换柱、无中生有、掺沙子"等招数设置选项陷阱，以探知考生的真实水平。解答这类试题，需要考生平时仔细研读宪法条文，并弄清法条背后的原理，炼就"火眼金睛"，洞察机关所在，避免误投罗网。

[选项分析] A 选项考查国家财产的组成。在我国，国有企业和国有自然资源是国家财产的主要组成部分。此外，国家机关、事业单位、部队等单位的财产也是国有财产的重要组成部分。因此，A 选项的表述不完整，内容错误。

B 选项考查土地制度。《宪法》第 10 条第 1 款规定："城市的土地属于国家所有。"因此，B 选项正确。

C 选项继续考查土地制度。《宪法》第 10 条第 2 款规定："农村和城市郊区的土地，除由法律规定属于国家所有的以外，属于集体所有；……"C 选项的表述抽去了"除由法律规定属于国家所有的以外"的限定语而代之以"都……"，改变了农村和城市郊区土地所有权主体的范围，内容错误。

D 选项考查 1993 年宪法修正案的内容。1982 年《宪法》第 7 条确实与 D 选项的表述相同，不过，1993 年宪法修正案第 5 条将本条修改为"国有经济，即社会主义全民所有制经济，是国民经济中

的主导力量。……""国营""国有"，一字之差，反映了我国全民所有制企业的制度变迁。熟悉 1993 年内容的考生很容易发现 D 选项是错误的。

> **扩展解释**
>
> 我国的土地制度
>
> 《宪法》第 10 条第 1 款、第 2 款规定："城市的土地属于国家所有。农村和城市郊区的土地，除由法律规定属于国家所有的以外，属于集体所有；宅基地和自留地、自留山，也属于集体所有。"这是关于土地的"所有权"的规定。本题选项 B、C 考查的就是这两款内容。从难度上说，本题是相对比较简单的。考生需要提防的是，命题人有可能把土地的"使用权"和"所有权"混合在一起进行考查，从而大幅度提高试题的难度。关于土地的"使用权"，《宪法》第 10 条第 4 款规定，"土地的使用权可以依照法律的规定转让"。由于土地的"使用权""所有权"是可以分离的，因此，在遇到土地的"使用权"和"所有权"掺杂在一起进行考查的试题时，考生需要特别小心，应仔细审视题干要求和选项内容。

2. [答案] AD　　[难度] 中

[考点] 社会主义市场经济体制（社会主义公有制是我国经济制度的基础）

[命题和解题思路] 基本经济制度属于常规考查对象。命题人在进行选项设计时使用了难易结合的策略：A、D 选项内容简单，非常容易判断；B、C 选项则分别使用了"掺沙子"和"偷梁换柱"手法，考查考生对《宪法》条文的熟悉程度和细心程度，并以此判断考生是否具有法律职业的必备基本素质。应当说，本题的四个选项难度都不是很大，但是审题时需要特别仔细，否则就会掉入命题陷阱，特别需要小心命题人在 B、C 选项中使用的"诡计"。

[选项分析] A 选项不必赘言。《宪法》第 15 条第 1 款规定："国家实行社会主义市场经济。"A 选项正确。

B 选项是重点干扰项。《宪法》第 16 条第 1 款规定："国有企业在法律规定的范围内有权自主经营。"命题人将宪法的规定掺进了"沙子"，而"政府统一安排"这粒"沙子"误导性较强，

考生很容易误认为 B 选项是正确的，除非考生在研读《宪法》条文时对国有企业"有权自主经营"记忆深刻，否则很难排除 B 选项的错误干扰。

C 选项也是一个干扰项。《宪法》第 8 条第 1 款规定："农村集体经济组织实行家庭承包经营为基础、统分结合的双层经营体制。……"命题人在设计 C 选项时将宪法规定抽离了"农村"两个字，考生如果审题不严，很难发现其中的错误。

D 选项考查土地使用权问题。在复习我国现行宪法的四次修改问题时，考生大都会注意 1988 年宪法修正案的内容，对于 D 选项，一般都能作出正确判断。《宪法》第 10 条第 4 款规定："任何组织或者个人不得侵占、买卖或者以其他形式非法转让土地。土地的使用权可以依照法律的规定转让。"因此，D 选项正确。

第七章 国家的基本文化制度

试 题

关于国家文化制度，下列哪些表述是正确的？（2015-1-62）

A. 我国宪法所规定的文化制度包含了爱国统一战线的内容

B. 国家鼓励自学成才，鼓励社会力量依照法律规定举办各种教育事业

C. 是否较为系统地规定文化制度，是社会主义宪法区别于资本主义宪法的重要标志之一

D. 公民道德教育的目的在于培养有理想、有道德、有文化、有纪律的社会主义公民

详 解

[答案] BD   [难度] 中

[考点] 国家的基本文化制度（我国宪法关于基本文化制度的规定、我国宪法中关于公民道德教育的规定）

[命题和解题思路] 本题旨在考查对基本文化制度掌握和理解的程度。命题人在进行选项设计时考虑得非常全面，选项内容涵盖了文化制度的含义、文化制度的内容、文化制度在各国宪法中的表现等。因而，解答本题既要理解文化制度的含义，理解基本文化制度和其他基本制度的差异，熟悉我国《宪法》中有关文化制度的具体规定，同时又要对他国宪法关于文化制度的规定有所了解。

[选项分析] A 选项考查文化制度的内容。爱国统一战线属于政治联盟，它是我国人民民主专政制度的主要特色之一。因此，爱国统一战线属于人民民主专政制度的内容，不属于文化制度的范畴。A 选项错误。

B 选项考查我国《宪法》关于文化制度（教育事业）的规定。《宪法》第 19 条规定："……鼓励自学成才。国家鼓励集体经济组织、国家企业事业组织和其他社会力量依照法律规定举办各种教育事业。……"因此，B 选项正确。

C 选项是重点干扰项。文化制度是一国通过宪法和法律调整的，以社会意识形态为核心的各种基本关系的规则、原则和政策的综合。的确，文化制度以社会意识形态为核心，但是，不能以是否较为系统地规定了文化制度作为区别社会主义宪法和资本主义宪法的重要标志，因为，无论是社会主义宪法还是资本主义宪法基本上都系统地规定了文化制度。以 1919 年德国《魏玛宪法》为例，该宪法不仅详细规定了公民的文化权利，而且明确规定了国家的基本文化政策。魏玛宪法第一次比较全面系统地规定了文化制度，为后来的许多资本主义国家所效仿。而我国现行《宪法》作为社会主义宪法，也较为系统地规定了文化制度。因此，C 选项错误。

D 选项考查我国《宪法》关于公民道德教育的规定。《宪法》第 24 条第 1 款规定："国家通过普及理想教育、道德教育、文化教育、纪律和法制教育，通过在城乡不同范围的群众中制定和执行各种守则、公约，加强社会主义精神文明的建设。"这是《宪法》关于我国公民道德教育的规定，其目的是培养有理想、有道德、有文化、有纪律的社会主义公民。D 选项正确。

第八章　国家的基本社会制度

1. 我国的基本社会制度是基于经济、政治、文化、社会、生态文明五位一体的社会主义建设的需要，在社会领域所建构的制度体系。关于国家的基本社会制度，下列哪些选项是正确的？（2016-1-62）

A. 我国的基本社会制度是国家的根本制度

B. 社会保障制度是我国基本社会制度的核心内容

C. 职工的工作时间和休假制度是我国基本社会制度的重要内容

D. 加强社会法的实施是发展与完善我国基本社会制度的重要途径

2. 国家的基本社会制度是国家制度体系中的重要内容。根据我国宪法规定，关于国家基本社会制度，下列哪一表述是正确的？（2015-1-22）

A. 国家基本社会制度包括发展社会科学事业的内容

B. 社会人才培养制度是我国的基本社会制度之一

C. 关于社会弱势群体和特殊群体的社会保障的规定是对平等原则的突破

D. 社会保障制度的建立健全同我国政治、经济、文化和生态建设水平相适应

1. ［答案］BCD　　［难度］中

［考点］我国宪法关于基本社会制度的规定

［命题和解题思路］本题考查我国宪法关于基本社会制度的规定。需要考生发挥主观能动性，潜心研究关于基本社会制度的理论和宪法的相关规定，强化薄弱环节，解决"短板"问题。

［对比分析］2015 年试卷 1 第 22 题考查了国家的基本社会制度，该题涉及范围较广，除基本社会制度外，还考查了国家的基本文化制度和法律平等原则。2016 年的本题，除了 A 选项要求辨别国家的根本制度和基本社会制度之外，其他三

个选项都纯粹是基本社会制度的内容。

［选项分析］A 选项要求辨别国家的根本制度和基本社会制度。《宪法》第 1 条规定："……社会主义制度是中华人民共和国的根本制度。"根据这一规定，社会主义制度才是我国的根本制度。而国家基本社会制度是基于政治、经济、文化、社会、生态五位一体的社会主义建设的需要，在社会领域所建构的制度体系，不能跟国家的根本制度相提并论。A 选项错误。

B 选项考查我国基本社会制度的核心内容。我们知道，基本社会制度有广义、中义和狭义之分。狭义的社会制度指的就是社会保障制度，社会保障制度是基本社会制度的核心内容。《宪法》第 14 条第 4 款亦规定："国家建立健全同经济发展水平相适应的社会保障制度。"因此，B 选项正确。

C 选项考查我国基本社会制度的内容。《宪法》第 42 条第 2 款规定："国家通过各种途径，创造劳动就业条件，加强劳动保护，改善劳动条件，并在发展生产的基础上，提高劳动报酬和福利待遇。"《宪法》第 43 条第 2 款规定："国家发展劳动者休息和休养的设施，规定职工的工作时间和休假制度。"根据上述条款，劳动保障制度是我国基本社会制度的重要内容。因此，C 选项正确。

D 选项考查的内容具有综合性。社会法是社会领域的立法，内容非常广泛，包括社会保障法、劳动法等等。加强社会法的实施，当然是发展与完善我国基本社会制度的重要途径。D 选项正确。

2. ［答案］B　　［难度］中

［考点］我国宪法关于基本社会制度的规定、我国宪法关于基本文化制度的规定、平等权

［命题和解题思路］本题名义上考查国家的基本社会制度，实际上连带考查了国家的基本文化制度和平等权（平等原则）以及现行宪法的历次修改。这种宽幅度的考查方式客观上具有分散考生注意力的效果，因而能够比较真实地测度出考生处理实际法律问题的能力。——现实生活中的

法律争议都并非处于真空之中，像教科书中的理论那样单纯，而是常常有很多无关紧要的细枝末节和带来干扰的噪音，需要法律人逐本舍末、择其大端。具体而言，正确解答本题，需要考生对上述几方面的内容都有准确的认知和把握。其中的关键，是明确人才培养制度是国家的基本社会制度的内容。

[选项分析] A 选项考查的是我国宪法关于基本文化制度的规定。《宪法》第 20 条规定："国家发展自然科学和社会科学事业……"发展社会科学事业属于基本文化制度的内容，A 选项错误。——前面指出，本题一开始就声称考查国家的基本社会制度，实际上还考查国家的基本文化制度，A 选项将这两种制度加以混淆来迷惑考生。

B 选项考查我国的人才培养制度。任何社会的发展都离不开人才的培养。《宪法》第 23 条规定："国家培养为社会主义服务的各种专业人才，扩大知识分子的队伍，创造条件，充分发挥他们在社会主义现代化建设中的作用。"按照辅导用书中的宪法理论，该条款规定的人才培养制度，属于基本社会制度的内容。因此，B 选项正确。

C 选项是重点干扰项。该选项考查对平等权的理解。平等权是指公民在法律面前一律平等，受法律的平等保护，禁止对公民实行差别对待；但是，平等权又允许合理的差别待遇。实际上，平等权要求同种情况同种对待，不同情况不同对待，否则就没有真正的平等可言。对社会弱势群体和特殊群体的社会保障之规定，正是平等权和平等原则的具体体现，而不是对平等原则的突破，更不是对平等权的违反。因此，C 选项错误。

D 选项考查社会保障制度。社会保障制度是国家基本社会制度的核心内容。甚至可以说，狭义的基本社会制度就是指社会保障制度。我国《宪法》第 14 条第 4 款规定："国家建立健全同经济发展水平相适应的社会保障制度。"由于社会保障制度主要是给公民提供衣食住行方面的服务，需要财政支出相关的费用，因此，社会保障制度的建立健全，应当与我国的经济发展水平相适应，至于政治、文化和生态建设水平并不是需要重点考虑的因素。因而，D 选项错误。

第九章 我国的行政区域划分

试 题

1. 某省调整行政规划，将甲地级市撤销，并入乙地级市。对此，下列哪一说法是正确的？（2023 年回忆版）

A. 该行政规划调整需由国务院进行审批

B. 乙市人口增多，应当增选市人大代表，名额由市人大常委会确定

C. 乙市行政区划发生变更，乙市市长应当暂停职务，等待本市人大召开会议确定人选

D. 甲市撤销后，市人大常委会主任职责自动终止

2. 根据《宪法》规定，关于行政建置和行政区划，下列选项正确的是：（2014-1-96）

A. 全国人大批准省、自治区、直辖市的建置

B. 全国人大常委会批准省、自治区、直辖市的区域划分

C. 国务院批准自治州、自治县的建置和区域划分

D. 省、直辖市、地级市的人民政府决定乡、民族乡、镇的建置和区域划分

3. 根据《宪法》的规定，关于国家结构形式，下列哪一选项是正确的？（2013-1-24）

A. 从中央与地方的关系上看，我国有民族区域自治和特别行政区两种地方制度

B. 县、市、市辖区部分行政区域界线的变更由省、自治区、直辖市政府审批

C. 经济特区是我国一种新的地方制度

D. 行政区划纠纷或争议的解决是行政区划制度内容的组成部分

详 解

1. [答案] A [难度] 难

[考点] 行政区划的变更、地方人大常委会

[命题和解题思路] 本题构思极为精巧，体现了命题人的良苦用心。命题人用一个行政规划变

更的例子综合考查了多个知识点，而且考点隐藏比较深，对考生的知识掌握能力要求较高。比如本题的B选项，如果考生不熟悉人大代表名额由哪个主体确定，则很容易就会误判。应对这种灵活多变的题目，捷径在于把各块知识点贯通掌握，形成完整的知识体系。

[选项分析] A选项考查行政区划变更。只要考生熟悉关于变更的顺口溜，则可迎刃而解："全国人大管省建，县市部分靠授权，中间一片国务院。"地级市的撤销合并，当属国务院管辖，因此应由国务院进行审批。A选项是正确的。从做题角度来看，只要考生能够选对A，则其他项目皆可排除，但建议考生对其他三个选项的精妙之处仔细揣摩。

B选项考查人大代表人数的确定。根据《选举法》第13条规定，省、自治区、直辖市的人民代表大会代表的具体名额，由全国人民代表大会常务委员会依照本法确定。设区的市、自治州和县级的人民代表大会代表的具体名额，由省、自治区、直辖市的人民代表大会常务委员会依照本法确定，报全国人民代表大会常务委员会备案。虽然乙市人口增多，需要进行人大代表数额的调整，但这本质上仍然是人大代表人数的确定问题。因此，应当由省级人大常委会确定。B选项错误。

C选项出其不意，可能会让考生摸不着头脑。实际上这个选项涉及一个很现实的问题，即两市合并，行政官职如何确定？这个问题有一点超纲，但考生完全可以应对。在人大常委会的职权中，如果行政正职不能履行职务，则可由人大任命副职为代理人选，而非等到下一次人大开会再确定人选。以此类推，两市合并后，虽然不能说乙市市长就顺其自然地继续做市长，但应当根据特定程序选出代理人选，而非等待下一次人大开会。C选项错误。

D选项考查人大常委会的运作。相比于人大常委会的常规运行机制，行政区划撤销后，人大常委会如何运行确实是一个考生觉得陌生的问题，也没有直接对应的知识点。但从人大常委会主任的选任来看，主任的职务必须经过人大开会确定，而非自动终止。从常理角度出发，也可以判断出D选项是错误的。

2. [答案] AC　　　[难度] 中
[考点] 我国的行政区域划分

[命题和解题思路] 行政区划问题是法考试题的"常客"，几乎每年必考。命题人在本题中同样使用了其惯用的"伎俩"："偷梁换柱"和"掺沙子"（B、D选项）。解答这类试题的关键是弄清全国人大、国务院和省级政府三方主体各自在行政建置和行政区划问题上的职权差异，这样就可以"以不变应万变"，不管命题人如何进行设计，都能"兵来将挡、水来土掩"。

[对比分析] 2013年试卷1第24题的B、D选项考查的也是行政区划问题。与2013年的试题相比，本题的难度有所降低。2013年的试题选项B考查的是行政区划"授权审批"，这一问题难度系数很高，因为涉及很多人都不太注意的国务院关于行政区划的规定。2014年的试题难度系数大幅下降，考生只要熟悉《宪法》第62条、第89条、第107条的相关规定，对全国人大、国务院、省级政府等不同主体在行政区划问题上的职权差异有清楚的认识，答对本题不算难事。

[选项分析] A选项考查的是全国人大在行政建置方面的职权。《宪法》第62条第13项规定："全国人民代表大会行使下列职权：（十三）批准省、自治区和直辖市的建置。"根据这一规定，批准省、自治区和直辖市的建置是全国人大的专属职权。因此，A选项正确。

B选项是重点干扰项。《宪法》没有规定全国人大常委会在行政建置和行政区划方面的职权。部分考生可能认为，既然全国人大常委会属于全国人大的常设机关，是不是可以分享一部分全国人大在行政区划方面的职权？由于《宪法》第67条关于全国人大常委会的职权中并无这样的规定，根据职权法定原则，全国人大常委会不能行使这种权力。——事实上，B选项中的"批准省、自治区、直辖市的区域划分"恰恰是国务院的职权。《宪法》第89条第15项规定："国务院行使下列职权：……（十五）批准省、自治区、直辖市的区域划分，批准自治州、县、自治县、市的建置和区域划分。"因此，B选项错误。

C选项考查的是国务院在行政建置和行政区划方面的职权。根据《宪法》第89条第15项的规定，"批准自治州、自治县的建置和区域划分"属于国务院的职权。C选项正确。

D 选项也属于干扰项。该选项考查"乡、民族乡、镇的建置和区域划分"的职权归属主体。《宪法》第 107 条第 3 款规定："省、直辖市的人民政府决定乡、民族乡、镇的建置和区域划分。"命题人在 D 选项中悄悄放置进了"地级市的人民政府"，考生若审题不严，就会让这个"细作"蒙混过关。

3. ［答案］D　　　［难度］难

［考点］国家结构形式概念、我国的行政区域划分

［命题和解题思路］本题旨在考查对国家结构形式和我国的行政区域划分掌握的准确程度。此题的命题水平相当高明，考生稍不小心就会出错。借用《三国演义》的话来说，此题就像诸葛孔明布下的"八阵图"，乱石堆中隐隐有杀气流露。因为此题的四个选项之中，有三个选项都是非常巧妙而又不露痕迹的陷阱，考生很容易误中"敌人的奸计"而浑然不觉，甚至作出错误选择时还自信满满。这道题若要作出正确解答，考生必须对我国的地方制度有非常清晰的认识，并且对很细的知识点，特别是对《行政区划管理条例》这一很多人不太注意的行政法规的相关规定足够熟悉。这道题亦说明，要顺利通过考试，没有终南捷径可以投机取巧，而必须潜心学习，甚至要达到研究的程度。

［对比分析］在 2015 年卷 1 第 23 题中，再次考查了我国的行政区域划分，并且考查的内容就是《行政区划管理条例》中关于行政区域界线变更的法律程序的详细规定。可见，仔细阅读并领会、掌握这一行政法规有多么重要！

＊注意：《行政区划管理条例》2018 年作了修正，修正前后的条文顺序有所变化。考生复习时应以修正后的条例为准。

［选项分析］A 选项是关于我国国家结构形式的宏观阐述。但是，该选项并没有按照中央与地方关系的正常逻辑展开，论述我国是单一制还是联邦制的问题，而是说"我国有民族区域自治和特别行政区两种地方制度"。由于考试大纲在体系安排上是"国家结构形式"之后是"民族区域自治制度"和"特别行政区制度"（各种宪法学教材基本上也是这样），考生在学习我国地方制度时都会对这两种较为特殊的具有中国特色的地方制

度给予充分关注，因而，这两种制度可以很容易地起到"喧宾夺主"的效果，冲淡考生对我国大部分省份实行的普通地方制度的关注，从而误以为 A 选项是正确的。殊不知，按照各行政区域所实行的制度之差异，可以将我国地方制度分为三种类型：普通地方制度、民族区域自治制度和特别行政区制度。——你如果将 A 选项作为答案，一定会觉得这道题很容易，哪知已经甜蜜地"中计"啦！

B 选项考查的是行政区域界线变更的法律程序。应该说，这一问题作为考试内容是有一点点超纲的嫌疑的，因为《宪法》第 30 条、第 31 条、第 62 条第 13 项和第 14 项、第 89 条第 15 项、第 107 条第 3 款都不涉及"县、市、市辖区部分行政区域界线的变更"，该问题是由《行政区划管理条例》第 8 条作出规定的。而该行政法规并没有明确列入考试大纲（宪法部分）的法律法规目录。当然，我们参加考试时不能说这个考点超纲而拒绝作答，明智的选择是在备考时就仔细阅读《行政区划管理条例》。该行政法规第 8 条规定："县、市、市辖区的部分行政区域界线的变更，县、不设区的市、市辖区人民政府驻地的迁移，国务院授权省、自治区、直辖市人民政府审批；批准变更时，同时报送国务院备案。"——这一规定被称为"授权审批"，与省级政府对"乡、民族乡、镇的设立、撤销、更名和行政区域界线的变更，乡、民族乡、镇人民政府驻地的迁移"之法定审批不同。因此，B 选项的说法是不正确的。——很多考生可能只是笼统地知道，省、自治区、直辖市的建置由全国人大决定，其他相对较为"低层次"的问题由国务院或者省级政府审批，而不清楚还有"授权审批"，从而在该问题上作出错误选择。

C 选项是本题的重点干扰项，特别是该选项中"新的"两个字很有迷惑性。事实上，经济特区是一种特殊的经济制度。由于我们在新闻媒体上经常看到、听到关于经济特区的宣传报道，有些考生会将其与行政区划意义上的民族区域自治、特别行政区制度等同起来，误以为经济特区也是我国地方制度的一种。殊不知，经济特区是我国采取特殊经济政策吸引外资、促进经济发展的一种经济制度和经济区域，它与政治意义上的行政区域在性质上存在明显差异。因此，经济特区不

是我国的地方制度，C 选项错误。

D 选项是正确答案。从行政区域划分的原理角度来讲，**行政区域划分制度包括行政区域划分的机关、原则、程序以及行政区域边界争**议的处理等内容。不过，由于《宪法》本身并没有规定行政区划的争议解决，考生如果不能明确排除前三个选项，可能就不敢将 D 选项作为正确答案。

易混淆点解析

本题所考查的知识点，特别是关于行政区域划分的知识点细微、复杂，记忆难度大，容易出现记忆偏差。鉴于行政区划问题几乎是每年的必考内容，请考生务必仔细研读《宪法》第 30 条、第 31 条、第 62 条第 13 项和第 14 项、第 89 条第 15 项、第 107 条第 3 款以及《行政区划管理条例》，明确全国人大、国务院和省级政府三方主体在行政区划问题上的职权。关于行政区划变更的法律程序，图示如下：

	有权机关	变更内容	备注
行政区划变更的法律程序	〔报〕全国人大（批准）	省、自治区、直辖市的设立、撤销、更名	
	国务院（审批）	1. 省、自治区、直辖市的行政区域界线的变更，省、自治区人民政府驻地的迁移，简称、排列顺序的变更 2. 自治州、县、自治县、市、市辖区的设立、撤销、更名和隶属关系的变更以及自治州、自治县、设区的市人民政府驻地的迁移 3. 自治州、自治县的行政区域界线的变更，县、市、市辖区的行政区域界线的重大变更 4. 凡涉及海岸线、海岛、边疆要地、湖泊、重要资源地区及特殊情况地区的隶属关系或者行政区域界线的变更	
	〔国务院授权〕省、自治区、直辖市政府（审批）	县、市、市辖区的部分行政区域界线的变更，县、不设区的市、市辖区人民政府驻地的迁移	批准变更时，同时报送国务院备案
	省、自治区、直辖市政府（审批）	乡、民族乡、镇的设立、撤销、更名和行政区域界线的变更，乡、民族乡、镇人民政府驻地的迁移	
	批准设立派出机关的人民政府（审批）	行政公署、区公所、街道办事处的撤销、更名、驻地迁移、管辖范围的确定和变更	参见本书"地方各级人民政府的派出机关"部分

另外，《行政区划管理条例》规定，**市、市辖区的设立标准，由国务院民政部门会同国务院其他有关部门拟订，报国务院批准。**

镇、街道的设立标准，由省、自治区、直辖市人民政府民政部门会同本级人民政府其他有关部门拟订，报省、自治区、直辖市人民政府批准；批准设立标准时，同时报送国务院备案。

牢记上述内容的要诀是分别记住：**授权审批事项、全国人大决定的事项和由省级政府审批的事项。**

第十章　国家标志

📡 **1.** 2017 年，第十二届全国人大常委会第二十九次会议表决通过《中华人民共和国国歌法》。2020 年 10 月 17 日，第十三届全国人大常委会第二十二次会议表决通过《关于修改〈中华人民共和国国旗法〉的决定》和《关于修改〈中华人民共和国国徽法〉的决定》。对此，下列哪些说法是正确的？（2023 年回忆版）

A. 国歌、国旗和国徽是中国的国家标志

B. 我国 2004 年宪法修正案新增了国歌条款

C. 宪法对国徽的图案作出了规定

D. 宪法宣誓仪式上应当悬挂国旗或者国徽

📡 **2.** 第十二届全国人大常委会第二十九次会议通过了《中华人民共和国国歌法》，并于 2017 年 10 月 1 日起施行。根据《宪法》和《国歌法》，关于国歌，下列哪一选项是错误的？（2018 年回忆版）

A. 国歌是国家的象征和标志

B. 宪法宣誓仪式应当奏唱国歌

C. 国歌纳入中小学教育

D. 由于国歌的特殊重要性，历部宪法对此均有规定

1. ［答案］ABCD　　［难度］难
［考点］国家标志
［命题和解题思路］国歌、国旗和国徽是国家标志，在铸牢中华民族共同体意识的时代背景下，考查国家标志，乃是自然而然。国家标志在宪法中是比较琐碎的知识点，并非每年都考。而一旦考查，就会给考生带来较大挑战。本题并未关注太多细节，而是考得比较综合。比如 B 选项考查国歌条款的修改年份，考得更加综合，难度也更高。C 选项考了宪法条文，要求考生对条文非常熟悉，以应对命题人的各种刁钻设计。

［选项分析］A 选项考查我国的国家标志。国家标志又称国家象征，是指一般由宪法和法律规定的，代表国家的主权、独立和尊严的象征和标

志。中华人民共和国的国家标志主要包括国旗、国徽、国歌、首都和国庆日。A 选项并不是穷尽式列举，所以并没有犯以偏概全的错误。A 选项正确。

B 选项考查考生对宪法修正案的知识记忆。1949 年 9 月 27 日中国人民政治协商会议第一届全体会议通过的《关于中华人民共和国国都、纪年、国歌、国旗的决议》第 3 条规定，"在中华人民共和国的国歌未正式制定前，以'义勇军进行曲'为国歌"。2004 年 3 月 14 日，第十届全国人大第二次会议通过了《中华人民共和国宪法修正案》，正式将《义勇军进行曲》作为国歌写入《宪法》。虽然考生们都是唱着国歌长大的，但需注意国歌正式写入《宪法》是在 2004 年。B 选项正确。

C 选项考查国徽。根据《宪法》第 142 条规定，中华人民共和国国徽，中间是五星照耀下的天安门，周围是谷穗和齿轮。由此可见，宪法对国徽的图案作出了规定。C 选项正确。

D 选项考查国旗的悬挂。根据《全国人民代表大会常务委员会关于实行宪法宣誓制度的决定》第 8 条第 1 款与第 2 款规定，宣誓仪式根据情况，可以采取单独宣誓或者集体宣誓的形式。单独宣誓时，宣誓人应当左手抚按《中华人民共和国宪法》，右手举拳，诵读誓词。集体宣誓时，由一人领誓，领誓人左手抚按《中华人民共和国宪法》，右手举拳，领诵誓词；其他宣誓人整齐排列，右手举拳，跟诵誓词。宣誓场所应当庄重、严肃，悬挂中华人民共和国国旗或者国徽。宣誓仪式应当奏唱中华人民共和国国歌。据此，宪法宣誓仪式上应当悬挂国旗或者国徽。D 选项正确。

2. ［答案］D　　［难度］易
［考点］国家标志（国歌）
［命题和解题思路］本题考查国家标志中的"国歌"。国家标志属于 2018 年大纲增加的内容，在此之前未作过考查。由于宪法本身对国家标志的内容规定非常简单，只有第四章三个条款，很多考生会因此忽视对国家标志的学习。正确解答本题，一定要结合《国歌法》的相关规定，而不

能仅仅停留在宪法文本的层面。

[选项分析] 选项 A 考查国歌的性质。国歌是国家标志的一种，是以音乐的形式来代表国家的主权、独立和尊严。《国歌法》第 3 条规定："中华人民共和国国歌是中华人民共和国的象征和标志。一切公民和组织都应当尊重国歌，维护国歌的尊严。"因此，选项 A 陈述正确，不当选。

选项 B 考查奏唱国歌的场合。《国歌法》第 4 条第 3 项规定，宪法宣誓仪式应当奏唱国歌。选项 B 陈述正确，不当选。

选项 C 也陈述正确，不当选。《国歌法》第 11 条规定："国歌纳入中小学教育。中小学应当

将国歌作为爱国主义教育的重要内容，组织学生学唱国歌，教育学生了解国歌的历史和精神内涵、遵守国歌奏唱礼仪。"

选项 D 考查国歌入宪问题。《国歌法》于 2017 年颁布实施，在此之前，2004 年《宪法修正案》第 31 条规定，宪法第四章章名"国旗、国徽、首都"修改为"国旗、国歌、国徽、首都"；宪法第 136 条增加一款，作为第 2 款："中华人民共和国国歌是《义勇军进行曲》。"而在 2004 年宪法修改以前，我国几部宪法包括 1982 年宪法都没有关于国歌的规定。因此，选项 D 陈述错误，当选。

第十一章　民族区域自治制度

试 题

第一节　民族自治地方的自治机关

1. 关于民族自治地方的国家机关领导人员的任职资格，下列哪一职位必须由实行区域自治的民族的公民担任？（2022 年回忆版）

　　A. 人大常委会主任

　　B. 自治州州长

　　C. 法院院长

　　D. 检察院检察长

2. 根据我国民族区域自治制度，关于民族自治县，下列哪一选项是错误的？（2017-1-23）

　　A. 自治机关保障本地方各民族都有保持或改革自己风俗习惯的自由

　　B. 经国务院批准，可开辟对外贸易口岸

　　C. 县人大常委会中应有实行区域自治的民族的公民担任主任或者副主任

　　D. 县人大可自行变通或者停止执行上级国家机关的决议、决定、命令和指示

第二节　民族自治地方的自治权

1. 根据《宪法》和法律的规定，关于民族自治地方自治权，下列哪一表述是正确的？（2015-1-24）

　　A. 自治权由民族自治地方的权力机关、行政

机关、审判机关和检察机关行使

　　B. 自治州人民政府可以制定政府规章对国务院部门规章的规定进行变通

　　C. 自治条例可以依照当地民族的特点对宪法、法律和行政法规的规定进行变通

　　D. 自治县制定的单行条例须报省级人大常委会批准后生效，并报全国人大常委会备案

2. 根据《宪法》和法律的规定，关于民族区域自治制度，下列哪些选项是正确的？（2014-1-63）

　　A. 民族自治地方法院的审判工作，受最高法院和上级法院监督

　　B. 民族自治地方的政府首长由实行区域自治的民族的公民担任，实行首长负责制

　　C. 民族自治区的自治条例和单行条例报全国人大批准后生效

　　D. 民族自治地方自主决定本地区人口政策，不实行计划生育

详 解

第一节　民族自治地方的自治机关

1. [答案] B　　[难度] 中

[考点] 民族区域自治制度（民族自治地方的自治机关）

[命题和解题思路] 本题考查民族区域自治制

度中"民族自治地方的自治机关"。对于该考点，历年真题往往采取"避实击虚"策略，考查大多数考生都不太注意的民族自治地方的司法机关。本题C、D两个选项即是对该内容的考查。而A、B两个选项的内容向来为考生所重视，一般都能作出正确选择。因此，正确解答本题的关键是对司法机关不属于民族自治地方的自治机关有清楚的认识。

[选项分析] A选项考查民族自治地方的人大常委会主任的任职资格要求。《民族区域自治法》第16条第3款规定："民族自治地方的人民代表大会常务委员会中应当有实行区域自治的民族的公民担任主任或者副主任。"因此，A选项不当选。

B选项考查民族自治地方的人民政府首长的任职资格要求。《民族区域自治法》第17条第1款规定："自治区主席、自治州州长、自治县县长由实行区域自治的民族的公民担任。……"据此，B选项当选。

C、D两个选项都是考查民族自治地方的司法机关正职领导人员的任职资格。由于在民族自治地方，只有其人民代表大会和人民政府才属于自治机关，人民法院和人民检察院（包括监察机关）都不属于自治机关，因而对其领导成员并无特别严格的要求。《民族区域自治法》第46条第3款仅规定："民族自治地方的人民法院和人民检察院的领导成员和工作人员中，应当有实行区域自治的民族的人员。"因此，法律并不要求民族自治地方的法院院长或检察院检察长必须是实行区域自治的民族的公民。C、D两个选项均不当选。

2. [答案] D　　[难度] 中

[考点] 民族自治地方的自治机关、民族自治地方的自治权

[命题和解题思路] 本题考查民族区域自治制度。命题人进行选项设计时着力测试考生对《民族区域自治法》掌握的精确程度。因此，解答本题没有那么多"弯弯绕"，考生只要吃透了《民族区域自治法》的条文规定，就能找到正确的选项。

[选项分析] A选项考查民族自治地方的自治机关的职责。《民族区域自治法》第10条规定："民族自治地方的自治机关保障本地方各民族都有使用和发展自己的语言文字的自由，都有保持或

者改革自己的风俗习惯的自由。"因此，民族自治县的自治机关有责任保障本地方各民族都有保持或改革自己风俗习惯的自由，A选项陈述正确，不当选。

B选项是本题的重点干扰项，其干扰效果来自考生对民族自治地方开展对外经贸活动之规定记忆的不准确性。《民族区域自治法》第31条第1款规定："民族自治地方依照国家规定，可以开展对外经济贸易活动，经国务院批准，可以开辟对外贸易口岸。"根据这一规定，民族自治县经国务院批准，可开辟对外贸易口岸。B选项陈述正确，不当选。——但是，很多考生对本题答案提出异议，认为应该选择B选项。其原因在于《民族区域自治法》第42条第2款规定："自治区、自治州的自治机关依照国家规定，可以和国外进行教育、科学技术、文化艺术、卫生、体育等方面的交流。"但由于记忆不够准确，把《民族区域自治法》第31条第1款和第42条第2款混淆在一起，误认为民族自治县不能开辟对外贸易口岸。坦率地说，这种"异议"没有意义。

C选项考查民族自治地方的自治机关的组成。《宪法》第113条第2款规定："自治区、自治州、自治县的人民代表大会常务委员会中应当有实行区域自治的民族的公民担任主任或者副主任。"《民族区域自治法》第16条第3款也规定："民族自治地方的人民代表大会常务委员会中应当有实行区域自治的民族的公民担任主任或者副主任。"因此，C选项陈述正确，不当选。

D选项考查民族自治地方的自治权。《民族区域自治法》第20条规定："上级国家机关的决议、决定、命令和指示，如有不适合民族自治地方实际情况的，自治机关可以报经该上级国家机关批准，变通执行或者停止执行；该上级国家机关应当在收到报告之日起六十日内给予答复。"因此，D选项陈述错误，当选。

第二节　民族自治地方的自治权

1. [答案] D　　[难度] 中

[考点] 民族区域自治制度（民族自治地方的自治机关、民族自治地方的自治权）

[命题和解题思路] 在本题中，命题人选取了自治机关的范围（A选项）、自治条例和单行条例的报备制度（D选项）以及自治条例和单行条例

"变通"法律和行政法规的条件（B、C 选项）三个问题作为考查对象。前两个问题相对较为简单，后一问题则比较复杂。要弄清自治条例和单行条例"变通"法律和行政法规的条件，关键是对《立法法》第 85 条有透彻的理解。

[对比分析] 2013 年卷 1 第 63 题选项 B 考查民族区域自治地方的法院是否行使自治权，与本题 A 选项有相似之处。2014 年卷 1 第 63 题考查"民族自治区的自治条例和单行条例"的报备制度，与本题 D 选项属于同一类问题，但考查的直接对象不同，一个是自治区的自治条例和单行条例，另一个是自治县的单行条例，其批准与备案的要求不尽相同。

[选项分析] A 选项考查自治机关的范围。自治机关是可以行使自治权的机关。《宪法》第 112 条规定："民族自治地方的自治机关是自治区、自治州、自治县的人民代表大会和人民政府。"根据这一规定，自治机关仅包括民族自治地方的权力机关和行政机关，司法机关不属于自治机关的范围。因此，民族自治地方的司法机关不能行使自治权，A 选项错误。

B 选项考查民族自治地方的地方政府规章可否变通国务院部委的部门规章。根据《立法法》第 85 条的规定，只有民族自治地方的人民代表大会才有权制定自治条例和单行条例；也只有自治条例和单行条例可以依照当地民族的特点，对法律和行政法规的规定作出变通规定。——法律并无民族自治地方的地方政府规章可变通国务院部委的部门规章的规定，根据职权法定原则，民族自治地方的地方政府规章不能变通国务院部委的部门规章。由于自治州人民政府制定的地方政府规章不属于自治条例和单行条例，既不能对法律和行政法规的规定作出变通规定，也不能对国务院部门规章的规定进行变通。因此，B 选项错误。

C 选项考查自治条例和单行条例变通法律和行政法规的条件。《立法法》第 85 条第 2 款规定："自治条例和单行条例可以依照当地民族的特点，对法律和行政法规的规定作出变通规定，但不得违背法律或者行政法规的基本原则，不得对宪法和民族区域自治法的规定以及其他有关法律、行政法规专门就民族自治地方所作的规定作出变通规定。"根据这一规定，可变通的范围，仅限于"法律和行政法规的规定"，而不得对宪法和民族区域自治法的规定以及其他有关法律、行政法规专门就民族自治地方所作的规定作出变通规定。因此，C 选项错误。

D 选项考查的是单行条例的批准与备案制度。《宪法》第 116 条规定，自治州、自治县的自治条例和单行条例，报省或者自治区的人民代表大会常务委员会批准后生效，并报全国人民代表大会常务委员会备案。根据这一规定，D 选项正确。——《民族区域自治法》第 19 条规定："……自治州、自治县的自治条例和单行条例报省、自治区、直辖市的人民代表大会常务委员会批准后生效，并报全国人民代表大会常务委员会和国务院备案。"《立法法》第 109 条第 3 项也规定，"自治州、自治县的人民代表大会制定的自治条例和单行条例，由省、自治区、直辖市的人民代表大会常务委员会报全国人民代表大会常务委员会和国务院备案"。两者都增加了向国务院备案的要求。我们认为，D 选项所陈述的内容不算错误，但是其严谨性多少有点问题。

2. [答案] AB　　[难度] 中
[考点] 民族区域自治制度（民族自治地方的自治机关、民族自治地方的自治权）

[命题和解题思路] 本题考查我国的民族区域自治制度。对于这样一个经常作为考查对象的问题，命题人在进行选项设计时使用了两个招数：一是考查大家不太注意的知识点以探考生的虚实（D 选项）；二是使用其惯用的"偷梁换柱"之计检验考生的细心程度（C 选项），这种细心程度很大程度上也是一个人知识储备的侧面反映。

正确解答本题的关键，是对民族自治地方的法院和上级法院的关系、民族自治地方自治条例和单行条例的批准主体、国家对少数民族的生育优惠政策有准确的理解。要做到这一点，考生需要熟悉《宪法》第三章第六节关于"民族自治地方的自治机关"的规定和《民族区域自治法》的相关内容。

[选项分析] A 选项考查民族自治地方的法院和上级法院的关系。《民族区域自治法》第 46 条第 2 款规定："民族自治地方人民法院的审判工作，受最高人民法院和上级人民法院监督。……"因此，A 选项正确。

B 选项考查民族自治地方的人民政府的组成

方式和领导体制。《宪法》第 114 条规定："自治区主席、自治州州长、自治县县长由实行区域自治的民族的公民担任。"《民族区域自治法》第 17 条规定："自治区主席、自治州州长、自治县县长由实行区域自治的民族的公民担任。自治区、自治州、自治县的人民政府的其他组成人员，应当合理配备实行区域自治的民族和其他少数民族的人员。民族自治地方的人民政府实行自治区主席、自治州州长、自治县县长负责制。自治区主席、自治州州长、自治县县长，分别主持本级人民政府工作。"根据上述条款规定，B 选项正确。

C 选项是重点干扰项。考生大多知道民族自治区的自治条例和单行条例需要报请批准后生效，但对于报请批准的主体，个别考生存在模糊认识。《宪法》第 116 条规定："……自治区的自治条例和单行条例，报全国人民代表大会常务委员会批准后生效。……"《民族区域自治法》第 19 条作了相同的规定。因此，报请批准的主体是"全国人大常委会"而不是"全国人大"。C 选项错误。

D 选项也属于干扰项。众所周知，实行计划生育是我国的一项基本国策。不过，《宪法》第三章第六节"民族自治地方的自治机关"并未明确提及计划生育问题。《民族区域自治法》第 44 条规定："民族自治地方实行计划生育和优生优育，提高各民族人口素质。民族自治地方的自治机关根据法律规定，结合本地方的实际情况，制定实行计划生育的办法。"此外，《人口与计划生育法》第 18 条第 3 款也规定："少数民族也要实行计划生育，具体办法由省、自治区、直辖市人民代表大会或者其常务委员会规定。"因此，D 选项错误。——由于国家对少数民族实行某些生育优惠政策，部分考生误认为民族自治地方不实行计划生育，因而可能对本题作出错误选择。

扩展解释

（1）民族自治地方的司法机关与本级人大的关系

很多考生知道民族自治地方的法院和检察院都不属于自治机关，但对它们与本级人大的关系存在模糊甚至错误的认识。关于民族自治地方的司法机关与本级人大的关系，《民族区域自治法》

第 46 条第 1 款有明确规定："民族自治地方的人民法院和人民检察院对本级人民代表大会及其常务委员会负责。……"因此，民族自治地方的法院也需要对本级人大及其常委会负责。

（2）民族自治区立法的批准与备案要求

民族自治区制定的立法是否需要批准与备案，分为两种情况：①根据《宪法》第 116 条、《民族区域自治法》第 19 条和《立法法》第 85 条的规定，自治区的自治条例和单行条例，报全国人大常委会批准后生效，无须再向国务院备案。②根据《立法法》第 109 条第 2 项，自治区制定的地方性法规，报全国人大常委会和国务院备案。

（3）自治州、自治县的自治条例和单行条例的批准与备案要求

自治州、自治县制定的自治条例和单行条例，其批准与备案之要求，《宪法》《民族区域自治法》《立法法》的规定分别是：

《宪法》第 116 条："……自治州、自治县的自治条例和单行条例，报省或者自治区的人民代表大会常务委员会批准后生效，并报全国人民代表大会常务委员会备案。"

《民族区域自治法》第 19 条："……自治州、自治县的自治条例和单行条例报省、自治区、直辖市的人民代表大会常务委员会批准后生效，并报全国人民代表大会常务委员会和国务院备案。"

《立法法》第 85 条第 1 款："……自治州、自治县的自治条例和单行条例，报省、自治区、直辖市的人民代表大会常务委员会批准后生效。"

《立法法》第 109 条第 3 项："（三）自治州、自治县的人民代表大会制定的自治条例和单行条例，由省、自治区、直辖市的人民代表大会常务委员会报全国人民代表大会常务委员会和国务院备案；自治条例、单行条例报送备案时，应当说明对法律、行政法规、地方性法规作出变通的情况；"

由上述法律规定可知，对于自治州、自治县的自治条例和单行条例，《民族区域自治法》和《立法法》均在《宪法》所规定的向全国人大常委会备案的基础上，增加了向国务院备案的要求。考生需要特别注意。

第十二章 特别行政区制度

试 题

第一节 中央与特别行政区的关系

📶 **1.** 特别行政区制度是我国一项重要的宪法制度。我国宪法规定，在特别行政区内实行的制度按照具体情况由全国人民代表大会以法律规定。对此，下列哪些说法是正确的？（2023 年回忆版）

A. 该规定写在宪法的总纲部分

B. 该规定中的法律在香港地区指的是《香港特别行政区基本法》

C. 全国人大常委会有权决定特别行政区进入紧急状态

D. 全国性法律一般不在特别行政区内实施

📶 **2.** 澳门特别行政区依照《澳门基本法》的规定实行高度自治，享有行政管理权、立法权、独立的司法权和终审权。关于中央和澳门特别行政区的关系，下列哪一选项是正确的？（2016-1-25）

A. 全国性法律一般情况下是澳门特别行政区的法律渊源

B. 澳门特别行政区终审法院法官的任命和免职须报全国人大常委会备案

C. 澳门特别行政区立法机关制定的法律须报全国人大常委会批准后生效

D. 《澳门基本法》在澳门特别行政区的法律体系中处于最高地位，反映的是澳门特别行政区同胞的意志

第二节 特别行政区的政治体制

📶 **1.** 2020 年 5 月，全国人民代表大会通过《关于建立健全香港特别行政区维护国家安全的法律制度和执行机制的决定》（以下简称全国人大《决定》），授权全国人大常委会就建立健全香港特别行政区维护国家安全的法律制度和执行机制采取必要措施，全国人大常委会随后制定了《香港特别行政区维护国家安全法》。关于这部法律，下列哪些说法是正确的？（2021 年回忆版）

A. 《香港特别行政区维护国家安全法》的制定依据是宪法、香港基本法和全国人大《决定》

B. 《香港特别行政区维护国家安全法》的解释权由香港特别行政区政府和立法会共同享有，两者的解释存在冲突时，由香港特别行政区高等法院裁决

C. 《香港特别行政区维护国家安全法》是适用于香港特别行政区的全国性法律

D. 《香港特别行政区维护国家安全法》列入了香港基本法附件三

📶 **2.** 关于《香港特别行政区维护国家安全法》，下列哪些选项是正确的？（2020 年回忆版）

A. 该法是适用于香港特别行政区的全国性法律

B. 该法的制定依据是宪法、香港特别行政区基本法和全国人大关于建立健全香港特别行政区维护国家安全的法律制度和执行机制的决定

C. 根据该法，中央人民政府对香港特别行政区有关的国家安全事务负有宪制责任，香港特别行政区负有维护国家安全的根本责任

D. 香港特别行政区维护国家安全委员会的主席由行政长官担任，该委员会设立的国家安全事务顾问由中央人民政府指派

📶 **3.** 关于香港特别行政区的法官任免，下列哪一说法是正确的？（2019 年回忆版）

A. 根据立法会的推荐，由行政长官任命

B. 由在外国无居留权的香港特别行政区永久性居民中的中国公民担任

C. 终审法院和高等法院的首席法官，应由在外国无居留权的香港特别行政区永久性居民中的中国公民担任

D. 在法官无力履行职责或行为不检的情况下，可由特别行政区行政长官根据立法会的建议予以免职

📶 **4.** 根据《宪法》和《香港特别行政区基本法》规定，下列哪一选项是正确的？（2017-1-24）

A. 行政长官就法院在审理案件中涉及的国防、外交等国家行为的事实问题发出的证明文件，

对法院无约束力

B. 行政长官对立法会以不少于全体议员 2/3 多数再次通过的原法案，必须在 1 个月内签署公布

C. 香港特别行政区可与全国其他地区的司法机关通过协商依法进行司法方面的联系和相互提供协助

D. 行政长官仅从行政机关的主要官员和社会人士中委任行政会议的成员

5. 根据《宪法》和法律的规定，关于特别行政区，下列哪一选项是正确的？（2014-1-23）

A. 澳门特别行政区财政收入全部由其自行支配，不上缴中央人民政府

B. 澳门特别行政区立法会举行会议的法定人数为不少于全体议员的三分之二

C. 非中国籍的香港特别行政区永久性居民不得当选为香港特别行政区立法会议员

D. 香港特别行政区廉政公署独立工作，对香港特别行政区立法会负责

详　解

第一节　中央与特别行政区的关系

1. ［答案］ABCD　　［难度］难

［考点］特别行政区的法律制度

［命题和解题思路］特别行政区制度是宪法学必考知识点，但本题的命题也有些反常规。过去的考查以具体的特别行政区制度及其实践为主，通常围绕《香港特别行政区基本法》展开，但本题却围绕宪法规定命制，出其不意，让考生有点难以招架。特别是 A 选项，如果考生对宪法条文不熟悉，很容易"无处安放"特别行政区这部分内容。B 选项虽然不难，但其是一种不太常见的考法，需要考生不仅记住条文，也要理解条文，否则容易出现偏差。从本题的命制特点可以看出，考生一定不能忽视宪法条文，特别是宪法结构。

［选项分析］A 选项考查宪法条文和结构。根据《宪法》第 31 条规定，国家在必要时得设立特别行政区。在特别行政区内实行的制度按照具体情况由全国人民代表大会以法律规定。该条文列在总纲之中。考生如果对宪法结构不熟悉，很容易在这一点上游移不定。A 选项正确。

B 选项依然考查《宪法》第 31 条，难度较大，涉及对宪法条文的解释。"在特别行政区内实行的制度按照具体情况由全国人民代表大会以法律规定。"该条规定中的"法律"是否专指基本法，宪法并未明确提出。但考生需要注意，这个条文在 1982 年宪法起草时就已经写入，彼时基本法还没有出现。所以需要从体系解释的角度来看，这里的"法律"是否专指基本法。《香港特别行政区基本法》序言中陈明：根据中华人民共和国宪法，全国人民代表大会特制定中华人民共和国香港特别行政区基本法，规定香港特别行政区实行的制度，以保障国家对香港的基本方针政策的实施。由此可见，宪法中所规定的"法律"指的就是《香港特别行政区基本法》。考生可能质疑，《香港特别行政区维护国家安全法》是不是也算。需注意，《香港特别行政区维护国家安全法》是由全国人大常委会制定的，与《宪法》第 31 条规定不符。B 选项正确。

C 选项考查中央和特别行政区的关系。根据《宪法》第 67 条第 21 项规定，全国人大常委会决定全国或者个别省、自治区、直辖市进入紧急状态。根据《香港特别行政区基本法》第 18 条第 4 款规定，全国人民代表大会常务委员会决定宣布战争状态或因香港特别行政区内发生香港特别行政区政府不能控制的危及国家统一或安全的动乱而决定香港特别行政区进入紧急状态，中央人民政府可发布命令将有关全国性法律在香港特别行政区实施。由此可见，C 选项正确。

D 选项考查全国性法律在特别行政区适用的情况。根据《香港特别行政区基本法》第 18 条第 1 款与第 2 款规定，在香港特别行政区实行的法律为本法以及本法第 8 条规定的香港原有法律和香港特别行政区立法机关制定的法律。全国性法律除列于本法附件三者外，不在香港特别行政区实施。凡列于本法附件三之法律，由香港特别行政区在当地公布或立法实施。根据这一规定，除特殊情况外，全国性法律一般不在特别行政区实施。D 选项正确。

2. ［答案］B　　［难度］中

［考点］中央和特别行政区的关系、特别行政区的法律制度

［命题和解题思路］本题考查澳门特别行政区

的法律制度。命题人将考查重点放在了中央和澳门特别行政区的关系上面，要求考生不仅要了解澳门特别行政区的自治权，而且要理解中央对澳门特别行政区进行管辖和澳门特别行政区在中央监督下实行高度自治而产生的相互间的法律关系。四个选项之中 B、C 相对比较简单，对照法条即可作出判断。A、D 选项稍微复杂，尤其是 D 项，需要考生理解《澳门特别行政区基本法》的法律地位和性质，并在结合相关法条的基础上，才能作出正确判断。

[选项分析] A 选项考查全国性法律是否在特别行政区实施。由于特别行政区保持其原有的法律制度，因而全国性法律一般不在特别行政区实施。但特别行政区作为中华人民共和国不可分离的一部分，某些体现国家主权和统一的全国性法律又有必要在特别行政区实施。因而，《澳门特别行政区基本法》第 18 条第 2 款规定："全国性法律除列于本法附件三者外，不在澳门特别行政区实施。凡列于本法附件三的法律，由澳门特别行政区在当地公布或立法实施。"根据这一规定，除列于附件三者外，由全国人大及其常委会制定的全国性法律并不是澳门特别行政区的法律渊源。A 选项错误。

B 选项考查澳门特别行政区终审法院法官的任命和免职。《澳门特别行政区基本法》第 87 条第 4 款规定："终审法院法官的任命和免职须报全国人民代表大会常务委员会备案。"B 选项完全符合法律规定，是正确选项。

C 选项考查澳门特别行政区立法机关之立法的备案要求。《澳门特别行政区基本法》第 17 条第 2 款规定："澳门特别行政区的立法机关制定的法律须报全国人民代表大会常务委员会备案。备案不影响该法律的生效。"根据这一规定，澳门特别行政区的立法机关制定的法律并不需要报全国人大常委会批准，而是备案即可。这是澳门特别行政区的自治权在立法上的体现。故 C 选项错误。

D 选项考查《澳门特别行政区基本法》的法律地位和性质。该选项具有一定的迷惑性。众所周知，《澳门特别行政区基本法》是由全国人大制定的一部宪法性法律，虽然它在澳门特别行政区的法律体系中处于最高地位，但由于其制定主体是全国人大，所以，它反映的是包括澳门特别行政区同胞在内的全国人民的意志。《澳门特别行政

区基本法》第 143 条、第 144 条也分别规定了该法的解释权和修改权属于全国人大常委会和全国人大。因此，D 选项错误。

第二节 特别行政区的政治体制

1. [答案] ACD   [难度] 中
[考点]《香港特别行政区维护国家安全法》
[命题和解题思路] 本题是对《香港特别行政区维护国家安全法》的专项考查。该考点属于 2020 年增加的考点，且在当年即作了考查。鉴于该法特殊的重要性，2021 年度再次进行了考查。本题从该法的立法依据、性质、解释权等几方面进行了选项设计。

[选项分析] A 选项考查《香港特别行政区维护国家安全法》的立法依据。该法律第 1 条规定："……根据中华人民共和国宪法、中华人民共和国香港特别行政区基本法和全国人民代表大会关于建立健全香港特别行政区维护国家安全的法律制度和执行机制的决定，制定本法。"因此，该法的制定依据有三个，分别是《宪法》、《香港特别行政区基本法》和全国人大《决定》。A 选项正确。

B 选项考查《香港特别行政区维护国家安全法》的解释权。该法第 65 条规定："本法的解释权属于全国人民代表大会常务委员会。"显然，B 选项使用了惯用的"偷梁换柱"和"无中生有"之计，且由于 B 选项采用了似是而非的诱导陈述手法，要识破其"诡计"并不容易。考生必须对该法的规定以及全国人大常委会的法律解释权了然于胸，方能作出正确判断。B 选项错误。

C、D 两个选项考查《香港特别行政区维护国家安全法》的性质。前述全国人大《决定》第 6 条规定："授权全国人民代表大会常务委员会就建立健全香港特别行政区维护国家安全的法律制度和执行机制制定相关法律，切实防范、制止和惩治任何分裂国家、颠覆国家政权、组织实施恐怖活动等严重危害国家安全的行为和活动以及外国和境外势力干预香港特别行政区事务的活动。全国人民代表大会常务委员会决定将上述相关法律列入《中华人民共和国香港特别行政区基本法》附件三，由香港特别行政区在当地公布实施。"全国人大常委会在通过《香港特别行政区维护国家安全法》后，即将该法列入了香港特别行政区基本法附件三。我们知道，凡是列入基本法附件三

的法律，都是适用于特别行政区的全国性法律。因此，C、D 两个选项正确。

2. ［答案］ABD　　　［难度］中

［考点］《香港特别行政区维护国家安全法》

［命题和解题思路］本题属于 2020 年大纲增加的考点。2020 年 5 月 28 日，十三届全国人大三次会议表决通过了《全国人民代表大会关于建立健全香港特别行政区维护国家安全的法律制度和执行机制的决定》，并根据我国《宪法》和《香港特别行政区基本法》，全国人大常委会 2020 年 6 月 30 日通过《香港特别行政区维护国家安全法》。不言而喻，该法具有特殊的重要性。本题的设计，侧重考查与该法有关的原则性问题，四个选项分别涉及该法的性质、制定依据、中央人民政府和香港特别行政区在维护国家安全方面的责任承担以及香港特别行政区维护国家安全委员会的机构设置问题。正确解答本题，需要对全国人大的决定和《香港特别行政区维护国家安全法》有清楚的认知。

［选项分析］A 选项考查《香港特别行政区维护国家安全法》的性质。全国人大《决定》第 6 条规定："授权全国人民代表大会常务委员会就建立健全香港特别行政区维护国家安全的法律制度和执行机制制定相关法律……全国人民代表大会常务委员会决定将上述相关法律列入《中华人民共和国香港特别行政区基本法》附件三，由香港特别行政区在当地公布实施。"全国人大常委会在表决通过《香港特别行政区维护国家安全法》后，即将该法列入香港特别行政区基本法附件三。我们知道，凡是列入基本法附件三的法律，都是适用于特别行政区的全国性法律。因此，A 选项正确。

B 选项考查《香港特别行政区维护国家安全法》的制定依据。该法第 1 条规定："……根据中华人民共和国宪法、中华人民共和国香港特别行政区基本法和全国人民代表大会关于建立健全香港特别行政区维护国家安全的法律制度和执行机制的决定，制定本法。"因此，该法的制定依据有三个，分别是《宪法》、《香港特别行政区基本法》和全国人大的《决定》。B 选项正确。

C 选项考查中央人民政府和香港特别行政区在维护国家安全方面的责任承担。《香港特别行政

区维护国家安全法》第 3 条规定："中央人民政府对香港特别行政区有关的国家安全事务负有根本责任。香港特别行政区负有维护国家安全的宪制责任，应当履行维护国家安全的职责。……"命题人故意将两种责任颠倒、混淆，试图诱导在此问题上掌握不到位的考生作出错误选择。C 选项错误。

D 选项考查香港特别行政区维护国家安全委员会的机构设置问题。《香港特别行政区维护国家安全法》第 12 条规定："香港特别行政区设立维护国家安全委员会……"该法第 13 条规定："香港特别行政区维护国家安全委员会由行政长官担任主席，成员包括……"该法第 15 条又规定："香港特别行政区维护国家安全委员会设立国家安全事务顾问，由中央人民政府指派……"据此，香港特别行政区维护国家安全委员会的主席由行政长官担任，该委员会设立的国家安全事务顾问由中央人民政府指派。D 选项正确。

3. ［答案］C　　　［难度］难

［考点］特别行政区司法机关

［命题和解题思路］本题考查"特别行政区司法机关"知识点中特别行政区法院法官的任免问题。这一问题相当复杂，不仅涉及提名、任命、备案、免职等多个环节，还涉及任职资格、免职条件等诸多因素，且对于不同层级的法院法官，要求各不相同。因此，考生很容易"蒙圈"。正确解答本题，需要在备考时做到对该知识点掌握牢靠，从而能抽丝剥茧、厘清头绪。

［选项分析］选项 A 考查特别行政区法院法官的提名与任命。《香港特别行政区基本法》第 88 条规定："香港特别行政区法院的法官，根据当地法官和法律界及其他方面知名人士组成的独立委员会推荐，由行政长官任命。"因此，特别行政区法院法官的提名权归属于"当地法官和法律界及其他方面知名人士组成的独立委员会"，而非立法会。当然，选项 A 中的"立法会"，并非完全空穴来风，而是借用《香港特别行政区基本法》第 90 条第 2 款"除本法第八十八条和第八十九条规定的程序外，香港特别行政区终审法院的法官和高等法院首席法官的任命或免职，还须由行政长官征得立法会同意，并报全国人民代表大会常务委员会备案"中的相关规定，故意搞乱考生思维，

利用考生模糊认识，诱使"愿者上钩"。选项 A 陈述错误，不当选。

选项 B 考查特别行政区法院法官的任职条件。《香港特别行政区基本法》第 90 条第 1 款规定："香港特别行政区终审法院和高等法院的首席法官，应由在外国无居留权的香港特别行政区永久性居民中的中国公民担任。"该法第 92 条规定："香港特别行政区的法官和其他司法人员，应根据其本人的司法和专业才能选用，并可从其他普通法适用地区聘用。"由此可知，除了香港特别行政区终审法院和高等法院的首席法官外，"在外国无居留权的香港特别行政区永久性居民中的中国公民"并不是担任香港特别行政区法官的必要条件。也就是说，居住在其他普通法系地区的适合担任法官职务的人也可以受聘为香港法官。选项 B 陈述错误，不当选。

选项 C 考查香港特别行政区终审法院和高等法院首席法官的任职条件。由上述选项 B 的分析可知，香港特别行政区终审法院和高等法院的首席法官有特殊的任职条件，即必须是在外国无居留权的香港特别行政区永久性居民中的中国公民才能担任。选项 C 陈述正确，当选。

选项 D 考查特别行政区法官的免职程序。《香港特别行政区基本法》第 89 条规定："香港特别行政区法院的法官只有在无力履行职责或行为不检的情况下，行政长官才可根据终审法院首席法官任命的不少于三名当地法官组成的审议庭的建议，予以免职。香港特别行政区终审法院的首席法官只有在无力履行职责或行为不检的情况下，行政长官才可任命不少于五名当地法官组成的审议庭进行审议，并可根据其建议，依照本法规定的程序，予以免职。"因此，选项 D 陈述不符合法律规定，内容错误，不当选。——选项 D 也是利用立法会试图误导考生。这说明，在复习特别行政区制度时，厘清特别行政区各机关之间的关系非常重要。

4. [答案] C   [难度] 中

[考点] 特别行政区的政治体制（特别行政区行政长官、特别行政区的司法机关）

[命题和解题思路] 本题考查特别行政区制度。其命题思路旨在考查考生对法条掌握的精确程度。对于这类试题，行之有效的解题策略有两种：第一，复习时认真研读法条；第二，到考场上根据第六感觉"蒙"。

[选项分析] A 选项考查特别行政区行政长官（实际上涉及中央与特别行政区的关系）。《香港特别行政区基本法》第 19 条第 3 款规定："香港特别行政区法院对国防、外交等国家行为无管辖权。香港特别行政区法院在审理案件中遇有涉及国防、外交等国家行为的事实问题，应取得行政长官就该等问题发出的证明文件，上述文件对法院有约束力。……"因此，A 选项错误。

B 选项为重点干扰项，比较难判断，因为它涉及两个相互联系的条款。《香港特别行政区基本法》第 49 条规定："香港特别行政区行政长官如认为立法会通过的法案不符合香港特别行政区的整体利益，可在三个月内将法案发回立法会重议，立法会如以不少于全体议员三分之二多数再次通过原案，行政长官必须在一个月内签署公布或按本法第五十条的规定处理。"《香港特别行政区基本法》第 50 条第 1 款规定："香港特别行政区行政长官如拒绝签署立法会再次通过的法案或立法会拒绝通过政府提出的财政预算案或其他重要法案，经协商仍不能取得一致意见，行政长官可解散立法会。"根据这两个条款的规定，行政长官对立法会以不少于全体议员 2/3 多数再次通过的原法案，有两种选择，要么在一个月内签署公布，要么解散立法会。——当然，行政长官解散立法会的权力是受到严格限制的：行政长官在其一任任期内只能解散立法会一次（《香港特别行政区基本法》第 50 条第 2 款）；重选的立法会仍以全体议员 2/3 多数通过所争议的原案，而行政长官仍拒绝签署的，行政长官必须辞职（《香港特别行政区基本法》第 52 条第 2 项）。——由于 B 选项的陈述遗漏了行政长官的第二种选择即"解散立法会"，因此，B 选项错误。

C 选项考查特别行政区的司法机关。《香港特别行政区基本法》第 95 条规定："香港特别行政区可与全国其他地区的司法机关通过协商依法进行司法方面的联系和相互提供协助。"因此，C 选项正确，当选。

D 选项考查特别行政区行政会议。《香港特别行政区基本法》第 55 条规定："香港特别行政区行政会议的成员由行政长官从行政机关的主要官员、立法会议员和社会人士中委任……"D 选项的陈述遗漏了"立法会议员"，内容错误。

5. ［答案］A　　　［难度］中

［考点］中央与特别行政区的关系、特别行政区的政治体制（特别行政区行政长官、特别行政区立法会）

［对比分析］特别行政区制度基本上是每年必考的内容。2013年试卷1第24题（选项A）、第61题、第63题（选项A）三次考查特别行政区制度，2014年在本题中不厌其烦地继续考查这一制度，可见特别行政区制度十分重要。且由于港澳基本法涉及的内容非常广泛，每年的考题考查重点都不一样，所以，考生在此问题上务必多花时间和精力，力求全面理解、弄清特别行政区制度。

［命题和解题思路］特别行政区制度可考查的知识点有很多。命题人在本题中选取了澳门特别行政区财政权、澳门立法会会议制度、香港立法会议员当选资格、香港廉政公署四个问题作为考查对象。解答这类问题的技巧，就像卖油翁所说的"无他，唯手熟尔"。对《香港特别行政区基本法》和《澳门特别行政区基本法》必须熟读数十遍。

［选项分析］A选项考查的是《澳门特别行政区基本法》对澳门财政权的规定。《澳门特别行政区基本法》第104条规定，"澳门特别行政区保持财政独立。澳门特别行政区财政收入全部由澳门特别行政区自行支配，不上缴中央人民政府"。因此，A选项正确。

B选项考查的是澳门特别行政区立法会会议制度。《澳门特别行政区基本法》第77条第1款规定："澳门特别行政区立法会举行会议的法定人数为不少于全体议员的二分之一。除本法另有规定外，立法会的法案、议案由全体议员过半数通过。"因此，B选项错误。

C选项考查的是香港特别行政区立法会议员的资格要求。《香港特别行政区基本法》第67条规定："香港特别行政区立法会由在外国无居留权的香港特别行政区永久性居民中的中国公民组成。但非中国籍的香港特别行政区永久性居民和在外国有居留权的香港特别行政区永久性居民也可以当选为香港特别行政区立法会议员，其所占比例不得超过立法会全体议员的百分之二十。"由此可知，具有中国国籍并不是香港特别行政区立法会议员的必要条件，不具有中国国籍的香港特别行政区永久性居民和在外国有居留权的香港特别行政区永久性居民也可以当选为香港特别行政区立法会议员，只是其人数比例有所限制。这主要是考虑到香港曾经长期为英国所占据的历史现实而作出的特殊规定。因此，C选项错误。——根据《澳门特别行政区基本法》第68条的规定，任职澳门特别行政区立法会议员对国籍和在外国是否有居留权均没有特别要求，澳门立法会议员的任职资格比香港立法会议员的任职资格要求更为宽松。

D选项考查的是关于香港廉政公署的规定。这一选项容易作出判断。《香港特别行政区基本法》第57条规定："香港特别行政区设立廉政公署，独立工作，对行政长官负责。"因此，D选项错误。

第十三章　村民委员会

试　题

📶 **1.** 杨某与户籍在甲村的村民王某登记结婚后，与甲村村委会签订了"不享受本村村民待遇"的"入户协议"。此后，杨某将户籍迁入甲村，但与王某长期在外务工。甲村村委会任期届满进行换届选举，杨某和王某要求参加选举。对此，下列说法正确的是：（2017-1-93）

A. 王某因未在甲村居住，故不得被列入参加选举的村民名单

B. 杨某因与甲村村委会签订了"入户协议"，故不享有村委会选举的被选举权

C. 杨某经甲村村民会议或村民代表会议同意之后方可参加选举

D. 选举前应当对杨某进行登记，将其列入参加选举的村民名单

📶 **2.** 某乡政府为有效指导、支持和帮助村民委员会的工作，根据相关法律法规，结合本乡实际

作出了下列规定，其中哪一规定是合法的？（2016-1-26）

A. 村委会的年度工作报告由乡政府审议

B. 村民会议制定和修改的村民自治章程和村规民约，报乡政府备案

C. 对登记参加选举的村民名单有异议并提出申诉的，由乡政府作出处理并公布处理结果

D. 村委会组成人员违法犯罪不能继续任职的，由乡政府任命新的成员暂时代理至本届村委会任期届满

3. 某村村委会未经村民会议讨论，制定了土地承包经营方案，侵害了村民的合法权益，引发了村民的强烈不满。根据《村民委员会组织法》的规定，下列哪些做法是正确的？（2015-1-64）

A. 村民会议有权撤销该方案

B. 由该村所在地的乡镇级政府责令改正

C. 受侵害的村民可以申请法院予以撤销

D. 村民代表可以就此联名提出罢免村委会成员的要求

4. 根据《宪法》和法律的规定，关于基层群众自治，下列哪一选项是正确的？（2014-1-25）

A. 村民委员会的设立、撤销，由乡镇政府提出，经村民会议讨论同意，报县级政府批准

B. 有关征地补偿费用的使用和分配方案，经村民会议讨论通过后，报乡镇政府批准

C. 居民公约由居民会议讨论通过后，报不设区的市、市辖区或者它的派出机关批准

D. 居民委员会的设立、撤销，由不设区的市、市辖区政府提出，报市政府批准

5. 根据《宪法》和法律的规定，关于自治和自治权，下列哪些选项是正确的？（2013-1-63）

A. 特别行政区依照法律规定实行高度自治，享有行政管理权、立法权、独立的司法权和终审权

B. 民族区域自治地方的法院依法行使自治权

C. 民族乡依法享有一定的自治权

D. 村民委员会是基层群众性自治组织

详 解

1. ［答案］D ［难度］中
［考点］村民委员会

［命题和解题思路］ 在本题中，命题人采用了一个小案例考查考生对《村民委员会组织法》特别是该法第三章"村民委员会的选举"第13条之规定的掌握程度。命题人主要测试两个问题：一是考生对《村民委员会组织法》第13条"选民登记"条款记忆的准确性；二是考生运用《村民委员会组织法》解决实际问题的能力。正确解答本题，要求考生既要记忆准确，又要具备一定的"动手能力"。

［选项分析］ A选项考查选民登记的条件。《村民委员会组织法》第13条规定："年满十八周岁的村民，不分民族、种族、性别、职业、家庭出身、宗教信仰、教育程度、财产状况、居住期限，都有选举权和被选举权；但是，依照法律被剥夺政治权利的人除外。村民委员会选举前，应当对下列人员进行登记，列入参加选举的村民名单：（一）户籍在本村并且在本村居住的村民；（二）户籍在本村，不在本村居住，本人表示参加选举的村民；（三）户籍不在本村，在本村居住一年以上，本人申请参加选举，并且经村民会议或者村民代表会议同意参加选举的公民。……"根据这一规定，居住期限并不是选民登记的必要条件；如果户籍在本村，即使不在本村居住，只要本人表示参加选举的村民，也应当进行选民登记。因此，A选项错误。

B选项考查"入户协议"的效力。村委会与杨某所签订的"入户协议"虽然规定了杨某"不享受本村村民待遇"，但该协议不能排除杨某的宪法基本权利（选举权和被选举权）。违法的协议不具有法律效力。B选项错误。

C选项为重点干扰项。C选项陈述的内容针对的是《村民委员会组织法》第13条第2款第3项"户籍不在本村，在本村居住一年以上，本人申请参加选举"的情况，这种情形下参加选举需要"经村民会议或者村民代表会议同意"。而杨某的户籍已迁入本村，属于《村民委员会组织法》第13条第2款第2项规定的情况，参加选举不需要取得村民会议或者村民代表会议的同意。此选项之设计旨在对记忆模糊的考生进行干扰，误导其作出正确判断。C选项错误。

D选项陈述的情况符合《村民委员会组织法》第13条第2款第2项的规定，内容正确。

2. ［答案］B ［难度］中

［考点］村民委员会

［命题和解题思路］命题人通过本题考查乡镇政府和村民委员会的关系。解答本题需要牢牢把握《村民委员会组织法》第5条第1款的规定："乡、民族乡、镇的人民政府对村民委员会的工作给予指导、支持和帮助，但是不得干预依法属于村民自治范围内的事项。"也就是说，处理好乡镇政府和村民委员会的关系，需要把握好"指导、支持、帮助"和"干预"的界限，本题的选项设计即是围绕着这一界线而展开。判断分析各个选项同时需要结合各相关法条的具体规定。

［对比分析］2014年卷1第25题选项C考查了《城市居民委员会组织法》中关于"居民公约"的规定。2016年本题选项B考查的则是《村民委员会组织法》中关于"村规民约"的规定。"居民公约"与"村规民约"虽然名称有所不同，但二者本质上是一样的，其共同点也都是由居民会议或村民会议讨论通过后报基层政府"备案"。认真研读过我们的2014年真题解析的考生，相信不会在本题中出错。

［选项分析］A选项考查乡镇政府是否有权审议村民委员会的工作报告。《村民委员会组织法》第23条第1款规定："村民会议审议村民委员会的年度工作报告，评议村民委员会成员的工作；有权撤销或者变更村民委员会不适当的决定；有权撤销或者变更村民代表会议不适当的决定。"因此，是村民会议而非乡镇政府有权审议村民委员会的工作报告，A选项错误。

B选项考查村规民约的备案要求。《村民委员会组织法》第27条第1款规定："村民会议可以制定和修改村民自治章程、村规民约，并报乡、民族乡、镇的人民政府备案。"因此，B选项正确。

C选项考查村民选举委员会。《村民委员会组织法》第12条规定了村民选举委员会的职责和组成，"村民委员会的选举，由村民选举委员会主持。村民选举委员会由主任和委员组成，由村民会议、村民代表会议或者各村民小组会议推选产生"。第14条第1款规定："对登记参加选举的村民名单有异议的，应当自名单公布之日起五日内向村民选举委员会申诉，村民选举委员会应当自收到申诉之日起三日内作出处理决定，并公布处

理结果。"因此，对登记参加选举的村民名单有异议的，应当向村民选举委员会申诉并由其作出处理，而不是由乡镇政府作出处理。C选项错误。

D选项考查乡镇政府和村民委员会的关系。《村民委员会组织法》第11条第1款规定："村民委员会主任、副主任和委员，由村民直接选举产生。任何组织或者个人不得指定、委派或者撤换村民委员会成员。"第19条规定，"村民委员会成员出缺，可以由村民会议或者村民代表会议进行补选。补选程序参照本法第十五条的规定办理"。因此，乡镇政府无权任命村委会的成员，D选项错误。

3. ［答案］ABCD ［难度］难

［考点］村民委员会

［命题和解题思路］本题旨在考查村委会的权力、职责和法律责任。命题人使用了一个简单的案例，考查考生在给定条件下运用《村民委员会组织法》解决实际问题的能力。命题人采用的选项设计内容非常全面，对于村委会的滥权行为，有关主体应当如何应对与处理，四个选项基本上实现了全覆盖。正确解答本题，要求熟悉《村民委员会组织法》相关规定，厘清村委会和村民、村民代表、村民会议以及乡镇政府等相关主体之间的法律关系。

［选项分析］A选项考查村民会议的权限。《村民委员会组织法》第24条第1款第4项规定，"土地承包经营方案"经村民会议讨论决定方可办理。该法第23条规定："村民会议……有权撤销或者变更村民委员会不适当的决定……"因此，A选项正确。

B选项是重点干扰项。该选项考查乡镇政府应如何对待村民委员会的错误决定。《村民委员会组织法》第36条第2款规定："村民委员会不依照法律、法规的规定履行法定义务的，由乡、民族乡、镇的人民政府责令改正。"因此，B选项正确。——部分考生可能会认为，由于"村民委员会是基层群众性自治组织"，而乡镇政府与村民委员会之间并非领导与被领导的关系，因此，乡镇政府无权责令村民委员会改正侵犯村民合法权益或者违反法定义务的决定，从而误以为B选项是错误的。要避免误选，必须熟悉《村民委员会组织法》第36条第2款的规定。

C 选项考查村民如何对待村民委员会的错误决定。《村民委员会组织法》第 36 条第 1 款规定："村民委员会或者村民委员会成员作出的决定侵害村民合法权益的，受侵害的村民可以申请人民法院予以撤销，责任人依法承担法律责任。"因此，C 选项正确。

D 选项考查村民委员会成员的罢免问题。《村民委员会组织法》第 16 条规定："本村五分之一以上有选举权的村民或者三分之一以上的村民代表联名，可以提出罢免村民委员会成员的要求，并说明要求罢免的理由。……"因此，村民代表可以联名提出罢免村委会成员的要求，D 选项正确。

4. [答案] A　　[难度] 难

[考点] 基层群众自治（村民委员会、居民委员会）

[命题和解题思路] 与特别行政区制度一样，基层群众自治制度可考查的知识点也有很多。命题人常围绕《村民委员会组织法》和《城市居民委员会组织法》这两部关于基层群众自治制度的法律来设计试题。在本题中，命题人选取了"主体"（村民委员会、居民委员会）的设立和撤销程序、"自治事项"（征地补偿费用的使用和分配、居民公约）两个主题进行选项设计。考生需要紧密结合两部基层群众自治法律的具体规定对选项的正确性进行判断。——选项 C 中关于村规民约/居民公约的"报备程序"（报请备案）的知识点，在历年试题中曾多次出现，考生需要特别注意。

[选项分析] A 选项考查村民委员会的设立、撤销程序。《村民委员会组织法》第 3 条第 2 款规定："村民委员会的设立、撤销、范围调整，由乡、民族乡、镇的人民政府提出，经村民会议讨论同意，报县级人民政府批准。"因此，A 选项正确。

B 选项考查的是《村民委员会组织法》关于村民会议权限的规定。《村民委员会组织法》第 24 条规定："涉及村民利益的下列事项，经村民会议讨论决定方可办理：……（七）征地补偿费的使用、分配方案；……"由该条款的规定可知，关于征地补偿费的使用和分配方案，只需要村民会议讨论决定即可，而不需要报乡镇政府批准。因此，B 选项错误。

C 选项是重点干扰项，具有很大的迷惑性，考生极易出错。该选项考查的是《城市居民委员会组织法》中关于"居民公约"的规定。《城市居民委员会组织法》第 15 条规定："居民公约由居民会议讨论制定，报不设区的市、市辖区的人民政府或者它的派出机关备案，由居民委员会监督执行。居民应当遵守居民会议的决议和居民公约。居民公约的内容不得与宪法、法律、法规和国家的政策相抵触。"由该条款的规定可知，居民公约由居民会议讨论制定后，报不设区的市、市辖区的人民政府或者它的派出机关备案，而不是报请批准。简言之，居民公约只需备案而不用批准。法律之所以作这样的规定，主要体现了居民委员会作为基层群众自治组织的自治性。因此，C 选项错误。

D 选项考查的是居民委员会设立、撤销的程序。《城市居民委员会组织法》第 6 条第 2 款规定："居民委员会的设立、撤销、规模调整，由不设区的市、市辖区的人民政府决定。"根据该条款的规定，居民委员会的设立、撤销，并不需要由更高层级的地市级政府批准。因此，D 选项错误。

扩展解释

村规民约，同样是只需要备案而不需要批准。《村民委员会组织法》第 27 条规定："村民会议可以制定和修改村民自治章程、村规民约，并报乡、民族乡、镇的人民政府备案。村民自治章程、村规民约以及村民会议或者村民代表会议的决定不得与宪法、法律、法规和国家的政策相抵触，不得有侵犯村民的人身权利、民主权利和合法财产权利的内容。村民自治章程、村规民约以及村民会议或者村民代表会议的决定违反前款规定的，由乡、民族乡、镇的人民政府责令改正。"根据这一规定，与居民公约一样，村规民约也只需要备案而不需要批准。另外，村规民约的内容如果与宪法、法律、法规和国家的政策相抵触的，可由乡镇政府责令改正。

5. [答案] AD　　[难度] 中

[考点] 特别行政区的法律制度（特别行政区基本法）、民族区域自治制度（民族自治地方的自治机关、民族自治地方的自治权）、村民委员会

[命题和解题思路] 本题是一道综合性试题，

考查内容涉及特别行政区制度、民族区域自治制度和基层群众自治制度。命题人旨在通过本题考查考生在学习自治制度时分析比较、融会贯通的综合能力（这种能力在法律实务中运用得非常广泛）。四个选项的设计，难度并没有放得很高，甚至有意放得偏低。考生在熟悉、了解几种自治制度的基础上，运用排除法可以准确地对本题作出正确选择。当然，前提是对民族自治地方的法院的性质以及民族乡的性质都要有清楚的认识。

[选项分析] A选项考查的是特别行政区的自治权。《香港特别行政区基本法》第2条规定："全国人民代表大会授权香港特别行政区依照本法的规定实行高度自治，享有行政管理权、立法权、独立的司法权和终审权。"《澳门特别行政区基本法》第2条也作了相同的规定。因此，A选项正确。

B选项考查的是民族自治地方的自治机关。我国《宪法》第112条规定："民族自治地方的自治机关是自治区、自治州、自治县的人民代表大会和人民政府。"《民族区域自治法》第15条第1款也规定："民族自治地方的自治机关是自治区、自治州、自治县的人民代表大会和人民政府。"因此，自治机关仅指权力机关（立法机关）和行政机关，而不包括司法机关。也就是说，法院和检察院都不属于自治机关，这是国家法制统一原则的要求和体现。因此，B选项错误。

C选项考查的是民族自治地方的范围。部分考生可能对该选项拿不准。《民族区域自治法》第2条规定："各少数民族聚居的地方实行区域自治。民族自治地方分为自治区、自治州、自治县。各民族自治地方都是中华人民共和国不可分离的部分。"根据这一规定，民族自治地方只包括自治区、自治州、自治县。民族乡并不属于民族自治地方。民族乡是在少数民族聚居的地方建立的乡级行政区域，它是我国特有的、少数民族自己管理自己内部事务的、依法行使当家作主权利的一种基层政权形式，是解决我国散杂居少数民族问题的一种较好的政治管理形式，也是民族区域自治制度的一种补充形式。由于民族乡在法律上并不属于民族自治地方，而是普通地方，因而不享有自治权。C选项错误。

D选项考查的是村民委员会的性质。我国《宪法》第111条第1款明确规定："城市和农村按居民居住地区设立的居民委员会或者村民委员会是基层群众性自治组织。……"因此，D是正确答案之一。

第十四章 公民的基本权利

试 题

第一节 基本权利及其限制

📶 **1.** 基本权利的效力是指基本权利规范所产生的拘束力。关于基本权利效力，下列选项正确的是：（2017-1-94）

A. 基本权利规范对立法机关产生直接的拘束力

B. 基本权利规范对行政机关的活动和公务员的行为产生拘束力

C. 基本权利规范只有通过司法机关的司法活动才产生拘束力

D. 一些国家的宪法一定程度上承认基本权利规范对私人产生拘束力

📶 **2.** 中华人民共和国公民在法律面前一律平等。关于平等权，下列哪一表述是错误的？（2015-1-25）

A. 我国宪法中存在一个关于平等权规定的完整规范系统

B. 犯罪嫌疑人的合法权利应该一律平等地受到法律保护

C. 在选举权领域，性别和年龄属于宪法所列举的禁止差别理由

D. 妇女享有同男子平等的权利，但对其特殊情况可予以特殊保护

📶 **3.** 王某为某普通高校应届毕业生，23岁，尚未就业。根据《宪法》和法律的规定，关于王某的权利义务，下列哪一选项是正确的？（2014-1-24）

A. 无需承担纳税义务

B. 不得被征集服现役

C. 有选举权和被选举权

D. 有休息的权利

第二节　政治权利和自由

📶 某市执法部门发布通告："为了进一步提升本市市容和环境卫生整体水平，根据相关规定，全市范围内禁止设置各类横幅标语。"根据该通告，关于禁设横幅标语，下列哪一说法是正确的？（2017-1-25）

A. 涉及公民的出版自由
B. 不构成对公民基本权利的限制
C. 在目的上具有正当性
D. 涉及宪法上的合理差别问题

第三节　人身自由

📶 关于《宪法》对人身自由的规定，下列哪一选项是不正确的？（2013-1-25）

A. 禁止用任何方法对公民进行侮辱、诽谤和诬告陷害
B. 生命权是《宪法》明确规定的公民基本权利，属于广义的人身自由权
C. 禁止非法搜查公民身体
D. 禁止非法搜查或非法侵入公民住宅

第四节　社会经济权利

📶 1. 我国《宪法》第 13 条规定："公民的合法的私有财产不受侵犯。国家依照法律规定保护公民的私有财产权和继承权。"关于这一规定，下列哪些说法是正确的？（2017-1-61）

A. 国家不得侵犯公民的合法的私有财产权
B. 国家应当保护公民的合法的私有财产权不受他人侵犯
C. 对公民私有财产权和继承权的保护和限制属于法律保留的事项
D. 国家保护公民的合法的私有财产权，是我国基本经济制度的重要内容之一

📶 2. 我国宪法明确规定："国家为了公共利益的需要，可以依照法律规定对公民的私有财产实行征收或者征用并给予补偿。"关于公民财产权限制的界限，下列选项正确的是：（2016-1-92）

A. 对公民私有财产的征收或征用构成对公民财产权的外部限制
B. 对公民私有财产的征收或征用必须具有明确的法律依据
C. 只要满足合目的性原则即可对公民的财产权进行限制
D. 对公民财产权的限制应具有宪法上的正当性

第五节　文化教育权利

📶 某县政府以较低补偿标准进行征地拆迁。张某因不同意该补偿标准，拒不拆迁自己的房屋。为此，县政府责令张某的儿子所在中学不为其办理新学期注册手续，并通知财政局解除张某的女婿李某（财政局工勤人员）与该局的劳动合同。张某最终被迫签署了拆迁协议。关于当事人被侵犯的权利，下列选项正确的是：（2015-1-92）

A. 张某的住宅不受侵犯权
B. 张某的财产权
C. 李某的劳动权
D. 张某儿子的受教育权

第六节　监督权和获得赔偿权

📶 张某对当地镇政府干部王某的工作提出激烈批评，引起群众热议，被公安机关以诽谤他人为由行政拘留 5 日。张某的精神因此受到严重打击，事后相继申请行政复议和提起行政诉讼，法院依法撤销了公安机关《行政处罚决定书》。随后，张某申请国家赔偿。根据《宪法》和法律的规定，关于本案的分析，下列哪些选项是正确的？（2016-1-63）

A. 王某因工作受到批评，人格尊严受到侵犯
B. 张某的人身自由受到侵犯
C. 张某的监督权受到侵犯
D. 张某有权获得精神损害抚慰金

详　解

第一节　基本权利及其限制

1. ［答案］ABD　　［难度］易
［考点］基本权利的效力
［命题和解题思路］本题考查考生对基本权利效力的含义的理解。应当说，命题老师在这道题上还是发了很大的"善心"的，A、B、C 三个选项的设计都比较简单，很容易作出判断。当然，完全"放水"也是不行的。所以，命题老师在 D 选项上动了点儿心思，考查基本权利的"对第三

人之效力"，这一知识点具有一定的学理性，辅导用书中的宪法学部分并没有提到，国内的宪法学教材有的略有涉及，有的也未提到。不过，宪法学老师上课时一般会讲到这个问题。

[选项分析] A、B选项均考查基本权利效力的表现。我们知道，基本权利效力源于宪法本身的效力。基本权利效力的一个重点特点是其效力的广泛性，即基本权利拘束一切国家权力活动与社会生活领域，并且，基本权利在宪法上具有直接的规范效力，并不必须借助具体的法律来落实。因此，A、B选项的陈述均正确。

C选项继续考查基本权利效力的表现。由前面的论述可知，基本权利规范拘束包括司法活动在内的一切国家权力的活动，而并非只有通过司法机关的司法活动才产生拘束力，基本权利的效力具有直接性。C选项错误。

D选项考查基本权利的"对第三人之效力"。一般情况下，基本权利规范所拘束的都是国家权力活动，也就是说，基本权利规范所指向的对象是国家机关和国家机关工作人员。因为，国家随时可能侵犯公民的基本权利。但是，在现实生活中，私人侵犯他人基本权利的情况也不少见（否则就不需要政府了）。因此，很多国家的宪法承认基本权利规范对私人也有拘束力，此即所谓的基本权利的"对第三人之效力"。D选项正确。

2. [答案] C   [难度] 易
[考点] 平等权、选举权

[命题和解题思路] 本题旨在考查对平等权的准确理解。平等权的核心要义是禁止差别对待，同时又允许合理的差别。命题人对本题的选项设计也主要是围绕这两个原则而展开。A、B选项的正确性很容易判断，判断C、D选项的关键是正确理解禁止差别对待与合理的差别对待之间的关系。

[选项分析] A选项考查的是平等权的宪法规范。《宪法》第33条第2款规定："中华人民共和国公民在法律面前一律平等。"《宪法》第4条规定："中华人民共和国各民族一律平等。……"此外，《宪法》第5条、第34条、第36条、第48条的规定，等等，共同构成了一个有关平等权的完整规范系统。因此，A选项正确。

B选项考查平等权的适用范围。任何人的合法权利都受到法律的平等保护，犯罪嫌疑人也不

例外。由于刑事追诉的需要，犯罪嫌疑人的某些权利依法受到限制，但这与其合法权利受到法律保护并不矛盾。B选项正确。

C选项考查合理的差别对待。我国《宪法》第34条规定："中华人民共和国年满十八周岁的公民，不分民族、种族、性别……都有选举权和被选举权；……"在选举权领域，性别属于宪法所列举的禁止差别理由；而年龄则是实行差别对待的正当理由。如果年龄太小，心智不成熟，就会因缺乏判断力而无法实际行使选举权和被选举权。因此，C选项陈述错误，符合题干要求。

D选项考查的也是合理的差别对待问题，该选项正是"不同情况不同对待"的具体体现。虽然男女在法律上完全平等，但由于生理差别的存在，在某些情况下对妇女予以特殊保护，比如，女职工有不少于90天的产假，这是完全可以理解的。D选项没有错误。

> **扩展解释**
> 选举权（包括被选举权）的限制条件
> 在我国，根据《宪法》第34条的规定，享有选举权的限制条件有两个：一是年龄，须年满18周岁；二是国籍，须是中国公民。在其他国家，条件要求大同小异。除了这两个条件之外，有些国家还要求"居住期限"，即在参加选举地（选区）居住满一定时间（6个月或者1年以上不等）。这一限制条件之目的是要求选民熟悉当地公共事务或者作为候选人时为当地选民所了解。我国没有"居住期限"的限制条件要求。只有《村民委员会组织法》第13条第3项对"户籍不在本村，本人申请参加选举"的公民，有"在本村居住一年以上"并经村民会议或者村民代表会议同意参加选举的要求。该条款是一个例外性规定。

3. [答案] C   [难度] 中
[考点] 我国公民的基本权利（选举权和被选举权、休息权）、我国公民的基本义务（依法纳税、依法服兵役）

[命题和解题思路] 本题涉及公民的基本权利和义务。命题人没有按照常规思路，抽象地考查我国公民基本权利和义务的一般原理，而是采用了一个极其精练的案例，为当事人设置了一个简单的身份标签：（1）普通高校应届毕业生；（2）23

岁；（3）尚未就业，来考查考生将宪法理论、法律规定具体适用于社会生活的能力。正确解答此题，需要从给定的王某的身份特点出发，推导出确定条件下公民权利、义务的主要内容。

[选项分析] A 选项考查的是公民依法纳税的义务。《宪法》第 56 条规定："中华人民共和国公民有依照法律纳税的义务。"依法纳税是每一位公民都必须履行的义务。事实上，我们每个公民都是纳税人，也都缴纳过税款，只不过有时缴纳的是直接税，有时是作为消费者缴纳的间接税。本题中的王某虽尚未就业，但亦是法定的纳税主体，需要承担纳税义务。因此，A 选项错误。

B 选项考查的是依法服兵役的义务。《宪法》第 55 条规定："保卫祖国、抵抗侵略是中华人民共和国每一个公民的神圣职责。依照法律服兵役和参加民兵组织是中华人民共和国公民的光荣义务。"《兵役法》第 20 条规定："年满十八周岁的男性公民，应当被征集服现役；当年未被征集的，在二十二周岁以前仍可以被征集服现役。普通高等学校毕业生的征集年龄可以放宽至二十四周岁，研究生的征集年龄可以放宽至二十六周岁。根据军队需要，可以按照前款规定征集女性公民服现役。根据军队需要和本人自愿，可以征集年满十七周岁未满十八周岁的公民服现役。"此外，《兵役法》第 5 条、第 23 条和第 24 条分别规定了免服兵役与不得服兵役、缓征和不征集服兵役的情形。根据上述规定和题干陈述，王某作为 23 岁的普通高校应届毕业生，不存在免除被征集服现役的义务的情况。因此，B 选项错误。

C 选项考查的是公民的选举权和被选举权。《宪法》第 34 条规定："中华人民共和国年满十八周岁的公民，不分民族、种族、性别、职业、家庭出身、宗教信仰、教育程度、财产状况、居住期限，都有选举权和被选举权；但是依照法律被剥夺政治权利的人除外。"王某作为已年满 18 岁的没有被剥夺政治权利的公民，当然具有选举权和被选举权。因此，C 选项正确。

D 选项是重点干扰项。该选项考查宪法关于公民休息权的规定。《宪法》第 43 条规定："中华人民共和国劳动者有休息的权利。……"由此可知，休息权的主体是劳动者，王某作为应届毕业生，尚未就业，还谈不上作为"劳动者"的休息权。因此，D 选项错误。

第二节　政治权利和自由

[答案] C　　[难度] 难

[考点] 政治权利和自由（言论自由、出版自由）、基本权利限制的界限、平等权

[命题和解题思路] 在本题中，命题人用了一个小案例考查考生运用宪法学理论解决实际问题的能力。命题人选取的案例简单、平常，现实中不乏其例，四个选项的设计却颇具匠心，考查对象涉及言论自由和出版自由的区别、基本权利限制的界限、目的与手段的关系、平等权与合理差别等诸多问题，并且这些问题都具有很强的理论性。正确解答本题，需要考生对上述四个方面的问题有清楚的认识，这种清楚的认识不可能凭空而来，而是要完全依靠考生平时的"洒扫"功夫。

[选项分析] A 选项考查言论自由和出版自由的区别。《宪法》第 35 条规定："中华人民共和国公民有言论、出版、集会、结社、游行、示威的自由。"该条款是关于广义的言论自由的规定。言论自由是指公民有权通过各种形式，针对国家政治和社会中的各种问题表达其思想和见解的自由，亦称表达自由。狭义的言论自由仅指以语言方式表达思想和见解的自由。出版自由则是指公民通过公开出版物的形式表达其思想和见解的自由。本题中的设置"横幅标语"并不是公民通过公开出版物行使出版自由，而是行使一般意义上的言论自由即狭义的言论自由。禁设横幅标语属于限制公民的言论自由，而非限制公民的出版自由。因此，A 选项错误。

B 选项为重点干扰项，考查基本权利的限制。由前面 A 选项的分析可知，禁设横幅标语属于限制公民的言论自由，而言论自由属于宪法所保障的公民的基本权利。因此，禁设横幅标语构成对公民基本权利的限制。B 选项错误。——对参考答案提出异议的很多考生认为 B 选项正确，这大概是觉得本题所举的例子在现实生活中发生得比较多，大家习以为常，遂不认为这种行为严重到构成对公民基本权利的限制。殊不知，存在未必就是合理，更不一定合法、合宪。——该选项非常巧妙地探知、测试了考生的宪法意识。

C 选项的设计也非常巧妙、高明。部分考生可能认识到了禁设横幅标语属于限制公民的基本权利，进而认为此种行为的目的也不具有正当性。可

是，题干已经交代，在全市范围内禁设横幅标语是"为了进一步提升本市市容和环境卫生整体水平"。应当说，这种目的本身是无可厚非的，也是具有正当性的。问题是，目的正当并不意味着行为就是正当的。否则，现实生活中就不会有那么多"好心办坏事"。目的正当，同时需要实现目的的手段和途径也是正当的，或者说，目的与手段相匹配，此种行为才具备正当性的基础。目的正当，不等于该种行为自动具有合宪、合法性。认识到禁设横幅标语属于违反宪法行为的考生，如果没有充分认识目的和手段的关系，未必敢选择 C 选项。目的和手段这样一对具有哲学意味的范畴，不仅表现在宪法领域，在各个部门法都有体现。比如，在行政法学领域大家都熟知的"比例原则"，就是目的和手段关系的反映。C 选项为本题正确选项。

D 选项也是干扰项。不过，从考后异议的情况来看，其干扰效果不太明显。宪法上的合理差别属于平等权的范畴。公民在法律面前一律平等，同时又承认合理的差别对待。命题人的选项设计有意将考生的思维引向区分"合理的横幅标语"和"不合理的横幅标语"（进而在逻辑上推导出不能禁设"合理的横幅标语"，可以禁设"不合理的横幅标语"）。实际上，这种区分没有多大意义，因为无论是"合理的横幅标语"还是"不合理的横幅标语"，若要予以限制，都必须严格遵照宪法和法律规定的权限和程序，而不能用某市执法部门的一纸通告一禁了之。也就是说，禁设横幅标语与宪法上的合理差别问题没有实质上的联系，D 选项不正确。

扩展解释

合宪性审查中的"合目的性审查"

党的十九大报告提出，"加强宪法实施和监督，推进合宪性审查工作，维护宪法权威"。而要实施合宪性审查，采取恰当的审查方法和审查标准非常重要。由于合宪性审查主要是审查法律、法规、规章等规范性文件和有关国家机关的行为是否符合宪法，在多数情况下，常规的程序性审查和实体性审查都不足以解决问题，因为明显违反法定程序或者明显违反宪法的明文规定的情形都比较少见，更多的情形是形式上合宪、合法但国家权力的行使缺乏正当的目的，或者虽然目的正当但所选择的手段、途径与要达成的目的不相匹配。这种国家权力的滥用情形，学理上称

为违反"实体性正当程序"。遵循"实体性正当程序"是实现"良法善治"的重要保障，其核心要义是要求权力的行使必须具有正当的目的。类似本题提出的合宪性审查问题，特别是涉及权力滥用的"合目的性"问题，在今后的法考中可能会层出不穷，考生需要高度重视。

第三节　人身自由

[答案] B　　　[难度] 易

[考点] 人身自由（人格尊严不受侵犯、生命权、人身自由、住宅不受侵犯）

[命题和解题思路] 本题旨在考查考生对《宪法》条文的熟悉程度，涉及的知识点包括人格尊严不受侵犯、生命权、人身自由、住宅不受侵犯。本题的"题眼"是在生命权问题上，生命权虽然重要，属于公民的基本权利，但我国《宪法》文本并未对其作出明确规定。这种权利，宪法学理论上称为"未列举权利"。宪法对"未列举权利"虽然没有明确列举，但并不意味着"未列举权利"不存在，也不意味着"未列举权利"不重要。命题人在本题中就是想通过对生命权的考查来了解考生对"未列举权利"知道多少。

[选项分析] A 选项是《宪法》第 38 条关于人格尊严的规定，内容正确。众所周知，大部分权利都具有相对性，但是，人格尊严不受侵犯这种权利具有绝对性。有些考生对此没有充分的认识，看到"禁止用任何方法"这种绝对化用语，可能就会心里打鼓，不认为 A 选项是正确的，从而误选 A 作为本题答案。

B 选项考查对生命权的理解。虽然说"生命诚可贵，爱情价值更高。若为自由故，二者皆可抛"，但是，"皮之不存，毛将焉附？"在宪法确定的基本权利体系中，没有比生命权更重要的权利。不过，我国《宪法》虽然在价值上充分尊重和保障生命权，但是在文本当中并没有明确规定生命权的条款。考生如果没有充分注意到这一点，一看到"生命权是《宪法》明确规定的公民基本权利"，纯粹基于对生命权重要性的感性认识，很可能会作出错误判断而放过选择 B 选项作为本题答案的机会。

C、D 选项分别是《宪法》第 37 条第 3 款和第 39 条的规定，内容上都没有错误。

第四节 社会经济权利

1. [答案] ABCD **[难度]** 易

[考点] 国家保护社会主义公共财产和公民合法私有财产、《立法法》相关规定

[命题和解题思路] 本题较为容易。我们在前面说过，试题需要有一定的区分度。如果全部试题都极为艰深，命题老师成了"独孤求败"，群雄束手，长剑空利，不亦悲夫！因此，在本题中，命题老师选用了《宪法》第13条这个大家耳熟能详的条款作为考查对象。由于《宪法》第13条的用语平易直白，妇孺能知，四个选项之设计若非C选项涉及《立法法》第11条规定的"法律保留"事项，本题简直是给大家来送分的。正确解答本题之关键，即在于对C选项有没有充分的认知和把握。

[选项分析] A、B选项就是《宪法》第13条的直接含义，内容正确，当选。

D选项涉及我国基本经济制度的内容。大纲"国家的基本经济制度"部分有两方面的内容，一是社会主义市场经济体制；二是国家保护社会主义公共财产和公民合法私有财产。D选项陈述正确，当选。

C选项为重点干扰项，涉及《立法法》第11条规定的"法律保留"事项。从参考答案公布后提出异议的情况来看，有相当一部分考生认为C选项不当选，这反映出部分考生还是对《立法法》的条文不够熟悉。《立法法》第11条第7项规定："下列事项只能制定法律：（七）对非国有财产的征收、征用。"根据这一条款的规定，对公民私有财产权和继承权的保护和限制属于法律保留的事项。C选项陈述正确，当选。

扩展解释

"法律保留"事项

在我国，能够行使立法权的主体是多元的。除了全国人大及其常委会能够制定法律（狭义）外，国务院、省级人大及其常委会、设区的市人大及其常委会、民族自治地方的人大、国务院各部门、省级人民政府、设区的市人民政府等主体可以制定行政法规、地方性法规、自治条例和单行条例、部门规章和地方政府规章等法律规范。

在这种多层级的立法体制中，为了**防止下级立法机关僭越上级立法机关特别是最高立法机关的立法权**，《立法法》第11条规定了只能由全国人大及其常委会制定法律的"法律保留"事项。该条规定："下列事项只能制定法律：（一）国家主权的事项；（二）各级人民代表大会、人民政府、监察委员会、人民法院和人民检察院的产生、组织和职权；（三）民族区域自治制度、特别行政区制度、基层群众自治制度；（四）犯罪和刑罚；（五）对公民政治权利的剥夺、限制人身自由的强制措施和处罚；（六）税种的设立、税率的确定和税收征收管理等税收基本制度；（七）对非国有财产的征收、征用；（八）民事基本制度；（九）基本经济制度以及财政、海关、金融和外贸的基本制度；（十）诉讼制度和仲裁基本制度；（十一）必须由全国人民代表大会及其常务委员会制定法律的其他事项。"

《立法法》第12条同时规定，《立法法》第11条规定的事项尚未制定法律的，全国人大及其常委会有权作出决定，授权国务院可以根据实际需要，对其中的部分事项先制定行政法规，但是有关犯罪和刑罚、对公民政治权利的剥夺和限制人身自由的强制措施和处罚、司法制度等事项除外。

2. [答案] ABD **[难度]** 中

[考点] 财产权、基本权利限制的界限

[命题和解题思路] 命题人在本题中从财产权的角度考查了基本权利限制的界限。所谓"基本权利限制的界限"，是指对基本权利的限制是有限制的。它包含两层含义：（1）可以对基本权利进行限制；（2）对基本权利的限制受到严格限制。或者说，不能随意限制基本权利，对基本权利的限制必须符合一定的条件。"基本权利限制的界限"理论性较强，命题人结合了我国宪法上财产权的内容进行具体的选项设计。本题四个选项的判断，亦需要结合宪法规定和基本权利的限制理论进行综合分析。

[选项分析] A选项考查基本权利限制的类型。基本权利的限制分为两种类型：内部限制和外部限制。基本权利的内部限制，是指与基本权利的性质有关的基本权利本身所具有的限制。一

114

般来说，任何具有界限的权利都存在这种内部限制。比如，言论自由权的行使，不能构成对他人隐私权、人格尊严的侵犯。我国《宪法》第51条规定："中华人民共和国公民在行使自由和权利的时候，不得损害国家的、社会的、集体的利益和其他公民的合法的自由和权利。"这是基本权利的内在限制在宪法上的体现。基本权利的外部限制，是指从权利的外部施加的并为宪法的价值目标所容许的限制。这种限制主要指现代宪法根据社会公共福利原则对经济自由施加的限制，比较典型的是针对财产权，现代宪法多明文规定国家基于公共福利的需要可以对其进行适当的限制，比如对私有财产进行征收或征用。因此，A选项正确。

B选项考查对公民私有财产的征收或征用的条件限制。与绝大多数基本权利都具有内部限制不同，基本权利的外部限制并不见诸所有的基本权利，不具有普遍性，基本权利的外部限制仅仅是一种例外的权利限制。正因为其例外性，基本权利的外部限制是有条件的，必须依法进行。也就是说，对公民私有财产的征收或征用必须具有明确的法律依据，因此，B选项正确。

C选项考查的也是对公民私有财产的征收或征用的条件限制。满足合目的性原则（为了公共福利的需要）只是对公民财产权进行限制的必要条件，而非充要条件，对公民的财产权进行限制除了满足合目的性原则之外还需要符合其他条件，比如，确有征收或征用之必要、予以公平补偿，等等。因此，C选项错误。

D选项继续考查对公民财产权进行限制的条件要求。由于财产权属于基本权利，对财产权进行限制必须存在宪法依据。我国《宪法》第13条第3款规定："国家为了公共利益的需要，可以依照法律规定对公民的私有财产实行征收或者征用并给予补偿。"这是对公民的私有财产进行限制的法律（如《国有土地上房屋征收与补偿条例》）的宪法基础。因此，D选项正确。

第五节 文化教育权利

[答案] BCD [难度] 易

[考点] 公民的基本权利（住宅不受侵犯权、财产权、劳动权、受教育权）

[命题和解题思路] 本题旨在考查对公民基本权利的准确理解。命题人使用了一个案例帮助说明问题，该案例看起来非常"眼熟"，很多人甚至都有亲身经历。在案例所框定的拆迁场景中，当事人的权利成为我们判断的对象。应当说，B、C、D三个选项都很容易作出判断，A选项有一定干扰效果。正确解答本题需要考生对"住宅不受侵犯"的含义理解到位。

[选项分析] A选项考查"住宅不受侵犯"的含义。《宪法》第39条规定："中华人民共和国公民的住宅不受侵犯。禁止非法搜查或者非法侵入公民的住宅。"因此，"住宅不受侵犯"的含义是指不得非法搜查或者非法侵入公民的住宅。对住宅权的侵犯表现为"非法搜查""非法侵入""非法查封"等行为。而题干中的县政府并没有实施这类行为，因此不构成侵犯当事人的住宅权。A选项错误。

B选项考查公民的财产权。县政府"以较低补偿标准进行征地拆迁"，并采取变相强迫手段，逼迫张某签署拆迁协议，使其遭受财产上的损失，因而侵犯了张某的财产权。B选项正确。

C、D选项分别考查公民的劳动权和受教育权。张某的女婿和儿子因县政府采取"株连"措施而无辜遭受被解除劳动合同、不予办理新学期注册手续等不公待遇，其劳动权和受教育权受到非法侵犯。C、D选项正确。

第六节 监督权和获得赔偿权

[答案] BCD [难度] 中

[考点] 监督权和获得赔偿权、人身自由、监督权、获得赔偿权

[命题和解题思路] 命题人选择了一个案例来考查公民的基本权利。案例言简意赅，寥寥数语，却见明争暗斗，高潮迭起。一个并不算复杂的案例，从部门法的角度讲，既涉及宪法问题，又涉及行政诉讼法、国家赔偿法问题；从权利的角度说，既涉及宪法上的监督权，又涉及人身自由、人格尊严、申请行政救济和司法救济的权利以及获得国家赔偿的权利。正确解答本题，要求能够厘清所有这些涉及的法律问题和法律关系。

[选项分析] A选项考查公民批评政府的权利，即《宪法》第41条规定的监督权。该条规定："中华人民共和国公民对于任何国家机关和国家工作人员，有提出批评和建议的权利；对于任

何国家机关和国家工作人员的违法失职行为，有向有关国家机关提出申诉、控告或者检举的权利，但是不得捏造或者歪曲事实进行诬告陷害。对于公民的申诉、控告或者检举，有关国家机关必须查清事实，负责处理。任何人不得压制和打击报复。由于国家机关和国家工作人员侵犯公民权利而受到损失的人，有依照法律规定取得赔偿的权利。"在本案中，张某对当地镇政府干部王某的工作提出的批评虽然"激烈"，但只要不属于捏造或者歪曲事实进行诬告陷害，都是正当地行使宪法上的监督权，其批评行为不构成对王某"人格尊严"的侵犯。因此，A 选项错误。

B 选项考查公民的人身自由权。如前所述，张某对王某的批评是行使宪法上的监督权。公安机关以诽谤他人为由将其行政拘留，属于滥用职权，且该处罚决定已经被人民法院依法撤销，因此，公安机关违法拘留张某的行为侵犯了张某的人身自由。B 选项正确。

C 选项考查公民的监督权。我们在分析 A 选项时已作了阐述，张某因批评王某，正当地行使宪法上的监督权而受到行政拘留之处罚，其监督权受到了非法侵犯。C 选项正确。

D 选项考查获得精神损害赔偿的权利。《宪法》第 41 条规定，由于国家机关和国家工作人员侵犯公民权利而受到损失的人，有依照法律规定取得赔偿的权利。《国家赔偿法》第 35 条进一步规定，"〔违法拘留〕致人精神损害的，应当在侵权行为影响的范围内，为受害人消除影响，恢复名誉，赔礼道歉；造成严重后果的，应当支付相应的精神损害抚慰金"。在本案中，"张某的精神因此受到严重打击，"自然有权获得精神损害抚慰金。D 选项正确。

扩展解释

（1）公民有批评政府的权利。在民主政治体制中，公民享有批评政府的权利。批评政府的权利是公民对政府行使监督权的具体表现。我国现行《宪法》第 41 条正是对公民享有批评政府的权利的确认和保障。（2）公民在行使批评政府的权利时，由于信息不对称及收集证据的困难等条件限制，不可能要求公民的批评绝对正确。公民的批评即使存在错误，只要不是出于"实际恶意"捏造事实或者歪曲事实进行诬告陷害，政府都有义务予以容忍。（3）根据"公众人物无隐私"的法理（其真实含义是公众人物的隐私权受到严格限制），只要涉及公共事务和公共利益，政府和政府官员就不能以侵犯隐私权、名誉权或者人格尊严为由针对公民的批评进行反制。

第十五章　全国人民代表大会

试　题

第一节　全国人大

📶 **1.** 人民代表大会制度是我国的根本政治制度。关于人民代表大会制度，下列表述正确的是：（2017-1-92）

A. 国家的一切权力属于人民，这是人民代表大会制度的核心内容和根本准则

B. 各级人大都由民主选举产生，对人民负责，受人民监督

C. "一府两院"都由人大产生，对它负责，受它监督

D. 人民代表大会制度是实现社会主义民主的唯一形式

📶 **2.** 我国宪法规定了"一切权力属于人民"的原则。关于这一规定的理解，下列选项正确的是：（2016-1-91）

A. 国家的一切权力来自并且属于人民

B. "一切权力属于人民"仅体现在直接选举制度之中

C. 我国的人民代表大会制度以"一切权力属于人民"为前提

D. "一切权力属于人民"贯穿于我国国家和社会生活的各领域

📶 **3.** 我国《宪法》第二条明确规定："人民行使国家权力的机关是全国人民代表大会和地方各级人民代表大会。"关于全国人大和地方各级人大，下列选项正确的是：（2015-1-91）

A. 全国人大代表全国人民统一行使国家权力

B. 全国人大和地方各级人大是领导与被领导的关系

C. 全国人大在国家机构体系中居于最高地位，不受任何其他国家机关的监督

D. 地方各级人大设立常务委员会，由主任、副主任若干人和委员若干人组成

第二节 全国人大常委会

📶 根据《宪法》规定，关于全国人大的专门委员会，下列哪一选项是正确的？（2013-1-26）

A. 各专门委员会在其职权范围内所作决议，具有全国人大及其常委会所作决定的效力

B. 各专门委员会的主任委员、副主任委员由全国人大及其常委会任命

C. 关于特定问题的调查委员会的任期与全国人大及其常委会的任期相同

D. 全国人大及其常委会领导专门委员会的工作

第三节 全国人大代表

📶 根据《宪法》和法律的规定，关于全国人大代表的权利，下列哪些选项是正确的？（2016-1-64）

A. 享有绝对的言论自由

B. 有权参加决定国务院各部部长、各委员会主任的人选

C. 非经全国人大主席团或者全国人大常委会许可，一律不受逮捕或者行政拘留

D. 有五分之一以上的全国人大代表提议，可以临时召集全国人民代表大会会议

详 解

第一节 全国人大

1. [答案] ABC　　[难度] 易

[考点] 人民代表大会制度的概念与特点

[命题和解题思路] 本题考查人民代表大会制度。本题较为容易，除 D 选项外都极易判断，无需赘述。

[选项分析] A 选项考查人民主权原则和人民代表大会制度的关系。"人民主权原则"，即国家的一切权力属于人民，是人民代表大会制度的政治基础和逻辑起点，也是人民代表大会制度的核

心内容和根本准则。我国《宪法》第 2 条规定："中华人民共和国的一切权力属于人民。人民行使国家权力的机关是全国人民代表大会和地方各级人民代表大会。……"该条款正是 A 选项所陈述内容的宪法表现。A 选项正确。

B、C 选项考查人民代表大会制度的基本内容。《宪法》第 3 条规定："……全国人民代表大会和地方各级人民代表大会都由民主选举产生，对人民负责，受人民监督。国家行政机关、监察机关、审判机关、检察机关都由人民代表大会产生，对它负责，受它监督。……"因此，B、C 选项也都正确。

D 选项考查民主的形式。人民代表大会制度是我国社会主义民主的一种基本形式，但并不是唯一的形式。《宪法》第 2 条第 3 款规定："人民依照法律规定，通过各种途径和形式，管理国家事务，管理经济和文化事业，管理社会事务。"例如，公民对公开征求意见的法律草案提出建议、公民参加行政决策的公听会、公民向有关国家机关提出批评和建议等，都是实现社会主义民主的重要形式。只不过，在各种实现社会主义民主的形式中，人民代表大会制度居于最重要的地位。在所有实现社会主义民主的形式中，除人民代表大会制度以外，其他形式都存在一定的限制，如主体、范围和效能的限制等。但是这些限制并不足以否认其他民主形式的重要性。因而，D 选项错误，不当选。

2. [答案] ACD　　[难度] 易

[考点] 人民主权原则、人民代表大会制度的概念与特点

[命题和解题思路] 命题人通过本题考查了人民主权原则的含义及其表现。本题属于送分题，四个选项均容易判断。

[选项分析] A 选项考查人民主权原则的含义。人民主权原则，简单地说，就是国家权力来源于人民并属于人民。我国《宪法》第 2 条第 1 款规定："中华人民共和国的一切权力属于人民。"该条款正是人民主权原则在我国宪法上的表现。A 选项正确。

B 选项考查人民主权原则的体现。《宪法》第 2 条第 3 款规定："人民依照法律规定，通过各种途径和形式，管理国家事务，管理经济和文化事

业，管理社会事务。"易言之，人民除了通过直接选举产生县、乡人大代表组成人民代表大会，由县、乡人民代表大会代表人民行使国家权力之外，还通过间接选举县级以上人民代表大会、参加公听会、提出立法建议等各种途径和形式，行使国家权力。B选项内容狭窄，表述错误。

C选项考查人民代表大会制度的特点。《宪法》第2条第2款规定："人民行使国家权力的机关是全国人民代表大会和地方各级人民代表大会。"简言之，人民代表大会制度就是以"一切权力属于人民"为前提的，是为了落实这一宪法原则而采取的具体制度形式。因此，C选项正确。

D选项继续考查人民主权原则的含义和表现。《宪法》第2条第3款规定："人民依照法律规定，通过各种途径和形式，管理国家事务，管理经济和文化事业，管理社会事务。"可见，人民行使国家权力的方式、方法多种多样，换个角度说，"一切权力属于人民"的宪法原则是贯穿于国家和社会生活的各个领域的。因此，D选项正确。

3. [答案] AC　　[难度] 难

[考点] 全国人大的性质和地位、地方各级人大的性质和地位、县级以上地方各级人大常委会的组成

[命题和解题思路] 本题考查我国的人民代表大会制度。本题的一个特点是干扰项多，除A选项外都是干扰项，既有错误的干扰项（B、D选项），也有正确的干扰项（表述内容正确，但表述方式令人生疑而不敢选，C选项即是如此）。命题人采用心理战术，选项设计真真假假、虚虚实实，使人疑窦丛生，这样的"疑兵计"在试题中特别是在不定项选择中占有很高的比例。

[选项分析] 选项A考查全国人大的性质和地位。《宪法》第2条规定："中华人民共和国的一切权力属于人民。人民行使国家权力的机关是全国人民代表大会和地方各级人民代表大会。"《宪法》第57条规定："中华人民共和国全国人民代表大会是最高国家权力机关。……"因此，A选项正确。

B选项考查地方各级人大的性质和地位。《宪法》第96条第1款规定："地方各级人民代表大会是地方国家权力机关。"全国人大是最高国家权力机关，地方各级人大是地方国家权力机关，它

们按照宪法和地方组织法行使各自的职权，相互之间并非领导与被领导的关系，而是**法律上的监督关系、工作上的联系和指导关系**。因此，B选项错误。该选项有很强的干扰效果。

C选项继续考查全国人大的性质和地位。《宪法》第57条规定："中华人民共和国全国人民代表大会是最高国家权力机关。……"因此，全国人大在国家机构体系中居于最高地位。从法律上来说，没有任何国家机关可以监督作为最高国家权力机关的全国人大。C选项表述的内容正确，但由于这种绝对化表述方法，考生若对全国人大的性质和地位缺乏充分的认识，就不敢判定C选项的正确性。——当然，全国人大不受任何其他国家机关的监督，并不是说全国人大就不受任何监督和约束，它受人民的监督，受舆论的监督，受宪法的约束，也受道德的约束。

D选项是重点干扰项。《宪法》第96条第2款规定："县级以上的地方各级人民代表大会设立常务委员会。"《宪法》第103条第1款规定："县级以上的地方各级人民代表大会常务委员会由主任、副主任若干人和委员若干人组成……"因此，D选项错误。——命题人故意将"县级以上"抽离，诱导不细心的考生作出误判。

> **扩展解释**
> 全国人大与地方人大不存在领导关系，但存在法律上的监督关系、工作上的联系和指导关系。其他上级人大与下级人大之间的关系也可以从这三个方面来理解。详细参见：《全国人大与地方人大是什么关系》，《法制日报》2015年7月27日。

第二节　全国人大常委会

[答案] D　　[难度] 难

[考点] 全国人大各委员会（常设性委员会、临时性委员会）

[命题和解题思路] 本题旨在考查对《宪法》和《全国人民代表大会组织法》的熟悉程度，涉及的知识点非常细。命题人在进行选项设计时使用难、易穿插战术，先用容易判断的选项减弱考生警戒心理，然后在后面的选项中不动声色地埋下"地雷"，静待不明就里的考生来触发。正确解答本题，需要充分了解全国人大各专门委员会和

关于特定问题的调查委员会的性质，运用排除法首先排除 A、C 选项；然后根据《全国人民代表大会组织法》第 34 条第 3 款的规定细心辨别，排除 B 选项，最后锁定正确答案 D。

[选项分析] A 选项考查的是全国人大各专门委员会的性质。我们知道，全国人大审议、讨论、决定国家的重大问题，涉及国家生活中的各个领域，审议讨论的议案往往具有很强的专业性。而全国人大每年只开一次例会，会期一般为十几天，对很多问题不可能有充分的时间进行研究、讨论。因此，需要成立各种委员会作为辅助性工作机构，以保证全国人大的工作质量。这些委员会分为常设性委员会和临时性委员会两类。其中，常设性委员会主要是指各专门委员会。各专门委员会是从全国人大代表中选举产生、按照专业分工设立的工作机构。其任务是在全国人大及其常委会的领导下，研究、审议、拟订有关议案。各专门委员会在讨论其所属的专门问题之后，虽然也作出决议，但是这种决议必须经过全国人大或者全国人大常委会审议通过之后，才具有国家权力机关所作的决定的效力。在此之前，它们只是向全国人大或者全国人大常委会提供审议的意见或报告。因此，只要清楚全国人大各专门委员会的性质，就可以很容易地排除 A 选项。

C 选项考查的是关于特定问题的调查委员会的性质。特定问题的调查委员会属于临时性委员会，没有固定任期，对特定问题的调查任务一经完成，该委员会即告撤销。因此，清楚这一点，也可以比较容易地排除 C 选项。

B 选项是重点干扰项，具有很大的迷惑性。若要作出正确判断，就必须知晓各专门委员会的"主任委员"的产生方式。《全国人民代表大会组织法》第 34 条第 3 款规定："各专门委员会的主任委员、副主任委员和委员的人选由主席团在代表中提名，全国人民代表大会会议表决通过。在大会闭会期间，全国人民代表大会常务委员会可以任免专门委员会的副主任委员和委员，由委员长会议提名，常务委员会会议表决通过。"这意味着，各专门委员会的"主任委员"，只有全国人大才有权任命，全国人大常委会无权任命。考生必须非常熟悉《全国人民代表大会组织法》这一条款的规定，才可能发现 B 选项中隐藏的"地雷"，从而将其小心排除。

D 选项是正确答案。从全国人大各专门委员会的性质可知，它们在全国人大和全国人大常委会领导下开展工作。但考生只有在发现 B 选项中隐藏的错误之后，才可能有充分的信心圈定 D 选项，否则就会在 B、D 之间犹豫不决、举棋不定。

第三节　全国人大代表

[答案] BD　　[难度] 中
[考点] 全国人大代表的权利、全国人大的职权、全国人大的会议制度和工作程序

[命题和解题思路] 本题主要考查全国人大代表的权利，命题人在进行选项设计时又掺入了全国人大的职权、全国人大的会议制度和工作程序，增加了选项判断的难度。解答本题时，A、C 选项可根据《宪法》第 75 条、第 74 条关于全国人大代表的权利之规定直接作出判断，B、D 选项则需要结合《宪法》第 62 条（全国人大的职权）、第 61 条（全国人大的会议制度）一并进行判断。

[选项分析] A 选项考查全国人大代表的言论免责权。《宪法》第 75 条规定："全国人民代表大会代表在全国人民代表大会各种会议上的发言和表决，不受法律追究。"根据这一规定，全国人大代表的言论免责权是相对的，其言论不受法律追究是指在全国人大各种会议上的发言不受法律追究，全国人大代表并不享有绝对的言论自由。A 选项错误。

B 选项考查全国人大的人事任免权。《宪法》第 62 条第 5 项规定："全国人民代表大会行使下列职权：（五）……根据国务院总理的提名，决定国务院副总理、国务委员、各部部长、各委员会主任、审计长、秘书长的人选；"根据这一规定，全国人大有权决定国务院各部部长、各委员会主任的人选。作为全国人大代表，当然有权参加决定国务院各部部长、各委员会主任的人选。因此，B 选项正确。

C 选项考查全国人大代表的司法豁免权。《宪法》第 74 条规定："全国人民代表大会代表，非经全国人民代表大会会议主席团许可，在全国人民代表大会闭会期间非经全国人民代表大会常务委员会许可，不受逮捕或者刑事审判。"此外，《全国人民代表大会和地方各级人民代表大会代表法》第 32 条第 1 款又补充规定："……如果因为

是现行犯被拘留，执行拘留的机关应当立即向该级人民代表大会主席团或者人民代表大会常务委员会报告。"C 选项表述的"非经……许可，一律不受逮捕或者行政拘留"没有考虑现行犯被拘留后报告全国人大主席团或者人大常委会的情况。因此，C 选项错误。

D 选项考查临时召集全国人大会议的条件。《宪法》第 61 条第 1 款规定："……如果全国人民代表大会常务委员会认为必要，或者有五分之一以上的全国人民代表大会代表提议，可以临时召集全国人民代表大会会议。"根据这一规定，D 选项表述正确。

第十六章　国务院

试　题

📶 **1.** 国务院是最高权力机关的执行机关，是最高国家行政机关。根据宪法和法律，下列哪些机构属于国务院组成部门？（2022 年回忆版）

A. 中国证券监督管理委员会

B. 国家民族事务委员会

C. 国务院国有资产监督管理委员会

D. 审计署

📶 **2.** 关于国家机构的职权，下列哪些说法是正确的？（2019 年回忆版）

A. 行政法规由总理签署国务院令发布

B. 国家体育总局发布的规章应当由局务会议决定

C. 特赦由全国人大常委会决定

D. 特赦以总理令发布

📶 **3.** 预算制度的目的是规范政府收支行为，强化预算监督。根据《宪法》和法律的规定，关于预算，下列表述正确的是：（2015-1-93）

A. 政府的全部收入和支出都应当纳入预算

B. 经批准的预算，未经法定程序，不得调整

C. 国务院有权编制和执行国民经济和社会发展计划、国家预算

D. 全国人大常委会有权审查和批准国家的预算和预算执行情况的报告

📶 **4.** 根据《宪法》和法律的规定，关于国家机关组织和职权，下列选项正确的是：（2013-1-90）

A. 全国人民代表大会修改宪法、解释宪法、监督宪法的实施

B. 国务院依照法律规定决定省、自治区、直辖市的范围内部分地区进入紧急状态

C. 省、自治区、直辖市政府在必要的时候，经国务院批准，可以设立若干派出机构

D. 地方各级检察院对产生它的国家权力机关和上级检察院负责

详　解

1. ［答案］BD　　［难度］中

［考点］国务院（国务院所属各部、各委员会审计机关）

［命题和解题思路］本题考查国务院的机构设置。正确解答本题，需要知道国务院组成部门和其他机构的区别：国务院组成部门的行政首长是国务院组成人员，而组成部门以外的机构的行政首长不属于国务院组成人员。

［选项分析］国务院的机构设置包括国务院办公厅、国务院组成部门、直属特设机构、直属机构、办事机构、直属事业单位、部委管理的国家局等。国务院各部、各委员会、审计署、中国人民银行属于国务院组成部门，其他机构则不在国务院组成部门之列。国家民族事务委员会和审计署属于国务院组成部门，BD 两个选项为正确选项。

AC 不是本题正确选项。中国证券监督管理委员会是国务院直属事业单位，国务院国有资产监督管理委员会是国务院直属特设机构，两者都不属于国务院组成部门。

2. ［答案］ABC　　［难度］中

［考点］国务院及其工作部门的职权、国家主席的职权、全国人大常委会的职权

［命题和解题思路］本题把宪法和行政法问题熔于一炉，考查考生融会贯通的能力。四个选项分别针对行政法规的制定程序、规章的制定程序和特赦的决定与发布程序。解答本题，考生需要熟悉全国人大常委会、国家主席、国务院及其工

作部门的职权，以及《立法法》中涉及行政法规和规章的程序性规定。

［选项分析］选项A考查行政法规的制定程序。这一问题宪法和行政法均有涉及，但主要属于行政法上的行政立法问题。《立法法》第77条第1款规定："行政法规由总理签署国务院令公布。"因此，选项A的陈述符合法律规定，内容正确。

选项B考查行政规章的制定程序。《立法法》第95条规定："部门规章应当经部务会议或者委员会会议决定。地方政府规章应当经政府常务会议或者全体会议决定。"根据这一规定，国家体育总局发布的部门规章应当由体育总局局务会议决定。因此，选项B的陈述符合法律规定，内容正确。

选项C考查全国人大常委会的职权。《宪法》第67条第18项规定，全国人大常委会行使决定特赦的职权。选项C的判断相当容易。但需要注意，选项C是为后面的"地雷"炸响埋下伏笔。

选项D是干扰项。该选项考查特赦的发布权。我们知道，特赦是先由全国人大常委会作出决定，然后由国家主席发布特赦令。前面选项A刚刚说过"总理签署国务院令"，后面选项D就用选项A内容的"潜移默化"之影响来故意干扰考生，若非对国家主席的职权中"发布特赦令"有清楚的认知，考生有很大可能掉进命题人的陷阱。选项D内容错误，不当选。

3. ［答案］ABC ［难度］中

［考点］预算监督（全国人大的职权、全国人大常委会的职权、国务院的职权、《预算法》的相关规定）

［命题和解题思路］本题对预算监督制度进行专项考查。命题人选取了《宪法》关于全国人大及其常委会、国务院在预算方面的职权之规定（C、D选项）和《预算法》第一章"总则"部分的规定（A、B选项）作为考查内容。总体来说，考查内容还是侧重宏观方面。

解答本题，考生不仅需要了解《预算法》的相关规定，而且对《宪法》中全国人大、全国人大常委会和国务院的职权之规定中有关预算方面的内容也要有清楚的认识。特别是弄清全国人大和全国人大常委会在审查、批准国家预算方面的

职权差异，是正确解答本题的关键。

［选项分析］A选项考查《预算法》的内容。《预算法》第4条第2款规定："政府的全部收入和支出都应当纳入预算。"因此，A选项正确。——由于A选项有"全部收入和支出"的绝对化用语，具有一定的干扰效果，考生若对《预算法》不熟悉，就会不敢选择A选项。

B选项考查的也是《预算法》的内容。《预算法》第13条规定："经人民代表大会批准的预算，非经法定程序，不得调整。……"因此，B选项正确。

C选项考查国务院的职权中有关预算的内容。《宪法》第89条规定："国务院行使下列职权：……（五）编制和执行国民经济和社会发展计划和国家预算；……"因此，C选项正确。

D选项考查全国人大和全国人大常委会在审查、批准国家预算方面的职权差异。《宪法》第62条规定："全国人民代表大会行使下列职权：……（十一）审查和批准国家的预算和预算执行情况的报告；……"《宪法》第67条规定："全国人民代表大会常务委员会行使下列职权：……（五）在全国人民代表大会闭会期间，审查和批准国民经济和社会发展计划、国家预算在执行过程中所必须作的部分调整方案；……"因此，D选项陈述的是全国人大的职权而非全国人大常委会的职权，D选项错误。

4. ［答案］BD ［难度］中

［考点］全国人大的职权、国务院的职权、地方各级人民政府的派出机关、人民检察院的组织体系和领导体制

［命题和解题思路］本题形式上考查的是考生对国家机关的职权及领导体制的了解程度。命题人在设计试题时侧重考查考生的"排雷能力"。具体而言，在本题的A、C选项中，命题人各埋下一个"地雷"。有效识别并排除这两个"地雷"，需要对全国人大、国务院、省级政府的职权以及地方各级检察院的组织体系和领导体制有清晰的认识。

［选项分析］A选项考查的是全国人大的职权。《宪法》第62条规定："全国人民代表大会行使下列职权：（一）修改宪法；（二）监督宪法的实施；……"根据该条款的规定，A选项是错误

的。但是，很多考生会忽略选项中间的"解释宪法"，想当然地认为全国人大也行使解释宪法的职权。从理论上来说，全国人大作为我国的最高国家权力机关，既然能修改宪法，也可以推论出它有解释宪法的权能，但是，由于全国人大每年只召开一次会议，会期很短，需要讨论议决的事项又很多，因而，由全国人大行使解释宪法的职权并不现实。《宪法》遂把"解释宪法"的职权明确授予了了全国人大常委会，实际上，解释宪法成了全国人大常委会的专属权力。因此，A 选项不当选。

B 选项考查的是国务院的职权之中决定进入紧急状态的权力。根据我国《宪法》，决定进入紧急状态的权力是由全国人大常委会和国务院两个主体行使的。《宪法》第 67 条第 21 项规定，全国人大常委会"决定全国或者个别省、自治区、直辖市进入紧急状态"；《宪法》第 89 条第 16 项规定，国务院"依照法律规定决定省、自治区、直辖市的范围内部分地区进入紧急状态"。因而，全国人大常委会和国务院这两个主体决定进入紧急状态的地域范围存在差别。另外需要注意，全国人大常委会"决定全国或者个别省、自治区、直辖市进入紧急状态"时，宣布进入紧急状态是由国家主席以主席令的形式来宣布的。简言之，"全国或者个别省、自治区、直辖市进入紧急状态"其宣布主体是国家主席。而"省、自治区、直辖市的范围内部分地区进入紧急状态"的决定机关和宣布机关都是国务院。

C 选项考查的是地方组织法的规定和考生的

细心程度。《地方各级人民代表大会和地方各级人民政府组织法》（以下简称《地方组织法》）第 85 条第 1 款规定："省、自治区的人民政府在必要的时候，经国务院批准，可以设立若干派出机关。"派出机关和派出机构的差异是行政法科目的一个重要考点，考生通常都会比较重视。但是在这里，命题人出其不意设下一个"派出机构"的陷阱，考生审题、答题时若不细心，很可能就会掉进去。

D 选项考查的是检察机关的领导体制。《宪法》第 138 条规定："最高人民检察院对全国人民代表大会和全国人民代表大会常务委员会负责。地方各级人民检察院对产生它的国家权力机关和上级人民检察院负责。"因此，D 选项正确。

> **易混淆点解析**
>
> 修改宪法、解释宪法和监督宪法的实施
>
> 根据《宪法》规定，修改宪法是全国人大的专属权力，其他任何主体都无权修改宪法。解释宪法是全国人大常委会的专属权力。监督宪法的实施之权力则不属于任何主体专有。我国《宪法》序言规定："全国各族人民、一切国家机关和武装力量、各政党和各社会团体、各企业事业组织，都必须以宪法为根本的活动准则，并且负有维护宪法尊严、保证宪法实施的职责。"此外，《宪法》第 62 条、第 67 条和第 99 条分别规定了全国人大、全国人大常委会、地方各级人民代表大会都有监督宪法实施的职权。当然，这种职权同时也是相应主体的职责。

第十七章　中央军事委员会

试题

🔖 中华人民共和国中央军事委员会领导全国武装力量。关于中央军事委员会，下列哪一表述是错误的？（2015-1-26）

　　A. 实行主席负责制

　　B. 每届任期与全国人大相同

　　C. 对全国人大及其常委会负责

　　D. 副主席由全国人大选举产生

详解

[答案] D　　[难度] 易

[考点] 中央军事委员会（领导体制、组成和任期、性质和地位）

[命题和解题思路] 本题是送分题。A、B、C 三个选项分别是《宪法》第 93 条、94 条的规定。根据《宪法》第 62 条"全国人大的职权"之规定，D 选项存在错误。

[选项分析] A选项考查中央军事委员会的领导体制。《宪法》第93条第3款规定："中央军事委员会实行主席负责制。"因此，A选项内容正确。

B选项考查中央军事委员会的任期。《宪法》第93条第4款规定："中央军事委员会每届任期同全国人民代表大会每届任期相同。"因此，B选项内容正确。

C选项考查中央军事委员会与全国人大及其常委会的关系。《宪法》第94条规定："中央军事委员会主席对全国人民代表大会和全国人民代表大会常务委员会负责。"根据这一条款，并结合《宪法》第93条关于"主席负责制"的规定，不难得出中央军事委员会向全国人大及其常委会负责的结论。因此，C选项内容正确。

D选项考查的是中央军事委员会副主席的产生方式。根据《宪法》第62条关于"全国人大的职权"之规定，"根据中央军事委员会主席的提名，决定中央军事委员会其他组成人员的人选"，可见，中央军事委员会副主席是由全国人大根据中央军委主席的提名"决定"其人选，而非由全国人大"选举"产生。因此，D选项内容错误，符合题干要求。

第十八章　地方各级人大和地方各级人民政府

试　题

第一节　县级以上地方各级人大常委会

1. 在某县人大闭会期间，监察委主任黄某辞职，副主任丁某接任代理主任。根据相关法律规定，下列哪一说法是错误的？（2023年回忆版）

A. 黄某应当向县人大常委会提出辞职

B. 丁某应当由县人大常委会任命

C. 丁某被任命后，应当报市监察委备案

D. 黄某辞职应当由县人大常委会全体组成人员的过半数通过

2. 根据《地方组织法》，关于地方国家机关组成人员的辞职，下列哪些说法是正确的？（2022年回忆版）

A. 省长可以向省人大提出辞职，由省人大决定是否接受辞职

B. 在省人大闭会期间，省监察委员会主任可以向国家监察委员会提出辞职，由国家监察委员会决定是否接受辞职

C. 市中级法院院长可以向市人大提出辞职，由市人大决定是否接受辞职

D. 区检察院检察长可以向设区的市人大提出辞职，由市人大决定是否接受辞职

3. 某县人大闭会期间，赵某和钱某因工作变动，分别辞去县法院院长和检察院检察长职务。法院副院长孙某代理院长，检察院副检察长李某任代理检察长。对此，根据《宪法》和法律，下列哪一说法是正确的？（2017-1-27）

A. 赵某的辞职请求向县人大常委会提出，由县人大常委会决定接受辞职

B. 钱某的辞职请求由上一级检察院检察长向该级人大常委会提出

C. 孙某出任代理院长由县人大常委会决定，报县人大批准

D. 李某出任代理检察长由县人大常委会决定，报上一级检察院和人大常委会批准

4. 2015年10月，某自治州人大常委会出台了一部《关于加强本州湿地保护与利用的决定》。关于该法律文件的表述，下列哪一选项是正确的？（2016-1-27）

A. 由该自治州州长签署命令予以公布

B. 可依照当地民族的特点对行政法规的规定作出变通规定

C. 该自治州所属的省的省级人大常委会应对该决定的合法性进行审查

D. 与部门规章之间对同一事项的规定不一致不能确定如何适用时，由国务院裁决

5. 甲市政府对某行政事业性收费项目的依据和标准迟迟未予公布，社会各界意见较大。关于这一问题的表述，下列哪些选项是正确的？（2016-1-66）

A. 市政府应当主动公开该收费项目的依据和标准

B. 市政府可向市人大常委会要求就该类事项作专项工作报告

C. 市人大常委会组成人员可依法向常委会书面提出针对市政府不公开信息的质询案

D. 市人大举行会议时，市人大代表可依法书面提出针对市政府不公开信息的质询案

第二节　地方各级人民政府

📶 **1.** 关于区域协同立法，下列哪些说法是正确的？（2022 年回忆版）

A. 省、自治区、直辖市、设区的市、自治州可以开展区域协同立法

B. 区域协同立法不能同宪法、法律、行政法规相抵触

C. 县级以上政府可以共同建立跨行政区划的区域协同发展工作机制，加强区域合作

D. 上级政府应当对下级政府的区域合作工作进行指导、协调和监督

📶 **2.** 根据《宪法》和法律的规定，关于国家机构，下列哪些选项是正确的？（2014-1-60）

A. 全国人民代表大会代表受原选举单位的监督

B. 中央军事委员会实行主席负责制

C. 地方各级审计机关依法独立行使审计监督权，对上一级审计机关负责

D. 市辖区的政府经本级人大批准可设立若干街道办事处，作为派出机关

详　解

第一节　县级以上地方各级人大常委会

1. [答案] C　　[难度] 中

[考点] 地方人大常委会、监察委员会

[命题和解题思路] 本题属于比较常规的考题，考点也比较常规，难度设计较为合理。只要考生熟悉地方人大常委会的相关知识点，则可以非常从容地作答本题，特别是涉及<mark>代理正职的人选及程序如何确定的问题，是考生需要重点掌握的知识点</mark>。本题稍有迷惑性的是 C 选项。考生容易形成思维定式，误认为监察委是上下级监督关系，则任命应报上级备案。这一定式容易把监察委的内部关系和监察委主任的任免混淆了，应当

注意区分。

[选项分析] A 选项考查监察委主任的任免。在人大开会期间，监察委主任由本级人大选举产生，也由本级人大罢免。<mark>在人大闭会期间，如果监察委主任因为辞职等缘故不能履行职责，则由本级人大常委会在副职领导中确定代理人选。</mark>如果监察委主任辞职，则应当向本级人大常委会提出。因此，在本事例中，黄某的辞职应当向县人大常委会提出，县人大常委会任命副主任丁某为代理人选。A 选项和 B 选项都正确，不当选。

C 选项具有很强的干扰性。丁某作为代理监察委主任，由县人大常委会任命后，并不需要报市监察委备案。根据《监察法》第 9 条第 4 款规定，<mark>地方各级监察委员会对本级人民代表大会及其常务委员会和上一级监察委员会负责，并接受其监督</mark>。这里规定的是监督和隶属关系，并非人事任免关系。C 选项表述是错误的，当选。

D 选项考查监察委主任的辞职程序。按照人大常委会撤职案的相关程序要求，<mark>撤职案的表决采用无记名投票方式，由常委会全体组成人员的过半数通过</mark>。监察委主任辞职，适用撤职案程序。D 选项正确，不当选。

2. [答案] AC　　[难度] 难

[考点] 地方各级人大的职权

[命题和解题思路] 本题考查地方各级人大的职权，切入点是<mark>地方国家机关组成人员的辞职程序</mark>。这一问题集中体现在《地方组织法》第 32 条的规定之中。具体而言，由县级以上地方各级人大选举产生的人员，都可以向本级人大提出辞职，由本级人大决定是否接受辞职；在人大闭会期间，可以向本级人大常委会提出辞职，由人大常委会决定是否接受辞职。人大常委会决定接受辞职后，报本级人大备案。人民检察院检察长的辞职，多了一道程序，即须报经上一级人民检察院检察长提请该级人大常委会批准。本题在选项设计中使用了多个干扰项，影响考生作出正确判断。本题以小案例形式呈现出来，同时考查了考生运用宪法学知识解决实际问题的能力。

[选项分析] A 选项考查省长的辞职程序。根据《地方组织法》第 32 条，人民政府领导人员可以向本级人大提出辞职，由人大决定是否接受辞职。A 选项内容正确。

B选项是干扰项，该选项考查监察委员会主任的辞职程序。根据《地方组织法》第32条，监察委员会主任可以向本级人大提出辞职，由本级人大决定是否接受辞职；在人大闭会期间，监察委员会主任可以向本级人大常委会提出辞职，由人大常委会决定是否接受辞职。人大常委会决定接受辞职后，报本级人大备案。B选项的陈述属于"无中生有"，编造出来的程序规定，意欲借监察委员会上下级之间的领导关系来诱导考生作出错误判断。

C选项考查法院院长的辞职程序。根据《地方组织法》第32条，人民法院院长辞职，可以向本级人大提出，由本级人大决定是否接受辞职。C选项内容正确。

D选项也是干扰项，该选项考查检察院检察长的辞职程序。根据《地方组织法》第32条，人民检察院检察长可以向本级人大提出辞职，由本级人大决定是否接受辞职；在人大闭会期间，可以向本级人大常委会提出辞职，由本级人大常委会决定是否接受辞职。人大常委会决定接受辞职后，报本级人大备案。同时，人民检察院检察长的辞职，须报经上一级人民检察院检察长提请该级人大常委会批准。D选项在设计中故意变乱法律的规定，试图利用部分考生的模糊认识（检察院检察长的辞职多一个提请上一级人大常委会批准的环节），"浑水摸鱼"，诱导考生作出错误判断。D选项内容错误。

3. ［答案］A ［难度］难

［考点］地方各级人民代表大会（地方各级人大的职权）、县级以上地方各级人大常委会（地方各级人大常委会的职权）

［命题和解题思路］从某种意义上说，考试是一场命题人和考生之间的心理博弈战。如果试题没有一定的区分度，不能淘汰多数考生，那么对命题人来说，他就成了这场博弈的失败方。因而，命题人必须努力找到多数考生的软肋，出其不意、攻其不备。在本题中，命题人围绕《地方组织法》，选取了其中的"地方各级人民法院院长和人民检察院检察长之辞职和代理人选之任命"这个平时不太为人所注意的知识点作为"大杀器"。

正确解答本题，需要熟悉《地方组织法》，特别是其中的第32条第1款和第50条第13项。这两个条款是打开本题正确答案之门的钥匙。

第32条第1款规定："县级以上的地方各级人民代表大会常务委员会组成人员、专门委员会组成人员和人民政府领导人员，监察委员会主任，人民法院院长，人民检察院检察长，可以向本级人民代表大会提出辞职，由大会决定是否接受辞职；大会闭会期间，可以向本级人民代表大会常务委员会提出辞职，由常务委员会决定是否接受辞职。常务委员会决定接受辞职后，报本级人民代表大会备案。人民检察院检察长的辞职，须报经上一级人民检察院检察长提请该级人民代表大会常务委员会批准。"

第50条规定："县级以上的地方各级人民代表大会常务委员会行使下列职权：……（十三）在本级人民代表大会闭会期间，决定副省长、自治区副主席、副市长、副州长、副县长、副区长的个别任免；在省长、自治区主席、市长、州长、县长、区长和监察委员会主任、人民法院院长、人民检察院检察长因故不能担任职务的时候，根据主任会议的提名，从本级人民政府、监察委员会、人民法院、人民检察院副职领导人员中决定代理的人选；决定代理检察长，须报上一级人民检察院和人民代表大会常务委员会备案；……"

［选项分析］A选项考查县人民法院院长的辞职程序。由于题干交代的时间是"县人大闭会期间"，根据《地方组织法》第32条第1款的规定，县法院院长可以向本县人大常委会提出辞职，由县人大常委会决定是否接受辞职。A选项的陈述完全符合法律规定，因此，A选项正确。

B选项考查县人民检察院检察长的辞职程序。根据《地方组织法》第32条第1款的规定，县人民检察院检察长可以向本县人大常委会提出辞职，由县人大常委会决定是否接受辞职。常委会决定接受辞职后，报县人民代表大会备案，同时报上一级人民检察院检察长提请该级人大常委会批准。B选项的陈述与此不合，内容错误。

C选项考查人民法院代理院长的任命程序。根据《地方组织法》第50条第13项的规定，县人民法院院长因故不能担任职务的时候，由县人大常委会从县人民法院副院长中决定代理的人选。因此，孙某出任代理院长由县人大常委会决定即可，不需要报县人大批准。C选项陈述错误。

D 选项考查人民检察院代理检察长的任命程序。根据《地方组织法》第 50 条第 13 项的规定，县人民检察院检察长因故不能担任职务的时候，由县人大常委会从县人民检察院副检察长中决定代理的人选，同时报上一级人民检察院和人大常委会备案。D 选项虽然前半句陈述正确，但后半句陈述错误（非"批准"而是"备案"）。因此，D 选项不正确，不当选。

4. [答案] C　　[难度] 中

[考点] 地方各级人大常委会的职权、民族自治地方的自治权

[命题和解题思路] 解答本题的关键是弄清题干中《决定》的性质。民族自治地方立法机关制定的规范性文件不一定都是自治条例、单行条例。根据《宪法》第 116 条、《民族区域自治法》第 19 条、《立法法》第 85 条的规定，民族自治地方的人民代表大会才有权依照当地民族的政治、经济和文化的特点，制定自治条例和单行条例。因此，该决定并不属于自治条例和单行条例。《立法法》第 81 条第 4 款规定："自治州的人民代表大会及其常务委员会可以依照本条第一款规定行使设区的市制定地方性法规的职权。……"也就是说，自治州的人大及其常委会在不抵触宪法、法律、行政法规和本省、自治区的地方性法规相抵触的前提下，可以对城乡建设与管理、环境保护、历史文化保护等方面的事项制定地方性法规。因此，该决定的性质属于地方性法规。这是据以判断四个选项正误的基础和前提。

[选项分析] A 选项考查地方性法规的公布程序。《立法法》第 88 条第 3 款规定："设区的市、自治州的人民代表大会及其常务委员会制定的地方性法规报经批准后，由设区的市、自治州的人民代表大会常务委员会发布公告予以公布。"因此，该决定应由自治州人大常委会发布公告予以公布，而非由该自治州州长签署命令予以公布。A 选项错误。——自治州政府制定的规章才应由自治州州长签署命令予以公布。

B 选项比较容易作出判断。《立法法》第 85 条第 2 款规定："自治条例和单行条例可以依照当地民族的特点，对法律和行政法规的规定作出变通规定……"既然该决定的性质属于地方性法规而非自治条例和单行条例，就不能对行政法规的规定作出变通规定。因此，B 选项错误。

C 选项考查地方性法规的批准程序要求。《立法法》第 81 条第 4 款规定："自治州的人民代表大会及其常务委员会可以依照本条第一款规定行使设区的市制定地方性法规的职权。……"该法第 81 条第 1 款规定："……设区的市的地方性法规须报省、自治区的人民代表大会常务委员会批准后施行。省、自治区的人民代表大会常务委员会对报请批准的地方性法规，应当对其合法性进行审查，认为同宪法、法律、行政法规和本省、自治区的地方性法规不抵触的，应当在四个月内予以批准。"因此，C 选项正确。

D 选项考查法律冲突的解决规则。《立法法》第 106 条第 1 款第 2 项规定："地方性法规与部门规章之间对同一事项的规定不一致，不能确定如何适用时，由国务院提出意见，国务院认为应当适用地方性法规的，应当决定在该地方适用地方性法规的规定；认为应当适用部门规章的，应当提请全国人民代表大会常务委员会裁决。"因此，D 选项内容错误。

> **扩展解释**
> 自治条例、单行条例的制定主体。根据前述《宪法》第 116 条、《民族区域自治法》第 19 条、《立法法》第 85 条的规定，只有民族自治地方的人民代表大会有权依照当地民族的政治、经济和文化的特点，制定自治条例和单行条例。民族自治地方的人大常委会无权制定自治条例和单行条例。自治区、自治州的人大常委会有权根据《立法法》的规定制定相应的地方性法规。

5. [答案] ABCD　　[难度] 中

[考点] 地方各级人大及其常委会的职权、地方人大代表的权利、宪法监督的内容

[命题和解题思路] 本题是一道综合性试题，命题人考查的内容相当广泛，并且涉及多部法律的具体规定，对考生的综合素质要求很高。具体而言，本题虽然主要考查地方各级人大及其常委会的职权，但需要结合《政府信息公开条例》第 19 条和第 20 条、《监督法》第 9 条和第 35 条以及《地方组织法》第 24 条的相关规定才能作出准确判断。本题对宪法、行政法知识的综合考查反映了宪法学与行政法学很难截然分开的特点。

[选项分析] A 选项考查行政法上的信息公开问题。由于行政事业性收费项目涉及公民、法人或者其他组织的切身利益，需要社会公众广泛知晓，根据《政府信息公开条例》第 20 条的规定，市政府应当主动公开该收费项目的依据和标准。因此，A 选项正确。

B 选项考查《监督法》中的听取和审议专项工作报告制度。《监督法》第 9 条第 2 款规定："人民政府、人民法院和人民检察院可以向本级人民代表大会常务委员会要求报告专项工作。"因此，B 选项正确。——B 选项具有一定的迷惑性。因为，《监督法》多数条款都是从人大常委会主动监督政府（包括法院和检察院）的角度进行阐述的，政府是被动接受监督的。但实际上，政府也可以主动向本级人大常委会要求报告专项工作。考生如果没有注意到《监督法》第 9 条第 2 款，可能就不敢选择 B 选项。

C 选项考查人大常委会对政府的质询制度。《监督法》第 35 条第 1 款规定："全国人民代表大会常务委员会组成人员十人以上联名，省、自治区、直辖市、自治州、设区的市人民代表大会常务委员会组成人员五人以上联名，县级人民代表大会常务委员会组成人员三人以上联名，可以向常务委员会书面提出对本级人民政府及其部门和人民法院、人民检察院的质询案。"因此，C 选项正确。

D 选项考查地方人大对政府的质询制度。《地方组织法》第 24 条第 1 款规定："地方各级人民代表大会举行会议的时候，代表十人以上联名可以书面提出对本级人民政府和它所属各工作部门以及监察委员会、人民法院、人民检察院的质询案。……"因此，D 选项正确。——C、D 选项所表述的内容没有明确指出联名提出质询案的人大常委会组成人员的人数和市人大代表的人数，而是用了"依法"两字，大大降低了试题的难度，同时却对部分考生具有一定的干扰作用。

第二节　地方各级人民政府

1. [答案] ABCD　　[难度] 易
[考点]《地方组织法》
[命题和解题思路] 2022 年 3 月 11 日，第十三届全国人民代表大会第五次会议对《地方组织法》作了第六次修正。修正内容之一是明确了

"区域发展合作机制"。具体而言，为了贯彻国家区域协调发展战略，总结地方实践经验和做法，增加了两方面的规定：一是省、设区的市两级人大及其常委会根据区域协调发展的需要，可以开展协同立法。二是县级以上地方各级人民政府可以共同建立跨行政区划的区域协同发展工作机制，加强区域合作；上级人民政府对下级人民政府的区域合作工作进行指导、协调和监督。本题即是对该项修正内容的考查。考生只要对修法内容稍有了解，即不难作出正确选择。

[选项分析] A 选项考查区域协同立法的层级。《地方组织法》第 10 条第 3 款规定："省、自治区、直辖市以及设区的市、自治州的人民代表大会根据区域协调发展的需要，可以开展协同立法。"该法第 49 条第 3 款规定："省、自治区、直辖市以及设区的市、自治州的人民代表大会常务委员会根据区域协调发展的需要，可以开展协同立法。"由此可知，可以开展区域协同立法的地方是具有地方立法权的主体，即限于省、自治区、直辖市、设区的市、自治州这两个层级。A 选项内容正确。

B 选项考查开展区域协同立法的要求。《地方组织法》第 10 条第 1 款、第 49 条第 1 款均有"……根据本行政区域的具体情况和实际需要，在不同宪法、法律、行政法规相抵触的前提下……"之规定。区域协同立法仍然属于地方立法，必须遵守这一规定，即"不抵触原则"。B 选项符合法律规定，内容正确。

C、D 两个选项严格来说，不属于区域协同立法的内容，但属于广义的"区域发展合作机制"，并与区域协同立法的内容高度相关，是执行区域协同立法，或者为开展区域协同立法摸索经验、创造条件。《地方组织法》第 80 条规定："县级以上的地方各级人民政府根据国家区域发展战略，结合地方实际需要，可以共同建立跨行政区划的区域协同发展工作机制，加强区域合作。上级人民政府应当对下级人民政府的区域合作工作进行指导、协调和监督。"因此，C、D 选项符合法律规定，内容正确。

2. [答案] AB　　[难度] 中
[考点] 全国人大代表的义务、中央军事委员会的领导体制、地方各级人民政府（地方各级人

民政府所属工作部门、地方各级人民政府的派出机关）

[命题和解题思路] 本题考查的内容跨度很大，从全国人大、中央军委、地方各级审计机关到街道办事处，似乎毫无章法和主线，实际上是命题人在选项设计方面有意为之，通过这种方式考查考生对国家机构掌握的广度和纵深。正确解答本题，需要非常熟悉《宪法》和《地方组织法》的各相关条款。其中，C、D 选项经命题人改动法律规定，"偷梁换柱"，具有明显的干扰效果。

[选项分析] A 选项考查全国人大代表的义务。《宪法》第 77 条规定："全国人民代表大会代表受原选举单位的监督。原选举单位有权依照法律规定的程序罢免本单位选出的代表。"因此，A 选项正确。

B 选项考查中央军事委员会的领导体制。《宪法》第 93 条第 3 款规定："中央军事委员会实行主席负责制。"因此，B 选项正确。

C 选项考查审计机关的领导体制。《宪法》第

109 条规定："县级以上的地方各级人民政府设立审计机关。地方各级审计机关依照法律规定独立行使审计监督权，对本级人民政府和上一级审计机关负责。"根据这一条款的规定，地方审计机关实行的是双重领导体制，既对本级人民政府负责，也对上一级审计机关负责。因此，C 选项错误。——C 选项的干扰效果比较明显。考生可能受"依法独立行使审计监督权"的引导，从逻辑上认可审计机关"对上一级审计机关负责"，从而忽略审计机关还要对本级人民政府负责的规定。只有对地方审计机关的双重领导体制有清楚的认识，才不会对本题作出误判。

D 选项是重点干扰项。该选项考查的是街道办事处的设立程序。《地方组织法》第 85 条第 3 款规定："市辖区、不设区的市的人民政府，经上一级人民政府批准，可以设立若干街道办事处，作为它的派出机关。"因此，设立街道办事处时，需要经上一级人民政府批准，而不是经本级人大批准。D 选项错误。

第十九章　宪法实施

试　题

1. 国家实行审计监督制度。为加强国家的审计监督，全国人大常委会于 1994 年通过了《审计法》，并于 2006 年进行了修正。关于审计监督制度，下列哪些理解是正确的？（2016-1-65）

A.《审计法》的制定与执行是在实施宪法的相关规定

B. 地方各级审计机关对本级人大常委会和上一级审计机关负责

C. 国务院各部门和地方各级政府的财政收支应当依法接受审计监督

D. 国有的金融机构和企业事业组织的财务收支应当依法接受审计监督

2. 我国《宪法》第三十八条明确规定："中华人民共和国公民的人格尊严不受侵犯。"关于该条文所表现的宪法规范，下列哪些选项是正确的？（2015-1-61）

A. 在性质上属于组织性规范

B. 通过《民法通则》中有关姓名权的规定得到了间接实施

C. 法院在涉及公民名誉权的案件中可以直接据此作出判决

D. 与法律中的有关规定相结合构成一个有关人格尊严的规范体系

3. 宪法解释是保障宪法实施的一种手段和措施。关于宪法解释，下列选项正确的是：（2015-1-94）

A. 由司法机关解释宪法的做法源于美国，也以美国为典型代表

B. 德国的宪法解释机关必须结合具体案件对宪法含义进行说明

C. 我国的宪法解释机关对宪法的解释具有最高的、普遍的约束力

D. 我国国务院在制定行政法规时，必然涉及对宪法含义的理解，但无权解释宪法

4. 关于宪法规范，下列哪一说法是不正确的？（2013-1-22）

A. 具有最高法律效力

B. 在我国的表现形式主要有宪法典、宪法性法律、宪法惯例和宪法判例

C. 是国家制定或认可的、宪法主体参与国家和社会生活最基本社会关系的行为规范

D. 权利性规范与义务性规范相互结合为一体，是我国宪法规范的鲜明特色

详 解

1. [答案] ACD　　[难度] 易

[考点] 审计监督制度、宪法实施的含义

[命题和解题思路] 命题人通过本题对审计监督制度进行了专项考查。考查内容主要针对审计机关及接受审计监督的对象，同时涉及对宪法实施的含义的理解（A 选项）。考虑到审计监督的专业性较强，命题人在进行选项设计时难度标杆并没有放得很高。根据《宪法》第 91 条、第 109 条以及《审计法》第 2 条关于审计机关的地位和职权的规定，对 B、C、D 三选项的正误很容易作出判断。

[对比分析] 2014 年卷 1 第 60 题选项 C 考查地方各级审计机关的双重领导体制，与本题 B 选项考查内容相同。二者的差别在于，在 2014 年的试题选项 C 中，命题人故意删去了"本级人民政府"；而在本题 B 选项中，命题人"偷梁换柱"，将"本级人民政府"改为"本级人大常委会"。可以说，两道题都是考查考生对地方各级审计机关双重领导体制掌握的牢靠程度。

[选项分析] A 选项考查宪法实施的含义。宪法实施的含义非常广泛，立法、执法、司法等行为都是宪法的实施方式。《审计法》的制定与执行当然也是实施《宪法》的相关规定，特别是落实《宪法》第 91 条、第 109 条的规定。因此，A 选项正确。

B 选项考查地方各级审计机关的领导体制。《宪法》第 109 条规定："县级以上的地方各级人民政府设立审计机关。地方各级审计机关依照法律规定独立行使审计监督权，对本级人民政府和上一级审计机关负责。"因此，B 选项错误。——"偷梁换柱"是命题人惯用的招数。

C、D 选项需要结合《宪法》第 91 条第 1 款和《审计法》第 2 条第 3 款的规定进行判断。《宪法》第 91 条第 1 款规定："国务院设立审计机关，

对国务院各部门和地方各级政府的财政收支，对国家的财政金融机构和企业事业组织的财务收支，进行审计监督。"《审计法》第 2 条第 3 款规定："国务院各部门和地方各级人民政府及其各部门的财政收支，国有的金融机构和企业事业组织的财务收支，以及其他依照本法规定应当接受审计的财政收支、财务收支，依照本法规定接受审计监督。"因此，C、D 选项与法律规定一致，内容正确。

2. [答案] BD　　[难度] 易

[考点] 宪法规范的分类、宪法实施的主要特点

[命题和解题思路] 本题旨在考查对宪法规范和宪法实施方式的准确理解。命题人虽然在题干中声称考查"宪法规范"，实际考查的内容却不限于宪法规范，且考查的重点也不是宪法规范而是在"宪法实施"上面。因此，对命题人的说法不可偏听偏信，而要"听其言、观其行"，仔细阅读、审查其选项设计，因为选项设计可暴露其真实意图。正确解答本题的关键是掌握我国宪法实施的间接性特点。

[选项分析] A 选项考查宪法规范的分类。根据宪法规范的性质与调整方式，一般将其分为确认性规范与禁止性规范、权利性规范与义务性规范、组织性规范与程序性规范等几种。"中华人民共和国公民的人格尊严不受侵犯"之规定，属于权利性规范、禁止性规范，与规定国家机构组成的组织性规范有明显差异，故 A 选项错误。

B 选项考查我国宪法实施的主要特点。我国宪法在实施过程中虽然也有一定的直接性，但是其间接性的特点更为突出。也就是说，宪法在实施过程中主要是通过其他具体法律规范作用于具体的人和事的。宪法规定的人格尊严不受侵犯条款，是通过包括《民法通则》有关姓名权的规定在内的一系列法律规范得到实施的。因此，B 选项正确。

C 选项是本题的干扰项，考查的也是宪法实施的间接性特点。在我国目前的司法实践中，法院并不以宪法作为裁判的直接依据，所以，C 选项错误。——该问题的详细解释，请参见下文扩展解释。

D 选项的考查内容与 B 选项相同。如前所述，宪法所规定的人格尊严不受侵犯，是通过包括《民法通则》中有关姓名权的规定在内的一系列法律规范得到实施的，除了民事法律规范，刑法、行政法律中都有相关的保护公民人格尊严不受侵犯的条款。这些相关规定与宪法人格尊严不受侵犯条款相结合，共同构成一个有关人格尊严的规范体系。因此，D 选项正确。

扩展解释

司法裁判能否直接援引宪法

在这个问题上，法学界也存在争论，此处不作展开。——2016 年 6 月 28 日，最高人民法院发布《人民法院民事裁判文书制作规范》，在"裁判依据"部分规定："裁判文书不得引用宪法……作为裁判依据，但其体现的原则和精神可以在说理部分予以阐述。"据此，法院在审理案件时，可以在裁判文书的说理部分阐述宪法体现的原则和精神，但不得直接引用宪法作为裁判依据。这一司法解释可看作允许有条件援引宪法。

3. [答案] ACD　　[难度] 中

[考点] 宪法解释（宪法解释的机关、宪法解释的方法）

[命题和解题思路] 本题旨在考查对宪法解释的准确理解。命题人设计的选项包容性很强，内容涵盖宪法解释的机关、宪法解释的方法、宪法解释的效力和宪法解释的权限。四个选项之中涉及我国宪法解释的 C、D 选项容易判断，涉及宪法解释机关的 A 选项也不难判断，难点在于 B 选项中德国的宪法解释是否必须结合具体案件，有无"抽象性解释"，需要考生对外国宪法的内容有所了解。

[选项分析] A 选项考查的是宪法解释的机关。各国的宪法解释机关不尽一致，归纳起来主要有三种：代议机关、司法机关和专门机关。其中，由司法机关解释宪法的做法源于美国。在1803 年的马伯里诉麦迪逊案中，美国联邦最高法院确立了"违宪的法律不是法律""解释宪法是法官的职责"等宪法原则，开创了司法审查制度的先河。因此，A 选项正确。

B 选项是重点干扰项，考查宪法解释的方法。根据是否需要结合具体案件对宪法作出解释的要

求之差异，宪法解释的方法分为具体性解释和抽象性解释两种。具体性解释要求必须结合具体案件才能对宪法作出解释；抽象性解释不要求结合具体案件就可以对宪法作出解释。而德国的宪法解释机关联邦宪法法院既可以对宪法进行具体性解释也可以进行抽象性解释。因而，B 选项错误。

C 选项考查的是宪法解释的效力。我国《宪法》第 67 条第 1 项规定，全国人大常委会有权解释宪法。从全国人大常委会的性质和地位来看，它对宪法的解释具有最高的、普遍的约束力。因此，C 选项正确。

D 选项考查宪法解释的权限。如前所述，我国《宪法》第 67 条第 1 项规定，全国人大常委会有权解释宪法。解释宪法是全国人大常委会的专属权力，其他任何国家机关都无权解释宪法。国务院在制定行政法规时，为了实施宪法的规定，避免与宪法的有关条款相冲突，必然涉及对宪法含义的理解，但是国务院并没有权力解释宪法，虽然它是我国最高行政机关。D 选项正确。

扩展解释

宪法解释的机关和解释体制

概括而言，世界上主要有三类宪法解释机关和宪法解释体制。（1）由普通法院解释宪法。根据英美法系的传统，普通法院在审理具体案件时可以解释法律。宪法也是法律，因此，解释宪法被认为是司法权的固有权能。这种做法由美国首创，也以美国为典型代表。（2）由宪法法院或者宪法委员会解释宪法。在某些大陆法系国家，设立专门的宪法法院或者宪法委员会裁决宪法争议，同时由其负责解释宪法。（3）由最高国家权力机关或者立法机关解释宪法。在某些实行议会内阁制的国家，议会地位崇高，权力较大，亦有权对宪法作出具有普遍约束力的解释。根据《宪法》规定，我国也实行这种由最高国家权力机关负责解释宪法的体制。

4. [答案] B　　[难度] 易

[考点] 宪法规范的主要特点（最高性）、宪法渊源（宪法判例）、宪法规范的概念、宪法规范的分类

[命题和解题思路] 命题人通过本题考查了

宪法规范和宪法的渊源。对宪法渊源的种类，考生一般都很清楚。宪法的渊源包括宪法典、宪法性法律、宪法惯例、宪法判例、宪法解释和国际条约。但是，对某个特定国家是否具有某种具体的宪法渊源，比如，在我国，宪法判例是否属于宪法渊源，考生未必都有清楚的认识。如果对我国宪法渊源的种类有清晰的认知，特别是对"宪法判例是否属于我国宪法的渊源"了然于胸，运用反向排除法可以准确地对本题作出正确选择。

[选项分析] A 选项考查的是宪法规范的主要特点之一"效力最高性"。宪法规范是宪法基本的构成单位。宪法的最高法律效力是通过宪法规范的"效力最高性"体现出来的。也就是说，宪法规范具有最高法律效力，其他法律规范都不能与宪法规范相抵触，否则无效。因此，A 选项没有错误。由于本题的题干是问"哪一说法是不正确的？"（切记仔细阅读题干!!!），因而不能选择本选项。

B 选项考查的内容具有复合性，既考查宪法规范，也考查我国宪法的渊源。一般来说，在具有宪法典的成文宪法国家，宪法规范指的是宪法典的规范，并不包括宪法性法律、宪法惯例和宪法判例中所蕴含的法律规范。我们在前一道题的分析中已经指出，我国宪法的渊源目前并不包括宪法判例。虽然在司法实践中，近年来涌现出大量涉及宪法问题的案件，甚至在个别案件中法院也援引了宪法，但是，这样的案件目前并不被称为宪法判例，而是称为"宪法案例"或者"宪法事例"

（考试大纲使用的也是这两个概念）。因此，B 选项的说法不正确，正符合题干要求。

C 选项考查的是宪法规范的概念。所谓宪法规范，是指"国家制定或认可的、宪法主体参与国家和社会生活最基本社会关系的行为规范"。因此，C 选项没有错误，不当选。

D 选项考查的是宪法规范的分类。根据宪法规范的性质与调整形式，一般将宪法规范分为四类：（1）确认性规范；（2）禁止性规范；（3）权利性规范与义务性规范；（4）程序性规范。其中，权利性规范与义务性规范又有三种形式，一是权利性规范；二是义务性规范；三是相互结合为一体的权利性规范与义务性规范。例如，《宪法》第42 条第 1 款规定："中华人民共和国公民有劳动的权利和义务。"《宪法》第 46 条第 1 款规定："中华人民共和国公民有受教育的权利和义务。"在这类规范中，权利与义务相互结合为一体，这是我国宪法规范的鲜明特色。因此，D 选项也没有错误，不当选。

易混淆点解析

宪法判例

在哪些国家，宪法判例属于宪法渊源呢？一般认为，宪法判例主要存在于普通法系国家，这些国家具有"遵从先例"的司法传统（2010-1-62 选项 B），典型如美国。需要注意的是，宪法判例被认可为宪法渊源，并不完全限于普通法系国家。在有些大陆法系国家，如德国，其宪法法院作出的判例也被认可为宪法渊源。

第二十章　宪法修改

试 题

1. 关于 2018 年宪法修正案涉及的内容，下列哪些选项是正确的？（2019 年回忆版）

A. 中国共产党领导是中国特色社会主义最本质的特征

B. 中国共产党领导的多党合作和政治协商制度将长期存在和发展

C. 平等团结互助和谐的社会主义民族关系已

经确立，并将继续加强

D. 领导干部就职时应当依照法律规定公开进行宪法宣誓

2. 关于 2018 年宪法修正案，下列哪一说法是正确的？（2018 年回忆版）

A. 是对 1982 年宪法的全面修改，共计 21 条修正案

B. 将"法律委员会"修改为"宪法和法律委员会"，同时在宪法中规定"推进合宪性审查工作"

C. 增加了"习近平新时代中国特色社会主义思想"，体现了宪法指导思想上的与时俱进

D. 增加了"中国共产党领导是中国特色社会主义最本质的特征"，这是我国首次将党的领导载入宪法

3. 关于我国宪法修改，下列哪一选项是正确的？（2014-1-22）

A. 我国修宪实践中既有对宪法的部分修改，也有对宪法的全面修改

B. 经十分之一以上的全国人大代表提议，可以启动宪法修改程序

C. 全国人大常委会是法定的修宪主体

D. 宪法修正案是我国宪法规定的宪法修改方式

详 解

1. ［答案］AC　　［难度］中
［考点］现行宪法的历次修改

［命题和解题思路］本题考查 2018 年宪法修正案，要求考生对本次宪法修正案的内容掌握精准。同时，命题人没有孤立考查 2018 年宪法修正案，而是同时考查了以前的宪法修正案内容（1993 年宪法修正案），这就相应提高了本题的难度。正确解答本题，必须对现行宪法的历次修改有准确认知，同时需要提高警惕，准确识别命题人布设的那些似是而非的陷阱。

［选项分析］选项 A 考查 2018 年宪法修正案。2018 年宪法修正案在宪法第 1 条第 2 款"社会主义制度是中华人民共和国的根本制度。"后增加了一句，内容为："中国共产党领导是中国特色社会主义最本质的特征。"应当说，选项 A 的判断还是比较容易的。——但请牢记，出现特别容易的选项时，绝不是命题人发"善心"，很有可能是给颗"糖豆"麻痹考生，使其放松警惕。后面的选项 B 就属于这种情况。

初看起来，选项 B 没有任何问题，该选项的内容大家也都很熟悉，"中国共产党领导的多党合作和政治协商制度将长期存在和发展"。但该选项的内容不是 2018 年宪法修正案内容，而是 1993 年宪法修正案内容。这种命题策略在"现行宪法的历次修改"知识点上曾经出现过，这次命题人又故伎重演。从历年的考试情况来看，这种策略屡

试不爽，考生很容易掉进坑里。选项 B 与题干要求不符，不当选。

选项 C 考查 2018 年宪法修正案。2018 年宪法修正案将宪法序言第十一自然段中"平等、团结、互助的社会主义民族关系已经确立，并将继续加强"修改为"平等团结互助和谐的社会主义民族关系已经确立，并将继续加强"。选项 C 正确。

选项 D 是干扰项。2018 年宪法修正案在宪法第 27 条增加一款，作为第 3 款："国家工作人员就职时应当依照法律规定公开进行宪法宣誓。"命题人故意将"国家工作人员"变造为"领导干部"，且这种变造"浑然天成"，毫无违和之感。考生若非足够警觉，很难嗅出其中藏有"地雷"。选项 D 错误。

2. ［答案］C　　［难度］难
［考点］现行宪法的历次修改

［命题和解题思路］本题主要考查 2018 年宪法修正案的内容，附带考查了宪法修改的方式。命题人在进行选项设计时除了阐述 2018 年宪法修正案的内容，同时对修改内容作了评述，而这些评述内容多是故意误导性的，以诱使考生作出错误判断。解答本题，不仅要熟知 2018 年宪法修正案的内容，而且要对宪法修改的理论和中国宪法的历史发展有清楚的认知。

［选项分析］选项 A 考查对 2018 年宪法修正案的整体了解，同时考查了我国宪法修改的方式。的确，2018 年 3 月 11 日，十三届全国人大一次会议通过了 21 条宪法修正案，修改内容相当广泛，但 2018 年修宪并不是对 1982 年宪法的全面修改，仍然属于部分修改。如果考生对"我国宪法共经历了三次全面修改和多次部分修改"认识不足，就很容易只注意到"21 条修正案"而对其中的"地雷"（全面修改）视而不见，从而作出错误判断。选项 A 错误，不当选。

选项 B 考查 2018 年宪法修正案的内容。对宪法第 70 条第 1 款全国人大各专门委员会的修改，将"法律委员会"修改为"宪法和法律委员会"，其目的是推进和加强合宪性审查。但是，在宪法中并未明确规定"推进合宪性审查工作"。尽管党的十九大报告中有"推进合宪性审查工作"的相关规定，但宪法本身没有这一规定。考生如果对

此缺乏清晰认识，就会作出错误判断。

选项 C 考查 2018 年宪法修正案的内容。宪法序言第七自然段在宪法指导思想部分增加了"科学发展观、习近平新时代中国特色社会主义思想"。选项 C 的陈述符合事实，当选。

选项 D 也考查 2018 年宪法修正案的内容。该选项的设计与选项 B 雷同，前半句陈述正确，后半句陈述错误。——事实上，1982 年宪法一开始就规定了"党的领导"，这是四项基本原则之一，并非 2018 年宪法修正案增加的内容。因而，选项 D 错误，不当选。

3. ［答案］A　　［难度］中

［考点］宪法修改的方式（全面修改、部分修改）、宪法修改的程序

［命题和解题思路］本题考查宪法的修改问题。命题人从宪法修改的方式、宪法修改的程序、行使修宪权的主体等三方面对宪法修改作了全方位的考查，以了解考生对宪法修改问题掌握的广度和深度。因而，正确解答本题需要对我国的宪法修改制度有全面的了解，并对《宪法》的相关条款记忆准确。本题尤其要求考生能够准确分辨行使修宪权的主体和宪法修改的提案权主体。

［选项分析］A 选项考查宪法的修改方式。对该选项作出正确选择的关键是对我国宪法的历史发展有清楚的认识。众所周知，我国宪法经历过三次全面修改（对 1954 年宪法的修改、对 1975 年宪法的修改、对 1978 年宪法的修改），现行宪法即 1982 年宪法经历了五次部分修改（1988 年、1993 年、1999 年、2004 年和 2018 年的修改）。从我国宪法的修改实践来看，既有全面修改也有部分修改。因此，A 选项正确。——如果考生没有放宽历史视野，只注意到对现行宪法即 1982 年宪

法的修改，就会误认为我国宪法修改只有部分修改，从而作出错误选择。

B 选项考查的是宪法修改程序中的提案权主体。《宪法》第 64 条第 1 款规定："宪法的修改，由全国人民代表大会常务委员会或者五分之一以上的全国人民代表大会代表提议，并由全国人民代表大会以全体代表的三分之二以上的多数通过。"根据这一规定，我国宪法修改的提案权主体是全国人大常委会或者 1/5 以上的全国人大代表。因此，B 选项错误。这一问题要求考生对《宪法》第 64 条第 1 款的规定记忆准确。

C 选项是重点干扰项，该选项考查的是有权修改宪法的主体。《宪法》第 62 条规定："全国人民代表大会行使下列职权：（一）修改宪法；……"因此，全国人大才是有权修改宪法的主体。根据《宪法》第 64 条第 1 款的规定，全国人大常委会只是修改宪法的提案权主体，并不是法定的修宪主体。因此，C 选项错误。——考生如果对全国人大和全国人大常委会的职权差异缺乏清晰的认识，就会发生误选。

D 选项考查的也是我国宪法的修改方式。对现行宪法的五次修改，均采用了宪法修正案的方式，但是《宪法》本身并没有对"宪法修正案"作出规定。因此，D 选项不正确。

扩展解释

根据《宪法》的规定，我国的宪法修改制度包括三方面的内容：（1）法定的修宪主体是全国人大，只有全国人大才有权修改宪法；（2）修改宪法的提案权主体是全国人大常委会或者 1/5 以上的全国人大代表；（3）宪法修改的通过程序是，由全国人大以全体代表的 2/3 以上的多数通过。

第二十一章　宪法监督

试　题

📡 根据《宪法》和法律，关于我国宪法监督方式的说法，下列选项正确的是：（2016-1-94）

A. 地方性法规报全国人大常委会和国务院备

案，属于事后审查

B. 自治区人大制定的自治条例报全国人大常委会批准后生效，属于事先审查

C. 全国人大常委会应国务院的书面审查要求对某地方性法规进行审查，属于附带性审查

D. 全国人大常委会只有在相关主体提出对某规范性文件进行审查的要求或建议时才启动审查程序

详　解

[答案] AB　　　[难度] 中

[考点] 宪法监督的方式（事先审查和事后审查、附带性审查等）

[命题和解题思路] 本题对宪法监督进行专项考查。命题人选取了"宪法监督的方式"作为考查对象，选项设计采取了"对号入座"的方式，让考生对我国宪法监督的具体方式进行归类。解答本题的关键是充分理解事先审查和事后审查、直接审查和附带性审查、主动审查和被动审查等宪法监督方式的含义。考生如果熟悉《立法法》等相关法律的规定，更容易作出正确判断。

[选项分析] A 选项考查事后审查的含义。事后审查，是指法律、法规和其他规范性文件颁布实施以后，由特定机关对其合宪性进行的审查。《立法法》第 109 条规定："行政法规、地方性法规、自治条例和单行条例、规章应当在公布后的三十日内依照下列规定报有关机关备案：……（二）省、自治区、直辖市的人民代表大会及其常务委员会制定的地方性法规，报全国人民代表大会常务委员会和国务院备案；设区的市、自治州的人民代表大会及其常务委员会制定的地方性法规，由省、自治区的人民代表大会常务委员会报全国人民代表大会常务委员会和国务院备案；……"由于地方性法规的备案程序并不影响法规的生效，因此，这种备案属于典型的事后审查方式，A 选项正确。

B 选项考查事前审查的含义。事前审查，是指法规和其他规范性文件需要报请特定机关批准后才能生效，特定机关对其合宪性进行审查之后作出是否批准的决定。《立法法》第 85 条第 1 款规定："……自治区的自治条例和单行条例，报全国人民代表大会常务委员会批准后生效。……"这里规定的"批准后生效"属于典型的事前审查方式，因此，B 选项正确。

C 选项考查附带性审查的含义。附带性审查是指司法机关在审理案件过程中，因当事人提出对所适用的法律、法规或其他规范性文件存在违反宪法问题，而对该法律、法规或其他规范性文件的合宪性进行审查。附带性审查往往以争讼案件为前提，审查的也是与诉讼有关的法律、法规或其他规范性文件。C 选项所陈述的"全国人大常委会应国务院的书面审查要求对某地方性法规进行审查"，显然不属于附带性审查。因此，C 选项错误。

D 选项考查主动审查和被动审查的分类。根据《立法法》第 110 条和第 111 条的规定，全国人大常委会对规范性文件的审查，既有被动审查，也有主动审查。D 选项错误。

第二十二章　宪法宣誓

试　题

第一节　宪法宣誓制度

📶 1. 关于宪法宣誓制度，下列哪些说法是正确的？（2018 年回忆版）

A. 我国 2018 年宪法修正案在序言部分规定"国家工作人员就职时应当依照法律规定公开进行宪法宣誓"

B. 宪法宣誓可以采取单独宣誓或者集体宣誓的方式进行

C. 宣誓场所应当悬挂国旗或者国徽，宣誓仪式应当奏唱国歌

D. 宪法宣誓制度有助于树立宪法意识，彰显宪法权威

📶 2. 《全国人民代表大会常务委员会关于实行宪法宣誓制度的决定》于 2016 年 1 月 1 日起实施。关于宪法宣誓制度的表述，下列哪些选项是正确的？（2016-1-61）

A. 该制度的建立有助于树立宪法的权威

B. 宣誓场所应当悬挂中华人民共和国国旗或者国徽

C. 宣誓主体限于各级政府、法院和检察院任命的国家工作人员

D. 最高法院副院长、审判委员会委员进行宣

誓的仪式由最高法院组织

第二节　特别行政区公职人员就职宣誓

📶 根据《香港特别行政区基本法》和《澳门特别行政区基本法》的规定，下列哪些选项是正确的？（2013-1-61）

A. 对世界各国或各地区的人入境、逗留和离境，特别行政区政府可以实行入境管制

B. 特别行政区行政长官依照法定程序任免各级法院法官、任免检察官

C. 香港特别行政区立法会议员因行为不检或违反誓言而经出席会议的议员三分之二通过谴责，由立法会主席宣告其丧失立法会议员资格

D. 基本法的解释权属于全国人大常委会

详　解

第一节　宪法宣誓制度

1. ［答案］BCD　　　［难度］中

［考点］宪法宣誓制度

［命题和解题思路］本题考查宪法宣誓制度，同时涉及 2018 年宪法修正案内容。宪法宣誓制度是 2016 年增加的考点，当年即作了考查，2018 年结合宪法修改再度进行了考查，再次印证了"逢新必考"的规律。解答本题，不仅需要了解全国人大常委会《关于实行宪法宣誓制度的决定》（以下简称《宣誓制度决定》），也需要掌握 2018 年宪法修正案涉及宪法宣誓的内容。

［选项分析］选项 A 考查 2018 年宪法修正案中涉及宪法宣誓的内容。2018 年宪法修正案在宪法第 27 条增加一款，作为第 3 款："国家工作人员就职时应当依照法律规定公开进行宪法宣誓。"命题人在选项 A 的设计上采用了"藏刀计"（宪法序言部分修改较多，但其他部分也有修改），考生如果只看到"国家工作人员就职时应当依照法律规定公开进行宪法宣誓"，而没有注意到"序言"一词，就很容易作出错误判断，误认为选项 A 陈述正确。

选项 B 和 C 考查的是《宣誓制度决定》。这两个选项都符合该决定第 8 条的规定，当选。

选项 D 考查的是《宣誓制度决定》的立法目的。该决定的序言部分有"国家工作人员必须树立宪法意识，……为彰显宪法权威……"的规定，

因此 D 选项陈述正确，为当选项。

2. ［答案］ABD　　　［难度］易

［考点］宪法宣誓制度

［命题和解题思路］命题人通过本题考查了宪法宣誓制度，该知识点属于 2016 年增加的考点。新增考点在当年的考试中出现的概率接近 100%。以后几年再次出现的概率也很高。考生若提前准备，认真研读《宣誓制度决定》，正确解答本题并不是难事。

［选项分析］A 选项很容易判断。全国人大常委会在《宣誓制度决定》中指出，正是"为彰显宪法权威，激励和教育国家工作人员忠于宪法、遵守宪法、维护宪法，加强宪法实施"，才实行宪法宣誓制度。A 选项正确。

B 选项也很容易判断。《宣誓制度决定》第 8 条第 2 款规定，宣誓场所应当庄重、严肃，悬挂中华人民共和国国旗或者国徽。因此，B 选项正确。

C 选项考查宣誓主体的范围。《宣誓制度决定》第 1 条规定："各级人民代表大会及县级以上各级人民代表大会常务委员会选举或者决定任命的国家工作人员，以及各级人民政府、监察委员会、人民法院、人民检察院任命的国家工作人员，在就职时应当公开进行宪法宣誓。"C 选项故意遗漏了"各级人大及县级以上各级人大常委会选举或者决定任命的国家工作人员"，因而，其陈述错误。

D 选项考查宣誓仪式的组织工作。《宣誓制度决定》第 6 条规定："全国人民代表大会常务委员会任命或者决定任命的……最高人民法院副院长、审判委员会委员、庭长、副庭长、审判员和军事法院院长，……在依照法定程序产生后，进行宪法宣誓。宣誓仪式由……最高人民法院……组织。"因此，D 选项正确。

第二节　特别行政区公职人员就职宣誓

［答案］ACD　　　［难度］中

［考点］中央与特别行政区的关系、特别行政区的政治体制、特别行政区的法律制度（特别行政区基本法）

［命题和解题思路］特别行政区制度几乎每年必考，可以考查的内容有很多，考生都很重视，这也给命题人命题带来了一定难度。命题角

度因而成为命题人设计试题时考虑的一个重要因素。众所周知，两部特别行政区基本法的相似度很高，但其不同之处常常没有引起充分的关注。本题考查的重点就放在了两部特别行政区基本法的差异上面。解答本题，可以本着先易后难的原则对四个选项进行判断。其中 A 和 D 是比较容易作出正确选择的，根据常识或者对宪法学稍有涉猎都可以作出判断。B 和 C 较难作出取舍，考生需要对两部基本法的相关规定非常熟悉才能作出正确选择。因而，仔细研读两部特别行政区基本法并对其不同之处进行比较，是解答本题的关键。

[选项分析] A 选项比较容易作出判断。有到香港、澳门旅游或者公务出差经验的考生，都有办理入境通行证的经历，对特别行政区的入境管制会有亲身体验。香港、澳门虽已回归祖国，但仍然实行入境管制，其依据是两部特别行政区基本法的规定。《香港特别行政区基本法》第 154 条第 2 款规定："对世界各国或各地区的人入境、逗留和离境，香港特别行政区政府可实行出入境管制。"《澳门特别行政区基本法》第 139 条第 2 款也有同样的规定。因此，A 选项正确。

D 选项也比较容易作出判断。《香港特别行政区基本法》第 158 条第 1 款和《澳门特别行政区基本法》第 143 条第 1 款，都规定了基本法的解释权属于全国人大常委会。

B 选项涉及特别行政区法院法官和检察官的任免。需要特别注意的是，两部特别行政区基本法对这一问题的规定是不一样的。《香港特别行政区基本法》第 48 条关于特别行政区行政长官的职权中有"依照法定程序任免各级法院法官"的规定（第 6 项），对于"检察官"的任免并没有作出明确规定；《澳门特别行政区基本法》第 50 条第 9 项关于特别行政区行政长官的职权则规定"依照法定程序任免各级法院院长和法官，任免检察官"。由于香港特别行政区不设检察院，基本法也没有明确赋予特区行政长官任免检察官的权力，因此，B 选项不正确。

C 选项需要根据《香港特别行政区基本法》第 79 条第 7 项作出判断。该条规定："香港特别行政区立法会议员如有下列情形之一，由立法会主席宣告其丧失立法会议员的资格：……（七）行为不检或违反誓言而经立法会出席会议的议员三分之二通过谴责。"因而，C 选项正确。

第二十三章 《国家勋章和国家荣誉称号法》

试 题

📶 *1.* 关于《国家勋章和国家荣誉称号法》，下列哪些说法是正确的？（2021 年回忆版）

A. 国务院可以向全国人大常委会提出授予国家勋章和国家荣誉称号的议案

B. 国家勋章和国家荣誉称号由全国人大常委会决定授予

C. 国家勋章和国家荣誉称号是国家最高荣誉

D. 国家勋章和国家荣誉称号可以由全国人大常委会决定撤销

📶 *2.* 根据《国家勋章和国家荣誉称号法》规定，下列哪一选项是正确的？（2017-1-26）

A. 共和国勋章由全国人大常委会提出授予议案，由全国人大决定授予

B. 国家荣誉称号为其获得者终身享有

C. 国家主席进行国事活动，可直接授予外国政要、国际友人等人士"友谊勋章"

D. 国家功勋簿是记载国家勋章和国家荣誉称号获得者的名录

详 解

1. [答案] ABCD　　[难度] 易

[考点]《国家勋章和国家荣誉称号法》

[命题和解题思路] 本题是对《国家勋章和国家荣誉称号法》的专项考查。该法属于近年新增考点且多次作过考查。命题人从国家勋章和国家荣誉称号的法律性质、动议权、决定授予权和撤销权等几个方面进行了选项设计。该题与我们的模拟题相比，难度较低，为送分题。

[选项分析] A 选项考查国家勋章和国家荣誉称号的动议权。《国家勋章和国家荣誉称号法》第 5 条规定："全国人民代表大会常务委员会委员长

会议根据各方面的建议，向全国人民代表大会常务委员会提出授予国家勋章、国家荣誉称号的议案。国务院、中央军事委员会可以向全国人民代表大会常务委员会提出授予国家勋章、国家荣誉称号的议案。"因此，A 选项正确。

B 选项考查国家勋章和国家荣誉称号的决定授予权。《国家勋章和国家荣誉称号法》第 6 条规定："全国人民代表大会常务委员会决定授予国家勋章和国家荣誉称号。"因此，B 选项正确。

C 选项考查国家勋章和国家荣誉称号的法律性质。《国家勋章和国家荣誉称号法》第 2 条第 1 款规定："国家勋章和国家荣誉称号为国家最高荣誉。"C 选项正确。

D 选项考查国家勋章和国家荣誉称号的撤销权。《国家勋章和国家荣誉称号法》第 18 条规定："国家勋章和国家荣誉称号获得者因犯罪被依法判处刑罚或者有其他严重违法、违纪等行为，继续享有国家勋章、国家荣誉称号将会严重损害国家最高荣誉的声誉的，由全国人民代表大会常务委员会决定撤销其国家勋章、国家荣誉称号并予以公告。"因此，D 选项正确。

2. ［答案］C　　　［难度］中

［考点］《国家勋章和国家荣誉称号法》

［命题和解题思路］2015 年 12 月 27 日，第十二届全国人大常委会第十八次会议通过了《国家勋章和国家荣誉称号法》，自 2016 年 1 月 1 日起施行。该法列入了 2017 年大纲所附的法律法规目录，因而成为 2017 年的考查对象。命题人选取了国家勋章的授予程序（A、C 选项）、国家荣誉称号和国家功勋簿（B、D 选项）三个问题进行选项设计。正确解答本题需要熟知《国家勋章和国家荣誉称号法》。

［选项分析］A 选项考查国家勋章的授予程序。根据《国家勋章和国家荣誉称号法》第 5~7 条的规定，国家勋章的授予程序可以简单概括为：（1）具有提案权的主体向全国人大常委会提出授予国家勋章（包括国家荣誉称号，下同）的议案。具有提案权的主体是全国人大常委会委员长会议、国务院和中央军事委员会。（2）全国人大常委会决定授予国家勋章。（3）国家主席根据全国人大常委会的决定，向国家勋章的获得者授予国家勋章，签发证书。根据上述法律规定的程序，A 选项的陈述存在明显错误。

B 选项考查国家荣誉称号的保有期限。《国家勋章和国家荣誉称号法》第 13 条规定："国家勋章和国家荣誉称号为其获得者终身享有，但依照本法规定被撤销的除外。"该法第 18 条紧接着规定："国家勋章和国家荣誉称号获得者因犯罪被依法判处刑罚或者有其他严重违法、违纪等行为，继续享有国家勋章、国家荣誉称号将会严重损害国家最高荣誉的声誉的，由全国人民代表大会常务委员会决定撤销其国家勋章、国家荣誉称号并予以公告。"B 选项的陈述遗漏了但书之规定，不完全正确，不当选。

C 选项也是考查国家勋章（友谊勋章）的授予程序。《国家勋章和国家荣誉称号法》第 8 条规定："中华人民共和国主席进行国事活动，可以直接授予外国政要、国际友人等人士'友谊勋章'。"C 选项的陈述完全符合该条款之规定，内容正确，当选。

D 选项考查国家功勋簿的性质。《国家勋章和国家荣誉称号法》第 10 条规定："国家设立国家功勋簿，记载国家勋章和国家荣誉称号获得者及其功绩。"可见，国家功勋簿除了记载国家勋章和国家荣誉称号获得者之姓名，还记载其功绩。D 选项的陈述内容不完整，不当选。

第二十四章　《监督法》专项考查

试　题

1. 根据《监督法》的规定，关于监督程序，下列哪一选项是不正确的？（2014-1-26）

A. 政府可委托有关部门负责人向本级人大常委会作专项工作报告

B. 以口头答复的质询案，由受质询机关的负责人到会答复

C. 特定问题调查委员会在调查过程中，应当公布调查的情况和材料

D. 撤职案的表决采用无记名投票的方式，由常委会全体组成人员的过半数通过

📶 **2.** 根据《宪法》和《监督法》的规定，关于各级人大常委会依法行使监督权，下列选项正确的是：(2013-1-91)

A. 各级人大常委会行使监督权的情况，应当向本级人大报告，接受监督

B. 全国人大常委会可以委托下级人大常委会对有关法律、法规在本行政区域内的实施情况进行检查

C. 质询案以书面答复的，由受质询的机关的负责人签署

D. 依法设立的特定问题调查委员会在调查过程中，可以不公布调查的情况和材料

详 解

1. [答案] C　　[难度] 中

[考点] 我国的宪法监督制度（《监督法》中关于监督程序的规定）

[命题和解题思路]《监督法》规定了七种重要的人大常委会监督方式（第二章至第八章，每章各一种）。命题人选取了"听取和审议政府的专项工作报告""询问和质询""特定问题调查""撤职案的审议和决定"四种监督方式作为本题的四个选项，以此判断考生对《监督法》的熟悉程度。正确解答本题，需要考生仔细研读《监督法》第二、六、七、八章关于上述四种监督方式的具体规定。——本题选项 C 中关于特定问题调查委员会在调查过程中是否应当公布调查的情况和材料问题，在历年试题中也多次出现，考生需要特别注意。

[对比分析] 2013 年试卷 1 第 91 题的不定项选择，考查的也是《监督法》的相关规定，该题 C、D 选项与本题的 B、C 选项非常接近，差异之处仅在于 2013 年试题选项 C 考查的是质询案的书面答复，本题选项 B 考查的则是质询案的口头答复；关于特定调查委员会所作的调查情况和材料是否公布，2013 年试题选项 D 按照法条作了正确陈述，本题选项 C 则故意设置了陷阱作错误陈述。

[选项分析] A 选项考查的是人大常委会听取和审议政府、法院和检察院的专项工作报告问题。

《监督法》第 13 条规定："专项工作报告由人民政府、人民法院或者人民检察院的负责人向本级人民代表大会常务委员会报告，人民政府也可以委托有关部门负责人向本级人民代表大会常务委员会报告。"根据这一规定，A 选项的陈述没有错误。

B 选项考查的是质询案的答复方式。《监督法》第 38 条规定："质询案以口头答复的，由受质询机关的负责人到会答复。质询案以书面答复的，由受质询机关的负责人签署。"根据这一规定，B 选项的陈述没有错误。

C 选项是重点干扰项。该选项考查的是《监督法》第 42 条第 3 款的规定。该款规定："调查委员会在调查过程中，可以不公布调查的情况和材料。"因此，C 选项内容错误，符合题干要求。——C 选项在 2013 年试卷 1 第 91 题（选项 D，内容正确）中已经出现过，这次穿上"迷彩服"再次出现。考生很容易在 C 选项上掉入陷阱，因为，孤立地看"特定问题调查委员会在调查过程中，应当公布调查的情况和材料"这样的陈述，似乎很有道理，殊不知，《监督法》第 42 条同时考虑了需要保密的情况。要避免对 C 选项作出误判，就必须记熟《监督法》第 42 条并理解该条款为什么会作这样的规定。也就是说，不仅要"知其然"，还要"知其所以然"。

D 选项考查的是撤职案的审议和决定程序。《监督法》第 46 条第 3 款规定："撤职案的表决采用无记名投票的方式，由常务委员会全体组成人员的过半数通过。"因此，D 选项的陈述没有错误。

2. [答案] ACD　　[难度] 难

[考点] 我国的宪法监督制度（《监督法》相关规定）

[命题和解题思路] 本题考查的是《监督法》关于各级人大常委会行使监督权的程序规定，涉及的法律条文非常详细。命题人挑选了《监督法》第 25 条规定的"委托执法检查制度"，作为检验考生对《监督法》熟悉程度的试金石。对于该委托执法检查制度，一般考生都不太关注，即使关注到了，也很难避开命题人特意布置下的极为隐蔽的"下一级"陷阱。若想正确解答本题，唯有仔细研读《监督法》。

[选项分析] A 选项是《监督法》第 6 条的规定。该条规定："各级人民代表大会常务委员会行使监督职权的情况，应当向本级人民代表大会报告，接受监督。" A 选项陈述的内容与法律规定完全一致，所以是正确选项。大多数考生都不难对该选项作出正确选择。

B 选项为重点干扰项，是命题人设下的陷阱。《监督法》第 25 条规定："全国人民代表大会常务委员会和省、自治区、直辖市的人民代表大会常务委员会根据需要，可以委托下一级人民代表大会常务委员会对有关法律、法规在本行政区域内的实施情况进行检查。受委托的人民代表大会常务委员会应当将检查情况书面报送上一级人民代表大会常务委员会。"该条是关于委托执法检查制度的规定。对于这一制度，如果没有仔细研读过《监督法》，一般不会注意到。仅从法理上分析委托制度，该选项似乎可选。且由于本题是不定项选择，所以，没有仔细研读过《监督法》的考生多数会选择该选项。研读过《监督法》，对委托执法检查制度有点印象的考生，如果记忆不够准确，

也会因为没有注意到法律条文规定的是"可以委托下一级人民代表大会常务委员会……"而误选该项。能够成功避开 B 选项之陷阱的考生，可以当之无愧地称为高手！

C 选项是《监督法》第 38 条的规定。该条款规定："质询案以口头答复的，由受质询机关的负责人到会答复。质询案以书面答复的，由受质询机关的负责人签署。"故 C 选项正确。

D 选项是《监督法》第 42 条第 3 款的规定。该条款规定："调查委员会在调查过程中，可以不公布调查的情况和材料。"考生能够对该选项作出正确选择的准确率也不高。因为，很多人会想当然地认为调查委员会"应当"公布调查的情况和材料。《监督法》第 42 条第 3 款之所以作出"可以不公布"这样的规定，主要是考虑到与《监督法》第 42 条第 2 款相关的需要保密的情况。《监督法》第 42 条第 2 款规定："提供材料的公民要求对材料来源保密的，调查委员会应当予以保密。"因此，不仔细研读《监督法》，凭空想象，不可能对本题作出正确选择。

第二十五章　《立法法》专项考查

试　题

1. 2022 年 10 月，国家体育总局审议通过《国家体育总局规章和规范性文件制定程序规定》（以下简称《规定》）。关于该规定，下列哪一说法是错误的？（2023 年回忆版）

A. 应当由局务会议审议

B. 应当由体育总局局长签署体育总局令予以公布

C. 应当在通过后三十天内向国务院法制部门备案

D. 应当及时在国务院公报上予以刊载

2. 某省人大常委会对其下辖某设区的市人民政府报送备案的《道路交通安全管理办法》进行审查时，发现该规章存在与上位法相抵触的情形。根据《宪法》和相关法律规定，省人大常委会的下列哪些做法是不适当的？（2021 年回忆版）

A. 向该设区的市人民政府提出书面审查意见

B. 提出书面审查意见，转该设区的市人大常委会处理

C. 撤销《道路交通安全管理办法》

D. 修正《道路交通安全管理办法》

3. 关于备案审查制度，下列哪些选项是正确的？（2020 年回忆版）

A. 行政法规须报全国人大常委会备案

B. 地方性法规须报全国人大常委会和国务院备案

C. 自治条例和单行条例须报全国人大常委会和国务院备案

D. 部门规章须报全国人大常委会和国务院备案

4. 根据《宪法》和《立法法》规定，关于法律案的审议，下列哪些选项是正确的？（2017-1-63）

A. 列入全国人大会议议程的法律案，由法律委员会根据各代表团和有关专门委员会的审议意见，对法律案进行统一审议，向主席团提出审议

结果报告和法律草案修改稿

B. 列入全国人大会议议程的法律案，在交付表决前，提案人要求撤回的，应说明理由，经主席团同意并向大会报告，对法律案的审议即行终止

C. 列入全国人大常委会会议议程的法律案，因调整事项较为单一，各方面意见比较一致的，也可经一次常委会会议审议即交付表决

D. 列入全国人大常委会会议议程的法律案，因暂不付表决经过两年没有再次列入常委会会议议程审议的，由委员长会议向常委会报告，该法律案终止审议

📶 **5.** 根据《立法法》，关于规范性文件的备案审查制度，下列哪些选项是正确的？（2017-1-66）

A. 全国人大有关的专门委员会可对报送备案的规范性文件进行主动审查

B. 自治县人大制定的自治条例与单行条例应按程序报全国人大常委会和国务院备案

C. 设区的市市政府制定的规章应报本级人大常委会、市所在的省级人大常委会和政府、国务院备案

D. 全国人大法律委员会经审查认为地方性法规同宪法相抵触而制定机关不予修改的，应向委员长会议提出予以撤销的议案或者建议

详 解

编者注

本部分的题目大多在《立法法》2023年修改之前考查，由于考查的要点并未在修改中作出变动，《立法法》修改对题目并无实质影响。因此本部分保留这些题目，但题目解析中所使用的条文是最新的《立法法》的条文，请考生留意。

1. [答案] D　　[难度] 难

[考点]《立法法》

[命题和解题思路] 2023年3月，全国人大通过《立法法》修正案。此次立法对国家的政治和法律生活影响深远，也成为2023年命题的热点。从2023年客观题考试来看，命题人并未刻意在题干里着重突出《立法法》，但有多题都与《立法法》紧密相关，本题即是一例。本题以《规定》这一大多数人都觉得陌生的部门规章作为考查要

点，让考生们有些不知所措。但细看，仍然是考查《立法法》的基本原理，A、B、D选项均涉及《规定》的立法程序，C选项涉及《规定》的备案审查。从本题可以看出，宪法学考查越来越灵活，考生对知识点的掌握也要更加全面深入。

[选项分析] A选项考查部门规章的立法程序。根据《立法法》第95条第1款规定，部门规章应当经部务会议或者委员会会议决定。就国家体育总局来说，其规章应当由局务会议决定。A选项正确，不当选。

B选项考查部门规章的审批程序。根据《立法法》第96条第1款规定，部门规章由部门首长签署命令予以公布。《规定》第36条也规定，规章由体育总局局长签署体育总局令予以公布。规章审议通过后，在政策法规司统一登记局长令序号。据此，《规定》作为规章，应当由体育总局局长签署体育总局令予以公布。B选项正确，不当选。

C选项考查得比较细致，但考生若熟悉备案审查的基本原理，则可轻松判断。根据《立法法》第109条第4项的规定，部门规章和地方政府规章报国务院备案。根据《法规规章备案条例》第17条规定，规章的制定机关应当自接到本条例第14条、第15条、第16条规定的通知之日起30日内，将处理情况报国务院法制机构。具体来说，实际上是30日内向国务院的法制部门进行备案。C选项正确，不当选。

D选项具有较强的干扰性，容易被考生忽视，增加了本题难度。根据《立法法》第97条第1款规定，部门规章签署公布后，及时在国务院公报或者部门公报和中国政府法制信息网以及在全国范围内发行的报纸上刊载。因此，部门规章并非必须在国务院公报上发布，也有其他选项。D选项以偏概全，是错误的，当选。

2. [答案] CD　　[难度] 中

[考点] 我国的宪法监督制度（备案审查）

[命题和解题思路] 本题是对我国的宪法监督制度中"备案审查"的考查。近年来，随着我国法治建设向纵深发展，备案审查工作成为我国合宪性审查之实践的一个发力点，也成为宪法学界关注的焦点问题。有关备案审查的法律规范，主要体现为《宪法》和《立法法》的相关规定。命

题人采用了一个小案例形式，考查考生运用宪法学知识解决实际问题的能力。正确解答本题，需要对我国的宪法监督制度理论和《宪法》以及《立法法》第五章"适用与备案审查"部分有清楚的认识。本题可以使用排除法，选择出题干所要求的"不适当的"选项。

[选项分析] 本题中的"《道路交通安全管理办法》"，其法律性质属于设区的市制定的地方政府规章。对于不适当的地方政府规章，根据《宪法》和《立法法》第五章的规定，国务院有权作出改变或者撤销决定，本级人大常委会有权作出撤销决定，上一级人民政府有权作出改变或者撤销决定。因此，CD 选项中的"撤销、修正"都不属于该省级人大常委会的职权。CD 两个选项中的做法不适当，当选。

虽然《立法法》第五章并没有详细规定备案审查机构如何处理不适当的地方政府规章，而是在该法第 114 条规定，由接受备案的机关对报送备案的规章的审查程序作出规定。参考《立法法》第 112 条规定的全国人大专门委员会、常委会工作机构的备案审查程序，可以得出 AB 两个选项规定的措施是适当的之结论，即该省人大常委会可以向该设区的市人民政府提出书面审查意见，由其自行作出修改；或者提出书面审查意见，转该设区的市人大常委会处理（直接撤销或者敦促该市人民政府自行修改）。AB 两个选项内容无误，不当选。

3. [答案] AB　　[难度] 难

[考点]《立法法》专项考查（备案审查）、民族区域自治机关的自治权

[命题和解题思路] 本题是对《立法法》的专项考查，选取的考点是该法所规定的"备案审查"制度。这一制度主要体现为《立法法》第 85 条和第 109 条的规定，所对应的宪法理论为"我国的宪法监督制度（宪法监督的机关；宪法监督的方式）"。正确解答本题，需要熟悉这一理论和相关法律规定。

[选项分析] A 选项考查行政法规的备案审查。《立法法》第 109 条第 1 项规定，"行政法规报全国人民代表大会常务委员会备案"。因此，A 选项正确。

B 选项考查地方性法规的备案审查。《立法法》第 109 条第 2 项规定，"省、自治区、直辖市的人民代表大会及其常务委员会制定的地方性法规，报全国人民代表大会常务委员会和国务院备案；设区的市、自治州的人民代表大会及其常务委员会制定的地方性法规，由省、自治区的人民代表大会常务委员会报全国人民代表大会常务委员会和国务院备案"。B 选项正确。A、B 选项相对简单，容易判断，也容易导致考生放松警惕。

C 选项考查自治条例和单行条例的备案审查。该选项涉及的情形比较复杂。我们知道，自治条例和单行条例的制定主体有三种，自治区、自治州和自治县的人大。根据《民族区域自治法》第 19 条、《立法法》第 85 条第 1 款和第 109 条第 3 项的规定，自治区的自治条例和单行条例，报全国人大常委会批准后生效，无需向国务院备案。自治州、自治县的自治条例和单行条例，报省、自治区、直辖市的人大常委会批准后生效，然后再由省级人大常委会报全国人大常委会和国务院备案。C 选项笼统规定"自治条例和单行条例报全国人大常委会和国务院备案"，未区分自治区的自治条例和单行条例与自治州、自治县的自治条例和单行条例，内容错误。事实上，C 选项同时考查了表现为事先审查的宪法监督（批准）和表现为事后审查的宪法监督（备案审查）这两种监督方式。考生不仅要知晓这一宪法理论问题，亦需要知晓《民族区域自治法》第 19 条、《立法法》第 85 条和《立法法》第 109 条的内容差异，有一定难度。

D 选项考查部门规章的备案审查。《立法法》第 109 条第 4 项规定，"部门规章和地方政府规章报国务院备案；……"据此，部门规章只须报国务院备案，而无须报全国人大常委会备案。D 选项错误。受 B、C 两个选项连续强调"须报全国人大常委会和国务院备案"的潜在心理影响，不熟悉这一规定的考生有可能会想当然地认为部门规章也须报全国人大常委会备案，从而误中命题人"掺沙子"和"连环计"之圈套。

4. [答案] ABCD　　[难度] 中

[考点] 全国人民代表大会（全国人大的会议制度和工作程序）、全国人大常委会（全国人大常委会的会议制度和工作程序）

[命题和解题思路] 命题人形式上考查的是全

国人大和全国人大常委会的会议制度和工作程序，实际上是对《立法法》的专项考查，考查对象为全国人大和全国人大常委会的立法程序，即《立法法》第 23 条、第 25 条、第 33 条和第 45 条。《宪法》对全国人大和全国人大常委会会议制度和工作程序的规定，以及辅导用书对全国人大和全国人大常委会会议制度和工作程序的描述，都没有细致到足以解答本题的程度。正确解答本题，必须仔细研读并熟悉《立法法》的相关条文。——这也是为什么我们在重点知识点解析部分将《立法法》《监督法》《选举法》三部法律的专项考查各自列为一章，以提醒考生注意。

[选项分析] A 选项考查全国人大的立法程序。《立法法》第 23 条规定："列入全国人民代表大会会议议程的法律案，由宪法和法律委员会根据各代表团和有关的专门委员会的审议意见，对法律案进行统一审议，向主席团提出审议结果报告和法律草案修改稿……" A 选项的陈述与此相符，内容正确。

B 选项同样考查全国人大的立法程序。《立法法》第 25 条规定："列入全国人民代表大会会议议程的法律案，在交付表决前，提案人要求撤回的，应当说明理由，经主席团同意，并向大会报告，对该法律案的审议即行终止。" B 选项的陈述与此相符，内容正确。

C 选项考查全国人大常委会的立法程序。《立法法》第 33 条规定："列入常务委员会会议议程的法律案，各方面的意见比较一致的，可以经两次常务委员会会议审议后交付表决；调整事项较为单一或者部分修改的法律案，各方面的意见比较一致的，或者遇有紧急情形的，也可以经一次常务委员会会议审议即交付表决。"一般情况下，全国人大常委会审议法律案都要经过"三读程序"（《立法法》第 32 条），第 33 条规定的是"三读程序"的例外情形。C 选项符合法律规定，内容正确。

D 选项考查的也是全国人大常委会的立法程序。《立法法》第 45 条规定："列入常务委员会会议审议的法律案，因各方面对制定该法律的必要性、可行性等重大问题存在较大意见分歧搁置审议满两年的，或者因暂不付表决经过两年没有再次列入常务委员会会议议程审议的，委员长会议可以决定终止审议，并向常务委员会报告；必要

时，委员长会议也可以决定延期审议。" D 选项的陈述与此相符，内容正确。

5. [答案] ABCD   [难度] 中

[考点] 我国的宪法监督制度（《立法法》专项考查：备案审查）

[命题和解题思路] 本题考查《立法法》第五章的"备案审查"。——2017 年的试题有一个鲜明特点，即命题人与《立法法》较上了劲，包括本题在内，出现三道对《立法法》进行专项考查的多项选择（另外，第 61 题选项 C 也是考查《立法法》之规定），其考查频率之高，占分之多，较为少见。

[选项分析] A 选项考查规范性文件备案审查的方式。在我国，备案审查方式既有被动审查也有主动审查。《立法法》第 110 条规定了被动审查方式，即有权机关向全国人大常委会提出审查要求，其他机关、组织或公民向全国人大常委会提出审查建议，然后由全国人大常委会进行审查。第 111 条规定了主动审查方式："全国人民代表大会专门委员会、常务委员会工作机构可以对报送备案的行政法规、地方性法规、自治条例和单行条例等进行主动审查，并可以根据需要进行专项审查。"根据这一规定，A 选项内容正确。

B 选项考查自治县的自治条例和单行条例的备案。《立法法》第 109 条第 3 项规定："自治州、自治县的人民代表大会制定的自治条例和单行条例，由省、自治区、直辖市的人民代表大会常务委员会报全国人民代表大会常务委员会和国务院备案；……" B 选项的陈述与此相符，内容正确。

C 选项考查设区的市制定的规章的备案。《立法法》第 109 条第 4 项规定："部门规章和地方政府规章报国务院备案；地方政府规章应当同时报本级人民代表大会常务委员会备案；设区的市、自治州的人民政府制定的规章应当同时报省、自治区的人民代表大会常务委员会和人民政府备案。"根据这一规定，设区的市制定的规章应当报本级人大常委会、该市所在的省级人大常委会和人民政府、国务院备案。C 选项内容正确。

D 选项考查地方性法规违反宪法的撤销问题。《立法法》第 112 条第 3 款规定："全国人民代表

大会宪法和法律委员会、有关的专门委员会、常务委员会工作机构经审查认为行政法规、地方性法规、自治条例和单行条例同宪法或者法律相抵触，或者存在合宪性、合法性问题需要修改或者废止，而制定机关不予修改或者废止的，应当向委员长会议提出予以撤销的议案、建议，由委员长会议决定提请常务委员会会议审议决定。"D选项的陈述与此相符，内容正确。

第二十六章 《监察法》专项考查

试 题

📶 **1.** 根据《全国人大常委会关于国家监察委员会制定监察法规的决定》，国家监察委员会为执行某法律的规定而制定了监察法规。关于该法规，下列哪些说法是正确的？（2022年回忆版）

A. 应当经国家监察委员会全体会议决定

B. 需报全国人大常委会批准

C. 需报全国人大常委会备案

D. 由国家监察委员会报全国人大常委会公告

📶 **2.** 关于监察委员会，下列哪一说法是错误的？（2019年回忆版）

A. 国家监察委员会领导地方各级监察委员会的工作

B. 各级监察委员会对本级人大及其常委会和上一级监察委员会负责，并接受其监督

C. 监察委员会依照法律规定独立行使监察权，不受行政机关、社会团体和个人的干涉

D. 监察机关实施留置措施，应当报上一级监察委员会主要领导批准

详 解

1. ［答案］AC ［难度］中

［考点］国家监察制度（《全国人大常委会关于国家监察委员会制定监察法规的决定》）

［命题和解题思路］2019年10月26日，第十三届全国人大常委会第十四次会议审议通过了《全国人大常委会关于国家监察委员会制定监察法规的决定》。该决定在2020年并未进行考查，而是在2022年予以考查。但2022年法考大纲的法律法规目录并未收录该决定，因此，本题算是一个"小冷门"。不过，我们根据宪法和法理，还是能够准确找到正确答案。

［选项分析］A选项考查监察法规的制定程序。事实上，《全国人大常委会关于国家监察委员会制定监察法规的决定》的内容非常简单，只有四个条款（其中还包括施行日期）。其主要内容是规定国家监察委员会什么情况下可以制定监察法规，以及制定的程序。该决定第2条规定："监察法规应当经国家监察委员会全体会议决定，由国家监察委员会发布公告予以公布。"因此，A选项内容正确。

D选项考查监察法规的制定程序。由前述决定第2条可知，D选项内容错误。

B、C两个选项也是考查监察法规的制定程序，是考查"批准/备案"的问题。该决定第3条第1款规定："监察法规应当在公布后的三十日内报全国人民代表大会常务委员会备案。"据此，选项C为正确选项。B选项内容错误。——我们结合题干中的提示"为执行某法律的规定而制定了监察法规"，可以从法理上推知，监察法规并不需要报请全国人大常委会批准，因为该法规是"为了执行法律的规定"（题中《决定》第1条第2款第1项之规定），全国人大常委会已经通过立法作出了授权，不必再报请批准，而是报请全国人大常委会备案即可。

2. ［答案］D ［难度］易

［考点］监察委员会

［命题和解题思路］本题考查"监察委员会"这一考点。由于监察委员会是新生事物，且由于监察制度改革是对我国国家权力结构的重大调整，可以考查的空间很大，连续考查的概率也很大（2018年即作了考查，2019年再度考查）。命题人的四个选项设计分别针对监察委员会的领导体制、监察权的行使原则和监察留置程序，内容从宏观到微观，从抽象到具体，可谓面面俱到，能够甄别出考生对该知识点实际掌握的程度如何。

[选项分析] 选项 A 考查监察委员会的领导体制。《监察法》第 10 条规定："国家监察委员会领导地方各级监察委员会的工作，上级监察委员会领导下级监察委员会的工作。"因此，选项 A 陈述正确，不当选。

选项 B 考查监察委员会和本级人大的关系。《监察法》第 8 条第 4 款规定："国家监察委员会对全国人民代表大会及其常务委员会负责，并接受其监督。"该法第 9 条第 4 款规定："地方各级监察委员会对本级人民代表大会及其常务委员会和上一级监察委员会负责，并接受其监督。"根据这两个条款的规定，监察委员会对本级人大及其常委会负责并接受其监督，因此，选项 B 的陈述正确，不当选。

选项 C 考查监察权的行使原则。《监察法》第 4 条第 1 款规定："监察委员会依照法律规定独立行使监察权，不受行政机关、社会团体和个人的干涉。"选项 C 的陈述符合法律规定，不当选。

选项 D 考查监察留置的程序。《监察法》第 43 条第 1 款规定："监察机关采取留置措施，应当由监察机关领导人员集体研究决定。设区的市级以下监察机关采取留置措施，应当报上一级监察机关批准。省级监察机关采取留置措施，应当报国家监察委员会备案。"选项 D 的陈述似是而非，为本题当选项。

第二十七章 《选举法》专项考查

试 题

1. 某区人大常委会通过了《街道人大工委向人大常委会报告工作的意见》，要求街道人大代表向工委述职。对此，下列说法正确的是：（2023 年回忆版）

A. 街道人大代表应当向工委述职

B. 工委有权对本级人大代表进行罢免

C. 若区人大认为该意见内容不适当，则可对该意见作出改变

D. 人大代表可以向工委提出辞职

2. 关于县、乡两级人民代表大会的选举，下列哪些选项是错误的：（2021 年回忆版）

A. 县、乡两级人大代表的选举，由市级人大常委会主持

B. 乡级人大常委会第一次会议选举产生副乡长、副镇长等领导人员

C. 县、乡两级人民代表大会的选举通常同时举行，这意味着乡人大代表就是县人大代表

D. 县级人大代表由乡级人大代表选举

3. 某省人大选举实施办法中规定："本行政区域各选区每一代表所代表的人口数应当大体相等。各选区每一代表所代表的人口数与本行政区域内每一代表所代表的平均人口数之间相差的幅度一般不超过百分之三十。"关于这一规定，下列哪些说法是正确的？（2017-1-62）

A. 是选举权的平等原则在选区划分中的具体体现

B. "大体相等"允许每一代表所代表的人口数之间存在差别

C. "百分之三十"的规定是对前述"大体相等"的进一步限定

D. 不保证各地区、各民族、各方面都有适当数量的代表

4. 根据《选举法》和相关法律的规定，关于选举的主持机构，下列哪一选项是正确的？（2016-1-24）

A. 乡镇选举委员会的组成人员由不设区的市、市辖区、县、自治县的人大常委会任命

B. 县级人大常委会主持本级人大代表的选举

C. 省人大在选举全国人大代表时，由省人大常委会主持

D. 选举委员会的组成人员为代表候选人的，应当向选民说明情况

5. 甲市乙县人民代表大会在选举本县的市人大代表时，乙县多名人大代表接受甲市人大代表候选人的贿赂。对此，下列哪些说法是正确的？（2015-1-63）

A. 乙县选民有权罢免受贿的该县人大代表

B. 乙县受贿的人大代表应向其所在选区的选

民提出辞职

C. 甲市人大代表候选人行贿行为属于破坏选举的行为，应承担法律责任

D. 在选举过程中，如乙县人大主席团发现有贿选行为应及时依法调查处理

6. 根据《选举法》的规定，关于选举制度，下列哪些选项是正确的？（2014-1-62）

A. 全国人大和地方人大的选举经费，列入财政预算，由中央财政统一开支

B. 全国人大常委会主持香港特别行政区全国人大代表选举会议第一次会议，选举主席团，之后由主席团主持选举

C. 县级以上地方各级人民代表大会举行会议的时候，三分之一以上代表联名，可以提出对由该级人民代表大会选出的上一级人大代表的罢免案

D. 选民或者代表10人以上联名，可以推荐代表候选人

7. 根据《宪法》和法律的规定，关于选举程序，下列哪些选项是正确的？（2013-1-60）

A. 乡级人大接受代表辞职，须经本级人民代表大会过半数的代表通过

B. 经原选区选民30人以上联名，可以向县级的人民代表大会常务委员会书面提出罢免乡级人大代表的要求

C. 罢免县级人民代表大会代表，须经原选区三分之二以上的选民通过

D. 补选出缺的代表时，代表候选人的名额必须多于应选代表的名额

详　解

1. ［答案］C　　［难度］难

［考点］《选举法》《监督法》

［命题和解题思路］我国的人民代表大会制度在不断完善，制度创新也在不断进行。人大街道工作委员会是区人大常委会在街道的派出工作机构，向区人大常委会负责，并报告工作。许多省份已经针对街道人大工委的工作制定地方性法规。本题以此背景进行命制，紧跟动态，同时也给考生带来一定挑战。如果考生不熟悉街道人大工委与人大常委会和人大代表的关系，可能都无法判断本题的考点是什么。虽然有时髦的外衣，但本

题本质上还是在考查人大代表的选举和职责。A、B、D选项都是考查人大代表的选举和罢免，C选项考查人大对人大代表的监督。考点是常规的，但考法是新颖的，考生需要明晰。

［选项分析］A选项考查街道人大工委与人大代表的关系。考生可能并不熟悉人大工委与人大代表的关系，但应该知道区人大代表是直接选举产生的，人大代表应当向选民和原选举单位负责，而非街道人大工委。当然，街道人大工委并非与人大代表没有关系，而是要做好组织协调工作。例如，根据《天津市区人民代表大会常务委员会街道工作委员会工作条例》第6条规定："人大街道工委应当在街道辖区内履行下列职责：……（二）联系人大代表，听取和反映人大代表的意见和建议，帮助人大代表解决执行代表职务中遇到的问题和困难；（三）服务和组织区人大代表围绕经济社会发展和关系群众切身利益、社会普遍关注的问题，开展调研、考察等活动；（四）服务和组织人大代表开展联系选民和群众活动，听取和反映群众的意见和要求；……"因此，人大代表并非向街道人大工委述职。A选项错误。

B选项考查人大代表的罢免。根据《选举法》第50条第1款规定，对于县级的人民代表大会代表，原选区选民50人以上联名，对于乡级的人民代表大会代表，原选区选民30人以上联名，可以向县级的人民代表大会常务委员会书面提出罢免要求。根据这一规定，对县级人大代表的罢免只能由选民提出，而非街道人大工委。B选项错误。

C选项考查人大对人大常委会的监督。根据《宪法》第99条第2款规定，县级以上的地方各级人民代表大会审查和批准本行政区域内的国民经济和社会发展计划、预算以及它们的执行情况的报告；有权改变或者撤销本级人民代表大会常务委员会不适当的决定。地方人大对地方人大常委会的监督体现在可以对其不适当的决定进行改变或撤销。因此，如果区人大认为该意见关于人大代表述职的规定是不恰当的，则可以改变该意见。C选项正确。

D选项考查人大代表的辞职程序。根据《选举法》第55条第2款规定，县级的人民代表大会代表可以向本级人民代表大会常务委员会书面提出辞职，乡级的人民代表大会代表可以向本级人民代表大会书面提出辞职。县级的人民代表大会

常务委员会接受辞职，须经常务委员会组成人员的过半数通过。乡级的人民代表大会接受辞职，须经人民代表大会过半数的代表通过。接受辞职的，应当予以公告。根据这一规定，区县人大代表辞职应当向人大常委会提出，而非向街道人大工委提出。D 选项错误。

2. [答案] ABCD　　[难度] 中

[考点] 《选举法》

[命题和解题思路] 本题是对《选举法》的专项考查。在我们的 2021 客观题冲刺内参班《预测考点卷》"预测考点 9：《选举法》专项考查"中，我们预测："对《立法法》《监督法》《选举法》这三部重要法律的专项考查基本上是逐年轮番上阵。其中，2020 年 10 月 17 日，全国人大常委会对《选举法》作了第七次修正，虽然此次修正的实质内容仅限于提高县乡两级人大代表的名额基数，即适当增加基层人大代表的数量，但毕竟是对《选举法》进行了修改，考生应予注意。"果然，命题人在本题中对《选举法》作了考查，并且考查的重点就是县、乡两级人大代表的选举。本题再次印证了"逢新必考"的规律。

[选项分析] A 选项考查选举县、乡两级人大代表时主持选举的机构。根据《选举法》第 9 条，选举县、乡两级人大代表时，设立选举委员会主持选举。因此，A 选项陈述错误，当选。

B 选项为干扰项。乡级人民代表大会并没有常委会，该选项无中生有炮制出"乡级人大常委会"，其后半段的陈述"第一次会议选举产生副乡长、副镇长等领导人员"似是而非，粗心的考生很容易受到诱导。B 选项错误，当选。

C 选项也有很大的迷惑性。"县、乡两级人民代表大会的选举通常同时举行"，并不意味着乡人大代表就是县人大代表。县、乡两级人民代表大会的选举在程序上是分开进行的，或许个别代表在当选为乡人大代表的同时也可能当选为县人大代表，但基本上县乡人大代表不可能存在全部重合的情形。这从《选举法》第 12 条关于代表名额的限制上可以判断出来，"不设区的市、市辖区、县、自治县的代表名额基数为一百四十名，每五千人可以增加一名代表；人口超过一百五十五万的，代表总名额不得超过四百五十名；人口不足五万的，代表总名额可以少于一百四十名""乡、

民族乡、镇的代表名额基数为四十五名，每一千五百人可以增加一名代表；但是，代表总名额不得超过一百六十名；人口不足二千的，代表总名额可以少于四十五名"（2020 年 10 月《选举法》的修订内容）。C 选项存在逻辑上"推不出"的错误，当选。

D 选项考查"直接选举"。《选举法》第 3 条第 2 款规定："不设区的市、市辖区、县、自治县、乡、民族乡、镇的人民代表大会的代表，由选民直接选举。"据此，县、乡两级人大代表都是由选民直接选举产生的，并非县级人大代表由乡级人大代表选举产生。D 选项陈述错误，当选。

3. [答案] ABC　　[难度] 易

[考点] 我国选举制度的基本原则（选举权的平等性原则）、《选举法》相关规定

[命题和解题思路] 本题旨在考查考生对我国选举制度的基本原则之中"选举权的平等性原则"的完整理解。命题人在进行题目设计时既考虑到选举权的平等性原则之理论，又着意考查《选举法》的相关规定。本题堪称理论测试与法条考查相结合的完美典范。因为，考生若不熟悉《选举法》的相关规定，如关于少数民族代表之选举的特别规定，在 D 选项上就有可能作出误判。反之，考生在掌握选举权的平等性原则之理论的基础上，对《选举法》相关规定的认识和理解能够帮助其作出正确选择。

[选项分析] A、B、C 选项之含义紧密相连，其正确性均不难判断。我们知道，选举权的平等性原则是"公民在法律面前一律平等"原则在选举制度中的具体体现。选举权的平等性原则之要求主要表现在：（1）除了法律规定候选人应当具有的资格和条件以外，选民平等地享有选举权和被选举权；（2）选民在选举中拥有相同的投票权；（3）每一代表所代表的人口数相同；（4）各个代表在代表机关具有平等的法律地位；（5）对在选举中处于弱势地位的群体给予特殊保护。《选举法》第 15 条第 1 款亦规定："地方各级人民代表大会代表名额，由本级人民代表大会常务委员会或者本级选举委员会根据本行政区域所辖的下一级各行政区域或者各选区的人口数，按照每一代表所代表的城乡人口数相同的原则，以及保证各

地区、各民族、各方面都有适当数量代表的要求进行分配。……"《选举法》第21条第1款也规定："散居的少数民族应选当地人民代表大会的代表，每一代表所代表的人口数可以少于当地人民代表大会每一代表所代表的人口数。"因此，"平等"并不是每一代表所代表的人口比例"绝对相等"。该省人大选举实施办法中"大体相等"的规定既是选举权的平等性原则在选区划分中的具体体现，又是基于某些特殊的保护性考虑（不限于对少数民族的保护）所作的规定，同时，"百分之三十"也是对"大体相等"的限定，防止所谓的"大体相等"由于缺乏明确的标准而演变为实际的不平等。综上，A、B、C皆为正确选项。

D选项不符合《选举法》的规定。前面指出，《选举法》第15条第1款对分配代表名额规定了两项原则："按照每一代表所代表的城乡人口数相同的原则"以及"保证各地区、各民族、各方面都有适当数量代表"。《选举法》第19条亦规定："有少数民族聚居的地方，每一聚居的少数民族都应有代表参加当地的人民代表大会。……人口特少的其他聚居民族，至少应有代表一人。……"考生只要对这些规定稍有印象，即可判断出D选项存在错误。

4. ［答案］A　　［难度］难

［考点］选举制度（选举机构、选举程序）

［命题和解题思路］命题人通过本题对《选举法》进行了专项考查，主要考查主持选举的机构，同时涉及选举的程序问题。由于我国人大代表的选举分为直接选举和间接选举两种方式，因而，主持选举的机构实际包含三个问题，其中，在间接选举中，选举上一级人大代表时由哪个机构来主持选举，向来为考生所忽视。——命题人将2015年刚考查过的这一问题又拾了出来（选项C），杀了个"回马枪"，由于该问题通常不太为人所注意，很多考生对此还是措手不及。正确解答本题，需要认真研读《选举法》，特别是《选举法》第39条和第9条第2款的规定。

［选项分析］A选项考查选举委员会组成人员的产生方式。《选举法》第10条第1款规定："……乡、民族乡、镇的选举委员会组成人员由不设区的市、市辖区、县、自治县的人民代表大

会常务委员会任命。"因此，A选项正确。——本题容易发生误判的情况是，对于乡镇选举委员会的组成人员，部分考生不看法律规定，想当然地认为他们也是通过"选举"方式产生的，这与法律规定并不相符。

B选项考查选举县级人大代表时的选举机构。《选举法》第9条第2款规定："不设区的市、市辖区、县、自治县、乡、民族乡、镇设立选举委员会，主持本级人民代表大会代表的选举。……"因此，选举县级人大代表时的选举机构是选举委员会，而非县级人大常委会。B选项错误。

C选项考查选举上一级人大代表时主持选举的机构。我们在分析2015年卷1第63题选项D时作了详细解释，选举上一级人大代表时主持选举的机构与选举本级人大代表时主持选举的机构不同。《选举法》第39条规定："县级以上的地方各级人民代表大会在选举上一级人民代表大会代表时，由各该级人民代表大会主席团主持。"因此，省人大在选举全国人大代表时，是由该省人大主席团主持选举，而非由省人大常委会主持选举（省人大常委会主持本省人大代表的选举）。本选项的判断有一定难度，相信认真研读过2015年真题解析的考生在本选项的判断上不至于"马失前蹄"。

D选项是重点干扰项。该选项考查《选举法》第10条第2款的规定。D选项陈述的内容"选举委员会的组成人员为代表候选人的，应当向选民说明情况"，逻辑上似乎说得通——体现了公开原则，考生很容易受到诱导而作出误判。事实上，《选举法》第10条第2款规定："选举委员会的组成人员为代表候选人的，应当辞去选举委员会的职务。"因此，D选项似是而非。——不认真研读相关法律而想当然，遇到这类试题时，掉进泥潭是自然而然。

易混淆点解析

主持选举的机构

在确定主持选举的机构时，考生需要特别注意是选举本级人大代表还是选举上一级人大代表。

根据选举对象的不同，主持选举的机构分别是：

（1）不设区的市、市辖区、县、自治县、

乡、民族乡、镇设立选举委员会，主持本级人民代表大会代表的选举；

（2）全国人大常委会主持全国人大代表的选举；省、自治区、直辖市、设区的市、自治州的人大常委会主持本级人民代表大会代表的选举；

（3）县级以上的地方各级人大选举上一级人大代表，由该级人大主席团主持。

5. [答案] ACD　　[难度] 难

[考点] 选举制度（代表的罢免、辞职；对破坏选举的制裁）

[命题和解题思路] 本题重点考查选举程序。命题人在设计选项时，精心布置了一个"连环计"：将 A、B 选项并列，利用考生"想当然"的逻辑错误，从"乙县选民有权罢免受贿的该县人大代表"推论出"乙县受贿的人大代表应向其所在选区的选民提出辞职"，从而在正确选 A 的同时误选 B。这两个选项所陈述的内容如果分开（中间夹杂其他选项），就难以达到这种顺水推舟的效果。——此"连环计"的威力一点也不亚于当年"庞统使曹操战舰勾连，而后纵火焚之"的效果，特别是对那些仅差一两分没能通过法考的考生来说更是如此。要避免这种逻辑错误，考生必须时刻保持头脑清醒，明察秋毫！

[选项分析] A 选项考查县级人大代表的罢免问题。《选举法》第 49 条规定："全国和地方各级人民代表大会的代表，受选民和原选举单位的监督。选民或者选举单位都有权罢免自己选出的代表。"《选举法》第 50 条第 1 款紧接着规定："对于县级的人民代表大会代表，原选区选民五十人以上联名，……，可以向县级的人民代表大会常务委员会书面提出罢免要求。"因此，乙县选民有权罢免由其选出的县人大代表。A 选项正确。

B 选项是重点干扰项，考查代表的辞职问题。考生在 B 选项上非常容易犯错误，原因已在解题思路中作了陈述。"乙县选民有权罢免受贿的该县人大代表"（A 选项）并不意味着"乙县受贿的人大代表应向其所在选区的选民提出辞职"（B 选项），这二者之间原本没有逻辑关联，但由于思维惯性和思维惰性的存在，考生很可能不加分析地误认为 B 选项也正确。——事实上，《选举法》第 55 条第 2 款规定："县级的人民代表大会代表可以向

本级人民代表大会常务委员会书面提出辞职，……"据此，乙县受贿的人大代表应向乙县人大常委会提出辞职，而不是向其所在选区的选民提出辞职。因此，B 选项错误。

C 选项考查的是对破坏选举的制裁。《选举法》第 58 条规定："为保障选民和代表自由行使选举权和被选举权，对有下列行为之一，破坏选举，违反治安管理规定的，依法给予治安管理处罚；构成犯罪的，依法追究刑事责任：（一）以金钱或者其他财物贿赂选民或者代表，妨害选民和代表自由行使选举权和被选举权的；……"因此，C 选项正确。

D 选项也是干扰项，是本题的第二道难关。该选项继续考查对破坏选举的制裁。《选举法》第 59 条规定："主持选举的机构发现有破坏选举的行为或者收到对破坏选举行为的举报，应当及时依法调查处理；……"根据这一规定，应当由"主持选举的机构"对贿选行为依法调查处理。问题是，在本题的情境中，"主持选举的机构"是哪个机构呢？关于"主持选举的机构"，根据《选举法》第 9 条的规定，至少有三个备选项，分别是"甲市人大常委会""乙县选举委员会""乙县人大常委会"。另外，《选举法》第 39 条规定："县级以上的地方各级人民代表大会在选举上一级人民代表大会代表时，由各该级人民代表大会主席团主持。"——很多考生都不太注意《选举法》这一条款的规定。那么，主持选举的机构应当是"甲市人大常委会"、"乙县选举委员会"、"乙县人大常委会"还是"乙县人大主席团"？由于 D 选项明确设置了"在选举过程中"的前提条件，即选举乙县的甲市人大代表的过程，因此，主持选举的机构应当是"乙县人大主席团"。因而，D 选项正确。

6. [答案] BD　　[难度] 难

[考点] 选举制度（选举的物质保障、特别行政区全国人大代表的选举、代表的罢免、候选人制度）

[命题和解题思路] 在《选举法》领域，"数字"是个屡试不爽的考查"利器"，命题人都喜欢使用数字检验考生对《选举法》细节问题的熟悉程度。在本题中，命题人再度使用了这一策略。当然，只要考生在复习选举制度时认真准备并留

意《选举法》的细节问题特别是有关数字的规定，A、C、D 三个选项都不难判断。本题的难点在于 B 选项，该选项是关于香港特别行政区全国人大代表的选举，《选举法》对这一问题并未作出明确规定，而是适用全国人大为此专门制定的选举办法。因此，考生需要对该办法的内容有所了解，否则，对该选项的判断就无从下手。

[选项分析] A 选项是本题的重点干扰项。该选项考查的是选举的物质保障问题。《选举法》第 8 条规定："全国人民代表大会和地方各级人民代表大会的选举经费，列入财政预算，由国库开支。"由国库开支，是指国家包括中央与地方财政支出，而不是由机关单位或者选民个人支出。A 选项改动了《选举法》第 8 条中"由国库开支"的完整含义，因而错误。

B 选项考查的是香港特别行政区全国人大代表的选举。关于这一问题，《香港特别行政区基本法》第 21 条规定："香港特别行政区居民中的中国公民依法参与国家事务的管理。根据全国人民代表大会确定的名额和代表产生办法，由香港特别行政区居民中的中国公民在香港选出香港特别行政区的全国人民代表大会代表，参加最高国家权力机关的工作。"《选举法》第 16 条第 3 款规定："香港特别行政区、澳门特别行政区应选全国人民代表大会代表的名额和代表产生办法，由全国人民代表大会另行规定。"据此，在香港、澳门回归祖国后，全国人大多次制定了两个特别行政区选举下一届全国人大代表的办法。

2012 年 3 月，第十一届全国人大五次会议审议通过了《香港特别行政区选举第十二届全国人民代表大会代表的办法》。该办法第 2 条规定："香港特别行政区选举第十二届全国人民代表大会代表由全国人民代表大会常务委员会主持。"该办法第 6 条进一步规定："选举会议第一次会议由全国人民代表大会常务委员会召集，根据全国人民代表大会常务委员会委员长会议的提名，推选十九名选举会议成员组成主席团。主席团从其成员中推选常务主席一人。主席团主持选举会议。主席团常务主席主持主席团会议。"根据这些相关规定，B 选项正确。

C 选项考查人大代表的罢免程序。《选举法》第 51 条第 1 款规定："县级以上的地方各级人民代表大会举行会议的时候，主席团或者十分之一

以上代表联名，可以提出对由该级人民代表大会选出的上一级人民代表大会代表的罢免案。……"因此，C 选项中存在数字错误。

D 选项考查代表候选人的提出。《选举法》第 30 条第 2 款规定："各政党、各人民团体，可以联合或者单独推荐代表候选人。选民或者代表，十人以上联名，也可以推荐代表候选人。……"因此，D 选项正确。

7. [答案] AB　　[难度] 难
[考点] 选举程序（代表的罢免、辞职与补选）
[命题和解题思路] 本题旨在考查考生对我国选举制度的了解和理解程度，特别是对《选举法》相关条文的熟悉程度。命题老师就像一位业余数学家，喜欢用"数字"说话，更喜欢用"数字和数学运算符号"（过半数、30、三分之二、多于）把考生的大脑搞短路。本题的四个选项分别涉及人大代表的辞职、罢免和补选。考生想要作出正确选择，就必须仔细研读《选举法》的相关规定。而《选举法》的规定非常琐细、复杂，单纯的阅读很难记住什么东西。比较好的办法是阅读结合做题，多做选举制度的试题，同时不厌其烦地查阅相关条文，在实际操练中牢牢记住有关的知识点。这样，在考场上再遇到此类题目，就不会"一头雾水"，无从下手。

[选项分析] A 选项考查乡级人大代表的辞职程序。《选举法》第 55 条第 2 款规定："县级的人民代表大会代表可以向本级人民代表大会常务委员会书面提出辞职，乡级的人民代表大会代表可以向本级人民代表大会书面提出辞职。县级的人民代表大会常务委员会接受辞职，须经常务委员会组成人员的过半数通过。乡级的人民代表大会接受辞职，须经人民代表大会过半数的代表通过。接受辞职的，应当予以公告。"根据这一规定，乡级人大接受代表辞职，须经本级人民代表大会过半数的代表通过。因此，A 选项正确。

B 选项考查乡级人大代表的罢免程序。《选举法》第 50 条第 1 款规定："对于县级的人民代表大会代表，原选区选民五十人以上联名，对于乡级的人民代表大会代表，原选区选民三十人以上联名，可以向县级的人民代表大会常务委员会书面提出罢免要求。"因此，B 选项也是正确答案。——对于 B 选项，很多考生不敢选，从而造

成漏选。盖因 B 选项涉及两个知识点；一是罢免乡级人大代表的选民联名人数要求，二是向哪个法律主体提出罢免要求。特别是第二个知识点，如果没有认真阅读过《选举法》的规定，就会拿不准是不是该向县级人大常委会提出罢免要求。——请务必牢记，罢免县乡人大代表，都是向县级人大常委会提出罢免要求，而非向乡级人大提出罢免要求。

C 选项考查县级人大代表的罢免程序。《选举法》第 53 条第 1 款规定："罢免县级和乡级的人民代表大会代表，须经原选区过半数的选民通过。"因此，C 选项表述错误。

D 选项考查人大代表的补选程序。《选举法》第 57 条第 4 款规定："补选出缺的代表时，代表候选人的名额可以多于应选代表的名额，也可以同应选代表的名额相等。补选的具体办法，由省、自治区、直辖市的人民代表大会常务委员会规定。"因此，D 选项表述也不正确。

第三部分 中国法律史

第一章 先秦时期的法律思想与制度

第一节 西周时期的法律思想

📶 **1.** 《孟子·尽心章句上》记载，学生问孟子："舜做天子，如果舜的父亲杀了人，舜该怎么办？"孟子说："应先把他父亲抓起来，然后舜放弃天子之位，夜晚偷偷地背上父亲逃跑。"对此，下列哪一说法是错误的？（2022年回忆版）

A. 古人讲究亲亲尊尊，这是舜尊重自己父亲的表现

B. 舜夜晚背着父亲逃跑，没有利用帝王的权力

C. 案例体现了不能忽视法律的社会意义和伦理意义

D. 舜的做法体现了孝道与守法不能两全

📶 **2.** 《左传》云："礼，所以经国家，定社稷，序民人，利后嗣者也"，系对周礼的一种评价。关于周礼，下列哪一表述是正确的？（2015-1-16）

A. 周礼是早期先民祭祀风俗自然流传到西周的产物

B. 周礼仅属于宗教、伦理道德性质的规范

C. "礼不下庶人"强调"礼"有等级差别

D. 西周时期"礼"与"刑"是相互对立的两个范畴

第二节 礼与刑的关系："出礼入刑"

📶 **1.** 孔子担任鲁国大司寇时，有父子二人前来诉讼，孔子把他们关在一个牢房里，三个月不予审理。后父亲请求终止诉讼，孔子允许，释放二人。季孙氏抱怨孔子为何不杀掉不孝之人以明孝道。孔子回应说，不用孝道来教化民众而随意判决官司，这是滥杀无辜。对此，下列哪一说法是正确的？（2022年回忆版）

A. 这是孔子德主刑辅思想的具体实践

B. 清末礼法之争本质就是礼刑之争

C. 体现了孔子明德慎罚、先礼后诛的思想

D. 刑罚为政教之用和明刑弼教是一致的

📶 **2.** 《汉书·陈宠传》就西周礼刑关系描述说："礼之所去，刑之所取，失礼则入刑，相为表里。"关于西周礼刑的理解，下列哪一选项是正确的？（2017-1-15）

A. 周礼分为五礼，核心在于"亲亲""尊尊"，规定了政治关系的等级

B. 西周时期五刑，即墨、劓、剕（刖）、宫、大辟，适用于庶民而不适用于贵族

C. "礼"不具备法的性质，缺乏国家强制性，需要"刑"作为补充

D. 违礼即违法，在维护统治的手段上"礼""刑"二者缺一不可

第三节 西周契约与婚姻继承法律

📶 **1.** 白居易《井底引银瓶》诗云："……感君松柏化为心，暗合双鬟逐君去。到君家舍五六年，君家大人频有言。聘则为妻奔是妾，不堪主祀奉蘋蘩。终知君家不可住，其奈出门无去处。……"对此，下列哪一说法是正确的？（2020年回忆版）

A. 古代娶妻纳妾都要经过六礼，但妻妾法律地位不同

B. 宗祧制度中，庶子不享有主祭祀权

C. 古代男子休妾适用"七出"，无需适用"三不去"

D. 嫡庶制度到《中华民国民法》出台时事实上已废除

📶 **2.** 西周商品经济发展促进了民事契约关系的发展。《周礼》载："听买卖以质剂"。汉代学者郑玄解读西周买卖契约形式："大市谓人民、牛马之属，用长券；小市为兵器、珍异之物，用短券。"对此，

下列哪一说法是正确的？（2016-1-15）

A. 长券为"质"，短券为"剂"

B. "质"由买卖双方自制，"剂"由官府制作

C. 契约达成后，交"质人"专门管理

D. 买卖契约也可采用"傅别"形式

3. 关于西周法制的表述，下列哪一选项是正确的？（2013-1-16）

A. 周初统治者为修补以往神权政治学说的缺陷，提出了"德主刑辅,明德慎罚"的政治法律主张

B. 《汉书·陈宠传》称西周时期的礼刑关系为"礼之所去，刑之所取，失礼则入刑，相为表里"

C. 西周的借贷契约称为"书约"，法律规定重要的借贷行为都须订立书面契约

D. 西周时期在宗法制度下已形成子女平均继承制

第四节 铸刑书与铸刑鼎

春秋时期，针对以往传统法律体制的不合理性，出现了诸如晋国赵鞅"铸刑鼎"，郑国执政子产"铸刑书"等变革活动。对此，下列哪一说法是正确的？（2016-1-16）

A. 晋国赵鞅"铸刑鼎"为中国历史上首次公布成文法

B. 奴隶主贵族对公布法律并不反对，认为利于其统治

C. 打破了"刑不可知，则威不可测"的壁垒

D. 孔子作为春秋时期思想家，肯定赵鞅"铸刑鼎"的举措

详 解

第一节 西周时期的法律思想

1. [答案] D   [难度] 中

[考点] 西周时期的法律思想（礼法关系）

[命题和解题思路] 本题以《孟子》所记载的经典故事，考查春秋战国时期礼法观念的萌芽，以及法律和道德的冲突及其解决方案。先哲深刻地认识到礼法之间可能出现的冲突，孟子则以一种极有智慧的方式化解了这一冲突。虽然具体做法与当代法律实践不兼容，但其背后反映的**公私分明、礼法融合**的理念却仍然是现代法治实践可以借鉴的。命题人根据这一典故中的礼法理念进

行题目设计，考查考生对这一具体伦理困境中的人伦礼法的深刻领悟，落地有声，难度适宜。考生应当从理念上准确定位西周时期礼法关系的辩证统一。

[选项分析] 中国古代的礼在精神原则上可以归纳为"亲亲"和"尊尊"两方面。亲亲是指在家族范围内，按自己身份行事，不能以下凌上、以疏压亲，而且亲亲父为首，全体亲族成员都应以父家长为中心。舜的父亲犯罪，舜放弃天子之位背着父亲逃跑，体现的正是**舜将其父亲作为行为的中心**，哪怕是放弃自身天子之位。A 选项正确，不当选。

孟子强调舜应当"窃负而逃"，突出的是舜不利用自身天子的独有权力，而是首先尊重法律，将父亲抓起来，其次是放弃天子权力，背负父亲逃跑退隐。舜的做法是**调和礼与法之张力**的一种有益尝试，也体现出孟子追求家国一体性的思想理念："天下之本在国，国之本在家，家之本在身。"（《孟子·离娄上》）。B 选项正确，不当选。

法律虽然是关于人们如何行为的明确规范，但法律的运行既离不开法律所赖以存续的社会环境，也呈现出强烈的道德意义，甚至是引发道德冲突。故人们在调和法律的社会意义和伦理意义的张力上作出了诸多精妙的探索。孟子对舜背父逃亡之故事的言论，体现的正是他对**法律运行（杀人受刑）的严肃性和法律所引发之社会意义（不能枉法和干预执法）和伦理意义（忠孝需两全）**的调和。孟子既没有忽视法律的严肃性，也通过舜的抉择体现了法律的社会意义和伦理意义。C 选项正确，不当选。

孟子认为，舜作为天子不应滥用公权干预皋陶执法，但也不能坐视父亲被法办，为了尽孝道，舜应当把抛弃王位看得如同抛弃破鞋子一样，背着他的父亲逃到海边住下，一辈子欣欣然快乐地忘记天下。在孟子看来尽孝道比得天下还重要，尽孝道比忠于国家还有价值。但这并不意味着孝道与守法不能两全。孟子特别强调了应该先把舜的父亲抓起来，这体现了对法律的尊重。尽管背父逃跑从现代法律的视角来看是逃脱法律的处罚，但孟子举此例的重点显然在于他认为**尽孝和守法能够两全**，只是尽孝更为基础和根本。D 选项错误，当选。

2. ［答案］C　　［难度］中

［考点］先秦法制主要内容（出礼入刑）

［命题和解题思路］本题考查礼的内容和性质以及"礼"与"刑"的关系。命题人选用了《左传》中的一段文字作为对礼的作用的评价，要求考生对四个选项进行辨析。其实，考生只要足够熟悉礼的内容和性质，明白"礼"与"刑"的关系，抛开《左传》的这段文字，也不难找到正确的选项。

［选项分析］A选项考查周礼的起源与发展。礼是中国古代社会长期存在的、维护血缘宗法关系以及宗法等级制度的一系列精神原则和言行规范的总称。礼最初起源于原始社会祭祀鬼神时举行的仪式。商、周两朝在前代礼制的基础上，都有所补充和发展。尤其到了周朝，传说中的"周公制礼"，是在以周公旦为代表的统治阶级主持下，对以往的宗法传统习惯进行补充、整理，制定出一套以维护宗法等级制度为中心的行为规范以及相应的典章制度、礼节仪式。礼的内容和规模在西周有了空前的发展，调整着社会生活的各个方面。A选项的陈述与事实不符，内容错误。

B选项考查周礼的性质。西周时期的礼已具备法的性质。首先，周礼完全具有法的三个基本特性，即规范性、国家意志性和强制性。其次，周礼在当时对社会生活各个方面都有着实际的调整作用。B选项陈述错误。

C选项考查"礼不下庶人、刑不上大夫"原则的含义。"礼不下庶人、刑不上大夫"是中国古代法律中的一项重要法律原则。它强调平民百姓与贵族官僚之间的不平等，强调贵族官僚的法律特权。"礼不下庶人"强调礼有等级差别，禁止任何越礼的行为；"刑不上大夫"强调贵族官僚在适用刑罚上的特权。C选项内容正确。

D选项考查"礼"与"刑"的关系。对西周时期"礼"与"刑"的关系的经典表达是"出礼入刑"。"礼"从正面积极地规范人们的言行，"刑"则从反面对一切违背礼的行为进行处罚。"礼"与"刑"的关系，正如《汉书·陈宠传》所说的"礼之所去，刑之所取，失礼则入刑，相为表里"，两者共同构成西周法律的完整体系。D选项陈述错误。

第二节　礼与刑的关系："出礼入刑"

1. ［答案］A　　［难度］难

［考点］西周时期的法律思想、春秋战国时期的法律思想、清末修律

［命题和解题思路］本题内容出自《孔子家语·始诛》，记载了孔子处理家务纠纷所体现出来的独特智慧与思想。季孙氏与孔子的对话体现出孔子重礼轻刑、德主刑辅的思想。命题人针对德主刑辅、明德慎刑、礼法之争等知识点作出了综合性考查，选项设计难度较高，需要考生对这些概念作出清楚辨析，能够对号入座，明晰背景，才能准确作答。

［选项分析］孔子云："为政以德，譬如北辰，居其所而众星共之。"将"德礼之治"置于"政刑之治"之上，主张国家治理应以德治为终极理想，刑治则等而下之。特别是在子产"铸刑书"之后，孔子评论道："道之以政，齐之以刑，民免而无耻；道之以德，齐之以礼，有耻且格。"这体现出孔子重德治、轻刑治的思想。孔子将父子二人关进牢房不予审理，而没有向季孙氏所建议的那样对子进行惩罚，是想通过教化的方式将礼入心。这是孔子德主刑辅思想的典型体现。A选项正确。

B选项是重点干扰项。中国法制历程中经历两次礼法之争。春秋后期子产"铸刑书"，赵鞅"铸刑鼎"，撞响了礼法之争的晨钟。具有立法救世思想的子产，虽然重视"礼治"的作用，但是他认识到要理顺当时的社会秩序已非"礼治"所能奏效，必须寻求另一种方式，即以法治国。以孔子为代表的儒家则主张礼治为主，认为虽然"法治"具有某些作用，但应当贯彻"德主刑辅"。因此第一次礼法之争的重点在于是法治还是礼治，即礼刑之争。清末礼法之争的重点则在于在引进西方法律观念进行修律的过程中是否应该将传统礼教的内容尽数消除，在于礼是否保留的问题。所以清末礼法之争并不同于礼刑之争。B选项错误。

"明德慎罚"发端于西周时期，建立在"以德配天"政治思想原则基础之上，是对商代统治合法性解释——"帝祖合一"的破除。作为西周法律指导思想，"明德慎罚"是"以德配天""敬天保民"等政治理论在法律思想上的具体细化和自然延伸。"明德慎罚"内含了道德教化与慎用刑罚

两个方面，缺一不可。"敬天保民"重在保民，"明德慎罚"则重在"慎罚"。因此，明德慎罚、先礼后诛并非孔子之原创思想。C选项错误。

《唐律疏议》"名例"篇开宗明义："德礼为政教之本，刑罚为政教之用"。"刑罚为政教之用"强调的是通过刑罚保障德礼的教化功能，本质上是德主刑辅理念的延伸和强化。明刑弼教在经过朱熹的阐述之后，更加突出刑的重要意义，强调要让律法被万民所明喻，让大家都做到知法，然后因为畏法而变得守法，从而达到用礼学教化所不能取得的治理效果。因此，明刑弼教与"刑罚为政教之用"在理念和侧重点上都存在很大差异。D选项错误。

2. [答案] D [难度] 中
[考点] 先秦法制主要内容（出礼入刑）
[命题和解题思路] 本题考查西周时期礼与刑的关系。《汉书·陈宠传》中的这段描述是对西周时期礼、刑关系的经典表达，经常被援引。本题在考查礼刑关系的同时，还附带考查了礼的内容与性质以及"礼不下庶人，刑不上大夫"原则的真实含义。命题人在A、B选项的设计上均采取了"白+黑"（前半段对，后半段错）的表述方式，考生若对相关知识点没有清楚的认识，或者审题不严，都很容易受到诱导而作出错误判断。

[选项分析] A选项考查礼的内容。中国古代的礼有两层含义：一是抽象的精神原则，二是具体的礼仪形式。抽象的精神原则，可归纳为"亲亲"与"尊尊"两个方面。"亲亲"，是要求在家族范围内，按自己的身份行事，不能以上凌下、以疏压亲。"亲亲父为首"，全体亲族成员都应以父家长为中心。"尊尊"，是要求在社会范围内，尊敬一切应该尊敬的人，君臣、上下、贵贱都应以君主为中心。在具体的礼仪形式问题上，西周时期称之为"五礼"：吉礼（祭祀之礼）、凶礼（丧葬之礼）、军礼（行兵打仗之礼）、宾礼（迎宾待客之礼）、嘉礼（冠婚之礼）。因此，A选项的前半段陈述正确，但后半段陈述的"规定了政治关系的等级"遗漏了"亲亲"的内容，忽略了家族关系的等级。因此，A选项错误。

B选项是重点干扰项。明为考查五刑，实为考查考生对"礼不下庶人，刑不上大夫"的理解。众所周知，"礼不下庶人，刑不上大夫"是中国古

代的一项重要法律原则。该原则强调平民百姓与贵族官僚之间的不平等，强调官僚贵族的法律特权。"礼不下庶人"强调礼有等级差别，禁止任何越礼的行为；"刑不上大夫"强调贵族官僚在适用刑罚上享有特权，而并不是说刑罚完全不适用于贵族官僚。与A选项的情况一样，B选项也是前半段对"五刑"的陈述正确，但后半段对刑罚的适用原则陈述错误。B选项不当选。——从司法部公布参考答案后接受异议的情况来看，很多异议者认为B选项正确，理由正是"礼不下庶人，刑不上大夫"。这反映出很多考生没有真正理解该原则的实际内涵。

C选项考查礼的性质。西周时期的礼具备法的性质，具有法的三个基本特征，即规范性、国家意志性和强制性。因此，C选项错误。——有部分异议者认为C选项正确，反映出这部分考生不清楚西周时期的礼具备法的性质。

D选项考查礼与刑的关系。《汉书·陈宠传》的这段描述可简要概括为"出礼入刑"。"礼"正面、积极地规范人们的言行，而"刑"则对一切违背礼的行为进行处罚。"礼"与"刑"二者互为表里，相互补充，共同构成西周法律的完整体系。因此，D选项正确。

> **易混淆点解析**
> 西周的"礼"是否具有"法"的性质
> 周初统治者在夏礼和商礼的基础上，以"亲亲""尊尊"为原则，形成了包括宗法制、分封制和其他国家活动规范在内的各方面的典章制度，以及婚、丧、冠、祭等各种行为规范和仪节，此即传说中的"周公制礼"。因此，礼在西周已具有法的性质，但又不限于法。国家的政治生活、人们的日常言行，以及罪与非罪，统统以礼作为评判的根据。正因如此，礼被认为是"经国家，定社稷，序民人，利后嗣"的最高准则。

第三节 西周契约与婚姻继承法律

1. [答案] B [难度] 中
[考点] 中国古代婚姻家庭制度（六礼；七出；三不去；一夫一妻制；嫡长子继承制）；中华民国法律制度

[命题和解题思路] 本题考查中国古代婚姻家庭制度，涉及"六礼""七出""三不去""一夫

一妻制""嫡长子继承制"等具体制度。命题人在题干中选用了唐代著名诗人白居易的中篇叙事诗《井底引银瓶》的一段诗文，尤其是用其中的"聘则为妻奔是妾，不堪主祀奉蘋蘩"两句，引出了考查对象，要求考生对四个选项进行辨析（这两句诗实际上给考生作了提示，降低了考查难度）。只要熟悉中国古代的婚姻家庭制度，即使抛开题干中的诗文，也不难找到正确的选项。但由于选项 D 同时考查了中华民国法律制度，且其表述具有迷惑性，使得确定正确选项颇为不易。——至于白诗中的"蘋（píng）蘩（fán）"，乃是两种可供食用的水草，古代常用于祭祀。考生即使对之不了解，也不影响本题的解答。

[选项分析] A 选项考查"六礼"和"一夫一妻制"。从西周时期开始，"六礼"就成为婚姻成立的必要条件。合法婚姻必须通过"六礼"程序来完成。"六礼"依次为：（1）纳采（男方请媒人向女方送礼求婚）；（2）问名（男方请媒人问女方名字、生辰等，并卜于宗庙以定吉凶）；（3）纳吉（卜得吉兆后即定婚姻）；（4）纳征（又称纳币，男方使人送聘礼到女方）；（5）请期（商定女方择定婚期）；（6）亲迎（男方迎娶女子到家）。至此，婚礼始告完成，婚姻关系最终成立。不过，需要注意的是，"六礼"适用于娶妻，而不适用于纳妾。这涉及中国古代婚姻缔结的三大原则之一"一夫一妻制"。虽然古代男子可以有姬妾甚至多个，但法定的妻子只能有一个。并且，"嫡庶有别"：嫡是指正妻及其所生子女，庶指姬妾及其所生子女，他们在家庭关系中的地位是不平等的。选项 A 采取了"黑＋白"的表述方式，前半段错误，后半段正确。

B 选项考查"嫡长子继承制"。早在西周时期，在宗法制下已经形成了嫡长子继承制。这种继承主要是政治身份的继承，土地、财产的继承居于其次。在身份继承方面，宗祧继承是核心。宗祧继承是对祖先祭祀权的继承，在本质上是家长权的继承。贯彻这种继承制，首先需要确定祖先的嫡系后嗣。谁是祖先的嫡系后嗣，谁就拥有主祭祀权，谁就是王位或爵位的继承者，财产继承则从属于王位或爵位的继承。由于"嫡庶有别"，嫡长子才享有主祭祀权，庶子不享有主祭祀权，并因此影响到其他继承关系。由此可知，B 选项说法正确。

C 选项考查"七出""三不去"。中国古代解除婚姻的制度称为"七出"，又称"七去"，即不顺父母去、无子去、淫去、妒去、有恶疾者去、多言去、盗窃去。符合这七项之一，夫家即可休妻。但若有以下三种情况，则不可以休妻，即所谓"三不去"：有所娶无所归，不去；与更三年丧，不去；前贫贱后富贵，不去。"三不去"在一定程度上对任意休妻作了限制，这是为了维护宗法伦理的需要。如前所述，在"一夫一妻制"下，一夫一妻才是合法的婚姻。"七出""三不去"均只适用于合法的婚姻关系，并不适用于姬妾。命题人在 C 选项中采取了诱导性表述方式，内容错误。

D 选项为本题重点干扰项。1928 年，南京国民政府开始起草民法典。1930 年 12 月公布了第 4 编"亲属"和第 5 编"继承"。南京国民政府时期的民法典保护传统的婚姻家庭关系。亲属编规定了一夫一妻制，但在结婚的法律效力上采用仪式制，而不采用登记制。司法院的解释例和判例对重婚罪的解释"重婚罪系以正式婚姻之成立为前提"，导致纳妾实际上合法化。在继承编，该民法典虽然废止了过去的宗祧继承制度，明定配偶之间有相互继承遗产的权利，但事实上的嫡庶制度依然存在。D 选项的表述具有很大的迷惑性，内容错误。

2. [答案] A　　[难度] 中
[考点] 先秦法制主要内容（西周契约法律）

[命题和解题思路] 本题考查西周的契约法制，对相关知识点记忆的准确性要求较高。考生必须准确掌握西周的买卖契约和借贷契约及其区别，才可能做出正确选择。好在命题人在题干中摘录了一段汉代学者郑玄所著《三礼注》对西周买卖契约形式的解释，帮助考生理解西周的契约法制，从而大大降低了本题的难度。

[选项分析] 西周的买卖契约称为"质剂"。这种契约写在简牍上，一分为二，双方各执一份。根据《周礼》记载和郑玄所著《三礼注》的解释，"质"和"剂"是有区别的。"质"，是买卖奴隶、牛马所使用的较长的契券；"剂"，是买卖兵器、珍异之物所使用的较短的契券。"质"和"剂"皆由官府制作，并由"质人"即市场管理人员专门管理。由此可知，A 选项正确，B、C 选

项错误。——C选项的错误在于"质剂"由"质人"专门管理，而非交"质人"专门管理。

D选项是重点干扰项。西周的借贷契约称为"傅别"。《周礼》载："听称责（责同债）以傅别。"为了保证债的履行，要求当事人订立契约"傅别"。"傅"，是把债的标的和双方的权利义务写在契券上；"别"，是在简札中间写字，然后一分为二，双方各执一半，札上的字为半文。D选项将买卖契约和借贷契约相混淆，内容错误。

3. [答案] B　　[难度] 中

[考点] 西周法制思想（以德配天、明德慎罚、德主刑辅）、先秦法制主要内容（出礼入刑、契约与婚姻继承法律）

[命题和解题思路] 本题考查西周的法制思想和法制内容。命题人使用了惯用的"偷梁换柱"和"无中生有"（A、C选项）之招数，诱导考生做出错误判断。考生若能细心地避开命题人的这两板斧，就能探骊取珠，摘得"分数"归。

[选项分析] A选项考查西周的法制思想。为谋求长治久安，周初统治者继承了夏商以来的天命观。同时，为修补以往神权政治学说的缺漏，并确定周王朝新的统治策略，进一步提出了"以德配天，明德慎罚"的政治法律主张。这里的"天"仍是夏商以来一直尊奉的"上天"，但周初统治者认为，"上天"只把统治人间的"天命"交给有"德"者；一旦统治者失德，就会失去上天的庇佑，新的有德者即可取而代之。因此，作为君临天下的统治者应该"以德配天"。在这种政治观念支配下，周初统治者为实践"以德配天"，进而提出了"明德慎罚"的法律主张，要求统治者首先用"德教"的办法治理国家，也就是通过道德教化的办法使天下人民臣服，在适用法律、实施刑罚时应该宽缓、谨慎，而不应一味地用严刑峻罚迫使臣民服从。"以德配天，明德慎罚"的主张代表了西周初期统治者的基本政治观和治国方针。这一思想深深植根于中国传统政治法律理论中，被后世奉为政治法律制度理论的圭臬。A选项中所说的"德主刑辅"，是汉代中期以后才被儒家从"以德配天，明德慎罚"的主张发挥而成的基本策略。因此，A选项不正确。

B选项考查西周时期的礼刑关系。西周时期的礼刑关系为"出礼入刑"。"礼"从正面积极地规范人们的言行，"刑"则对一切违背礼的行为进行处罚。其关系正如《汉书·陈宠传》所说的"礼之所去，刑之所取，失礼则入刑，相为表里"，两者共同构成西周法律的完整体系。因此，B选项正确。

C选项是干扰项，该选项考查西周时期的契约。西周的借贷契约称为"傅别"。"傅"，是把债的标的和双方的权利义务写在契券上；"别"，是在简札中间写字，然后一分为二，双方各执一半，札上的字为半文。故而，C选项把西周的借贷契约称为"书约"，又声称法律规定重要的借贷行为都须订立书面契约，这种"无中生有"的说法是把后世乃至现代的法律原则和精神"穿越"到了西周，是命题人故意诱导考生作出错误判断。

D选项考查西周宗法制下的继承制度。西周时期已经形成宗法制下的嫡长子继承制，即《春秋公羊传·隐公元年》所谓的"立嫡以长不以贤，立子以贵不以长"。D选项的陈述显然错误。

易混淆点解析

"德主刑辅"法制思想的形成时间。由于"德主刑辅"的法制思想在中国历史上占支配地位的时间较长，很多考生想当然地认为中国历史上一直奉行"德主刑辅"。命题人常常利用这种错误设下陷阱和埋伏。事实上，汉代中期以后（汉武帝时期），"德主刑辅，礼刑并用"才成为汉朝的治国方略。此后，德与刑的关系又有发展变化。唐代实现了礼与律的统一。宋朝以后，程朱理学对"明刑弼教"作了新的阐释，有意提高了礼、刑关系中刑的地位，强调礼法二者对治国同等重要，"不可偏废"。这实际上是借"弼教"之口实，为明清推行重典治国政策提供思想理论依据。

第四节　铸刑书与铸刑鼎

[答案] C　　[难度] 中

[考点] 先秦法制主要内容（铸刑书与铸刑鼎）

[命题和解题思路] 本题考查春秋时期的"铸刑书"与"铸刑鼎"。命题人在进行选项设计时，既注重考查考生对相关知识点记忆的准确程度（A选项），又注重考查考生对春秋时期公布成文法的

时代背景和历史意义的理解程度（B、C、D 选项）。这意味着考生对相关知识点的掌握必须全面、深入、准确，才能对本题作出正确解答。

[选项分析] A 选项考查中国历史上首次公布成文法。春秋时期，随着社会关系的变迁，传统的法律体制越来越暴露出其不合理性。首先，以前那种不公开、不成文的法律体制与新兴地主阶级的利益相冲突。其次，这种法律体制在形式上保守，内容上陈旧，已不能适应社会变革的新形势，无法满足新的社会关系的发展要求。因此，春秋中期以后，打破旧的传统、公布成文法的活动便在一些诸侯国出现。公元前 536 年，郑国执政子产将郑国的法律条文铸在象征诸侯权位的金属鼎上，向全社会公布，史称"铸刑书"，这是中国历史上第一次公布成文法的活动。公元前 513 年，晋国赵鞅把前任执政范宣子所编刑书正式铸于鼎上，公之于众，这是中国历史上第二次公布成文法的活动，史称"铸刑鼎"。因此，A 选项的陈述错误。

B 选项考查春秋时期公布成文法的时代背景。"临事制刑，不预设法"，是奴隶主贵族的一个法制原则。新兴地主阶级公布成文法，严重冲击了旧贵族以言代法的特权，必然引起守旧势力的激烈非难和反抗。郑国"铸刑书"后，旧贵族的代表人物叔向便坚决反对。他在给子产的信中警告说："国将亡，必多制，其此之谓乎！"子产的新政当时遭到了激烈的反对。《左传·襄公三十年》

记载，奴隶主贵族强烈怨恨子产，有人甚至叫嚷："孰杀子产，吾其与之！"但事实证明子产的改革是符合历史潮流的，不久之后，众人又同声称赞子产，以致担心"子产死后，孰其嗣之？"郑国舆论对子产的评价，前后截然不同，是包括公布刑书在内的改革源流不可阻挡的生动写照。因此，B 选项陈述错误。

C 选项考查春秋时期公布成文法的历史意义。春秋各国立法，已无可考，但"铸"而后公之于众，否定了"刑不可知，则威不可测"的司法专横弊端，限制了奴隶主贵族的特权，为后来法家主张"明法""事断于法"的法治理论和实践提供了思想资料和斗争借鉴，并对后世封建法制的发展具有深远的影响。C 选项内容正确。

D 选项是重点干扰项。在郑国"铸刑书"之后，晋"铸刑鼎"同样遭到了守旧势力的顽抗。孔子抨击说："晋其亡乎，失其度矣！"孔子所谓的"度"，即从晋国始祖康叔以来旧贵族世代相传的法度。孔子和叔向反对公布成文法，同样提到这样做足以导致"亡国"的高度来论证问题的严重性。孔子甚至比叔向更进一步，认为刑鼎从形式到内容都背弃了周天子的法度——"贵贱不愆"。孔子认为，如果贵贱无序的状况合法化了，大众都要求按刑鼎的新内容解决问题，势必自下而上地加剧礼崩乐坏的局面。由此可知，孔子作为奴隶主贵族的代表人物，对"铸刑书"和"铸刑鼎"的做法都持反对态度，D 选项陈述错误。

第二章 秦汉时期的法律思想与制度

试 题

📶 1. 关于中国古代法律制度的发展和演进，下列哪一表述是错误的？（2018 年回忆版）

A. 商鞅"改法为律"，扩充了法律内容，强调了法律规范的普遍性

B. 汉武帝顺应历史发展，废除肉刑，进行刑制改革，为建立封建刑罚制度奠定了重要基础

C. 三国两晋南北朝时期更广泛、更直接地把儒家的伦理规范上升为法律规范，使礼、法更大程度上实现融合

D. 清末变法修律基本上是仿效外国资本主义

的法律形式，固守中国的封建法制传统

📶 2. 秦统治者总结前代法律实施方面的经验，结合本朝特点，形成了一些刑罚适用原则。对于秦律原则的相关表述，下列哪一选项是正确的？（2017-1-16）

A. 关于刑事责任能力的确定，以身高作为标准，男、女身高六尺二寸以上为成年人，其犯罪应负刑事责任

B. 重视人的主观意识状态，对故意行为要追究刑事责任，对过失行为则认为无犯罪意识，不予追究

C. 对共犯、累犯等加重处罚，对自首、犯后主动消除犯罪后果等减轻处罚

D. 无论教唆成年人、未成年人犯罪，对教唆人均实行同罪，加重处罚

3. 秦律明确规定了司法官渎职犯罪的内容。关于秦朝司法官渎职的说法，下列哪一选项是不正确的？（2014-1-16）

A. 故意使罪犯未受到惩罚，属于"纵囚"

B. 对已经发生的犯罪，由于过失未能揭发、检举，属于"见知不举"

C. 对犯罪行为由于过失而轻判者，属于"失刑"

D. 对犯罪行为故意重判者，属于"不直"

详　解

1. ［答案］B　　　［难度］易

［考点］商鞅变法、文景帝废除肉刑、魏晋南北朝时期的法律思想与制度、清末变法修律

［命题和解题思路］本题是一道综合性试题，考查内容横跨先秦、汉代、魏晋南北朝时期的法律思想与制度直到清末变法修律。对于这种试题，押题策略一般不能奏效，因而，这种试题类型可以较好地甄别出考生掌握中国法律史的真实程度。正确解答本题，要求考生对中国法律史必须有全面的了解。

［选项分析］选项 A 考查商鞅变法。公元前 359 年，秦孝公任用商鞅实施变法改革。商鞅变法的主要内容之一是改法为律，扩充法律内容。商鞅"改法为律"，强调了法律规范的普遍性，是法律观念上的一大进步。选项 A 陈述正确，不当选。

选项 B 考查文景帝废除肉刑。汉代文帝、景帝时期废除肉刑的刑制改革，顺应了历史发展，为结束奴隶制肉刑制度、建立封建刑罚制度奠定了重要基础，在中国法制发展史上具有重要意义。命题人采取其惯用的"偷梁换柱"手法，利用"汉武帝"的大名，试图诱导考生作出错误判断。选项 B 内容错误，为本题当选项。

选项 C 考查三国两晋南北朝时期法典内容的发展变化。三国两晋南北朝时期，随着社会政治经济关系的变化，法律内容也有所发展，主要表现为礼法结合的进一步发展。也就是说，在汉代中期以后的上请与恤刑、亲亲得相首匿等法律儒家化的基础

上，更广泛、更直接地把儒家伦理规范上升为法律规范，使礼、法更大程度上实现融合，具体表现为"八议"入律与"官当"制度确立、"重罪十条"的产生、刑罚制度改革、"准五服制罪"的确立等方面。选项 C 陈述正确，不当选。

选项 D 考查清末变法修律的主要特点。在立法指导思想上，清末修律自始至终贯穿着"仿效外国资本主义法律形式，固守中国封建法制传统"的方针。或者说，借用西方近现代法律制度的形式，坚持中国固有的封建法律制度内容，是统治者变法修律的基本宗旨。选项 D 陈述正确，不当选。

2. ［答案］C　　　［难度］易

［考点］秦汉律的主要内容（罪名与刑罚）

［命题和解题思路］本题考查秦代的刑罚适用原则。秦朝统治者经过长期的司法实践，总结前代经验，结合本朝特点，围绕犯罪主体、客体、动机和后果以及其他因素形成了一些刑罚适用原则。命题人以这些刑罚适用原则为基础展开选项设计，要求考生在复习秦朝法制时对相关知识点记忆准确，特别是对刑事责任能力的确定、故意与过失的区分、加重处罚和减轻处罚的情形等，做到心中有数。

［选项分析］A 选项是重点干扰项，该选项考查秦朝对刑事责任能力的确定标准。秦律规定，凡属未成年人犯罪，不负刑事责任或减轻刑事处罚。秦律以身高判定是否成年，以六尺五寸为成年身高标准，低于六尺五寸的为未成年人。A 选项对身高标准的陈述有误，不当选。

B 选项考查故意与过失的区分。秦律重视故意与过失犯罪的区别。根据《秦简·法律答问》，故意诬告者，实行反坐；主观上没有故意的，按告"不审"从轻处理，并非不予追究。B 选项陈述错误。

C 选项考查加重处罚与减轻处罚的情形。相较于个体犯罪，秦律对共同犯罪处罚从重。本身已犯罪，再犯诬告他人罪者，加重处罚。除耐为隶臣外，还要判处城旦苦役 6 年。也就是说，对共犯、累犯加重处罚。对有自首情形者，则减轻处罚。犯罪后能主动消除犯罪后果的，也可以减免处罚。因此，C 选项正确。

D 选项考查教唆犯罪加重处罚的原则。秦律

规定，教唆未成年人犯罪，加重处罚。现有文献未见有教唆成年人犯罪也加重处罚的规定。D 选项陈述错误。

3. ［答案］B　　　［难度］中

［考点］秦汉律的主要内容（罪名与刑罚）

［命题和解题思路］本题考查秦代的罪名与刑罚。秦代法律所规定的罪名极为繁多，且尚无系统分类，更未形成较为科学的罪名体系。有关司法官渎职犯罪的规定，记载于现有文献《睡虎地秦墓竹简》和《史记·秦始皇本纪》中。法考辅导用书对这两种文献的相关规定作了简要概括。本题要求考生对相关知识点记忆准确。

［选项分析］A 选项考查"纵囚"的含义。《睡虎地秦墓竹简》记载，应当论罪而故意不论罪，以及设法减轻案情，故意使案犯达不到定罪标准，从而判其无罪，是为"纵囚"。A 选项内容正确，不当选。

B 选项考查"见知不举"的含义。《史记·秦始皇本纪》记载了秦代禁书令之规定，"有敢偶语《诗》《书》者，弃市。以古非今者，族。吏见知不举者，与同罪"。由此可知，见知不举罪不以过失为要件。B 选项陈述错误，为当选项。

C 选项考查"失刑"的含义。"失刑"罪，指因过失而量刑不当（若为故意，则构成"不直"罪）。C 选项内容正确，不当选。

D 选项考查"不直"的含义。《睡虎地秦墓竹简》记载，罪重而故意轻判，罪轻而故意重判，是为"不直"。D 选项内容正确，不当选。

第三章　魏晋南北朝时期的法律思想与制度

试　题

1. 《晋书·刑法志》载，晋元帝审问一案，主张鞭父母以问子女。卫展上书："相隐之道离，则君臣之义废。君臣之义废，则犯上之奸生矣。"对此，下列哪一说法是正确的？（2023 年回忆版）

A. 晋元帝重伦理轻法律

B. 亲亲相隐在东晋已成为正式法律制度

C. 亲情伦理可以抗御刑讯

D. 伦理与刑罚之间存在冲突

2. "名例律"作为中国古代律典的"总则"篇，经历了发展、变化的过程。下列哪一表述是不正确的？（2013-1-18）

A. 《法经》六篇中有"具法"篇，置于末尾，为关于定罪量刑中从轻从重法律原则的规定

B. 《晋律》共 20 篇，在刑名律后增加了法例律，丰富了刑法总则的内容

C. 《北齐律》共 12 篇，将刑名与法例律合并为名例律一篇，充实了刑法总则，并对其进行逐条逐句的疏议

D. 《大清律例》的结构、体例、篇目与《大明律》基本相同，名例律置首，后为吏律、户律、礼律、兵律、刑律、工律

详　解

1. ［答案］C　　　［难度］难

［考点］魏晋南北朝时期的法律思想与制度

［命题和解题思路］本题事例来自《晋书·刑法志》。原文记载如下：而河东卫展为晋王大理，考摘故事有不合情者，又上书曰："今施行诏书，有考子正父死刑，或鞭父母问子所在。近主者所称《庚寅诏书》，举家逃亡家长斩。若长是逃亡之主，斩之虽重犹可。设子孙犯事，将考祖父逃亡，逃亡是子孙，而父祖婴其酷。伤顺破教，如此者众。相隐之道离，则君臣之义废；君臣之义废，则犯上之奸生矣。……今诏书宜除者多，有便于当今，著为正条，则法差简易。"从这个记载中可以解读出很多信息。命题人并未拘泥于辅导用书中的知识点，而是结合题干内容进行考查，让考生身临其境地进行判断分析。如果考生套用知识点，很容易出错，比如 B 选项。**"亲亲得首匿"在汉宣帝时期确立，但从晋元帝对亲亲相隐的态度来看，该制度并未在东晋成为正式法律制度。**所以考生需要灵活应对材料和选项。

［选项分析］A 选项具有一定的干扰性。从第一句话来看，晋元帝是支持对父母进行刑讯逼供的。虽然在卫展上书后改变了心意，但在晋元帝

看来，显然是法律比伦理更为重要。因此，A 选项是错误的。在考试中，考生务必认真审题，特别是题干中给出的关键信息，切不可想当然地作出选择。

B 选项考查亲亲相隐制度的发展变迁。尽管"亲亲得首匿"在汉宣帝时期得以确立，且对后世产生较大影响。但从史实来看，亲亲相隐制度的正式确立并非一蹴而就，且在不同的朝代有不同的制度设置。即使考生对这一制度了解不多，从题干所给信息可以看出，哪怕晋元帝这种一国之君尚且不认可亲亲相隐，更不用说把它作为一种正式的法律制度。B 选项错误。

C 选项考查伦理对刑罚的影响。虽然亲亲相隐制度不是一项正式法律制度，但从卫展的上奏和晋元帝的回应看，伦理确实对刑罚产生了较大影响，这也是自汉代以来的儒家法律化的延续，伦理因素可以成为抗御刑讯的正当理由。卫展所提出"相隐之道离，则君臣之义废"非常鲜明地体现了这一立场。C 选项正确。

D 选项可与 C 选项对照。尽管从现代人的角度来看，亲情伦理和刑罚之间存在冲突，这也是亲亲相隐制度在现代法治下没有存在空间的原因。但在礼法合一的传统下，伦理和刑罚在一定程度上可以融合。无论是"准五服以制罪"，还是"亲亲得首匿"，都是伦理和刑罚之间实现融合的制度体现。D 选项错误。

2. ［答案］C　　［难度］难

［考点］先秦法制主要内容（《法经》）、魏晋南北朝时期法典的发展变化（名例律）、清律与例（《大清律例》）

［命题和解题思路］本题是一道综合性试题，难度较大。命题人以"名例律"的发展变化为主线，通过对《法经》《晋律》《北齐律》和《大清律例》的描述，考查考生把握中国法律史发展进

程的概括能力。解答本题，既需要记忆准确，又需要善于分析，找到选项中隐藏的错误。

［选项分析］A 选项是关于《法经》的描述。《法经》是中国历史上第一部比较系统的成文法典。它是战国时期魏文侯的相国李悝在总结春秋以来各国成文法的基础上制定的，在中国立法史上具有重要地位。《法经》共六篇，按序分别为《盗法》《贼法》《网法》《捕法》《杂法》和《具法》。其中，《具法》是关于定罪量刑中从轻从重法律原则的规定，起着"具其加减"的作用，相当于近代刑法典中的总则部分。A 选项内容无误。

B 选项是关于《晋律》的描述。《晋律》为晋武帝泰始三年颁布，又称《泰始律》。《晋律》对汉魏法律进行改革，精简法律条文，形成了 20 篇 602 条的格局。与魏律相比，在刑名律后增加法例律，丰富了刑法总则的内容。同时对刑律分则部分重新编排，向"刑宽""禁简"的方向迈进了一大步。B 选项内容无误。

C 选项是关于《北齐律》的描述。北齐政权全面总结历代立法经验，历经十余年修成当时最有水准的法典《北齐律》。《北齐律》共 12 篇，将刑名与法例合为名例律一篇，充实了刑法总则；精练了刑法分则，分为 11 篇，即禁卫、户婚、擅兴、违制、诈伪、斗讼、贼盗、捕断、毁损、厩牧、杂律。《北齐律》在中国法制史上起着承先启后的作用，对后世的立法影响深远。因此，C 选项前半段的陈述是正确的，但其后半段"并对其进行逐条逐句的疏议"则不符合史实。因为当时并没有对《北齐律》进行逐条逐句的疏议。对律法进行逐条逐句的疏议，是后世唐高宗永徽年间由长孙无忌等人所做的工作，其成果称为《永徽律疏》，又称《唐律疏议》。因此，C 选项陈述错误，为当选项。

D 选项是关于《大清律例》的陈述，其内容正确无误。

第四章　西周、秦汉司法制度

试 题

🔖 **1.** 成语中也有法律。关于对中国古代法律的描述，下列哪一说法是正确的？（2020 年回忆版）

A. 谋财害命："谋财"是指"盗"，"害命"是指"贼"，这是古代两个重要法律制度

B. 大逆不道："大逆不道"是"十恶不赦"之首罪，因危害皇权，为常赦所不原

C. 三堂会审：表示古代审判案件实行三审终审

D. 约法三章：指汉初沿袭秦制，实行严刑峻罚以巩固统治秩序

📶 **2.** 董仲舒解说"春秋决狱"："春秋之听狱也，必本其事而原其志；志邪者不待成，首恶者罪特重，本直者其论轻。"关于该解说之要旨和倡导，下列哪些表述是正确的？（2013-1-57）

A. 断案必须根据事实，要追究犯罪人的动机，动机邪恶者即使犯罪未遂也不免刑责

B. 在着重考察动机的同时，还要依据事实，分别首犯、从犯和已遂、未遂

C. 如犯罪人主观动机符合儒家"忠""孝"精神，即使行为构成社会危害，也不给予刑事处罚

D. 以《春秋》经义决狱为司法原则，对当时传统司法审判有积极意义，但某种程度上为司法擅断提供了依据

详 解

1. ［答案］A ［难度］易

［考点］"盗""贼"、十恶、中国古代的司法机构、秦汉时期的法律思想与制度

［命题和解题思路］本题考查考生灵活运用中国法律史知识的能力。此题无须死记硬背，但需要明白个别成语的现代含义和古代含义之差异。

［选项分析］A选项考查法律史上的"盗""贼"。李悝认为，"王者之政莫急于盗贼"，故在制定《法经》时将《盗法》和《贼法》两篇列为法典之首。受汉晋律学思想的影响，《晋书·刑法志》载，"无变斩击谓之贼……取非其物谓之盗"。"谋财害命"指的正是"盗""贼"这两个古代的重要法律制度。A选项正确。

B选项考查"十恶"。"大逆不道"现在泛指罪大恶极，但"谋大逆""不道"是两个独立的罪名。"谋大逆"是指图谋破坏国家宗庙、皇帝陵寝以及宫殿的行为；"不道"是指杀一家非死罪三人、肢解人及造畜蛊毒、厌魅的行为。前者为侵犯皇权与特权的犯罪，后者为违反伦理与纲常的犯罪。唐律规定，凡犯十恶者，不适用八议等规定，且为常赦所不原。因此，发展出后来的成语"十恶不赦"。B选项错误。

C选项考查中国古代的司法机构。隋唐时期，皇帝以下设大理寺、刑部、御史台三大司法机构，执行各自司法职能。唐代中央或地方发生重大案件时，由刑部侍郎、御史中丞、大理寺卿组成临时最高法庭审理，称为"三司推事"。有时地方发生重案，不便解往中央，则派大理寺评事、刑部员外郎、监察御史为"三司使"，前往审理。民间俗称"三堂会审"，即指古代三个司法机构联合断案。到明清时期，御史台被废除，改设都察院，三堂指的是刑部、大理寺和都察院。C选项错误。

D选项考查秦汉时期的法律思想与制度。秦朝末年，刘邦占领咸阳后，与民约法三章，"杀人者死，伤人及盗抵罪"，一改秦朝严刑峻罚、法令"多如牛毛、密如凝脂"的做法。汉初，因多年战乱，需要休养生息，故黄老思想一直居于统治地位。文帝、景帝时期，仍以黄老"无为"为立法的指导思想。直到汉武帝时期，即汉代中期以后，法制思想才发生重大变化。D选项的描述与史实不符，内容错误。

2. ［答案］ABD ［难度］中

［考点］汉代司法制度（春秋决狱）

［命题和解题思路］本题选取董仲舒在《春秋繁露》中对"春秋决狱"的解说，阐述了"论心定罪"的原则，以此考查考生对汉代司法"春秋决狱"的理解和把握。解答本题需要具有一定的古汉语功底，并全面了解"春秋决狱"的积极意义和消极影响。

［选项分析］汉代的春秋决狱是法律儒家化在司法领域的反映，其特点是依据儒家经典《春秋》等著作中提倡的精神原则审判案件，而不仅仅依据汉律进行审判。董仲舒在《春秋繁露》中对"春秋决狱"所作的这段解说，其要旨是：必须根据案情事实，追究行为人的动机；动机邪恶者即使犯罪未遂也不免刑责；首恶者从重惩治；主观上无恶念者从轻处理。董仲舒之解说强调审判时应重视行为人的主观动机；在着重考察动机的同时，还要依据事实，分别首犯、从犯和已遂、未遂。西汉另一学者桓宽所著《盐铁论·刑德》中认为："春秋之治狱，论心定罪。志善而违于法者免，志恶而合于法者诛。"更指出其以犯罪者的主观动机"心""志"定罪，此为中肯

之论。春秋决狱即实行"论心定罪"的原则，如果犯罪人主观动机符合儒家"忠""孝"精神，即使其行为构成社会危害，也可以减免刑事处罚。相反，犯罪人主观动机严重违背儒家倡导的精神，即使没有造成严重危害后果，也要认定为犯罪给予严惩。以《春秋》经义为司法原则，对传统司法审判是一种积极的补充。但是，如果专以主观动机"心""志"的"善恶"，判断有罪无罪或罪行轻重，也往往会成为**司法官吏主观臆断和陷害无辜的口实**，在某种程度上为司法擅断提供了依据。因此，选项 ABD 的内容皆正确。

C 选项与董仲舒的解说不符。董仲舒认为，"本直者其论轻"，意思是说如果犯罪人主观动机符合儒家"忠""孝"精神，即使其行为构成社会危害，也可以减免刑事处罚，并不是说不予处罚。C 选项内容有误。

第五章 永徽律疏与中华法系

试 题

第一节 《永徽律疏》的颁行

1. 元代人在《唐律疏议序》中说："乘之（指唐律）则过，除之则不及，过与不及，其失均矣。"表达了对唐律的敬畏之心。下列关于唐律的哪一表述是错误的？（2016-1-17）

A. 促使法律统治"一准乎礼"，实现了礼律统一

B. 科条简要、宽简适中、立法技术高超，结构严谨

C. 是我国传统法典的楷模与中华法系形成的标志

D. 对古代亚洲及欧洲诸国产生了重大影响，成为其立法渊源

2. 《唐律疏议·贼盗》载"祖父母为人杀私和"疏："若杀祖父母、父母应偿死者，虽会赦，仍移乡避仇。以其与子孙为仇，故令移配。"下列哪些理解是正确的？（2013-1-56）

A. 杀害同乡人的祖父母、父母依律应处死刑者，若遇赦虽能免罪，但须移居外乡

B. 该条文规定的移乡避仇制体现了情法并列、相互避让的精神

C. 该条文将法律与社会生活相结合统一考虑，表现出唐律较为高超的立法技术

D. 该条文侧面反映了唐律"礼律合一"的特点，为法律确立了解决亲情与法律相冲突的特殊模式

第二节 唐律的特点与中华法系

1. 唐朝张甲夜间去王乙地里偷瓜，饱足后跑到酒肆偷酒，后又爬墙进入李丙家偷窃，因酒劲过盛而昏迷，被李丙发现后殴打致死。对此，下列哪一说法是正确的？（2023 年回忆版）

A. 张甲偷盗西瓜数量较少，应为无罪

B. 张甲若自首不尽，则不能免除刑罚

C. 张甲进入李丙家未行窃，应为无罪

D. 李丙杀死张甲，是防卫，应为无罪

2. 《唐律疏议·户婚》曰："诸许嫁女，已报婚书及有私约，而辄悔者，杖六十。男家自悔者，不坐，不追聘财。"一男子欲聘女子，许与聘礼，女方接受。结婚当日，女方将全部聘礼用来大宴亲朋，男方认为女方奢侈，不适合成家，欲悔婚。对此，下列哪一说法是正确的？（2022 年回忆版）

A. 女若悔婚，杖责六十，退聘财

B. 限制悔婚体现对女方权益之保障

C. 女方宴请时婚姻已成立

D. 男可悔婚，聘财不退

3. 中国古代关于德与刑的关系理论，经历了一个长期的演变和发展过程。下列哪些说法是正确的？（2014-1-56）

A. 西周时期确立了"以德配天，明德慎罚"的思想，以此为指导，道德教化与刑罚处罚结合，形成了当时"礼""刑"结合的宏观法制特色

B. 秦朝推行法家主张，但并不排斥礼，也强调"德主刑辅，礼刑并用"

C. 唐律"一准乎礼，而得古今之平"，实现

了礼与律的有机统一，成为了中华法系的代表

D. 宋朝以后，理学强调礼和律对治理国家具有同等重要的地位，二者"不可偏废"

第三节 类推原则

🔖 **1.** 唐永徽年间，一男子中举，但未配官职，为一大户人家做婿，后以无子为由向官府诉妻子无子，欲休妻。官说：无子犯了七出，可休妻。妻问：法有无规定多少无子可休妻，我三十。官说：几岁无子可休妻，确无法规定，但可引其他法说明，按嫡权法，五十岁无嫡立庶为嫡，所以四十九岁以上无子可休妻。对此，下列哪一说法是正确的？（2022年回忆版）

A. 男子可适用无子规定休妻

B. 县令以嫡权法说明，比附类推，引援合法

C. 男子违反了初时贫后富贵的三不去原则

D. 妻没有儿子但有女儿，不算无子

🔖 **2.** 《唐律·名例律》规定："诸断罪而无正条，其应出罪者，则举重以明轻；其应入罪者，则举轻以明重。"《唐律疏议》对此解释说："案《贼盗律》：'谋杀期亲尊长，皆斩。'无已杀、已伤之文，如有杀伤者，举始谋是轻，尚得死罪；杀及谋而已伤是重，明从皆斩之坐。……"据此，下列哪些说法是正确的？（2021年回忆版）

A. 对律文无明文规定的同类案件，凡应减轻处罚的，则列举重罪处罚规定，比照以解决轻案，这是"举重以明轻"

B. 凡应加重处罚的罪案，则列举轻罪处罚规定，比照以解决重案，这是"举轻以明重"

C. "举重以明轻""举轻以明重"原则的确立，在很大程度上保证了律文的简约，体现出唐律在立法技术方面的发达

D. 唐律中的"轻重相举"之法是类推原则的体现

🔖 **3.** 唐永徽年间，甲由祖父乙抚养成人。甲好赌欠债，多次索要乙一祖传玉坠未果，起意杀乙。某日，甲趁乙熟睡，以木棒狠击乙头部，以为致死（后被救活），遂夺玉坠逃走。唐律规定，谋杀尊亲处斩，但无致伤如何处理的规定。对甲应当实行下列哪一处罚？（2015-1-17）

A. 按"诸断罪而无正条，其应入罪者，则举

轻以明重"，应处斩刑

B. 按"诸断罪而无正条，其应出罪者，则举重以明轻"，应处绞刑

C. 致伤未死，应处流三千里

D. 属于"十恶"犯罪中的"不孝"行为，应处极刑

🔖 **4.** 《唐律·名例律》规定："诸断罪而无正条，其应出罪者，则举重以明轻；其应入罪者，则举轻以明重"。关于唐代类推原则，下列哪一说法是正确的？（2014-1-17）

A. 类推是适用法律的一般形式，有明文规定也可"比附援引"

B. 被类推定罪的行为，处罚应重于同类案件

C. 被类推定罪的行为，处罚应轻于同类案件

D. 唐代类推原则反映了当时立法技术的发达

详 解

第一节 《永徽律疏》的颁行

1. ［答案］D ［难度］易

［考点］永徽律疏与中华法系

［命题和解题思路］本题考查唐律的主要特点和历史地位。众所周知，礼与法的结合从汉朝开始，经魏晋南北朝不断发展，到唐律达到完善，"礼律统一"是唐律的基本特点。命题人在题干中又援引元人对《唐律疏议》的评价"乘之则过，除之则不及，过与不及，其失均矣"，给考生提供了线索提示。据此，ABC三个选项的正确性都很容易作出判断。D选项中的"欧洲诸国"因而成为检验考生对唐律之影响的理解程度的试金石。

［选项分析］A选项考查唐律的基本特点。唐朝承袭和发展了以往礼法并用的统治方法，使得法律统治"一准乎礼"，真正实现了礼与律的统一。正如唐太宗所说："失礼之禁，著在刑书。"把封建伦理道德的精神力量与政权的强力统治紧密地糅合在一起，法的强制力加强了礼的约束作用，礼的约束力则增强了法的威慑力量，像坚实构筑的"钢筋混凝土"一样有力地维护了唐王朝的统治。因此，A选项内容正确，不当选。

唐律具有科条简要、宽简适中的特点。以往秦汉法律，向以繁杂著称。唐律沿袭隋制，实行精简、宽平的原则，定律12篇502条，为后世所

继承。唐律在立法技术上表现出高超的水平，如**自首、化外人有犯、类推原则的确定**等都有充分表现。唐律结构严谨，为举世所公认。B 选项内容正确，不当选。

C 选项考查唐律的历史地位。唐朝承袭秦汉立法成果，吸收汉晋律学成就，使唐律表现出高度的成熟性。唐律是我国传统法典的楷模，是中华法系形成的标志。唐律在中国法律史上具有继往开来、承前启后的重要地位。C 选项内容正确，不当选。

D 选项继续考查唐律的历史地位。唐律作为我国传统法典的楷模，不仅对后世宋元明清产生了深刻影响，也超越国界对亚洲诸国产生了重大影响。例如，朝鲜《高丽律》篇章内容都取法于唐律；日本文武天皇制定《大宝律令》亦以唐律为蓝本。不过，唐律并未对欧洲诸国产生直接影响。D 选项内容错误，为当选项。

2. [答案] ABCD　　　[难度] 中

[考点] 永徽律疏与中华法系（《唐律疏议》）

[命题和解题思路] 命题人选取《唐律疏议·贼盗》中的"移乡避仇"疏文，着重考查考生对唐律特点的理解和把握。A、B 两个选项考查的是"祖父母为人杀私和"疏文内容的直接含义；C、D 两个选项则考查该疏文体现出来的唐律与中华法系的风格和特点。正确解答本题，既要求考生有一定的古汉语功底，又要求对《唐律疏议》的性质及该疏议所代表的中华法系的特点有准确的认知和理解。

[选项分析]《永徽律疏》是唐高宗永徽年间完成的一部非常重要的法典。唐高宗永徽二年，长孙无忌等人在《贞观律》的基础上修订完成了《永徽律》。永徽三年，唐高宗命人对《永徽律》进行逐条逐句的解释；后将解释形成的《律疏》与律文合编在一起颁行，称为《永徽律疏》，后世又称其为《唐律疏议》。

《唐律疏议》总结了汉魏晋以来立法和注律的经验，不仅对主要的法律原则和制度做了精确的解释与说明，而且尽可能引用儒家经典作为律文的理论根据。《唐律疏议》的完成，标志着中国古代立法达到了最高水平。作为中国传统法制的最高成就，《唐律疏议》全面体现了中国古代法律制度的水平、风格和基本特征，成为中华法系的代表性法典，对后世及周边国家产生了深远的影响。《唐律疏议》承袭和发展了以往"礼法并用"的统治方法，使得法律统治"**一准乎礼**"，真正实现了**礼与律的统一**；在立法技术上表现出高超的水平。据此，本题的四个选项对《唐律疏议·贼盗》载"祖父母为人杀私和"疏文的理解都是成立的，ABCD 皆为正确选项。

第二节　唐律的特点与中华法系

1. [答案] B　　　[难度] 难

[考点] 唐律疏议

[命题和解题思路]《唐律疏议》作为唐律的代表，体现了以儒为主、儒法并用的国家治理理念。特别是"德礼为政教之本，刑罚为政教之用"原则在法律领域的运用，有效化解了儒家思想与法律治理的内在冲突。《唐律疏议》**在罪名刑罚、诉讼程序、特别救济以及体例、结构、概念等方面的精细设计，展现了高水平的立法技术**。本题以一个案例为依托考查唐律的具体制度，命制精巧，难度也较高。考生不仅需要熟知唐律的基本特征，对其具体制度也要全盘掌握。本题考查了贼盗、自首、防卫等典型制度，要求考生结合具体案情，进行灵活分析，不可机械教条。

[选项分析] A 选项考查窃盗罪的犯罪数额。与今时不同，唐律关于窃盗罪的规定不会以数额作为罪与非罪的标准。《唐律》贼盗篇对一般窃盗罪作出了严格规定，"**不得财者笞五十，得财者至五十匹处加役流刑**"。因此，即使张甲只是"偷了个瓜"，仍然构成窃盗罪。A 选项错误。

B 选项涉及唐律中的自首制度。《唐律疏议》曰："诸犯罪未发而自首者，原其罪。"同现代刑法的规定类似，唐律中关于自首的实质条件也是"犯罪人如实供述自己的罪行"。所谓如实供述，主要包含两个方面的含义：**第一，犯罪人必须接受官府的审判，如果犯罪人自首后逃脱官府的控制，则不能认定为自首；第二，如实供述自己的罪行，就要求犯罪人要真实并且彻底地供述自己的罪行**。对于自首不实不尽者，不能以自首论。《唐律》规定，"自首不实及自首不尽者"，各依"不实不尽之罪罪之"。所谓自首不实，是指所犯为重罪，而以轻罪自首，如强盗得赃，却自首为窃盗，即使赃物已首尽，但仍以强盗论罪。因此，张甲若自首不尽，则不能免除刑罚。B 选项正确。

C选项涉及唐律中的"夜无故入人家"这一行为本身的定性。《唐律》规定："诸夜无故入人家者，笞四十。主人登时杀者，勿论。"夜间无故进入他人住宅的行为是一种"笞杖轻罪"，即使不会造成其他后果，仍然构成犯罪。C选项错误。

D选项具有较强的干扰性。"夜无故入人家"之所以受到惩罚，是因为这一行为很可能是实施更严重的侵害行为（如杀人、强奸、强盗、窃盗等行为）的前奏。"夜无故入人家"条被列入"贼盗律"中这一事实正可说明这一点。所以，如果进入者"登于入时，被主人格杀之者，勿论"，即在进入人家宅院的当时即被主人杀死者，主人无罪。但是，如果主人"知非侵犯"，即知道进入者并非意在侵犯自己或不能侵犯自己，而是因为"迷误""醉乱"，以及进入者是老人、小孩、患病之人以及妇人等可能被认为人身危险性较小、力量不足以侵犯他的，主人登时将他们杀死，须受处罚即徒三年。因此，李丙的行为并非防卫，应当承担刑事责任。D选项错误。

2. ［答案］D　　　［难度］中

［考点］唐律的主要内容

［命题和解题思路］本题以《唐律疏议·户婚》中关于悔婚的疏文作为切入点，以一起具体的悔婚案件为载体，考查考生理解疏文并以此具体分析案例的能力，具有一定的难度。《礼记·昏义》载："婚姻者合二姓之好，上以事宗庙，下以继后世。"婚姻事务的法律规定典型地体现了一个朝代关于礼与法之关系的态度。考生作答该题，需要精确分析疏文规定，知其所规定之内容与未规定之内容，同时结合唐代法律实践之制度形态和精神对女性所处之地位作出准确判断。

［选项分析］按照《户婚》之疏文，女方若悔婚，则要受杖责，"若更许他人者，杖一百；已成者，徒一年半"。由此可见，《户婚》对女性悔婚的惩罚力度较高，如果悔婚，则要受刑事处罚，强制女性履行婚约。因此，并不存在退聘财的问题。A选项错误。

虽然唐代女性地位有所提升，但在婚姻制度上，男性和女性仍然存在明显的不平等。在悔婚事务上，法律对男性和女性的规定明显不同。男性悔婚只是不返还聘财而已，女性悔婚则要承受刑责，显然对女性地位非常不利，而非对女性权

益的保护。B选项错误。

封建社会婚礼流程称为"六礼"，是"纳采""问名""纳吉""纳征""请期""亲迎"。只有这六项流程全部完成之后，才能完成婚姻缔结过程。虽然有婚书在先，但只是对接下来的婚礼履行构成约束。因此，女方在宴请时尚未完成亲迎，婚姻仍未成立。C选项错误。

"男家自悔者，不坐，不追聘财。"如果男方反悔，则不追究刑事责任，只是不返回聘财而已。D选项正确。

3. ［答案］ACD　　　［难度］中

［考点］西周法制思想（以德配天，明德慎罚）、秦朝法制思想、唐律的特点与中华法系、宋代立法思想与刑罚原则（明刑弼教）

［命题和解题思路］本题考查中国古代的德、刑关系，时间跨度比较大，要求考生对中国法律史必须有全面了解，具有一定难度。命题人选取的西周、秦朝、唐、宋分别是德、刑关系初步形成、转折、稳定、调整的四个重要朝代节点。这四个节点基本反映了德、刑关系发生、发展的历史轨迹。正确解答本题，需要考生对这四个朝代的法制思想和德、刑关系有清楚的认识。

［选项分析］A选项考查西周时期的法制思想和德、刑关系特色。为谋求长治久安，周初统治者继承了夏商以来的天命观。同时，为了修补以往神权政治学说中的缺漏，并确定周王朝新的统治策略，进一步提出了"以德配天，明德慎罚"的政治法律主张。这种主张的提出，不仅解决了为什么商汤可以伐桀、武王可以伐纣的理论问题，而且为西周社会的发展确定了基本方向。这种法律思想的形成，说明当时的统治者在政治上已趋于成熟。"明德慎罚"的法律观影响极为深远，是传统"慎刑"思想的渊源。在这种观念指导下，西周统治者把道德教化即"礼治"与刑罚处罚相结合，形成了西周时期各种具体法律制度以"礼""刑"相结合为基本结构的宏观法制特色。这一思想深深植根于中国传统政治法律理论中，被后世奉为政治法律制度理想的原则和标本。A选项内容正确。

B选项考查秦朝的法制思想。秦朝奉行并贯彻法家"以法治国"和"明法重刑"的理念。要求全体臣民特别是国家官吏学法、"明法"，百姓学习法律者，"以吏为师"；实行"轻罪重刑"，

加大处罚力度, 对轻罪也施以重刑, 不赦不宥; 同时, 还实行连坐, 鼓励告奸。这些做法都与"礼"的要求毫无关联。因此, B 选项内容错误。

C 选项考查唐律的特点与中华法系。唐朝承袭和发展了以往礼法并用的统治方法, 使得法律统治"一准乎礼", 真正实现了礼与律的统一。正如唐太宗所说: "礼之所禁, 著在刑书。"把封建伦理道德的精神力量与国法的强制力紧密地糅合在一起, 法的强制力加强了礼的约束作用, 礼的约束力则增强了法的威慑力量, 从而构筑了严密的统治法网, 有力地维护了唐朝的统治。唐高宗永徽年间制定的《唐律疏议》, 作为唐律的代表, 是中国传统法典的楷模与中华法系形成的标志, 在中国法律史上具有继往开来、承前启后的重要地位。因而, C 选项内容正确。

D 选项考查宋代的立法思想。宋代以降, 在处理德、刑关系上有了新的突破。著名理学家朱熹首先对"明刑弼教"作了新的阐释。他有意提高了礼、刑关系中刑的地位, 认为礼和律对治国同等重要, 二者"不可偏废"。朱熹又从"礼律合一"的角度对"明刑弼教"作了进一步说明: "故圣人之治, 为之教以明之, 为之刑以弼之, 虽其所施或先或后或缓或急。"因此, D 选项内容正确。

扩展解释

"德主刑辅, 礼刑并用"的治国方略始于何时? 西周时期确立了"以德配天, 明德慎罚"的思想, 形成了当时"礼""刑"结合的宏观法制特色。而秦朝的法制指导思想是"以法为本, 严刑峻罚"。秦朝推行法家主张, 不相信礼并排斥礼。汉初, 黄老思想一直居统治地位, 并辅以儒、法思想。文帝、景帝时期, 仍以黄老"无为"为立法的指导思想。到汉武帝时期, 即汉代中期以后, 法制思想发生重大变化。经董仲舒对儒家思想的阐释发挥并经汉朝统治者采纳确认, "德主刑辅, 礼刑并用"成为汉朝的治国方略, 并对后世影响深远。

第三节 类推原则

1. [答案] B   [难度] 中
[考点] 唐代婚姻家庭制度(七出、三不去、嫡长子继承制)、类推比附
[命题和解题思路] 本题以唐代休妻之法律规

定为载体, 综合考查"七出三不去"制度和类推比附原则, 借助于当事人和官员视角展现唐代离婚制度的适用和限定条件。"七出三不去"是唐代承继古法继而发扬光大的基本婚制, 但其适用仍然存在边界模糊的情况, 于是类推比附的应用就成为必然。考生应对基础知识点理解透彻, 同时充分把握题干事例的要点, 特别是明确官员援引嫡权法关于立嫡年龄之规定的做法本质上是对休妻之年龄的类推。

[选项分析] 根据《唐律疏议·户婚》, 七出的顺序表述为: 一无子, 二淫佚, 三不事舅姑, 四口舌, 五盗窃, 六妒忌, 七恶疾。无子居于七出之首位, 但何时能基于无子而休妻, 则法律语焉不详。县令基于嫡权法的相关规定认为, 女子在五十岁之后无子的, 才可以立庶为嫡; 同理, 只有女子过了四十九岁之后无子的, 才能将之视为七出之合法情形。在妻子三十岁时, 则不能出。A 选项错误。

县令援引"五十岁无嫡立庶为嫡", 是想说明妻子过了五十岁之后才会丧失特定权益, 比如丧失嫡长子继承权。类推适用到无子而出的情形, 县令认为只有在过了五十岁之后, 妻子才会因为无子而丧失受保护的特定权益。这是一种典型的类推适用过程。尽管类推比附多用于刑事定罪之中, 但不能机械地限定在这个领域。B 选项正确。

《大戴礼记·本命》: "妇有三不去: 有所娶无所归(无娘家可归的), 不去; 与更三年丧(曾为公婆守孝三年的), 不去; 前贫贱后富贵, 不去。"《唐律疏议·户婚》规定: "有三不去而出之者, 杖一百, 追还合。若犯恶疾及奸者不用此律。"题干中并未交代男子存在初时贫后富贵的背景, 因此不能套用三不去关于"前贫贱后富贵, 不去"的规定。C 选项错误。

中国古代宗法制度是由氏族社会父系家长制演变而来的, 体现了男性主导色彩和血缘政治基础。之所以对"无子"之妻可以休弃, 主要是因为无子导致嫡长子继承制无法实施。嫡长子继承制是指宗法制度最基本的一项原则, 即王位和财产必须由嫡长子继承, 嫡长子是嫡妻(正妻)所生的长子。因此, "无子"仅指不能生育男子, 而不包括所育女子。D 选项错误。

2. ［答案］ABCD ［难度］易

［考点］永徽律疏与中华法系、类推原则

［命题和解题思路］本题考查唐代的法律思想与刑罚原则，四个选项围绕《唐律·名例律》规定的"轻重相举"之法而展开。题干中摘录的文言文，初看起来不太好对付，但实际上是借用《唐律疏议》中的解释给考生提供线索，客观上大大降低了本题的难度。这道道题基本上属于送分题。

［选项分析］《唐律·名例律》规定："诸断罪而无正条，其应出罪者，则举重以明轻；其应入罪者，则举轻以明重。"对此，《唐律疏议》解释说："案《贼盗律》：'谋杀期亲尊长，皆斩。'无已杀、已伤之文，如有杀伤者，举始谋是轻，尚得死罪；杀及谋而已伤是重，明从皆斩之坐。……"其意思是说，对律文无明文规定的同类案件，凡应减轻处罚的，则列举重罪处罚规定，比照以解决轻案；凡应加重处罚的罪案，则列举轻罪处罚规定，比照以解决重案。疏议解释律文说，谋杀尊亲处斩；但无已杀已伤重罪的条文，在处理已杀已伤尊亲的案件时，通过类推可以知道更应当处以斩刑。唐代类推原则的完善反映了当时立法技术的发达。

因此，ABCD 四个选项皆为正确选项。

3. ［答案］A ［难度］难

［考点］唐代刑罚原则（类推）、十恶

［命题和解题思路］本题考查《唐律·名例律》所规定的"类推"原则的适用。命题人将《唐律疏议》中的注解具体化为一个实际案例，以此考查考生对类推原则的理解。解答本题的关键是对《唐律·贼盗律》关于"谋杀期亲尊长，皆斩"之规定中"谋杀"的含义有正确认识。此"谋杀"与现代刑法中的"谋杀"不同。此处的"谋杀"是指"谋而未行，或者行而未伤"。如果将《唐律》中的"谋杀"等同于现代刑法中的"谋杀"，则会作出错误判断。

［对比分析］2014-1-17 题考查唐律中"类推"的适用条件及其含义，较为简单，考生只要理解"类推"的适用条件就能找到正确答案。而本题结合具体案件考查"类推"原则的适用，特别是涉及对唐律中"谋杀"含义的正确理解，难度高于 2014-1-17 题。

［选项分析］A 选项考查类推原则的适用。

《唐律·名例律》规定："诸断罪而无正条，其应出罪者，则举重以明轻；其应入罪者，则举轻以明重。"对此，《唐律疏议》解释说："案《贼盗律》：'谋杀期亲尊长，皆斩。'无已杀、已伤之文，如有杀伤者，举始谋是轻，尚得死罪；杀及谋而已伤是重，明从皆斩之坐。……"其意思是说，对律文无明文规定的同类案件，凡应减轻处罚的，则列举重罪处罚规定，比照以解决轻案；凡应加重处罚的罪案，则列举轻罪处罚规定，比照以解决重案。疏议举律文说，谋杀尊亲处斩；但无已杀已伤重罪的条文，在处理已杀已伤尊亲的案件时，通过类推可以知道更应当处以斩刑。由此可知，A 选项内容正确。

B 选项同样考查类推原则的适用。从前面对唐律中"谋杀"含义的介绍可知，题干中的案例显然不属于"应出罪者"，不属于"举重以明轻"的情形，自然并非"应处绞刑"。B 选项内容错误。

C 选项是关于普通犯罪的陈述，与题干中的"谋杀尊亲"无关，内容错误。

D 选项是重点干扰项。所谓"十恶"，是隋唐以后历代法律所规定的严重危害统治阶级根本利益的为常赦所不原的十种最严重犯罪。唐律中的十恶包括：谋反、谋大逆、谋叛、恶逆、不道、大不敬、不孝、不睦、不义、内乱。其中的"不孝"是指控告祖父母、父母，未经祖父母、父母同意私立门户、分异财产，对祖父母、父母供养有缺，为父母尊长服丧不如礼等不孝行为。而本题题干中的行为不属于不孝的情况，D 选项内容错误。

4. ［答案］D ［难度］易

［考点］唐代刑罚原则（类推）

［命题和解题思路］本题考查唐律中"类推"的适用条件及其含义。本题较为容易，只要考生理解"类推"的适用条件，不在 A 选项上犯错，运用排除法就能准确地找到正确答案。

［选项分析］《唐律·名例律》规定："诸断罪而无正条，其应出罪者，则举重以明轻；其应入罪者，则举轻以明重。"其意思是说，对律文无明文规定的同类案件，凡应减轻处罚的，则列举重罪处罚规定，比照以解决轻案；凡应加重处罚的罪案，则列举轻罪处罚规定，比照以解决重案。

如《唐律疏议》举律文说，谋杀尊亲处斩；但无已伤已杀重罪的条文，在处理已伤已杀尊亲的案件时，通过类推就可以知道更应当处以斩刑。疏议又举例说，夜半闯入人家，主人出于防卫，登时杀死闯入者，不论罪。律文没有致伤的条文，但比照规定，杀死已不论罪，致伤更不论罪。唐代类推原则的完善反映了当时立法技术的发达。

A 选项考查类推的适用条件。根据上述分析，类推适用于律文无明文规定的同类案件，若有明文规定，则不可适用类推。因此，A 选项错误。

B、C 选项与上述《唐律·名例律》之规定的含义都明显不符，内容错误，不当选。

D 选项所陈述的唐代类推原则反映了当时立法技术的发达，符合事实，内容正确。

第六章 宋代的法律思想与制度

试 题

第一节 契约立法

📶 *1.* 张咏知杭州，杭有富民，病将死，其子三岁。富民命其婿主家赀，而遗以书曰："他日分财，以十之三与子，而七与婿。"其后子讼之官，婿持父书诣府，咏阅之，以酒酬地曰："汝之妇翁，智人也。时子幼，故以子属汝，不然，子死汝手矣。"乃命三分其财与婿，而子与七。对此，下列哪一说法是正确的？（2023 年回忆版）

A. 依宋律，女儿可以分得一半遗产

B. 法官依据法律规定判案

C. 法官断案从不考虑契约

D. 中国古代主要是遗嘱继承

📶 *2.* 关于宋代契约法制，下列哪一说法是错误的？（2021 年回忆版）

A. 李某年初从张某处买得鸡仔儿 500 只，约定年底付钱 500 文，这种契约称为"赊卖"

B. 赵某把自己的房子租给进京赶考的举子王某居住半年，收取租金 20 两银子，签订的契约称为"出举"

C. 曲某把祖传的一件玉器典当给当铺，取得一两银子，约定 5 年不赎回则归当铺所有，这种契约称为"活卖"

D. 林某租给宋某 20 亩土地，约定收获的粮食五五分成，这种契约称为"租佃"

📶 *3.* 关于宋代的法律制度，下列哪些说法是错误的？（2018 年回忆版）

A.《宋刑统》是中国历史上第一部刊印颁行的法典，全称为《宋建隆重详定刑统》

B. 张三借李四纹银十两，约定三个月后归还十两五钱，此种借贷宋朝称为"出举"

C. 宋代仍实行唐制"七出""三不去"的离婚制度，不允许变通

D. 宋朝法律承认绝户之在室女与继子的继承权，具体比例为在室女继承三分之一，继子继承三分之一，另三分之一收为官有

📶 *4.* 随着商品经济的繁荣，两宋时期的买卖、借贷、租赁、抵押、典卖、雇佣等各种契约形式均有发展。据此，下列哪一说法是错误的？（2017-1-18）

A. 契约的订立必须出于双方合意，对强行签约违背当事人意愿的，要"重棍典宪"

B. 买卖契约中的"活卖"，是指先以信用取得出卖物，之后再支付价金，且须订立书面契约

C. 付息的消费借贷称为出举，并有"（出举者）不得迴利为本"的规定，防止高利贷盘剥

D. 宋代租佃土地契约中，可实行定额租，佃农逾期不交租，地主可诉请官府代为索取

第二节 继承制度

📶 *1.* 南宋时期，一家三口为强盗所杀，父母当场死亡，其子因伤重于次日死亡。知州拟按"户绝"将财产判给该户已出嫁的女儿。司法参军异议曰："子后亡，遗产归子，出嫁之姊妹不能分之"。对此，下列哪一选项是正确的？（2019 年回忆版）

A. 强盗犯"恶逆"

B. 南宋继承制度与现代继承制度一致

C. 女儿无继承权

D. 司法参军是州司法机关负责人

2. 南宋时，霍某病故，留下遗产值银 9000 两。霍某妻子早亡，夫妻二人无子，只有一女霍甲，已嫁他乡。为了延续霍某姓氏，霍某之叔霍乙立本族霍丙为霍某继子。下列关于霍某遗产分配的哪一说法是正确的？（2016-1-18）

A. 霍甲 9000 两
B. 霍甲 6000 两，霍丙 3000 两
C. 霍甲、霍乙、霍丙各 3000 两
D. 霍甲、霍丙各 3000 两，余 3000 两收归官府

详　解

第一节　契约立法

1. ［答案］B　　　［难度］难
［考点］宋代的继承制度
［命题和解题思路］本题所选事例来自冯梦龙的《智囊全集》，既有人生大智慧，也有精妙的古代法理。本案情节精妙，尽管对考生来说，短时间内无法把握案例之精髓，但可以结合选项对案情进一步确认。本题的选项设计比较精妙，既灵活地考查了宋代继承制度的相关知识点，也针对具体案情对考生的常理常情进行灵活考查，具有一定的难度。应对这类案例题目，一方面需要充分掌握知识点，如宋代的继承法律制度非常发达，显然并非全靠个人遗嘱；另一方面则需要充分利用题干信息，把握要点。

［选项分析］A 选项考查宋代继承制度的具体规定。宋代的财产继承制度，在中国古代历史上，是制定最为规范和完备的。这都充分反映了宋代统治者对财产的继承相当重视。法定继承是以兄弟均分为基本原则的，其中讲究诸子均分。但在室女也可以享受部分财产继承权。但本案中的女儿已经出嫁，即使可以享有继承权，在长子尚在的情况下，显然不可能分得一半财产。A 选项错误。

B 选项具有一定的干扰性。本案的裁判也比较巧妙，富民将财产十分之七留给女儿女婿，张咏却判决十分之七给儿子。就故事性来说，这体现了富民的智慧，如果不这样立遗嘱，女儿女婿不可能抚养其儿子。而对张咏来说，他是按照宋代的继承法律制度进行裁判，将财产之大部分判给长子。这是对法律规定的遵守和尊重。B 选项正确。

C 选项考查遗嘱在宋代继承制度中的地位。虽然宋代的法律规范规定了遗嘱继承（契约）是在无法定承分人的情形下适用的，但是宋代民间社会在有法定承分人的情况下同样用遗嘱处分财产。宋代政府对遗嘱的订立、执行均有明确规定。法官在审理案例时也会尊重遗嘱。本案的特殊性在于，法官不仅考虑了遗嘱，还探究了遗嘱背后的动机，可谓是情理法相结合。C 选项错误。

D 选项考查中国法制历程中的继承制度。虽然中国古代法制历程不可一概而论，但整体上以法定继承为主，遗嘱继承为辅，只有在宋代的时候遗嘱继承稍微发达，但仍然是以法定继承为主，从本案中可见端倪。D 选项错误。

2. ［答案］B　　　［难度］中
［考点］宋代契约法制
［命题和解题思路］本题考查宋代契约制度，四个选项均是以小案例的形式考查契约的种类，且五种主要契约形式均有考查，命题形式不落俗套，对考生灵活运用法律史知识解决问题的能力有较高的甄别度。正确解答本题，需要对宋代契约制度有清楚认知。

［选项分析］A 选项考查买卖契约。宋代买卖契约分为绝卖、活卖与赊卖三种。绝卖为一般的买卖。活卖为附条件的买卖，当所附条件完成，买卖才算最终成立。赊卖是采取类似商业信用或者预付方式，一段时间之后收取出卖物的价金。选项 A 描述的付款方式符合"赊卖"的性质，内容正确，不当选。

B 选项同时考查了租赁契约和借贷契约，命题人把这种契约掺和在一起，试图浑水摸鱼。宋代对房宅的租赁称为"租""赁"或"借"，对人畜车马的租赁称为"庸""雇"。同时，宋代法律因袭唐制，区分借与贷。借是使用借贷，贷指消费借贷。当时把不付息的使用借贷称为"负债"，把付息的消费借贷称为"出举"。由于"出举"有利息，故又称"出息"。民间广为流传的俗语"没出息"，即由此演变而来。——命题人故意把 B 选项中的房屋租赁称为"出举"（消费借贷），且用承租人王某的"举子"身份来诱导考生，有较大的迷惑性。B 选项内容错误，当选。

C 选项考查典卖契约。典卖在宋代称为"活卖"，即通过让渡物的使用权收取部分利益而保留

赎回权的一种交易方式。选项 C 描述的事实符合"活卖"性质，内容正确，不当选。

D 选项考查租佃契约。宋代租佃土地活动十分普遍。地主与佃农签订租佃土地契约时，必须明定纳租与纳税的条款，或按收成比例收租（分成租），或实行定额租。选项 D 描述的事实符合"租佃"性质，内容正确，不当选。

3. [答案] CD　　[难度] 中

[考点] 《宋刑统》、宋代契约法规、婚姻制度、继承制度

[命题和解题思路] 本题考查宋代的法律思想与制度，四个选项分别涉及《宋刑统》、宋代契约法规、婚姻制度和继承制度。这四个知识点难度都不高，但命题人在进行选项设计时对有关细节悄悄做了手脚，以探知考生对相关知识点掌握的精准程度。正确解答本题，要求考生"明察秋毫，心细如发"。

[选项分析] 选项 A 考查《宋刑统》。宋太祖建隆三年（公元 962 年），在工部尚书判大理寺卿窦仪等人的奏请下，开始修订宋朝新的法典。次年 7 月完成，由太祖诏"付大理寺刻板摹印，颁行天下"，成为历史上第一部刊印颁行的法典。其全称《宋建隆重详定刑统》，简称《宋刑统》。选项 A 的陈述符合史实，不当选。

选项 B 考查宋代契约法规中的"出举"。宋代法律因袭唐制，区分借与贷。借是使用借贷，贷指消费借贷。当时把不付息的使用借贷称为"负债"，把付息的消费借贷称为"出举"。选项 B 陈述的事实属于消费借贷，且有付息（五钱），因此属于"出举"。选项 B 的陈述符合史实，不当选。

选项 C 考查宋代的婚姻制度。宋代在离婚方面，仍实行唐制"七出"与"三不去"制度，但有少许变通。例如，《宋刑统》规定：夫外出 3 年不归，6 年不通问，准妻改嫁或离婚。因此，选项 C 的陈述不符合史实，当选。

选项 D 考查宋代的继承制度。宋代法律在继承关系上，有较大的灵活性。除沿袭以往遗产兄弟均分制外，允许在室女享受部分继承权；同时承认遗腹子与亲生子享有同样的继承权。至南宋，在一些地域又规定了适用"户绝"财产继承的办法。"户绝"指家无男子继承。"户绝"立继承人

有两种方式：凡"夫亡而妻在"，立继从妻，称为"立继"；凡"夫妻俱亡"，立继从其尊长亲属，称为"命继"。继子与户绝之女均享有继承权，但只有在室女（未嫁女）的，在室女享有 3/4 的财产继承权，继子享有 1/4 的财产继承权；只有出嫁女（已婚女）的，出嫁女享有 1/3 的财产继承权，继子享有 1/3 的财产继承权，另外 1/3 收归官府所有。命题人在设计选项时故意将"在室女"和"出嫁女"的情形相混同，试图瞒天过海、浑水摸鱼。选项 D 的陈述不符合史实，当选。

4. [答案] B　　[难度] 易

[考点] 宋代契约法规

[命题和解题思路] 本题考查宋代契约立法。命题人从债的发生、买卖契约、借贷契约、租佃契约四个方面详细考查了宋代的契约法规。明眼人一看，就知道这是一道"有出息"的题目（参见 B、C 选项的分析）。

[选项分析] 先看 B 选项。我们知道，宋代买卖契约分为绝卖、活卖和赊卖三种。绝卖就是一般的买卖。活卖，又称"典卖"，是通过让渡物的使用权收取部分利益而保留回赎权的一种交易方式。赊卖，即日常生活中所说的"赊账"买卖。B 选项所述的"先以信用取得出卖物，之后再支付价金"就是这种"赊卖"而非"活卖"。B 选项的错误非常明显，符合题干要求，为当选项。抓牢了 B 选项，这道题事实上就搞定了。

A 选项考查债的发生。宋代因契约所生之债占多数。《宋刑统》和《庆元条法事类》都强调买卖之债双方的"合意"，对强行交易违背当事人意愿的，要"重寘典宪"，也就是说要按照章程严厉处罚。因此，A 选项内容正确，不当选。——题目中"重蜫典宪"中的"蜫"字疑为错别字，应当为"寘"。"寘"，同"置"。

C 选项考查借贷契约。宋代法律因袭唐制，区分借与贷。借是使用借贷，贷指消费借贷。当时把不付息的使用借贷称为"负债"，把付息的消费借贷称为"出举"。《宋刑统·杂律》（卷二十六）规定："诸公私以财物出举者，任依私契，官不为理。每月取利，不得过六分。积日虽多，不得过一倍。……不得迴利为本。"这是禁止高利贷的法律规定。"不得迴利为本"，就是禁止民间所谓的"驴打滚，利滚利"。由于"出举"有利息，

故又称"出息"。民间广为流传的俗语"没出息"，就是由此演变而来。因此，C选项内容无误，不当选。——我们前面称这是一道"有出息"的考题，意思是说这道题很容易，等于是命题老师给大家"发红包"。

D选项考查租佃契约。宋代租佃土地活动十分普遍。地主与佃农签订租佃土地契约时，必须明定纳租与纳税的条款，或按收成比例收租（分成租），或者实行定额租。若佃农逾期不交租，地主可于每年十月初一到正月三十日向官府投诉，由官府代为索取。因此，D选项内容无误，不当选。

第二节　继承制度

1.［答案］C　　［难度］中

［考点］宋代继承制度、十恶、唐宋时期的司法制度

［命题和解题思路］本题主要考查宋代继承制度，同时附带考查了"十恶"及"唐宋时期的司法制度"。本题是以案例的形式考查中国古代法律制度，且不限于一时一地的具体制度，命题形式灵活，内容涵盖广泛，对考生的法律史知识掌握程度有较高的甄别度。正确解答本题，需要对唐宋时期的相关法律制度有清楚认知。

［选项分析］选项A考查"十恶"。所谓"十恶"，是隋唐以后历代法律所规定的严重危害统治阶级根本利益的为常赦所不原的十种最严重犯罪，包括：谋反、谋大逆、谋叛、恶逆、不道、大不敬、不孝、不睦、不义、内乱。概言之，"十恶"制度规定的犯罪基本上可以分为两类：一为侵犯皇权与特权的犯罪；二为违反伦理纲常的犯罪。这些犯罪都要受到最严厉的刑罚。凡犯十恶者，不适用八议等规定，且为常赦所不原。"十恶"中的"恶逆"，是指杀害直系和旁系尊亲属或兄、姊、夫及夫之直系尊亲属，或殴打祖父母、父母的犯罪行为。该等犯罪因穷恶尽逆，绝弃人伦，故曰"恶逆"。由题干可知，强盗的杀人行为并不属于"恶逆"情形，选项A陈述错误。

选项B考查宋代继承制度。宋代法律在继承关系上，有较大的灵活性。除沿袭以往遗产兄弟均分制外，允许在室女（未嫁女）享受部分继承权；同时承认遗腹子与亲生子享有同样的继承权。但宋代的继承制度显然与现代继承制度不同，宋代不承认女性有平等的继承权。选项B陈述错误。

选项C同样考查宋代继承制度，特别是南宋的"户绝"制度。南宋时期，在一些地域，规定了适用"户绝"财产继承的办法。"户绝"指家无男子继承。"户绝"立继承人有两种方式：凡"夫亡而妻在"，立继从妻，称为"立继"；凡"夫妻俱亡"，立继从其尊长亲属，称为"命继"。继子与户绝之女均享有继承权，但只有在室女（未嫁女）的，在室女享有3/4的财产继承权，继子享有1/4的财产继承权；只有出嫁女（已婚女）的，出嫁女享有1/3的财产继承权，继子享有1/3的财产继承权，另外1/3收归官府所有。由题干可知，本案中的事实是"有子后亡"，不属于可适用"户绝"制度的情形，出嫁女不享有对其父母财产的继承权。因而，选项C陈述正确，当选。

选项D考查唐宋时期的司法制度。我们知道，在中国古代，长期实行"行政兼理司法"，地方行政长官同时是司法长官。宋代仿照隋唐，在州一级设置司法参军，作为知州的属官，主要负责本州刑民案件的检法议刑工作，但其并不是本州司法机关负责人。选项D陈述错误，不当选。

2.［答案］D　　［难度］中

［考点］宋代继承法规

［命题和解题思路］本题考查宋代的继承法规。命题人用了一个具体案例考查考生对相关知识点记忆的准确程度，以及考生运用相关知识解决实际问题的能力。本题的命题形式相当灵活。考生在掌握南宋时期"户绝"财产继承办法的基础上，通过简单的运算，即可找到正确答案。

［选项分析］宋代法律在继承关系上，有较大的灵活性。除沿袭以往遗产兄弟均分制外，允许在室女（未嫁女）享受部分继承权；同时承认遗腹子与亲生子享有同样的继承权。至南宋，在一些地域又规定了适用"户绝"财产继承的办法。"户绝"指家无男子继承。"户绝"立继承人有两种方式：凡"夫亡而妻在"，立继从妻，称为"立继"；凡"夫妻俱亡"，立继从其尊长亲属，称为"命继"。继子与户绝之女均享有继承权，但只有在室女（未嫁女）的，在室女享有3/4的财产继承权，继子享有1/4的财产继承权；只有出嫁女（已婚女）的，出嫁女享有1/3的财产继承权，继子享有1/3的财产继承权，另外1/3收归官府所有。据此，选项D为正确答案。

第七章　明清时期的立法

| 试　题 | 详　解 |

第一节　大明律与大诰

📶 **1.** 关于明代的法律思想与刑罚原则，下列哪些说法是正确的？（2021 年回忆版）

A. 《明大诰》体现了朱元璋"重典治世"的思想

B. 《明大诰》体现了朱元璋"重典治吏"的思想

C. 明代全面实行"重典治世"

D. "明刑弼教"是"德主刑辅"法律思想的补充

📶 **2.** 明太祖朱元璋在洪武十八年（公元 1385 年）至洪武二十年（公元 1387 年）间，手订四编《大诰》，共 236 条。关于明《大诰》，下列哪些说法是正确的？（2014-1-57）

A. 《大明律》中原有的罪名，《大诰》一般都加重了刑罚

B. 《大诰》的内容也列入科举考试中

C. "重典治吏"是《大诰》的特点之一

D. 朱元璋死后《大诰》被明文废除

第二节　清代律例

📶 中国历史上曾进行多次法制变革以适应社会的发展。关于这些法制变革的表述，下列哪一选项是错误的？（2013-1-19）

A. 秦国商鞅实施变法改革，全面贯彻法家"明法重刑"的主张，加大量刑幅度，对轻罪也施以重刑，以实现富国强兵目标

B. 西汉文帝为齐太仓令之女缇萦请求将自己没官为奴、替父赎罪的行为所动，下令废除肉刑

C. 唐代废除了宫刑制度，创设了鞭刑和杖刑，以宽减刑罚，缓解社会矛盾

D. 《大清新刑律》抛弃了旧律诸法合体的编纂形式，采用了罪刑法定原则，规定刑罚分为主刑、从刑

第一节　大明律与大诰

1. ［答案］AB　　［难度］难

［考点］明律与《明大诰》；明刑弼教的立法思想；重其所重，轻其所轻

［命题和解题思路］本题考查明代的法律思想与刑罚原则，四个选项围绕《明大诰》、"明刑弼教"的立法思想和"重其所重，轻其所轻"的刑罚原则而展开。命题人在进行选项设计时采取了"连环计"之策略，考生容易因其诱导性陈述而出现误判。正确解答本题，既需要对明代的法律思想与刑罚原则有清楚认知，又需要心细如发、明察秋毫。

［选项分析］A 选项考查《明大诰》。《明大诰》是明初的一种特别刑事法规，具有与《大明律》相同的法律效力。大诰之名来自儒家经典《尚书·大诰》，原为周公东征殷遗民时对臣民的训诫。明太祖朱元璋将其亲自审理的案例加以整理汇编，并加上因案而发的"训导"，作为训诫臣民的特别法令颁布天下。《明大诰》对《大明律》中原有的罪名，一般都加重处罚。《大诰》集中体现了朱元璋"**重典治世**"的思想。选项 A 内容正确。

B 选项也是对《明大诰》的考查。《明大诰》的一个特点是**滥用法外之刑**，汉代以来很多不载于法令的肉刑如断手、斩趾等被恢复使用。《明大诰》的另一个特点是**重典治吏**，其中大多数条文专为惩治贪官污吏而定，以此强化统治效能。选项 B 内容正确。——AB 两个选项都很容易判断，导致多数考生会放松警惕，从而误中命题人在选项 C 中布设的"奸计"。

选项 C 考查明代"重其所重，轻其所轻"的刑罚原则，但该选项并未出现"重其所重，轻其所轻"字样。与唐律相比，明代对于盗贼及钱粮等事处罚较重。唐律一般根据情节轻重作出不同处理，牵连范围相对较窄；明律则不分情节，**一律处以重刑，且扩大株连范围**，此即"重其所

重"的原则。而对于"典礼及风俗教化"等一般性犯罪，明律处罚轻于唐律，此为"轻其所轻"的原则。对某些危害不大的轻罪从轻处罚是为了突出"重其所重"的原则。由于受 AB 两个选项的潜在心理影响，考生很容易顺水推舟地得出明代全面实行"重典治世"的结论，但实际上，"重典治世"只是在明初有明显体现，其他时间实行"重其所重，轻其所轻"。选项 C 与史实不符，内容错误。

选项 D 考查"明刑弼教的立法思想"。"明刑弼教"一词，最早见于《尚书·大禹谟》中"明于五刑，以弼五教"之语，后人简称"明刑弼教"。宋代以前论及"明刑弼教"，多将其附于"德主刑辅"之后，其着眼点是"大德小刑"和"先教后刑"。宋代开始，在处理德、刑关系上有了突破。著名理学家朱熹首先对"明刑弼教"作了新的阐释。他有意提高了礼、刑关系中刑的地位，认为礼法二者对治国同等重要，"不可偏废"。经朱熹的阐释，德和刑的关系不再是"德主刑辅"，刑不再处于"从属"地位。这一变化意味着中国封建法制指导原则沿着"德主刑辅"→"礼法合一"→"明刑弼教"的发展轨迹，进入一个新的阶段，并对明清两代法律实施的方法和发展方向产生了深刻影响。——在我国法律发展史上，倡导"德主刑辅"的本意是注重道德教化，限制严刑峻罚，所以它往往同轻刑主张相联系。而经朱熹阐发，朱元璋身体力行于后世的"明刑弼教"思想，则完全是借"弼教"之口实，为明清推行重典治国政策提供思想理论依据。选项 D 内容错误。

2. [答案] ABC　　[难度] 易
[考点]《大明律》与《明大诰》
[命题和解题思路] 本题考查对明大诰的认识和理解，要求考生有关历史事实的细节掌握准确。本题很容易判断，不作赘述。

[选项分析] A 选项考查《明大诰》与《大明律》的关系。朱元璋在修订《大明律》的同时，为防止"法外遗奸"，在洪武十八年（公元 1385年）至洪武二十年（公元 1387 年）间，手订四编《大诰》，共 236 条，具有与《大明律》相同的法律效力。《明大诰》集中体现了朱元璋"重典治世"的思想。由此可知，大诰是明初的一种特别

刑事法规。大诰之名来自儒家经典《尚书·大诰》，原为周公东征殷遗民时对臣民的训诫。明太祖将其亲自审理的案例加以整理汇编，并加上因案而发的"训导"，作为训诫臣民的特别法令颁布天下。《明大诰》对《大明律》中原有的罪名，一般都加重处罚。因此，A 选项正确。

《明大诰》是中国法律史上空前普及的法规，每户人家必须有一本大诰，科举考试中也列入大诰的内容。因此，B 选项正确。

《明大诰》的一个特点是"重典治吏"，其中大多数条文专为惩治贪官污吏而定，以此强化统治效能。因此，C 选项也正确。

明太祖死后，大诰被束之高阁，实际上不再具有法律效力，但并未被明文废除。因此，D 选项陈述有误。

第二节　清代律例

[答案] C　　[难度] 难
[考点] 先秦法制主要内容（商鞅变法）、秦汉律的主要内容（文景帝废肉刑）、魏晋南北朝时期法典的发展变化（刑罚制度改革）、清末主要修律内容（《大清新刑律》）

[命题和解题思路] 本题也是一道综合性试题，涉及的知识点较多，有较大难度。命题人在本题中选取"变法"作为主线，考查考生对中国法律史的内容掌握的广度与深度。正确解答本题，需要认真复习中国法律史的全部内容，没有"终南捷径"可以投机取巧。

[选项分析] A 选项考查商鞅变法。公元前359 年，秦孝公任用商鞅实施变法改革。此次变法以其非常广泛的内容和重大的历史影响而在中国法律发展史上写下了浓墨重彩的一笔，史称"商鞅变法"。作为法家的代表人物，商鞅主张运用法律手段达到建立强大封建政权的目的。他把法家"以法治国"的思想与秦国"富国强兵"的要求紧密结合起来，实行"废井田、开阡陌，奖励耕战，实行连坐之法"等，全面贯彻法家"明法重刑"的主张，加大量刑幅度，对轻罪也施以重刑，以实现富国强兵的目标。A 选项陈述内容正确，不当选。

B 选项是关于西汉文帝、景帝废除肉刑的起因的陈述。西汉建立后，重视总结秦朝二世而亡的教训。汉文帝鉴于当时继续沿用黥、劓、斩左

右趾等肉刑，不利于政权的稳固，开始考虑改革肉刑。当时经济发展、社会稳定，出现了前所未有的盛世，亦为改革刑制提供了良好的社会条件。开始刑罚改革的直接起因是文帝十三年，齐太仓令淳于意获罪当施黥刑，其小女缇萦上书请求将自己没官为奴，替父赎罪，并指出肉刑制度断绝犯人自新之路的严重问题。文帝为之所动，遂下令废除肉刑。B 选项之陈述符合史实，内容正确，不当选。——缇萦上书救父的孝行，万古流芳，成为后世孝道的典型。

C 选项涉及宫刑等刑罚制度改革。北魏时期开始改革以往五刑制度，增加鞭刑与杖刑，后北齐、北周相继采用。同时，北朝与南朝相继宣布废除宫刑，自此结束了使用宫刑的历史。C 选项提出"唐代废除了宫刑制度"，与史实不符，内容错误，为当选项。

D 选项是关于清末修律的内容。《大清新刑律》是晚清政府于 1911 年 1 月 25 日公布的中国历史上第一部近代意义的专门刑法典。虽然该法典仍然保持着旧律维护专制制度和封建伦理的传统，但是从形式上而言，该法典抛弃了旧律诸法合体的编纂形式，以罪名和刑罚等专属刑法范畴的条文作为法典的唯一内容；在体例上抛弃了旧律的结构形式，将法典分为总则和分则；确立了新刑罚制度，规定刑罚分主刑、从刑；采用了一些近代西方资产阶级的刑法原则和刑法制度，如罪刑法定原则和缓刑制度等。D 选项内容正确，不当选。

第八章　唐宋至明清时期的司法制度

试　题

第一节　唐代刑讯与仇嫌回避原则

1. 明代冯梦龙所著《智囊全集》载："李靖为岐州刺史，或告其谋反，（唐）高祖命一御史案之。御史知其诬罔，请与告事者偕。行数驿，诈称失去原状，惊惧异常，鞭挞行典，乃祈求告事者别疏一状。比验，与原状不同，即日还以闻，高祖大惊，告事者伏诛。"对此，下列哪一说法是正确的？（2020 年回忆版）

A. 如果查明李靖犯罪，因其是功臣，应适用八议之规定

B. 唐代的御史除了行使监察权外，还可审判案件

C. 本案适用《永徽律》进行审判

D. 唐代对犯诬告罪者一律处以死刑

2. 《旧唐书·柳浑传》载：（德宗时）上命玉工为带，坠坏一銙，乃私市以补。及献，上指曰："此何不相类？"工人伏罪，上命决死。诏至中书，浑执曰："陛下若便杀则已，若下有司，即须议谳；且方春行刑，容臣条奏定罪。"以误伤乘舆器服，杖六十，余工释放，诏从之。关于本案，下列哪一选项是正确的？（2019 年回忆版）

A. 中书省是中央审判机关

B. 唐律规定"立春后不决死刑"

C. 玉工所犯罪为"十恶"

D. 玉工所犯罪为"六赃"

3. 贞观元年，吏部尚书长孙无忌奉召入宫议事，情急，"不解佩刀入东上阁门"，事毕，监门校尉方发觉。尚书右仆射封德彝认为："校尉失察，罪当死；长孙无忌误带刀入殿，应徒二年，罚铜二十斤。"太宗欲从其议。大理寺少卿戴胄驳议曰："校尉不觉，无忌带刀入内，同为误耳。校尉缘无忌以致罪，于法当轻。若论其过误，则为情一也，而生死顿殊，敢以固请。"太宗终免校尉死罪。关于本案，下列哪些说法是正确的？（2019 年回忆版）

A. 赎刑正式确立于《武德律》

B. 议、请是减免贵族官僚刑罚的特权制度

C. 长孙无忌因有大功勋，减轻处罚是"议功"

D. 门卫因为失察触犯公罪，应当从轻处罚

4. 唐代诉讼制度不断完善，并具有承前启后的特点。下列哪一选项体现了唐律据证定罪的原则？（2017-1-17）

A. 唐律规定，审判时"必先以情，审察辞理，反复参验，犹未能决，事须拷问者，立案同判，然后拷讯，违者杖六十"

B. 《断狱律》说："若赃状露验，理不可疑，虽不成引，即据状断之"

C. 唐律规定，对应议、请、减和老幼残疾之人"不合拷讯"

D. 《断狱律》说："（断狱）皆须具引律、令、格、式正文，违者笞三十"

第二节 明清会审制度

📶 **1.** 清道光三年（1823），张张氏因被公公张起坤强行奸污，同夫张安将父亲殴伤身死。除张安依律凌迟处死外，张张氏亦依律凌迟处死。刑部核议后认为，惟死者强奸子妇已成，本属渎伦伤化，该氏被污不甘，一时忿激，并非无故逞凶干犯。后将张张氏改为斩监候。对此，下列哪一说法是正确的？（2022年回忆版）

A. 卑犯尊应比尊犯卑判处更重的刑罚

B. 若张张氏当场杀死公公，则儿媳不构成犯罪

C. 若张张氏和丈夫只有杀公公的想法，但尚未实施杀人的行为，也应定罪

D. 清代刑部负责复核，没有最终审判权

📶 **2.** 关于中国古代法律制度，下列哪一选项是正确的？（2019年回忆版）

A. 同姓不婚始于汉代

B. 宋代，某人杀死妻方亲属，不论夫妻双方是否同意离婚，官府均可判处强制离婚

C. 清代的秋审，亦称"秋后算账"

D. 明清时期，根据"明刑弼教"原则对违背典礼及风俗教化的犯罪处罚较前代为重

📶 **3.** 根据清朝的会审制度，案件经过秋审或朝审程序之后，分四种情况予以处理：情实、缓决、可矜、留养承嗣。对此，下列哪一说法是正确的？（2014-1-18）

A. 情实指案情属实、罪名恰当者，奏请执行绞监候或斩监候

B. 缓决指案情虽属实，但危害性不能确定者，可继续调查，待危害性确定后进行判决

C. 可矜指案情属实，但有可矜或可疑之处，免于死刑，一般减为徒、流刑罚

D. 留养承嗣指案情属实、罪名恰当，但被害人有亲老丁单情形，奏请皇帝裁决

详 解

第一节 唐代刑讯与仇嫌回避原则

1. ［答案］B ［难度］难

［考点］八议、十恶、隋唐时期的司法机关、《武德律》、诬告反坐

［命题和解题思路］本题考查唐代法律制度，在题干中摘录了明代文学家冯梦龙所著《智囊全集》第三部"察智"中的"御史巧断李靖'谋反'案"，来考查唐代法律制度中的几个细节问题。解答本题，需要弄懂案情，并具备运用法律史知识解决实际问题的能力。

［选项分析］A选项考查"八议""十恶"。三国时期，魏明帝在制定《魏律》时，以《周礼》中的"八辟"为依据正式规定了"八议"制度。"八议"是对封建特权人物犯罪实行减免处罚的法律规定，它包括议亲（皇帝亲戚）、议故（皇帝故旧）、议贤（有传统德行与影响的人）、议能（有大才能）、议功（有大功勋）、议贵（贵族官僚）、议勤（为朝廷勤劳服务）、议宾（前代皇室宗亲）。此后，"八议"成为各代刑律的重要内容，唐律也规定有八议制度。李靖为功臣，如果犯普通罪行，应适用八议之规定。但由于其被告的是"谋反"，属于"十恶不赦"中的十恶之首，不适用八议之规定。——"十恶"初名于隋《开皇律》，定型于唐《武德律》。唐律中的"十恶"包括：谋反、谋大逆、谋叛、恶逆、不道、大不敬、不孝、不睦、不义、内乱。唐律还规定，凡犯十恶者，不适用八议等规定，且为常赦所不原。因此，A选项错误。

B选项考查隋唐时期的司法机关。唐代沿袭隋制，皇帝以下设大理寺、刑部、御史台三大司法机构，执行各自司法职能。其中，御史台有权监督大理寺、刑部的审判工作，同时参与疑难案件的审判，并受理行政诉讼案件。B选项的陈述符合史实，内容正确。

C选项考查唐《武德律》。唐代立国之初，唐高祖李渊武德七年（公元624年）颁布了《武德律》，这是唐代首部法典。本题所述案件发生在武德年间，不可能"穿越"历史适用后来的《永徽律》，命题人试图用大名鼎鼎的《永徽律》来混淆视听、浑水摸鱼。C选项错误。

D 选项考查"诬告反坐"原则。诬告罪是一种利用国家权力宣泄个人私怨的犯罪，它不仅侵犯他人的人身权利，同时也给司法秩序带来极大破坏，因此，中国历代都重视对诬告罪的惩治。早在西周时期，就有惩罚诬告罪的案件记载，秦代确立了"诬告反坐"的法律原则。此后，该原则一直被历代沿袭，在相当长的时间内都是解决诬告犯罪的唯一的强制性规定。唐代反对、禁止诬告的法律规定虽然比以前更为具体，但仍然秉承"诬告反坐"原则。唐律"礼律合一"，宽简适中，并非对犯诬告罪者一律处以死刑，而是按照诬告的犯罪实行反坐。本案的处理结果（告事者伏诛）很容易诱导考生作出错误判断。D 选项错误。

2. ［答案］B ［难度］中
［考点］唐代司法机关、秋冬行刑、"十恶"、"六赃"

［命题和解题思路］本题是以案例的形式考查唐代的法律制度，内容涉及唐代司法机关、秋冬行刑制度和"十恶""六赃"等多个知识点，对考生融会贯通的能力及将学到的知识点用于解决具体问题的能力要求较高。正确解答本题，需要对前述知识点掌握到位且能灵活运用。

［选项分析］A 选项考查唐代司法机关。唐代沿袭隋制，皇帝以下设大理寺、刑部、御史台三大司法机构。其中，大理寺是最高审判机关；刑部是复核机构；御史台是监察机构，只对涉及官员犯罪的重案疑案参与审理。这三大司法机关联合办案时，称为"三司推事"。而 A 选项中的"中书省"，与门下省、御史台有时受命联合办案，称"三司受事"。不过，御史台、中书省、门下省参与审案，都是受皇帝特诏办理专案，审理案件非其分内职事。因为，中书省、门下省（以及尚书省）都是唐代中央最高决策机关，它们虽有权对司法进行监督但并不是单纯的司法机关。中国自秦汉以来就有以非司法的中央高级官员参与审理重大案件（诏狱）的做法，自秦汉历魏晋南北朝一直沿袭到隋唐，成为中国古代法制的一大特点，这是皇权专制主义的产物。因此，A 选项内容错误，不当选。

B 选项考查"秋冬行刑"制度。自汉代始，对死刑的执行，实行"秋冬行刑"制度。汉代统治者根据"天人感应"理论，规定春、夏不得执

行死刑。《后汉书·章帝纪》载，东汉章帝元和二年重申："王者生杀，宜顺时气。其定律：无以十一、十二月报囚。"除谋反大逆等"决不待时"者外，一般死刑犯须在秋天霜降以后、冬至以前执行，因为这时"天地始肃"，杀气已至，便可"申严百刑"，以示所谓"顺天行诛"。汉代秋冬行刑制度，对后世影响深远。唐律规定"立春后不决死刑"，明清律中的"秋审"制度皆源于此。B 选项的陈述符合史实，为当选项。

C、D 选项皆为干扰项。所谓"十恶"，是隋唐以后历代法律所规定的严重危害统治阶级根本利益的为常赦所不原的十种最严重犯罪。"六赃"则是唐律针对官吏规定的六种非法获取公私财物的犯罪。本案中玉工的行为与"十恶""六赃"皆无关。C、D 两选项陈述错误，不当选。

3. ［答案］BCD ［难度］中
［考点］"八议"等

［命题和解题思路］本题考查中国古代的刑罚制度，具体而言，主要考查以"八议"为代表的议、请、减、赎、官当制度。正确解答本题，需要对中国古代刑罚制度与刑罚原则的流变掌握到位。

［选项分析］A 选项考查赎刑的发展演变。赎刑是我国古代规定犯人交纳一定数量的财产赎免刑罚的制度。从史料记载来看，"训夏赎刑"，赎刑在上古时期即已出现。《尚书·舜典》："金作赎刑。"孔颖达注疏："古之赎罪者，皆用铜，汉始改用黄金。"司马迁在《报任安书》中说："家贫，货赂不足以自赎。"后受到宫刑，由此可知，汉代已确有赎刑。赎刑在隋唐进一步发展完善，清末修律时被取消。题干中的"罚铜二十斤"即为赎刑。但 A 选项称"赎刑正式确立于《武德律》"，不符合史实，不当选。——但多数考生会把注意力放在《武德律》上（《武德律》是唐代第一部法典），因此，A 选项有强烈的干扰作用。

B 选项考查议、请制度。魏明帝在制定《魏律》时，以《周礼》"八辟"为依据正式规定了"八议"制度。"八议"制度是对封建特权人物犯罪实行减免处罚的法律规定，包括议亲（皇帝亲戚）、议故（皇帝故旧）、议贤（有传统德行与影响的人）、议能（有大才能）、议功（有大功勋）、议贵（贵族官僚）、议勤（为朝廷勤劳服务）、议

宾（前代皇室宗亲）。此后，"八议"成为各代刑律的重要内容。唐律中的《名例律》在五刑、十恶之后即规定了八议制度。请是指先请，"先请"之制创于西汉，即对犯了法的贵族官僚，必须首先向皇帝报告，"请"其作出减免的决定，以保护贵族官僚的特权。至唐代，规定了"上请"制度。B选项的陈述符合史实，为当选项。

C选项考察"八议"中的"议功"。根据B选项中对八议的介绍可知，"议功"是指对有大功勋者，其犯罪除"十恶"之外可以减免处罚。因此，C选项的陈述正确，为当选项。

D选项的陈述正确。正如题干中大理寺少卿戴胄所言，门卫因失察犯罪，应当从轻处罚，唐太宗亦采纳了戴胄的意见。D选项为当选项。

4. ［答案］B ［难度］中

［考点］唐代司法制度（刑讯与仇嫌回避原则〔证据制度〕）

［命题和解题思路］本题考查唐代司法审判中的证据制度。命题人选取了《唐律疏议·断狱律》章节条文进行选项设计，其内容并未局限于证据问题，而是掺杂了刑讯的条件、禁止刑讯的情形和司法官的责任这些与证据虽然有关联但其本身并不属于"据证定罪"的问题。因此，本题既考查对唐代证据制度知识点的记忆，也考查考生的逻辑判断能力（判断题干之要求与选项内容是否相符）。正确解答本题，考生要紧紧把握题干中的"据证定罪的原则"，找到对应的匹配项。

［选项分析］A选项是关于刑讯条件的陈述。《唐律疏议·断狱律》（卷二十九）规定："诸应讯囚者，必先以情，审察辞理，反复参验，犹未能决，事须拷问者，立案同判，然后拷讯，违者杖六十。"也就是说，在刑讯之前，必须先审核口供的真实性，然后反复查验证据。证据确凿，仍狡辩否认的，经过主审官与参审官共同决定，可以使用刑讯。但这是关于刑讯条件的规定，并非据证定罪的原则，与题干要求不符。因此，A选项不当选。

B选项是关于据证定罪之原则的陈述。对于前述《唐律疏议·断狱律》之规定，"疏议"解释说："若赃状露验，理不可疑，虽不成引，即据状断之。……"因此，B选项内容正确且符合题干要求，为当选项。

C选项是对禁止使用刑讯情形的陈述。《唐律疏议·断狱律》（卷二十九）规定："诸应议、请、减，若年七十以上，十五以下及废疾者，并不合拷讯，皆据众证定罪……"C选项内容正确，但属于禁止使用刑讯情形的规定。——有不少考生提出异议，认为C选项也正确。我们认为，该选项的设计确实不够严谨。因为唐律对这些"不合拷讯"的情形，同时规定了"皆据众证定罪"，即必须有三个以上的证人证实其犯罪事实才能定罪。C选项的陈述内容虽未明言"据众证定罪"，但正属于"据众证定罪"的情形。因此，C选项存疑。

D选项是关于司法官责任的陈述。《唐律疏议·断狱律》（卷三十）规定："诸断狱皆须具引律、令、格、式正文，违者笞三十。……"D选项内容虽然正确，但与题干要求不符，不当选。

第二节 明清会审制度

1. ［答案］A ［难度］中

［考点］西周时期的法律思想（礼法关系）、杀尊亲属罪

［命题和解题思路］该题之案例取材自《大清律例会通新纂》，记载了卑犯尊应处极刑但念情恤刑的一个裁判事例。杀害尊亲属罪是贯穿中华法系之刑法脉络的一个关键符号，体现了礼法合一、一准乎礼的精神要核。命题人从杀尊亲属罪的刑责、恶逆的行为表现等角度具体而微地考查考生对清代刑法特别是谋杀制度的理解与把握。尽管古代刑法与现代刑法在理念上存在较大差异，但考生需注意，即使是在"明刑弼教""先刑后教"的明清时期，也不会因为产生犯罪意图就对当事人进行刑事处罚。

［选项分析］中国古代的礼法文化与现代自由、民主、平等的理念相去甚远。它的主要缺陷在个体层面，以等级尊卑观念压抑着自由平等观念，强调身份的差异。杀尊亲属罪的设置和其几千年的延绵不绝即是典型体现。根据"准五服以制罪"制度，尊犯卑，处分较常人相犯为轻；卑犯尊，处分较常人相犯为重。在本案中，张安夫妻杀害父亲，以卑犯尊，显然比以尊犯卑的刑罚更重。A选项正确。

虽然张张氏被张起坤强行奸污，但如果张张氏当场将张起坤杀死，并不会因张张氏受辱而豁

免于刑罚。根据《大清律例》，妻殴伤夫之父母（即其公婆），应科斩罪，如"殴毙"公婆，即殴打公婆致死，处凌迟极刑，也就是将婆媳、翁媳名分，比作父母与子孙的至亲尊卑关系。但拒奸情由下致公公伤亡，应另当别论：儿媳拒奸，伤及公公，情有可原，罪可免科；如果导致公公死亡，则法不容情，儿媳必得死罪，为被杀者"抵命"。B选项错误。

明清时期的刑法已经明确区分故杀和谋杀两种杀人罪类型。谋杀是有预谋的故意杀人，而故杀是没有预谋、突然起意的故意杀人。张张氏和丈夫如果有杀害公公的想法，算是谋杀的起意谋划阶段，但并未实施相应行为，只能定为有犯意无表示，这种情况不能用刑，否则会与"明德慎罚"的理念相冲突。C选项错误。

明清两代，刑部作为主管全国刑事司法的机构，与都察院管稽察、大理寺掌重大案件的最后审理和复核，共为"三法司制"。刑部的具体职掌是：审定各种法律，复核各地送部的刑名案件，会同九卿审理"监候"的死刑案件以及直接审理京畿地区的待罪以上案件。由此可见，刑部不仅可以复核，也享有<u>最终审判权</u>。D选项错误。

2. [答案] B   [难度] 中

[考点] 西周婚姻制度、宋代婚姻制度、清代秋审、"重其所重，轻其所轻"的刑罚原则

[命题和解题思路] 本题是一道综合性试题，时间、内容的跨度都相当大，涉及考点较多。正确解答本题，需要考生全面掌握中国法律史的知识点且能够灵活运用。

[选项分析] A选项考查西周婚姻制度。西周时期，一夫一妻制、同姓不婚、父母之命是缔结婚姻的三大原则，凡不符合这三原则的婚姻皆属于非礼非法。因此，同姓不婚原则在西周时期即已实行，并非始于汉代。A选项陈述错误，不当选。

B选项考查宋代婚姻制度中的"义绝"。宋代在离婚方面，有一种称为"义绝"的强制离婚原则。该原则在唐律中首次规定，为宋代沿袭。所谓"义绝"，是指夫妻间或夫妻双方亲属间或夫妻一方对他方亲属凡有殴、骂、杀、伤、奸等行为，依律视为夫妻恩义断绝，不论夫妻双方是否同意离婚，均由官府审断强制离婚，对任何拒不离婚

的一方依律处罚。据此，B选项的陈述正确，为当选项。

C选项考查清代的"秋审"。清代在明代会审制度的基础上，进一步完善了重案会审制度，形成了秋审、朝审、热审等比较规范的会审体制。其中，秋审是最重要的死刑复审制度，在每年秋天举行。秋审对象是全国上报的斩、绞监候案件，每年秋八月在天安门金水桥西由九卿、詹事、科道及军机大臣、内阁大学士等重要官员会同审理。秋审被看成是国家大典，统治者非常重视，专门制定《秋审条款》。至于"秋后算账"，本意是指地主在秋收后和佃农计算一年的账目，或债主在秋收后上门讨账。"秋后算账"和"秋审"虽然名称相似，实际上毫无瓜葛。因此，C选项陈述错误，不当选。

D选项是干扰项。本选项考查明清时期的刑罚原则。明代刑罚实行"重其所重，轻其所轻"的原则。与唐律相比，明代对于盗贼及钱粮等事处罚较重。唐律一般根据情节轻重作出不同处理，牵连范围相对较窄；明律则不分情节，一律处以重刑，且扩大株连范围，此即"重其所重"的原则。而对于"典礼及风俗教化"等一般性犯罪，明律处罚轻于唐律，此为"轻其所轻"的原则。对某些危害不大的轻罪从轻处罚是为了突出"重其所重"的原则。清代继承了"重其所重，轻其所轻"的刑罚原则。例如，清律扩大和加重对"十恶"中"谋反""谋大逆"等侵犯皇权的犯罪的处罚，凡谋反谋大逆案中只要参与共谋，不分首从一律凌迟处死。再如，清律中并没有关于"文字狱"的直接条款，但所有"文字狱"均按谋反谋大逆定罪，从而导致无辜被害者不可胜数，其思想文化专制统治的残酷在我国封建史上达到最高峰。——由于"明刑弼教"和"重其所重，轻其所轻"同为明清时期的立法思想和刑罚原则，命题人故意用"明刑弼教"干扰考生对"重其所重，轻其所轻"原则的记忆，试图浑水摸鱼，引诱考生"误入歧途"。D选项陈述错误，不当选。

3. [答案] C   [难度] 中

[考点] 清代司法制度（会审）

[命题和解题思路] 本题考查清代的会审制度。清代对全国上报的斩监候、绞监候等重大案

件，形成了秋审、朝审等比较规范的会审体制。案件经过秋审或朝审的复审程序后，分四种情况进行处理。命题人即根据这四种情况作出四个选项设计，以考查考生对清代会审制度的了解程度。本题不仅要求考生理解掌握经秋审或朝审之后案件是如何处理的，而且要求考生审题时要特别细心，否则就会误触命题人精心布下的"地雷"。

[选项分析] A选项考查"情实"即案情属实、罪名恰当情况的处理。秋审、朝审的审理对象是全国上报的斩监候、绞监候等重大案件。经过会审，既然案情属实、罪名恰当，就应当奏请执行死刑，而非再予斩、绞监候。因此，A选项内容错误。

B选项考查"缓决"适用的情形。按照清代会审制度，缓决适用于案情虽然属实，但危害性不大者，可减为流三千里，或发烟瘴极边充军，或再押监候。B选项陈述错误。

C选项考查"可矜"适用的情形。"可矜"指案情属实，但有可原或可疑之处，可以免于死刑，一般减为徒、流刑罚。C选项陈述正确，当选。

D选项是重点干扰项。"留养承嗣"，指案情属实、罪名恰当，但有亲老丁单情形，合乎申请留养条件者，按留养奏请皇帝裁决。必须注意，这里指的是"犯罪人"有此情形者构成留养承嗣。命题人故意将"犯罪人"置换为"被害人"。考生审题时如果不仔细，很难发现命题人在该选项中悄悄布下的"地雷"，从而误闯雷区而"挂掉"。

第九章　清末主要修律内容

试　题

1. 1903年，清廷发布上谕："通商惠工，为古今经国之要政，急应加意讲求，著派载振、袁世凯、伍廷芳，先定商律，作为则例。"下列哪一说法是正确的？（2016-1-19）

A. 《钦定大清商律》为清朝第一部商律，由《商人通例》、《公司律》和《破产律》构成

B. 清廷制定商律，表明随着中国近代工商业发展，其传统工商政策从"重农抑商"转为"重商抑农"

C. 商事立法分为两阶段，先由新设立商部负责，后主要商事法典改由修订法律馆主持起草

D. 《大清律例》、《大清新刑律》、《大清民律草案》与《大清商律草案》同属清末修律成果

2. 武昌起义爆发后，清王朝于1911年11月3日公布了《宪法重大信条十九条》。关于该宪法性文件，下列哪一说法是错误的？（2014-1-19）

A. 缩小了皇帝的权力
B. 扩大了人民的权利
C. 扩大了议会的权力
D. 扩大了总理的权力

3. 清末修律时，修订法律大臣俞廉三在"奏进民律前三编草案折"中表示："此次编辑之旨，约

分四端：（一）注重世界最普通之法则。（二）原本后出最精密之法理。（三）求最适于中国民情之法则。（四）期于改进上最有利益之法则。"关于清末修订民律的基本思路，下列哪一表述是最合适的？（2013-1-17）

A. 西学为体、中学为用
B. 中学为体、西学为用
C. 坚持德治、排斥法治
D. 抛弃传统、尽采西说

详　解

1. [答案] C　　[难度] 中

[考点] 清末主要修律内容（《大清新刑律》《大清民律草案》《大清商律草案》）

[命题和解题思路] 本题主要考查清末修律活动中的商事立法。命题人侧重考查考生对有关历史事实掌握的准确程度，并在设计选项时使用了其惯用的"掺沙子"战术（D选项），以此考查考生的细心程度。因此，正确解答本题，既要求考生复习到位，准确掌握清末修律这一知识点的相关内容，又要求考生在分析选项、解决问题时严谨细致。

[选项分析] A选项考查《钦定大清商律》的内容。1904年1月，当时的商部奉旨"赶速先拟商律之公司一门，并于卷首冠以商人通例"，一起

"缮具清册，恭呈御览"。此次修订的《商人通例》9 条和《公司律》131 条获得奏准颁行，定名为《钦定大清商律》，这是清朝第一部商律。至于 A 选项提到的《破产律》则到 1906 年 5 月才予颁行。因此，A 选项的说法错误。

B 选项考查清末商事立法的指导思想。在立法指导思想上，清末修律自始至终贯穿着"仿效外国资本主义法律形式，固守中国法制传统"的方针，因此，借用西方近现代法律制度的形式，坚持中国固有的专制制度内容，成为清末统治者变法修律的基本宗旨。清末修律时清廷制定商律，虽然表明其开始重视工商业的发展，但其传统的"重农抑商"的工商政策并未发生实质性改变，根本谈不上"重商抑农"的问题。B 选项的说法有误。

C 选项考查清末修律活动中商事立法的过程。清末商事立法大致可以分为前后两个阶段：第一阶段，即 1903~1907 年，商事立法主要由新设立的商部负责；第二阶段，即 1907~1911 年，主要商事法典改由修订法律馆主持起草。C 选项陈述正确。

D 选项是重点干扰项，考查清末修律的成果。《大清新刑律》、《大清民律草案》与《大清商律草案》皆属于清末修律的成果。但《大清律例》早在乾隆五年就告完成，并不属于清末修律的成果。考生若审题不严，很容易在 D 选项上出错，误认为该选项正确。实践证明，命题人的这种"掺沙子"招数屡试不爽。

2. [答案] B　　　[难度] 易

[考点] 清末"预备立宪"（十九信条）

[命题和解题思路] 本题是一道送分题。兹不赘述。

[选项分析]《宪法重大信条十九条》是清政府于辛亥革命武昌起义爆发后抛出的一个宪法性文件。1911 年 11 月，清王朝迫于武昌革命风暴，匆匆命令资政院迅速起草宪法，企图苟延残喘，渡过危机。资政院仅用了 3 天时间即拟好，予以公布。从形式上看，与先前的《钦定宪法大纲》相比，《宪法重大信条十九条》被迫缩小了皇帝的权力，相对扩大了议会和总理的权力，但仍然强调皇权至上，且对人民权利只字未提，这更暴露出其虚伪性。因此，《宪法重大信条十九条》不可能挽回清王朝必然覆亡的命运。

因此，A、C、D 选项内容正确。B 选项内容错误，为当选项。

3. [答案] B　　　[难度] 易

[考点] 清末主要修律内容

[命题和解题思路] 本题考查清末法制。命题人选取了修订法律大臣俞廉三的奏折片段，供考生分析。考生若能结合清末修律的时代背景，不难理解修律活动的基本宗旨和俞廉三的本意。此题较为简单。

[选项分析] 1840 年鸦片战争以后，统治者在内外各种压力之下，在 20 世纪初的 10 年中，逐渐对原有的法律制度进行了不同程度的修改与变革。一般把这一时期的法律改革活动称为清末修律。它的主要特点之一是，在立法指导思想上，清末修律自始至终贯穿着"仿效外国资本主义法律形式，固守中国法制传统"的方针。因此，借用西方近现代法律制度的形式，坚持中国固有的专制制度内容，成为统治者变法修律的基本宗旨。

在清末修律过程中，除了刑事法律，民商法的修订也是沈家本、伍廷芳、俞廉三等人主持的修订法律馆着力进行的一项工作。具体的编纂工作自 1907 年正式开始，一方面聘请时为法律学堂教习的日本法学家松冈正义等外国法律专家参与起草工作，另一方面派员到全国各地进行民事习惯的调查。经过两年多时间的起草工作，修订法律馆于 1910 年 12 月完成《大清民律草案》的编纂。该草案共五编 1569 条，其前三编总则、债权和物权由松冈正义等人依照德、日民法典的体例和内容草拟而成，吸收了大量西方资产阶级民法的理论、制度和原则。而亲属、继承两编则由修订法律馆会同保守的礼学馆起草，其制度、风格带有浓厚的封建色彩，保留了许多封建法律的精神。同年，俞廉三在"奏进民律前三编草案折"中表示："此次编辑之旨，约分四端：（一）注重世界最普通之法则。（二）原本后出最精确之法理。（三）求最适于中国民情之法则。（四）期于改进上最有利益之法则。"显然，清末修订民律的基本思路，仍然没有超出"中学为体、西学为用"的思想格局。B 选项正确。

A、C、D 选项皆为干扰项。

第十章　清末司法体制的变化

试 题

🔊 鸦片战争后，清朝统治者迫于内外压力，对原有的法律制度进行了不同程度的修改与变革。关于清末法律制度的变革，下列哪一选项是正确的？（2015-1-18）

　　A.《大清现行刑律》废除了一些残酷的刑罚手段，如凌迟

　　B.《大清新刑律》打破了旧律维护专制制度和封建伦理的传统

　　C. 改刑部为法部，职权未变

　　D. 改四级四审制为四级两审制

详 解

　　[答案] A　　[难度] 易

　　[考点] 清末主要修律内容（《大清现行刑律》《大清新刑律》）、清末司法体制的变化（法部、四级三审制）

　　[命题和解题思路] 本题考查清末修律（A、B选项）和清末的司法制度改革（C、D选项），难度不大，考生只要了解有关的历史事实即可作出正确选择。

　　[选项分析] A选项考查《大清现行刑律》的内容。在清末进行的刑法典修订活动中，最明显的变革成果是《大清现行刑律》和《大清新刑律》。《大清现行刑律》是晚清政府在《大清律

例》的基础上稍加修改，作为《大清新刑律》完成前的一部过渡性法典，于1910年5月15日颁行。其内容基本秉承旧律例。与《大清律例》相比，有如下变化：改律名为"刑律"；取消了六律总目，将法典各条按性质分隶30门；对纯属民事性质的条款不再科刑；废除了一些残酷的刑罚手段，如凌迟；增加了一些新罪名，如妨害国交罪等。A选项内容正确。

　　B选项考查《大清新刑律》的特点和地位。《大清新刑律》是晚清政府于1911年1月25日公布的中国历史上第一部近代意义的专门刑法典，但仍然保持着旧律维护专制制度和封建伦理的传统。B选项陈述错误。

　　C选项考查清末的司法机构改革。在清末司法机构的改革方面，其主要表现是改刑部为法部，掌管全国司法行政事务，与之前的职权有重大变化。在此之前，刑部是清朝最重要的司法机构，在处理全国法律事务方面一直起主导作用，其主要负责：一是审理中央百官犯罪；二是审核地方上报的重案（死刑交大理寺复核）；三是审理发生在京师的笞杖刑以上案件；四是处理地方上诉案及秋审事宜；五是主持司法行政与律例修订事宜。因此，C选项陈述错误。

　　D选项考查清末的审级制度改革。清末的司法体制改革确立了一系列近代意义上的诉讼制度，审级制度采用四级三审制。D选项内容错误。

第十一章　新民主主义革命时期的审判制度

试 题

🔊 陕甘宁边区曾发生一起抢亲案。封捧儿与张柏两情相悦，定有婚约，封捧儿父亲封某为了更多的彩礼将封捧儿许配另一人，张柏父亲张某带领众人在婚礼上抢亲。马锡五接办该案后，下乡走进田间，在群众中实地走访调研，广泛征求意见，后判婚姻有效，张某被判徒刑半年，封某被判劳役半年，判决一出，群众无不交口称赞。下列对

马锡五审判方式的理解，哪一说法是错误的？（2023年回忆版）

　　A. 调解优先　　　B. 广泛调研

　　C. 方便诉讼　　　D. 不拘形式

详 解

　　[答案] A　　[难度] 中

　　[考点] 马锡五审判方式

　　[命题和解题思路] 马锡五审判方式是2023

年法考大纲新增考点。马锡五审判方式是抗日战争时期在陕甘宁边区实行的一套便利人民群众的审判制度。由陕甘宁边区陇东分区专员兼边区高等法院分庭庭长马锡五首创。这种审判方式既坚持原则，又方便群众，维护了群众的根本利益，在人民司法审判史上产生了重要的影响。本题结合马锡五审判的抢婚案进行命制，其实是"新瓶装旧酒"，因为在法理学中曾经考过这个案例，考生应不陌生。但本题却给很多考生带来困扰，主要是因为考生如没有认真审题，很难排除 A 选项。本题题干中强调的重点在于马锡五如何更好地审判，而非如何进行调解。明白本题意图，本题便可迎刃而解。

[选项分析] 马锡五审判方式具有以下主要特点：(1) 深入农村调查研究，实事求是了解案情。(2) 依靠群众，教育群众，尊重群众意见。(3) 方便群众诉讼；手续简便、不拘形式。封捧儿案案情并不复杂，但比较难办，因为双方骑虎难下，之前的判决不能令双方满意。马锡五接手该案后，将群众路线的工作方针运用于司法审判工作中，主要是简化诉讼手续，实行巡回审判、就地审判，在审判中依靠群众，调查研究，解决并纠正疑难与错案，使群众在审判活动中得到教育。从题干给出的信息来看，在审理该案时，马锡五没有停留在纸面材料中，而是广泛调研，深入了解，而且诉讼过程充分考虑群众的便利，没有拘泥于严肃的诉讼程序。因此，B、C、D 三个选项在题干中都有体现，唯有 A 选项中的调解在材料中并未强调，因此是干扰项，不当选。

但需要说明的是，马锡五审判方式并不是不注重调解，而是非常强调调解与审判的结合。作为我国司法显著特征的"审调结合"机制，发源于陕甘宁边区的司法实践，"马锡五审判方式"中采取的"就地审判"与"共同评理"的做法是"审调结合"产生的直接原因。只是在本题中，强调的是审判中的特征，所以 A 选项成为与题干内容无关的干扰选项。

第四部分　司法制度和法律职业道德

第一章　中国特色社会主义司法制度概述

试　题

1. 公正是法治的生命线，是落实全面依法治国的重点要求。下列哪一论断符合司法公正的要求？（2023年回忆版）

A. 保障犯罪嫌疑人的辩护权利体现了司法的参与性

B. 法院杜绝不正之风体现了司法的公开性

C. 检察院禁止收受礼金体现了结果的正确性

D. 禁止司法人员与诉讼参与人私下接触体现了司法的中立性

2. 加强人权司法保障是司法机关的重要职责，也是保证公正司法的必然要求。下列哪一做法符合上述要求？（2017-1-45）

A. 某公安机关第一次讯问犯罪嫌疑人时告知其有权委托辩护人，但未同时告知其如有经济困难可申请法律援助

B. 某省法院修订进入法庭的安检流程，明确"禁止对律师进行歧视性安检"

C. 某法官在一伤害案判决书中，对被告人及律师"构成正当防卫"的证据和意见不采信而未做回应和说明

D. 某法庭对辩护律师在辩论阶段即将结束时提出的"被告人庭前供述系非法取得"的意见及线索，未予调查

3. 中国特色社会主义司法制度是一个科学系统，既包括体制机制运行体系，也包括理念文化等丰富内容。关于我国司法制度的理解，下列哪一选项是正确的？（2017-1-46）

A. 我国司法制度主要由四个方面的体系构成：司法规范体系、司法组织体系、司法制度体系、司法文化体系

B. 司法组织体系主要包括审判组织体系、律师组织体系、公证组织体系

C. 人民调解制度和死刑复核制度是独具中国特色的司法制度，司法解释制度和案例指导制度是中外通行的司法制度

D. 各项司法制度既是司法机关职责分工、履行职能的依据和标准，也是监督和规范司法行为的基本规则

4. 随着法院案件受理制度改革的落实，当事人诉权得到进一步保障。关于行政诉讼立案登记制的理解和执行，下列哪一选项是正确的？（2017-1-47）

A. 立案登记制有助于实现司法效率，更有助于强化司法的应然功能

B. 对当事人提交的起诉状存在的欠缺和错误，法院应主动给予指导和释明，并一次性告知需要补正的内容

C. 如不能当场判定起诉是否符合规定，法院应接收起诉状，并口头告知当事人注意接听电话通知

D. 对法院既不立案也不做出不予立案裁定的，当事人可以向上一级法院投诉，但不可向上一级法院起诉

5. 建立领导干部、司法机关内部人员过问案件记录和责任追究制度，规范司法人员与当事人、律师、特殊关系人、中介组织接触交往行为，有利于保障审判独立和检察独立。据此，下列做法正确的是：（2017-1-98）

A. 某案承办检察官告知其同事可按规定为案件当事人转递涉案材料

B. 某法官在参加法官会议时，提醒承办法官充分考虑某案被告家庭现状

C. 某检察院副检察长依职权对其他检察官的在办案件提出书面指导性意见

D. 某法官在参加研讨会中偶遇在办案件当事人的律师，拒绝其研讨案件的要求并向法院纪检部门报告

6. 最高法院设立巡回法庭有利于方便当事人诉讼、保证案件审理更加公平公正。关于巡回法庭的性质及职权，下列说法正确的是：（2017-1-99）

A. 巡回法庭是最高法院的派出机构、常设审判机构

B. 巡回法庭作出的一审判决当事人不服的，可向最高法院申请复议一次

C. 巡回法庭受理本巡回区内不服高级法院一审民事、行政裁决提起的上诉

D. 巡回区内应由最高法院受理的死刑复核、国家赔偿等案件仍由最高法院本部审理或者办理

7. 司法活动的公开性是体现司法公正的重要方面，要求司法程序的每一阶段和步骤都应以当事人和社会公众看得见的方式进行。据此，按照有关文件和规定精神，下列哪一说法是正确的？（2016-1-45）

A. 除依法不在互联网公布的裁判文书外，法院的生效裁判文书均应在互联网公布

B. 检察院应通过互联网、电话、邮件、检察窗口等方式向社会提供案件程序性信息查询服务

C. 监狱狱务因特殊需要不属于司法公开的范围

D. 律师作为诉讼活动的重要参与者，其制作的代理词、辩护词等法律文书应向社会公开

8. 司法人员恪守司法廉洁，是司法公正与公信的基石和防线。违反有关司法廉洁及禁止规定将受到严肃处分。下列属于司法人员应完全禁止的行为是：（2016-1-98）

A. 为当事人推荐、介绍诉讼代理人、辩护人

B. 为律师、中介组织介绍案件

C. 在非工作场所接触当事人、律师、特殊关系人

D. 向当事人、律师、特殊关系人借用交通工具

9. 保证公正司法，提高司法公信力，一个重要的方面是加强对司法活动的监督。下列哪一做法属于司法机关内部监督？（2015-1-45）

A. 建立生效法律文书统一上网和公开查询制度

B. 逐步实行人民陪审员只参与审理事实认定、不再审理法律适用问题

C. 检察办案中主动听取并重视律师意见

D. 完善法官、检察官办案责任制，落实谁办案谁负责

10. 司法公正体现在司法活动各个方面和对司法人员的要求上。下列哪一做法体现的不是司法公正的内涵？（2014-1-45）

A. 甲法院对社会关注的重大案件通过微博直播庭审过程

B. 乙法院将本院公开审理后作出的判决书在网上公布

C. 丙检察院为辩护人查阅、摘抄、复制案卷材料提供便利

D. 丁检察院为暴力犯罪的被害人提供医疗和物质救助

11. 关于法官在司法活动中如何理解司法效率，下列哪一说法是不正确的？（2014-1-46）

A. 司法效率包括司法的时间效率、资源利用效率和司法活动的成本效率

B. 在遵守审理期限义务上，对法官职业道德上的要求更加严格，应力求在审限内尽快完成职责

C. 法官采取程序性措施时，应严格依法并考虑效率方面的代价

D. 法官应恪守中立，不主动督促当事人或其代理人完成诉讼活动

12. 司法与行政都是国家权力的表现形式，但司法具有一系列区别于行政的特点。下列哪些选项体现了司法区别于行政的特点？（2014-1-83）

A. 甲法院审理一起民事案件，未按照上级法院的指示作出裁判

B. 乙法院审理一起刑事案件，发现被告人另有罪行并建议检察院补充起诉，在检察院补充起诉后对所有罪行一并作出判决

C. 丙法院邀请人大代表对其审判活动进行监督

D. 丁法院审理一起行政案件，经过多次开庭审理，在原告、被告及其他利害关系人充分举证、

质证、辩论的基础上作出判决

详 解

1. [答案] A　　　[难度] 中

[考点] 司法公正

[命题和解题思路] 本题以小案例形式，对司法公正的构成要素予以考查，属于理解与应用类试题。正确解题首先应了解选项涉及司法公正构成要素的具体内涵，再对选项表述情形的目的作出分析，最后判断两者能否形成对应关系。D 选项是主要干扰项，应通过分析禁止司法人员与诉讼参与人私下接触的目的作出判断。

[选项分析] 程序参与性，要求作为争议主体的当事人能够有充分的机会参与司法程序，提出自己的主张和有利于自己的证据，并反驳对方的证据，进行交叉询问和辩论，以此来促使司法机关尽可能作出有利于自身的结果。据此，保障犯罪嫌疑人的辩护权利，使其有充分的机会参与司法程序，这体现了司法的参与性。A 选项正确，当选。

法院杜绝不正之风，目的在于确保公正、廉洁和高效司法。这属于确保司法人员廉洁性的要求，与司法的公开性无关。B 选项错误，不当选。

检察院禁止收受礼金，目的在于确保司法人员的廉洁性。这与结果的正确性无关。C 选项错误，不当选。

司法的中立性要求司法人员要平和理性司法，以一种平和的心态和情绪，理性、客观、平等地对待和保护社会的每一个组织和成员。司法人员同争议的事实和利益没有关联性，不得对任何一方当事人存在歧视和偏爱。而禁止司法人员与诉讼参与人私下接触，其目的在于防止利益输送和利益勾连，维护司法廉洁和司法公正。该规定并非体现司法的中立性，而是对司法人员廉洁性的要求。D 选项错误，不当选。

2. [答案] B　　　[难度] 中

[考点] 司法功能

[命题和解题思路] 本题是"逢新必考"命题规律的产物，命题人以党的十八届四中全会作出的《中共中央关于全面推进依法治国若干重大问题的决定》（以下简称《全面推进依法治国决定》）提出的"加强人权司法保障"为主线，结合 2016 年考试大纲增加的五机关发布《关于依法保障律师执业权利的规定》对司法的人权保障功能进行考查。题目考点单一，解题法律依据明确，部分选项根据常识也可准确判断，难度较低。本题提醒考生，复习时对近两年新增法律法规应予以重点关注。

[选项分析]《关于依法保障律师执业权利的规定》第 5 条规定，办案机关在办理案件中应当依法告知当事人有权委托辩护人、诉讼代理人。对于符合法律援助条件而没有委托辩护人或者诉讼代理人的，办案机关应当及时告知当事人有权申请法律援助，并按照相关规定向法律援助机构转交申请材料。该公安机关未告知犯罪嫌疑人申请法律援助，不符合对犯罪嫌疑人人权司法保障的要求。A 项错误。

《人民法院第四个五年改革纲要》"强化人权司法保障机制"中明确提出，禁止对律师进行歧视性安检，为律师依法履职提供便利。《关于依法保障律师执业权利的规定》第 26 条规定，有条件的人民法院应当建立律师参与诉讼专门通道，律师进入人民法院参与诉讼确需安全检查的，应当与出庭履行职务的检察人员同等对待。据此，该省法院规定"禁止对律师进行歧视性安检"，符合对律师的人权保障要求。B 项为正确答案。

《关于依法保障律师执业权利的规定》第 36 条规定，人民法院适用普通程序审理案件，应当在裁判文书中写明律师依法提出的辩护、代理意见，以及是否采纳的情况，并说明理由。据此，辩方提出的"构成正当防卫"的证据和意见法官并未采信，法官应当在裁判文书中说明不予采纳的理由。C 项错误。

《关于依法保障律师执业权利的规定》第 23 条第 3 款规定，辩护律师申请排除非法证据的，办案机关应当听取辩护律师的意见，按照法定程序审查核实相关证据，并依法决定是否予以排除。据此，法庭未对辩护律师提出的被告人供述是非法证据的意见进行调查，不符合对被告人人权保护的法律规定。D 项错误。

3. [答案] D　　　[难度] 易

[考点] 中国特色社会主义司法制度

[命题和解题思路] 命题人采用表述题形式对

我国司法制度的体系构成进行考查，题目考点单一，考查面窄，不难获得分数。命题人在选项 A 中运用"偷梁换柱"之计，将"司法人员管理体系"改换为"司法文化体系"巧设陷阱，其考查内容和命题套路与 2012 年第 45 题 A 选项完全相同。考生欲正确答题，应从宏观上准确把握我国司法制度的体系结构。山穷水尽之时，本题亦可尝试用技巧作答。本学科表述类试题选项表述越具体，命题人做手脚的可能性越大，错误概率往往也越高。不同于其他三个选项，本题选项 D 内容抽象，可认真研判后选择 D 项。

[选项分析] 中国特色社会主义司法制度主要由司法规范体系、司法组织体系、司法制度体系和司法人员管理体系四个方面的体系构成。A 项错误。

司法组织体系主要指审判组织体系和检察组织体系，不包括律师组织体系、公证组织体系。B 项错误。本选项通过常识亦可判断，我国司法机关包括法院和检察院，权且不论律师和公证组织体系是否属于司法组织体系，法律职业道德涉及四类法律职业，而此处独缺检察组织体系，本选项一定有问题。

人民调解制度、人民陪审制度、死刑复核制度、审判监督制度、司法解释制度以及案例指导制度等，都是独具中国特色的司法制度，域外并不存在上述制度。C 项错误。

各项司法制度内容丰富，它既明确了各个司法机关的职权配置和职责划分，也为司法机关及其从业人员的执业行为提供规范和指引。D 项为正确答案。

易混淆点解析

司法组织体系和司法制度体系的内容不尽相同，应详加识别。

司法组织体系	审判组织体系和检察组织体系
司法制度体系	侦查制度、检察制度、审判制度、监狱制度、律师制度和公证制度

4. [答案] B　　[难度] 中
[考点] 司法效率
[命题和解题思路] 立案登记制是司法改革的

重要举措。命题人以最高人民法院 2015 年公布的《关于人民法院登记立案若干问题的规定》为素材，结合《行政诉讼法》的规定，对行政诉讼立案登记制改革进行考查。为增加试题难度，选项 A 还附带考查了司法效率和司法的功能两个考点。题目涉及考点较多，考查范围广，难度较高。近几年，司法改革新举措都会纳入命题范围，考生复习时对相关司法改革措施的制度设计、功能等知识应当特别留意。综观本题四个选项，选项 A 抽象，其余三项表述具体，考生应首先判断抽象选项与指令句要求是否一致，一致时方可使用技巧解题。因本题 A 选项错误，与题目要求不符，解题技巧无从发挥作用。

[选项分析] 选项 A 是重点干扰项。司法效率强调司法机关在司法活动中，在正确、合法的前提下，提高办案效率，不拖延积压案件，及时审理和结案，合理利用和节约司法资源。立案登记制实施后，各地法院新收案件数量明显增多，这在客观上为法院办案带来压力，并不利于实现司法效率。司法的应然功能，是指司法在社会生活中应当发挥何种功能。落实立案登记制，为当事人的诉权行使提供有效保证，有利于实现司法具有的"定纷止争""实现公平正义""最后一道防线"等应然功能。A 项错误。

《行政诉讼法》第 51 条第 3 款规定，起诉状内容欠缺或者有其他错误的，应当给予指导和释明，并一次性告知当事人需要补正的内容。不得未经指导和释明即以起诉不符合条件为由不接收起诉状。据此，B 项为正确答案。

《行政诉讼法》第 51 条第 2 款规定，对当场不能判定是否符合本法规定的起诉条件的，应当接收起诉状，出具注明收到日期的书面凭证，并在 7 日内决定是否立案。不符合起诉条件的，作出不予立案的裁定。裁定书应当载明不予立案的理由。如果符合起诉条件，法院立案后应当制作并送达受理案件通知书。据此，法院不能当场判定起诉是否符合规定，应当接收起诉状并出具书面凭证。且后续无论是否立案，法院都应当制作法律文书，不能口头告知当事人注意接听电话通知。C 项错误。

《最高人民法院关于人民法院登记立案若干问题的规定》第 13 条规定，对立案工作中……既不立案又不作出裁定或者决定等违法违纪情形，当事人可以向受诉人民法院或者上级人民法院投诉。《行政诉讼法》第 52 条规定，人民法院既不立案，又不作出不予立案裁定的，当事人可以向上一级人民法院起诉。据此，如果法院既不立案也不作出不予立案裁定，当事人既可以投诉又可以起诉。D 项错误。

易混淆点解析

对行政诉讼案件，如果法院既不立案也未作出不予立案裁定，当事人既可以投诉又可以起诉，但两种救济方式的适用法院不同。

救济方式	处理法院
投诉	受诉法院或上级法院
起诉	上一级法院

5. [答案] ACD　　　[难度] 难

[考点] 独立行使审判权、检察权

[命题和解题思路] 2015 年中央政法委印发《司法机关内部人员过问案件的记录和责任追究规定》，这成为本题命制的新素材。试题虽然考点单一，但属于冷僻考点，近十年仅考查一次。运用"一拖四"命题形式，且选项均为小案例，需要考生结合相关规定作出判断，难度颇高。考生排除干扰项的关键在于明确法官会议制度的功能，否则很容易坠入命题人的陷阱。

[选项分析]《司法机关内部人员过问案件的记录和责任追究规定》第 2 条规定，司法机关内部人员应当依法履行职责，严格遵守纪律，不得违反规定过问和干预其他人员正在办理的案件，不得违反规定为案件当事人转递涉案材料或者打探案情，不得以任何方式为案件当事人说情打招呼。据此，承办案件的检察官告知其同事可按规定为案件当事人转递涉案材料符合规定。A 项正确。

选项 B 是重点干扰项。《最高人民法院关于完善人民法院司法责任制的若干意见》规定，人民法院可以分别建立由民事、刑事、行政等审判领域法官组成的专业法官会议，为合议庭正确理解和适用法律提供咨询意见。该法官提醒承办法官充分考虑被告家庭现状，提醒内容已经超越了法官会议的讨论范围，有变相为被告说情打招呼之嫌。B 项错误。

《司法机关内部人员过问案件的记录和责任追究规定》第 4 条规定，司法机关领导干部和上级司法机关工作人员因履行领导、监督职责，需要对正在办理的案件提出指导性意见的，应当依照程序以书面形式提出，口头提出的，由办案人员记录在案。据此，某检察院的副检察长因履行职责，可以对其他检察官的在办案件提出书面指导性意见。C 项正确。

《关于进一步规范司法人员与当事人、律师、特殊关系人、中介组织接触交往行为的若干规定》第 7 条规定，司法人员在案件办理过程中因不明情况或者其他原因在非工作时间或非工作场所接触当事人、律师、特殊关系人、中介组织的，应当在三日内向本单位纪检监察部门报告有关情况。据此，D 项正确。

6. [答案] ACD　　　[难度] 中

[考点] 审判机关

[命题和解题思路] 最高法院设立巡回法庭是本轮司法改革的重要内容，2016 年最高人民法院根据新设巡回法庭情况对《关于巡回法庭审理案件若干问题的规定》作出修正，这为本题的命制提供了新契机。题目考点单一，考查内容基本是对上述规定的简单重复，难度不高。本题的解题依据并不在考试大纲附录法律法规范围内，考生复习本学科时不必拘泥于大纲要求，最新司法改革举措的规范性文件也应适度关注。

[选项分析]《最高人民法院关于巡回法庭审理案件若干问题的规定》第 2 条规定，巡回法庭是最高人民法院派出的常设审判机构。A 项正确。

《最高人民法院关于巡回法庭审理案件若干问题的规定》第 2 条规定，巡回法庭作出的判决、裁定和决定，是最高人民法院的判决、裁定和决定。据此，巡回法庭在审级上等同于最高人民法院，其作出的判决是终审判决。当事人不服巡回法庭的一审判决，不可以向最高法院申请复议。B 项错误。

《最高人民法院关于巡回法庭审理案件若干问题的规定》第 3 条规定，巡回法庭审理或者办理巡回区内应当由最高人民法院受理的以下案件：（3）不服高级人民法院作出的第一审行政或者民商事判决、裁定提起上诉的案件。C 项正确。

《最高人民法院关于巡回法庭审理案件若干问题的规定》第4条规定，知识产权、涉外商事、海事海商、死刑复核、国家赔偿、执行案件和最高人民检察院抗诉的案件暂由最高人民法院本部审理或者办理。D项正确。

7. [答案] A　　[难度] 中
[考点] 司法公正
[命题和解题思路] 司法活动的公开性是司法公正的体现，《全面推进依法治国决定》对司法公开提出明确要求，命题人以表述题形式对司法公开的主体、形式等知识点进行考查。题目对记忆精确度要求较高，选项B中命题人运用"偷梁换柱"之计，将"相关人员"更换为"社会"迷惑考生。作为解题依据的法律规范并不在考试大纲附录法律法规范围内，这要求考生具备法律思维，深刻理解司法公开的性质和意义，熟悉法官、检察官和律师等法律职业定位，方可排除干扰准确作答。

[选项分析] 《最高人民法院关于人民法院在互联网公布裁判文书的规定》第4条规定，人民法院的生效裁判文书应当在互联网公布，但涉及国家秘密、未成年人犯罪、离婚诉讼或者涉及未成年子女抚养监护、以调解方式结案或者确认人民调解协议效力（为保护国家利益、社会公共利益、他人合法权益确有必要公开的除外）、法院认为不宜在互联网公布的其他情形除外。A项正确。

《人民检察院案件信息公开工作规定》第3条第1款规定，人民检察院应当通过互联网、电话、邮件、检察服务窗口等方式，向相关人员提供案件信息查询服务，向社会主动发布案件信息、公开法律文书，以及办理其他案件信息公开工作。据此，检察院应当向相关人员而非向社会提供案件程序性信息查询服务。B项错误。

《全面推进依法治国决定》明确提出，构建开放、动态、透明、便民的阳光司法机制，推进审判公开、检务公开、警务公开、狱务公开，依法及时公开执法司法依据、程序、流程、结果和生效法律文书，杜绝暗箱操作。据此，监狱狱务当然属于司法公开的范围。C项错误。

《全面推进依法治国决定》通过推进各项司法公开制度，构建阳光司法机制。其目的在于规制各类与司法活动相关的公权力的运行，约束司法

公权力机关。而律师是为社会提供法律服务的执业人员，不是公职人员，其工作活动也不是行使公权力行为，因此律师文书不属于司法公开的范围。D项错误。

> **易混淆点解析**
> 司法公开是为确保司法公权力阳光化运行提出的具体要求，因此，行使司法权或者与其密切相关的司法行政权的主体均属司法公开之列，具体包括公安机关、检察院、法院、监狱。律师虽为司法活动的参与者，但其不行使司法权，只是法律服务的提供者，因此，**律师不属于司法公开制度的适用主体**。

8. [答案] ABD　　[难度] 中
[考点] 司法公正
[命题和解题思路] 最高法院等五部门于2015年公布的《关于进一步规范司法人员与当事人、律师、特殊关系人、中介组织接触交往行为的若干规定》，是本题命制的素材。本题难度体现在"偏"，解题法律依据并不在大纲附录法规之列。命题角度巧妙，本题并未考查何种行为应予禁止，而是让考生判断哪些属于"完全禁止"行为，这对记忆的精确度要求更高，使得题目难度大增。本题提醒考生，在复习时应当有意识地归纳总结。

[选项分析] 《关于进一步规范司法人员与当事人、律师、特殊关系人、中介组织接触交往行为的若干规定》第5条规定，严禁司法人员与当事人、律师、特殊关系人、中介组织有下列接触交往行为：（2）为当事人推荐、介绍诉讼代理人、辩护人，或者为律师、中介组织介绍案件，要求、建议或者暗示当事人更换符合代理条件的律师；（4）向当事人、律师、特殊关系人、中介组织借款、租借房屋，借用交通工具、通讯工具或者其他物品。据此，选项A、B、D均为正确答案。

《关于进一步规范司法人员与当事人、律师、特殊关系人、中介组织接触交往行为的若干规定》第6条规定，司法人员在案件办理过程中，应当在工作场所、工作时间接待当事人、律师、特殊关系人、中介组织。因办案需要，确需与当事人、律师、特殊关系人、中介组织在非工作场所、非工作时间接触的，应依照相关规定办理审批手续

并获批准。第 7 条规定，司法人员在案件办理过程中因不明情况或者其他原因在非工作时间或非工作场所接触当事人、律师、特殊关系人、中介组织的，应当在 3 日内向本单位纪检监察部门报告有关情况。据此，在非工作场所接触当事人、律师、特殊关系人，并非完全禁止。C 项错误。

9. [答案] D　　[难度] 易

[考点] 司法改革

[命题和解题思路] 命题人以《全面推进依法治国决定》《最高人民检察院关于依法保障律师执业权利的规定》提出的改革举措为素材，以"对司法活动的监督"为主线，对四项司法改革新举措串联考查。本题虽然采用"一题多问"命题形式，考查内容较多，但是考查角度颇为简单，仅涉及改革措施中对司法活动的监督形式，考生大体了解司法改革举措根据常识亦可作出判断。本题提醒考生应当密切关注司法改革的前沿动态，全面了解各项改革措施的功能定位、制度设计等内容。

[选项分析]《全面推进依法治国决定》提出，建立生效法律文书统一上网和公开查询制度。该举措旨在推进司法公开，实现阳光司法，实现社会公众的司法知情权。生效法律文书统一上网和公开查询，是社会公众从司法机关外部监督司法活动的重要渠道，属于对司法机关的外部监督。A 项错误。

《全面推进依法治国决定》提出，逐步实行人民陪审员不再审理法律适用问题，只参与审理事实认定问题。该举措旨在保障人民群众参与司法，通过人民群众的外部监督促进公正司法。无论奉行陪审制还是参审制模式，陪审制度无疑是司法民主化的产物，也是加强民众和社会对司法活动进行外部监督的有效措施。B 项错误。

《最高人民检察院关于依法保障律师执业权利的规定》第 8 条规定，人民检察院应当主动听取并高度重视律师意见。该规定旨在通过听取律师意见促进检察机关规范司法，保障司法公正。该举措也在客观上实现了律师从司法机关外部对检察院办案活动的监督。C 项错误。

《全面推进依法治国决定》提出，完善主审法官、合议庭、主任检察官、主办侦查员办案责任制，落实谁办案谁负责。该措施旨在以责任追究的方式从内部真正建立起法官、检察官办案质量

监督制约机制。这无疑是司法机关完善内部监督制约机制的重要方式。D 项为正确答案。

10. [答案] D　　[难度] 中

[考点] 司法公正

[命题和解题思路] 司法公正是本学科的重点内容，本题是"重者恒重"规律的产物。命题人采用"一拖四"命题形式，编制四个小案例，对司法公正的构成要素作出考查。题目属于理解与应用类试题，考查形式较为新颖，难度较高。考生应首先知晓司法公正的具体构成要素，然后根据选项表述结合本学科知识和刑事诉讼法的规定作出具体判断。

[选项分析] 司法活动的公开性是司法公正的体现。它要求诉讼程序应当以当事人和社会公众看得见的方式进行。甲法院对重大案件用微博直播庭审过程，将庭审过程向社会公众公开，回应社会的关切。乙法院将公开审理案件的判决书在网上公布，两者均符合司法活动公开性的要求，体现了司法公正的内涵。A、B 两项不选。

选项 C 是重点干扰项。丙检察院为辩护人查阅、摘抄、复制案卷材料提供便利，使辩方能够为辩护作好材料准备，在诉讼中实现控辩双方平等对抗，这体现了当事人地位的平等性。同时，丙检察院的行为也确保了当事人对司法程序的实质性参与，这也体现了司法程序的参与性。C 项不选。

选项 D 也是重点干扰项。丁检察院为暴力犯罪的被害人提供医疗和物质救助，这体现的是司法救助制度，与司法公正的内涵无关。D 项为正确答案。

> **难点解析**
> 司法公正是法律精神的内在要求，是法治的组成部分和基本内容，也是司法活动的终极目标追求。司法公正体现在以下几个方面：（1）司法活动的合法性；（2）司法人员的中立性；（3）司法活动的公开性；（4）当事人地位的平等性；（5）司法程序的参与性；（6）司法结果的正确性；（7）司法人员的廉洁性。

11. [答案] D　　[难度] 中

[考点] 司法效率

[命题和解题思路] 命题人采用表述题形式

对司法效率的理解和具体适用作出考查，为增加难度，试题采用否定式设问形式。本题考点单一，部分选项表述基本是对辅导用书的原文摘录，还可以借助诉讼法知识辅助作出判断，难度不高。

[选项分析] 司法效率强调的是司法机关在司法活动中，在正确、合法的前提下，要提高办案效率，不拖延挤压案件，及时审理和结案，合理利用和节约司法资源。司法效率大致包括司法的时间效率、司法的资源利用效率和司法活动的成本效率三个方面。A 项不选。

审限是诉讼法规定的案件审理期限。司法效率要求司法机关和司法工作人员迅速及时进行司法活动，在司法、诉讼的各个具体环节都要遵守法定的时限。为此，《法官职业道德基本准则》第 11 条规定，严格遵守法定办案时限，提高审判执行效率，及时化解纠纷，注重节约司法资源，杜绝玩忽职守、拖延办案等行为。B 项不选。

法官在诉讼过程中，有权决定延期审理、诉讼中止等程序性措施，此类措施可能会影响案件正常审理，影响司法效率。因此，法官采取程序性措施时，应严格依法并考虑效率方面的代价。C 项不选。

选项 D 是重点干扰项。为提高司法效率，法官有责任督促当事人及时完成诉讼活动。如果当事人在诉讼过程中因拖延影响司法效率时，法官在恪守其中立地位的前提下，应当督促当事人及其代理人在法律规定的期限内完成诉讼活动，提高司法效率。D 项为正确答案。

易混淆点解析

提高司法效率虽然重要，但司法公正是司法永恒的目标追求。在司法过程中，应坚持"公正优先，兼顾效率"原则。

12. [答案] ABD　　[难度] 难

[考点] 司法的概念和特征

[命题和解题思路] 司法的概念和特征是本学科的重点内容，命题人遵循"重者恒重"规律，以"一拖四"形式，对司法区别于行政的特点予以考查。本题属于理解与应用类试题，命题模式和第 45 题相同。考生解答本题，既要识记司法的特征，又要根据理解结合本学科知识和诉讼法规定对选项表述作出具体判断。题目考查的能力较为全面，难度颇高。

[选项分析] 司法机关依法独立行使职权是司法的重要特征。在组织技术上，强调司法机关只服从法律，不受上级机关、行政机关的干涉。甲法院审理民事案件时，未按照上级法院的指示作出裁判。该行为体现了司法的上述特征。A 项正确。

司法具有被动性。司法程序的启动离不开权利人或特定机构的提请或诉求，但司法者从来都不能主动发起一个诉讼。乙法院审理一起刑事案件，发现被告人另有罪行并建议检察院补充起诉，在检察院补充起诉后对所有罪行一并作出判决。法院不能依职权启动刑事诉讼程序，必须由检察院提起刑事公诉。该行为体现了司法的被动性。B 项正确。

丙法院邀请人大代表对其审判活动进行监督，体现了立法机关对司法机关的监督。根据宪法规定，立法机关同样有权监督行政机关。本选项并未体现司法区别于行政的特点，C 项错误。

司法具有交涉性。法律适用过程离不开多方当事人的诉讼参与：在刑事诉讼中需要控辩双方的辩驳、质证、对抗；在民事、行政诉讼中需要原被告双方的协商、交涉、辩论。丁法院审理一起行政案件，经过多次开庭审理，在原告、被告及其他利害关系人充分举证、质证、辩论的基础上作出判决。该行为体现了司法的交涉性。D 项正确。

第二章　审判制度

试题

📶 **1.** 根据《法官法》和《人民法院组织法》的规定，下列做法符合要求的是：（2023 年回忆版）

A. 某法学院有四年教学经验的副教授常某参加法官的公开选拔

B. 甲县法院对人民调解员工作进行业务指导

C. 周法官利用业余时间免费担任仲裁员处理

经济纠纷案件

D. 郑院长从乙法院离职，担任其父在乙法院提起侵权纠纷案的诉讼代理人

2. 根据 2018 年修正的《人民法院组织法》和《人民检察院组织法》的规定，下列哪些说法是正确的？（2019 年回忆版）

A. 可以从法官助理、检察官助理中遴选法官、检察官

B. 法官助理和检察官助理可以独立审查案件材料、草拟文书

C. 检察长可以授权检察官行使部分职权

D. 法院院长应当从法官或者其他具备法官条件的人员中产生

3. 法院的下列哪些做法是符合审判制度基本原则的？（2016-1-84）

A. 某法官因病住院，甲法院决定更换法官重新审理此案

B. 某法官无正当理由超期结案，乙法院通知其三年内不得参与优秀法官的评选

C. 对某社会高度关注案件，当地媒体多次呼吁法院尽快结案，丙法院依然坚持按期审结

D. 因人身损害纠纷，原告要求被告赔付医疗费，丁法院判决被告支付全部医疗费及精神损害赔偿金

4. 审判组织是我国法院行使审判权的组织形式。关于审判组织，下列说法错误的是：（2015-1-98）

A. 独任庭只能适用简易程序审理民事案件，但并不排斥普通程序某些规则的运用

B. 独任法官发现案件疑难复杂，可以转为普通程序审理，但不得提交审委会讨论

C. 再审程序属于纠错程序，为确保办案质量，应当由审判员组成合议庭进行审理

D. 不能以审委会名义发布裁判文书，但审委会意见对合议庭具有重要的参考作用

5. 关于我国法律职业人员的入职条件与业内、业外行为的说法：①法官和检察官的任职禁止条件完全相同；②被辞退的司法人员不能担任律师和公证员；③王某是甲市中院的副院长，其子王二不能同时担任甲市乙县法院的审判员；④李法官利用业余时间提供有偿网络法律咨询，应受到

惩戒；⑤刘检察官提出检察建议被采纳，效果显著，应受到奖励；⑥张律师两年前因私自收费被罚款，目前不能成为律所的设立人。对上述说法，下列判断正确的是：（2015-1-99）

A. ①⑤正确

B. ②④错误

C. ②⑤正确

D. ③⑥错误

6. 关于法官任免和法官行为，下列哪一说法是正确的？（2013-1-46）

A. 唐某系某省高院副院长，其子系该省某县法院院长。对唐某父子应适用任职回避规定

B. 楼法官以交通肇事罪被判处有期徒刑一年、缓刑一年。对其无须免除法官职务

C. 白法官将多年办案体会整理为《典型案件法庭审理要点》，被所在中级法院推广到基层法院，收效显著。对其应予以奖励

D. 陆法官在判决书送达后，发现误将上诉期15 日写成了 15 月，立即将判决收回，做出新判决书次日即交给当事人。其行为不违反法官职业规范规定

详 解

1. ［答案］BD ［难度］中
［考点］审判机关、法官

［命题和解题思路］本题以"一拖四"小案例形式，对公开选拔法官的条件、基层法院职能、法官限制条件、法官离职后任职限制等知识点予以考查。各选项均有明确的法律依据，主要考查知识点记忆的精确度，难度不高。了解从律师或者法学教学、研究人员中选拔法官有不少于 5 年的条件要求可排除 A 选项；掌握法官的兼职限制可排除 C 选项。

［选项分析］《法官法》第 15 条规定，人民法院可以根据审判工作需要，从律师或者法学教学、研究人员等从事法律职业的人员中公开选拔法官。除应当具备法官任职条件外，参加公开选拔的律师应当实际执业不少于 5 年，执业经验丰富，从业声誉良好，参加公开选拔的法学教学、研究人员应当具有中级以上职称，从事教学、研究工作 5 年以上，有突出研究能力和相应研究成果。据此，除了具备法官任职条件外，常某应从事教学、研

究工作 5 年以上，其年限不符合参加法官公开选拔的要求。A 选项错误，不当选。

《人民法院组织法》第 25 条第 2 款规定，基层人民法院对人民调解委员会的调解工作进行业务指导。据此，基层法院应当对人民调解员工作进行业务指导。B 选项正确，当选。

《法官法》第 22 条规定，法官不得兼任人民代表大会常务委员会的组成人员，不得兼任行政机关、监察机关、检察机关的职务，不得兼任企业或者其他营利性组织、事业单位的职务，不得兼任律师、仲裁员和公证员。据此，无论是否收费，周法官均不得兼任仲裁员。C 选项错误，不当选。

《法官法》第 36 条第 2 款规定，法官从人民法院离任后，不得担任原任职法院办理案件的诉讼代理人或者辩护人，但是作为当事人的监护人或者近亲属代理诉讼或者进行辩护的除外。据此，郑院长从乙法院离职后，可以作为其父在乙法院提起侵权纠纷案的诉讼代理人。D 选项正确，当选。

2. [答案] AC　　[难度] 中

[考点] 法官、检察官

[命题和解题思路] 2018 年《人民法院组织法》和《人民检察院组织法》作出修正，本题遵循"逢新必考"规律，对两部法律的新增规定予以考查。试题采用表述题形式，只要熟悉法条规定即可准确作答。选项 D 运用"偷梁换柱"之法，将院长的任职条件和副院长、审委会委员相混淆来设置陷阱。熟悉法官助理和检察官助理作为司法辅助人员的职业定位，可排除 B 选项。

[选项分析]《人民法院组织法》第 48 条第 2 款规定，符合法官任职条件的法官助理，经遴选后可以按照法官任免程序任命为法官。《人民检察院组织法》第 43 条第 2 款规定，符合检察官任职条件的检察官助理，经遴选后可以按照检察官任免程序任命为检察官。据此，可以从法官助理中遴选法官，也可以从检察官助理中遴选检察官。选项 A 正确。

《人民法院组织法》第 48 条第 1 款规定，人民法院的法官助理在法官指导下负责审查案件材料、草拟法律文书等审判辅助事务。《人民检察院组织法》第 43 条第 1 款规定，人民检察院的检察官助理在检察官指导下负责审查案件材料、草拟法律文书等检察辅助事务。据此，法官助理和检察官助理应该在法官、检察官指导下负责审查案件材料、草拟法律文书等辅助事务，而非独立审查案件材料、草拟文书。选项 B 错误。

《人民检察院组织法》第 29 条规定，检察官在检察长领导下开展工作，重大办案事项由检察长决定。检察长可以将部分职权委托检察官行使，可以授权检察官签发法律文书。选项 C 正确。

《人民法院组织法》第 47 条第 2 款规定，院长应当具有法学专业知识和法律职业经历。副院长、审判委员会委员应当从法官、检察官或者其他具备法官、检察官条件的人员中产生。据此，选项 D 错误。

3. [答案] ABC　　[难度] 中

[考点] 审判制度的概念（审判制度的基本原则）

[命题和解题思路] 命题人编制四个小案例，对四项审判制度的基本原则进行综合考查。本题考点相对冷僻，近十年仅考查两次。本题对考生的记忆和理解能力均有考查，"一拖四"的命题形式进一步提高了选择难度。"重者恒重"虽说是永恒不变的命题法则，但为了增加难度，命题人偶尔会另辟蹊径，在相对冷僻之处开辟新战场也是值得考生重视的命题趋势。考生欲正确解题，首先应当准确记忆审判制度包含哪些基本原则，并能深入理解每一项基本原则的内涵，然后结合案例表述判断其是否符合规定作出判断。

[选项分析] 直接原则，要求参加审判的法官必须亲自参加证据审查、亲自聆听法庭辩论。该原则强调审理法官与判决法官的一体化。因此，为保证案件审理法官和裁判法官相一致，甲法院更换生病法官后决定重新审理案件，该做法符合直接原则的要求。A 项正确。

及时审判原则，要求法院及时审理案件，提高办案效率。乙法院通知无正当理由超期结案的法官 3 年内不得参与优秀法官的评选，该行为旨在督促法官及时审判，避免超审限，乙法院的做法体现了及时审判原则。B 项正确。

审判独立原则，要求法院依照法律规定独立行使审判权，不受行政机关、社会团体和个人的干涉。该原则体现了审判的独立性。丙法院不受舆论的影响，坚持按期结案，丙法院的做法体现了审判独立原则。C 项正确。

不告不理原则，要求法院审理案件的范围由当事人确定，法院无权变更、撤销当事人的诉讼请求。法院只能按照当事人提出的诉讼事实和主张进行审理，不能主动审理当事人未主张的诉讼请求。丁法院判决被告支付精神损害赔偿金，对此原告在诉讼主张中并未主动提出，丁法院的做法违背了不告不理原则。D 项错误。

4. ［答案］ABCD　　　［难度］中

［考点］审判机关（审判组织）

［命题和解题思路］命题人采用表述题形式，对独任庭、合议庭和审委会等审判组织的具体适用进行考查。题目考点单一，考查范围窄，难度较低。虽然本题考点相对冷僻，在近十年中仅考查过两次，但考生结合诉讼法规定也不难作出正确选择。本题采用否定式设问形式，选择时应避免混淆。

［选项分析］选项 A 从案件类型和程序类型两个角度均可排除。民事案件分为诉讼案件与非讼案件，独任庭除了适用简易程序审理民事诉讼案件外，还可适用于民事非讼案件。此外，对可能判处 3 年有期徒刑以下刑罚的刑事案件、适用简易程序审理的行政案件，也可以由独任庭审理。A 项错误，应入选。

独任法官发现案件疑难复杂，可以转为普通程序审理。独任审判员认为确有必要，也可以提请院长决定提交审委会讨论决定。B 项错误，应入选。

再审程序属于纠错程序，为保证办案质量，法律规定只能由合议庭审理。但合议庭的组成情况，要视再审案件适用的审理程序而定。原生效判决是一审的，适用一审程序；原生效判决是二审或者提审的，适用二审程序。适用第一审程序审理再审案件时，可以允许陪审员参与组成合议庭。C 项错误，应入选。

审判委员会是法院内部对审判工作实行集体领导的组织形式，它根据合议庭或者独任庭的申请，经院长决定，对提交的案件进行集体讨论。因此，案件裁判文书应当以案件的审判组织（合议庭或者独任庭）的名义发布。提交审委会讨论

的案件，合议庭、独任审判员应当执行审委会的处理决定，审委会的意见并不只是重要参考作用。选项 D 错误，应入选。

5. ［答案］AD　　　［难度］难

［考点］法官（法官的条件与任免、法官的奖励与惩戒）、检察官（检察官的条件与任免、检察官的奖励与惩戒）、律师（律师执业许可条件）、律师事务所（律师事务所的设立）、公证机构和公证员（公证员的条件与任免）

［命题和解题思路］命题人采用排列组合方式，对法律职业人员的入职条件、惩戒和奖励、律师事务所的设立等七个考点进行综合考查。本题难度主要体现在"多"，考查内容多，判断次数多。题目涉及四类法律职业，完全是考点"大杂烩"，考查范围广，难度颇高。考生正确解题，先需要判断六种说法的正误，再对四个选项的说法作出辨别。本题对考生的记忆容量和记忆精确度均有较高要求，任何一项说法判断有误，都可能会"铸成大错"。

［选项分析］《法官法》第 13 条和《检察官法》第 13 条分别对法官、检察官的任职禁止条件作出规定，即因犯罪受过刑事处罚的，被开除公职的，被吊销律师、公证员执业证书或者被仲裁委员会除名的人员，不得担任法官、检察官。因此法官和检察官的任职禁止条件完全相同。①正确。

《律师法》第 7 条规定，申请人被开除公职的，不予颁发律师执业证书。《公证法》第 20 条规定，被开除公职的不得担任公证员。开除是对违反法律和纪律应当承担纪律责任的公务员所给予的最严重的处分措施。而辞退是因为公务员担任公职存在缺陷，国家单方面解除公务员与机关之间公职关系的制度。被辞退的司法人员符合其他条件，可以担任律师和公证员。②错误。

《法官法》第 23 条规定，父子不能同时担任上下相邻两级人民法院的院长、副院长。父子同时担任上下相邻两级法院的副院长和审判员不适用任职回避的规定。③错误。

《法官法》第 46 条第 9 项规定，法官违反有关规定从事或者参与营利性活动，在企业或者其他营利性组织中兼任职务的，应当给予处分。据此，李法官提供有偿的网络法律咨询属于从事营

利性的经营活动，应当受到惩戒。"利用业余时间"是干扰信息，法官业内业外均不得从事上述活动。④正确。

《检察官法》第46条第4项规定，检察官对检察工作提出改革建议被采纳，效果显著的，应当给予奖励。⑤正确。

《律师法》第53条规定，受到6个月以上停止执业处罚的律师，处罚期满未逾3年的，不得担任合伙人。张律师受到罚款处罚不在禁止之列，如果其他条件符合，可以成为律所的设立人。⑥错误。

综上，A项和D项判断正确，为正确答案。

> **易混淆点解析**
>
> 法官、检察官、律师和公证员因犯罪受到刑事处罚，不得继续任职的规定不尽相同。
>
> | 法官 | 检察官 | 律师 | 公证员 |
> | --- | --- | --- | --- |
> | 因**犯罪**受过刑事处罚 | 因**犯罪**受过刑事处罚 | 因**故意犯罪**受过刑事处罚 | 因**故意犯罪**或**职务过失犯罪**受过刑事处罚 |

6. ［答案］C　　［难度］中

［考点］法官（法官的条件与任免、法官的奖励和惩戒）、法官职业道德的主要内容（保证司法公正）

［命题和解题思路］命题人采用一题多问的形式，编写四个小案例对法官任职回避、担任法官的禁止条件、法官奖励和法官职业道德进行综合考查。本题考点多，考查面广，解题依据涉及《法官法》和《法官职业道德基本准则》诸多条文，这对考生的记忆准确度要求很高。令考生欣喜的是，本题答案根据常识也不难作出判断，这无形中降低了试题难度。"法律是最低限度的道德"，不合法的行为肯定不合乎法律职业道德规范。考生熟悉判决书笔误的补救方式，无须掌握法官职业道德规范即可对选项D作出判断。

［选项分析］选项A考查法官任职回避的适用情形。《法官法》第23条规定，法官之间有夫妻关系、直系血亲关系、三代以内旁系血亲以及近姻亲关系的，不得同时担任下列职务：（1）同一人民法院的院长、副院长、审判委员会委员、庭长、副庭长；（2）同一人民法院的院长、副院长和审判员；（3）同一审判庭的庭长、副庭长、审判员；（4）上下相邻两级人民法院的院长、副院长。唐某是省高院的院长，其子为该省县法院院长，两个法院并不相邻，唐某父子不适用任职回避规定。A项错误。

选项B考查法官免职的情形。《法官法》第20条规定，法官有下列情形之一的，应当依法提请免除其职务：（8）因违纪违法不宜继续任职的。楼法官已犯交通肇事罪，属于应当提请免职情形。考生从法官的禁止条件也可作出判断。《法官法》第13条第1项规定，因犯罪受过刑事处罚的人员，不得担任法官。楼法官已被判刑，不得再担任法官，应当免除其法官职务。B项错误。

选项C考查法官应受奖励的情形。《法官法》第45条第1款规定，法官有下列表现之一的，应当给予奖励：（1）公正司法，成绩显著的；（2）总结审判实践经验成果突出，对审判工作有指导作用的；（3）在办理重大案件、处理突发事件和承担专项重要工作中，做出显著成绩和贡献的；（4）对审判工作提出改革建议被采纳，效果显著的；（5）提出司法建议被采纳或者开展法治宣传、指导调解组织调解各类纠纷，效果显著的；（6）有其他功绩的。白法官的行为完全符合第2项规定情形，应予奖励。C项为正确答案。

选项D考查判决书笔误的处理方式。判决书将上诉期的"日"写为"月"，这属于笔误。根据《民事诉讼法》第154条的规定，法院应使用裁定书补正判决书中的笔误。收回原判决后做出新判决书再行送达的做法不符合法律规定。《法官职业道德基本准则》第10条规定，牢固树立程序意识，坚持实体公正与程序公正并重，严格按照法定程序执法办案，充分保障当事人和其他诉讼参与人的诉讼权利，避免执法办案中的随意行为。陆法官的行为不符合《民事诉讼法》的规定，也明显违反了《法官职业道德基本准则》。D项错误。

> **易混淆点解析**
>
> 检察官和法官的任职回避情形完全相同，可一并记忆。上下不相邻的两级法院、检察院，无论担任何种职务，均不适用任职回避制度。

第三章　检察制度

1. 法官、检察官在执行职务中违反法律、职业道德准则和审判、执行工作纪律，应当给予纪律处分。下列行为应给予纪律处分的是：（2023年回忆版）

A. 赵法官未按照审判委员会的决定撰写判决书

B. 钱法官的女婿在其任职法院辖区内担任律所的合伙人，其未任职回避

C. 孙检察官在非工作时间炒股，但盈利不多

D. 李检察官制作起诉书时遗漏了某同案犯，导致无法查清事实

2. 检察长负责领导本检察院的检察工作，管理本院行政事务。关于检察长，下列哪些表述是错误的？（2020年回忆版）

A. 检察长应符合担任检察官的任职条件

B. 检察院检察办案事项均应由检察长决定

C. 检察长应当执行本院检察委员会的多数意见

D. 检察长可授权检察官助理签发法律文书

3. 检察一体原则是指各级检察机关、检察官依法构成统一的整体，下级检察机关、下级检察官应当根据上级检察机关、上级检察官的批示和命令开展工作。据此，下列哪一表述是正确的？（2016-1-47）

A. 各级检察院实行检察委员会领导下的检察长负责制

B. 上级检察院可建议而不可直接变更、撤销下级检察院的决定

C. 在执行检察职能时，相关检察院有协助办案检察院的义务

D. 检察官之间在职务关系上可相互承继而不可相互移转和代理

4. 职业保障是确保法官、检察官队伍稳定、发展的重要条件，是实现司法公正的需要。根据中央有关改革精神和《法官法》、《检察官法》规定，下列哪一说法是错误的？（2015-1-46）

A. 对法官、检察官的保障由工资保险福利和职业（履行职务）两方面保障构成

B. 完善职业保障体系，要建立符合职业特点的法官、检察官管理制度

C. 完善职业保障体系，要建立法官、检察官专业职务序列和工资制度

D. 合理的退休制度也是保障制度的重要组成部分，应予高度重视

5. 根据中央司法体制改革要求及有关检察制度规定，人民监督员制度得到进一步完善和加强。关于深化人民监督员制度，下列哪一表述是错误的？（2015-1-47）

A. 是为确保职务犯罪侦查、起诉权的正确行使，根据有关法律结合实际确定的一种社会民主监督制度

B. 重点监督检察机关查办职务犯罪的立案、羁押、扣押冻结财物、起诉等环节的执法活动

C. 人民监督员由司法行政机关负责选任管理

D. 参与具体案件监督的人民监督员，由选任机关从已建立的人民监督员信息库中随机挑选

6. 《中共中央关于全面深化改革若干重大问题的决定》提出，应当改革司法管理体制，推动省以下地方检察院人财物统一管理，探索建立与行政区划适当分离的司法管辖制度。关于上述改革措施，下列哪些理解是正确的？（2014-1-84）

A. 有助于检察权独立行使

B. 有助于检察权统一行使

C. 有助于检务公开

D. 有助于强化检察机关的法律监督作用

1. ［答案］AD　　［难度］中
［考点］审判机关、法官、检察官
［命题和解题思路］本题采用"一拖四"小案例形式，对审判委员会的决定效力、法官任职回避、检察官惩戒等知识点予以综合考查，解题依据涉及《人民法院组织法》《法官法》《检察官法》等法律规定。B选项采用"移花接木"之法，将法官任职回避的不同情形混淆设置陷阱。

［选项分析］《人民法院组织法》第39条第2

款规定，审判委员会讨论案件，合议庭对其汇报的事实负责，审判委员会委员对本人发表的意见和表决负责。审判委员会的决定，合议庭应当执行。据此，赵法官未按照审判委员会的决定撰写判决书，违反了法律规定，应当给予其纪律处分。A 选项正确，当选。

《法官法》第 24 条规定，法官的配偶、父母、子女有下列情形之一的，法官应当实行任职回避：（一）担任该法官所任职人民法院辖区内律师事务所的合伙人或者设立人的；（二）在该法官所任职人民法院辖区内以律师身份担任诉讼代理人、辩护人，或者为诉讼案件当事人提供其他有偿法律服务的。据此，钱法官的女婿在其任职法院辖区内担任律所的合伙人，钱法官无须任职回避，也不应给予其纪律处分。B 选项错误，不当选。

《中共中央办公厅、国务院办公厅关于党政机关工作人员个人证券投资行为若干规定》第 3 条规定，党政机关工作人员个人可以买卖股票和证券投资基金。在买卖股票和证券投资基金时，应当遵守有关法律、法规的规定，严禁下列行为：（1）利用职权、职务上的影响或者采取其他不正当手段，索取或者强行买卖股票、索取或者倒卖认股权证；（2）利用内幕信息直接或者间接买卖股票和证券投资基金，或者向他人提出买卖股票和证券投资基金的建议；（3）买卖或者借用他人名义持有、买卖其直接业务管辖范围内的上市公司的股票；（4）借用本单位的公款，或者借用管理和服务对象的资金，或者借用主管范围内的下属单位和个人的资金，或者借用其他与其行使职权有关系的单位和个人的资金，购买股票和证券投资基金；（5）以单位名义集资买卖股票和证券投资基金；（6）利用工作时间、办公设施买卖股票和证券投资基金；（7）其他违反《中华人民共和国证券法》和相关法律、法规的行为。据此，孙检察官在非工作时间炒股并未违反上述规定，不应给予其纪律处分。C 选项错误，不当选。

《检察官法》第 47 条第 1 款第 5 项规定，检察官因重大过失导致案件错误并造成严重后果的，应当给予处分；构成犯罪的，依法追究刑事责任。据此，李检察官制作起诉书时因重大过失遗漏了同案犯，导致无法查清犯罪事实，应给予其纪律处分。D 选项正确，当选。

2. ［答案］ABCD ［难度］中

［考点］检察官

［命题和解题思路］本题以检察长为主线，对《检察官法》修正的部分新增内容予以考查。各选项在《检察官法》和《人民检察院组织法》中均有明文规定，复习相关知识时注意对细节的把握，本题不难得分。选项 A 和 D 均采用"偷梁换柱"之法设置陷阱，解题时需详加辨明；选项 B 根据常识即可作出判断，不可能所有办案事项都要劳烦检察长；相对而言，选项 C 较难判断，应注意检察院实行的是检委会民主集中制与检察长负责制相结合的模式。

［选项分析］《检察官法》第 14 条第 2 款规定，人民检察院的检察长应当具有法学专业知识和法律职业经历。副检察长、检察委员会委员应当从检察官、法官或者其他具备检察官条件的人员中产生。据此，检察长只需要具备法学专业知识和法律职业经历即可，不必具备检察官任职条件。选项 A 错误，当选。

《检察官法》第 9 条规定，检察官在检察长领导下开展工作，重大办案事项由检察长决定。检察长可以将部分职权委托检察官行使，可以授权检察官签发法律文书。据此，只有重大办案事项才由检察长做决定，选项 B 错误，当选；检察长不能授权检察官助理签发法律文书，选项 D 错误，当选。

《人民检察院组织法》第 32 条第 3 款规定，地方各级人民检察院的检察长不同意本院检察委员会多数人的意见，属于办理案件的，可以报请上一级人民检察院决定；属于重大事项的，可以报请上一级人民检察院或者本级人民代表大会常务委员会决定。据此，检察长可以不同意检委会的多数意见，而非必须执行。选项 C 错误，当选。

3. ［答案］C ［难度］中

［考点］检察机关（人民检察院的领导体制）、检察制度的概念（检察制度的基本原则）

［命题和解题思路］命题人采用表述题形式，对检察一体原则的内涵和检察院领导体制进行考查。题目属于理论型识记题，考点单一，未设置答题干扰信息，难度较低。考生只要熟知检察一体原则的内涵，即可轻松作出准确选择。

[选项分析]《人民检察院组织法》第29条规定，检察官在检察长领导下开展工作，重大办案事项由检察长决定。检察长可以将部分职权委托检察官行使，可以授权检察官签发法律文书。第32条第2款规定，检察委员会会议由检察长或者检察长委托的副检察长主持。检察委员会实行民主集中制。第33条第1款规定，检察官可以就重大案件和其他重大问题，提请检察长决定。检察长可以根据案件情况，提交检察委员会讨论决定。因此，**我国各级检察院实行的是检察长负责和检察委员会集体领导相结合的体制**。A项错误。

具体而言，检察一体原则包括三方面内容：（1）在上下级检察机关和检察官之间存在上命下从的领导关系；（2）各地和各级检察机关之间具有职能协助义务；（3）检察官之间和人民检察院之间在职务上可以发生相互承继、移转和代理的关系。因此，C项为正确答案。上命下从的领导关系，意味着上级检察院可以直接变更、撤销下级检察院的决定。B项错误。检察官之间在职务关系上可以发生相互承继、移转和代理，D项错误。

易混淆点解析

上下级检察院之间是领导与被领导关系；而上下级法院之间是指导与被指导关系。

4. [答案] A　　[难度] 易

[考点] 法官（法官的保障与退休）、检察官（检察官的保障与退休）

[命题和解题思路] 命题人以《全面推进依法治国决定》提出的"完善法治工作人员职业保障体系"为主线，采用表述题形式，对法官、检察官职业保障制度的理解与具体运用进行考查。本题考点在考试中相当冷僻，近十年仅考查一次。为增加难度，本题运用否定式设问形式，答题时注意识别。在本题中"表述具体选项的错误率高"技巧也可一试身手，相比而言选项A内容最为具体，"表述越具体越容易出错"，可大胆对其作出选择。

[选项分析] 根据《法官法》《检察官法》的有关规定，我国法官、检察官的保障主要包括职业（履行职务）保障、人身和财产保障以及工资保险福利保障三个方面。从法官、检察官的职业

权力、职业地位和职业收入三个方面建立健全法官、检察官的职业保障制度体系。A项遗漏人身和财产保障，是正确答案。

《全面推进依法治国决定》提出，加快建立符合职业特点的法治工作人员管理制度，完善职业保障体系。据此，完善法官、检察官的职业保障体系与建立符合职业特点的法官、检察官管理制度具有密不可分的内在联系。完善职业保障体系是推进法官、检察官职业化建设的重要内容，从制度上确保法官、检察官依法履行职权、维护司法公正，这必然要求建立符合职业特点的法官、检察官管理制度。B项正确，不选。

《全面推进依法治国决定》提出，建立法官、检察官、人民警察专业职务序列及工资制度。据此，经济保障是司法人员保障制度的重要内容，是以高薪制和优厚的退休金制等形式保障法官较高的经济收入，解除法官生活上的后顾之忧，使其不受经济利益的诱惑。C项正确，不选。

法官的退休保障同样属于法官保障制度的重要内容。合理的退休保障制度，是司法人员在履职期间坚持公正司法的有效保障，应当予以高度重视。D项正确，不选。

5. [答案] D　　[难度] 中

[考点] 检察制度的概念（主要检察制度）

[命题和解题思路] 2014年最高检、司法部印发《关于人民监督员选任管理方式改革试点工作的意见》，命题人以此为素材命制本题。题目采用表述题形式对人民监督员制度的理解与适用程序予以考查，选项A是对辅导用书表述的照搬，选项B、C是对该意见规定的直接援引，难度较低；在选项D中命题人采用"偷梁换柱"之计巧设陷阱，将"随机抽选"换为"随机挑选"迷惑考生。为增加难度，本题采用否定式设问形式，考生作答时应特别留意。

[选项分析] 人民监督员制度是最高人民检察院为了确保检察机关职务犯罪侦查、起诉权的正确行使，根据有关法律结合实际确定的一种社会民主监督制度。A项表述正确，不选。

《全面推进依法治国决定》提出，完善人民监督员制度，重点监督检察机关查办职务犯罪的立法、羁押、扣押冻结财务、起诉等环节的执法活动。B项表述正确，不选。

《人民监督员选任管理办法》第3条第1款规定，人民监督员的选任和培训、考核、奖惩等管理工作由司法行政机关负责，人民检察院予以配合协助。C项表述正确，不选。

《人民监督员选任管理办法》第20条第1款规定，司法行政机关从人民监督员信息库中随机抽选、联络确定参加监督活动的人民监督员，并通报人民检察院。据此，人民监督员的选择方式是随机抽选而非随机挑选。D项表述错误，为正确答案。

易混淆点解析

人民陪审员和人民监督员的产生方式不同。人民陪审员由基层人民法院院长提出人民陪审员人选，提请同级人民代表大会常务委员会任命。人民监督员由司法行政机关负责选任。

6. [答案] ABD　　[难度] 中

[考点] 检察制度的概念（检察制度的基本原则、主要检察制度）

[命题和解题思路] 命题人遵循"逢新必考"规律，以2013年发布的《中共中央关于全面深化改革若干重大问题的决定》为新素材，结合检察制度的基本原则和主要检察制度命制本题。本题属于理解类试题，考生需要准确理解选项中检察制度基本原则和主要检察制度的内涵，才能结合题干素材作出判断。

[选项分析] 检察权独立行使原则，是指检察机关依法独立行使检察权，只服从法律、不受其他行政机关、团体和个人的干涉。推动省以下地方检察院人财物统一管理，探索建立与行政区划适当分离的司法管辖制度，使省级以下地方检察院在人财物方面脱离地方，有利于检察机关独立行使检察权。A项正确。

检察权统一行使原则，即检察一体原则，是指各级检察机关、检察官依法构成统一的整体，各级检察机关、检察官在履行职权、职务中，应当根据上级检察机关、上级检察官的批示和命令进行工作和活动。推动省以下地方检察院人财物统一管理，能更好贯彻检察一体化原则，有助于检察权的统一行使。B项正确。

选项C是重点干扰项。检务公开制度，是指检察机关依法向社会和诉讼参与人公开与检察职权相关的不涉及国家机密和个人隐私等有关的活动和事项的制度。推动省以下地方检察院人财物统一管理，与检务公开制度无直接联系。C项错误。

检察机关对诉讼活动实行法律监督原则，是指检察机关依法对各种诉讼的进行，以及诉讼中国家专门机关和诉讼参与人的诉讼活动的合法性进行监督，重点是对诉讼活动中国家机关及其工作人员行为和事项的合法性进行监督。推动省以下地方检察院人财物统一管理，探索建立与行政区划适当分离的司法管辖制度，使检察机关履行法律监督职责时人财物更有保障，不受地方的干涉，更有利于强化检察机关的法律监督作用。D项正确。

第四章　律师制度

试　题

1. 关于法律从业人员的行为，下列哪一选项符合法律规定？（2023年回忆版）

A. 因律师事务所业务冲突，律师甲立即解除与王某的委托代理关系

B. 乙未取得律师执业证书即以律师身份提供法律咨询服务，应由其所在县司法局予以警告处罚

C. 某县检察官丙被遴选为市检察院检察官，应参加统一职前培训

D. 经所在高校批准，法制史教授丁可申请担任兼职律师

2. 关于对法律从业人员的相关业内、业外行为的处理，下列哪一说法符合相关规定？（2020年回忆版）

A. 赵检察官在年度考核中排名末位，应被调离检察业务岗位

B. 某法学院的钱教授设立个人律师事务所，应注销该律所的执业许可证

C. 公证员孙某高薪兼任某公司的法律顾问，应吊销其公证员执业证书

D. 仲裁员李某因违规会见当事人被仲裁委员会除名后申请律师执业，应不予准许

3. 为提高政府机构依法行政水平，我国设立公职律师制度。关于公职律师的表述，下列哪一选项是正确的？（2019年回忆版）

A. 公职律师必须忠诚为所在单位的部门利益服务

B. 公职律师丰富了律师队伍，公职律师可以转为社会律师

C. 退役军人部门的公职律师可以接受法律援助机构指派，为退役军人涉嫌刑事犯罪担任辩护人

D. 公职律师不得办理所在单位以外的诉讼或者非诉讼法律事务

4. 律师事务所应当建立健全执业管理和各项内部管理制度，履行监管职责，规范本所律师执业行为。根据《律师事务所管理办法》，某律师事务所下列哪一做法是正确的？（2017-1-49）

A. 委派钟律师担任该所出资成立的某信息咨询公司的总经理

B. 合伙人会议决定将年度考核不称职的刘律师除名，报县司法局和律协备案

C. 对本所律师执业表现和遵守职业道德情况进行考核，报律协批准后给予奖励

D. 对受到6个月停止执业处罚的祝律师，在其处罚期满1年后，决定恢复其合伙人身份

5. 律师在推进全面依法治国进程中具有重要作用，律师应依法执业、诚信执业、规范执业。根据《律师执业管理办法》，下列哪些做法是正确的？（2017-1-85）

A. 甲律师依法向被害人收集被告人不在聚众斗殴现场的证据，提交检察院要求其及时进行审查

B. 乙律师对当事人及家属准备到法院门口静坐、举牌、声援的做法，予以及时有效的劝阻

C. 丙律师在向一方当事人提供法律咨询中致电对方当事人，告知对方诉讼请求缺乏法律和事实依据

D. 丁律师在社区普法宣传中，告知群众诉讼是解决继承问题的唯一途径，并称其可提供最专业的诉讼代理服务

6. 来某县打工的农民黄某欲通过法律援助帮其讨回单位欠薪。根据《法律援助法》等规定，有关部门下列做法正确的是：（2017-1-100）

A. 县法律援助中心以黄某户籍不在本县为由拒绝受理其口头申请，黄某提出异议

B. 县司法局受理黄某异议后函令县法律援助中心向其提供法律援助

C. 县某律所拒绝接受县法律援助中心指派，县司法局对该所给予警告的行政处罚

D. 县法院驳回了黄某以"未能指派合格律师、造成损失应予赔偿"为由对县法律援助中心的起诉

7. 法院、检察院、公安机关、国家安全机关、司法行政机关应当尊重律师，健全律师执业权利保障制度。下列哪一做法是符合有关律师执业权利保障制度的？（2016-1-48）

A. 县公安局仅告知涉嫌罪名，而以有碍侦查为由拒绝告知律师已经查明的该罪的主要事实

B. 看守所为律师提供网上预约会见平台服务，并提示律师如未按期会见必须重新预约方可会见

C. 国家安全机关在侦查危害国家安全犯罪期间，多次不批准律师会见申请并且说明理由

D. 在庭审中，作无罪辩护的律师请求就被告量刑问题发表辩护意见，合议庭经合议后当庭拒绝律师请求

8. 根据《法律援助法》和《关于刑事诉讼法律援助工作的规定》，下列哪些表述是正确的？（2016-1-85）

A. 区检察院提起抗诉的案件，区法院应当通知区法律援助中心为被告人甲提供法律援助

B. 家住A县的乙在邻县涉嫌犯罪被邻县检察院批准逮捕，其因经济困难可向A县法律援助中心申请法律援助

C. 县公安局没有通知县法律援助中心为可能被判处无期徒刑的丙提供法律援助，丙可向市检察院提出申诉

D. 县法院应当准许强制医疗案件中的被告丁以正当理由拒绝法律援助，并告知其可另行委托律师

9. 某检察院对王某盗窃案提出二审抗诉，王某未委托辩护人，欲申请法律援助。对此，下列

哪一说法是正确的？（2015-1-49）

A. 王某申请法律援助只能采用书面形式

B. 法律援助机构应当严格审查王某的经济状况

C. 法律援助机构只能委派律师担任王某的辩护人

D. 法律援助机构决定不提供法律援助时，王某可以向该机构提出异议

📶 **10.** 为促进规范司法，维护司法公正，最高检察院要求各级检察院在诉讼活动中切实保障律师依法行使执业权利。据此，下列选项正确的是：（2015-1-100）

A. 检察院在律师会见犯罪嫌疑人时，不得派员在场

B. 检察院在案件移送审查起诉后律师阅卷时，不得派员在场

C. 律师收集到犯罪嫌疑人不在犯罪现场的证据，告知检察院的，其相关办案部门应及时审查

D. 法律未作规定的事项，律师要求听取意见的，检察院可以安排听取

📶 **11.** 某法律援助机构实施法律援助的下列做法，哪一项是正确的？（2014-1-50）

A. 经审查后指派律师担任甲的代理人，并根据甲的经济情况免除其80%的律师服务费

B. 指派律师担任乙的辩护人以后，乙自行另外委托辩护人，故决定终止对乙的法律援助

C. 为未成年人丙指派熟悉未成年人身心特点但无律师执业证的本机构工作人员担任辩护人

D. 经审查后认为丁的经济状况较好，不符合法律援助的经济条件，故拒绝向其提供法律咨询

详　解

1. ［答案］D　　［难度］中

［考点］律师与委托人或当事人的关系规范、律师和律师事务所执业中违法犯罪行为的法律责任、检察官、律师

［命题和解题思路］本题以"一拖四"小案例形式，对兼职律师的申请条件、检察官统一职前培训的适用对象、律师解除委托代理关系的情形以及冒用律师身份执业的法律责任等知识点予以综合考查。题目考查范围广，但各选项均有明确的法律依据，难度适中。了解律师有权拒绝辩

护或代理的三项情形可排除A选项；判断乙的行为性质，警告的处罚无疑过轻，可排除B选项；只有初任检察官才需要统一职前培训，据此可排除C选项。

［选项分析］《律师执业行为规范（试行）》第42条规定，律师接受委托后，无正当理由不得拒绝辩护或者代理、或以其他方式终止委托。委托事项违法、委托人利用律师提供的服务从事违法活动或者委托人故意隐瞒与案件有关的重要事实的，律师有权告知委托人并要求其整改，有权拒绝辩护或者代理、或以其他方式终止委托，并有权就已经履行事务取得律师费。据此，律师事务所业务冲突，并非解除委托代理关系的法定情形。A选项错误，不当选。

《律师法》第55条规定，没有取得律师执业证书的人员以律师名义从事法律服务业务的，由所在地的县级以上地方人民政府司法行政部门责令停止非法执业，没收违法所得，处违法所得1倍以上5倍以下的罚款。据此，乙所在县司法局应责令乙停止非法执业，没收违法所得并处以罚款的处罚，警告处罚的说法错误。B选项错误，不当选。

《检察官法》第31条规定，初任检察官实行统一职前培训制度。据此，只有初任检察官实行统一职前培训制度，丙被遴选为市检察院检察官无须参加统一职前培训。C选项错误，不当选。

《律师法》第12条规定，高等院校、科研机构中从事法学教育、研究工作的人员，符合本法第5条规定条件的，经所在单位同意，依照本法第6条规定的程序，可以申请兼职律师执业。据此，高校教师申请兼职律师，应当经所在单位批准。D选项正确，当选。

2. ［答案］B　　［难度］中

［考点］检察官、律师、律师事务所、公证机构和公证员执业中违法犯罪行为的法律责任

［命题和解题思路］本题以"一拖四"小案例形式，对检察官职业保障、个人律师事务所设立条件、公证员职业责任、律师禁止条件等知识点予以综合考查。选项A属于2019年《检察官法》修正增加的内容，具有相当的迷惑性，需要了解检察官调离业务岗位的情形方可准确作出判断；任何类型律所的设立人，都必须是专职执业

律师，由此不难判断 B 选项；选项 C 以往很少考查，兼职居然要吊销执业证处罚似乎过重，可依常识辅助排除；选项 D 考查律师的禁止情形，这需要排除法官、检察官禁止任职条件的干扰，相似制度规定可对比记忆。

[选项分析]《检察官法》第 54 条规定，除下列情形外，不得将检察官调离检察业务岗位：（1）按规定需要任职回避的；（2）按规定实行任职交流的；（3）因机构调整、撤销、合并或者缩减编制员额需要调整工作的；（4）因违纪违法不适合在检察业务岗位工作的；（5）法律规定的其他情形。据此，年度考核排名末位，并不是调离检察业务岗位的法定事由。选项 A 不当选。

《律师事务所管理办法》第 11 条规定，设立个人律师事务所，除应当符合本办法第 8 条规定的条件外，还应当具备下列条件：（1）设立人应当是具有 5 年以上执业经历并能够专职执业的律师；（2）有人民币 10 万元以上的资产。据此，钱教授不属于专职律师，不符合作为个人律师事务所设立人的条件。第 25 条规定，有下列情形之一的，由作出准予设立律师事务所决定的省、自治区、直辖市司法行政机关撤销原准予设立的决定，收回并注销律师事务所执业许可证：（1）申请人以欺骗、贿赂等不正当手段取得准予设立决定的；（2）对不符合法定条件的申请或者违反法定程序作出准予设立决定的。据此，钱教授设立个人律师事务所不符合法定条件，应注销该所的执业许可证。选项 B 当选。

《公证法》第 41 条第 4 项规定，公证机构及其公证员从事有报酬的其他职业的，由省、自治区、直辖市或者设区的市人民政府司法行政部门给予警告；情节严重的，对公证机构处 1 万元以上 5 万元以下罚款，对公证员处 1000 元以上 5000 元以下罚款，并可以给予 3 个月以上 6 个月以下停止执业的处罚；有违法所得的，没收违法所得。据此，孙某的行为属于从事有报酬的其他职业，应予以处罚，但并未到吊销职业证书的严重程度。选项 C 不当选。

《律师法》第 7 条规定，申请人有下列情形之一的，不予颁发律师执业证书：（1）无民事行为能力或者限制民事行为能力的；（2）受过刑事处罚的，但过失犯罪的除外；（3）被开除公职或者被吊销律师、公证员执业证书的。据此，仲裁员被仲裁委除名并不在上述禁止之列，李某申请律师执业应予准许。选项 D 不当选。

3. [答案] B　　[难度] 难
[考点] 公职律师
[命题和解题思路] 关注司法改革前沿动态是本学科命题的一大特色。2018 年 12 月，司法部印发了《公职律师管理办法》，这为本题的命制提供了素材。本题采用表述题形式，对公职律师的任职程序和主要职责予以考查。考生如对公职律师的职业定位和工作职责准确把握，有助于对选项 A 和 C 作出判断；选项 D 故意遗漏关键信息设置陷阱，对规定的记忆精确度要求很高。

[选项分析]《公职律师管理办法》第 3 条规定，公职律师应当拥护中国共产党领导，拥护社会主义法治，模范遵守宪法和法律，忠于职守，勤勉尽责，恪守律师职业道德和执业纪律，维护法律正确实施，维护社会公平和正义。据此，公职律师的职责并非维护所在单位的部门利益，而是确保法律正确实施，维护社会公平和正义。选项 A 错误。

《公职律师管理办法》第 11 条规定，担任公职律师满 3 年并且最后一次公职律师年度考核被评定为称职的人员，脱离原单位后申请社会律师执业的，可以经律师协会考核合格后直接向设区的市级或者直辖市的区（县）司法行政机关申请颁发社会律师执业证书，其担任公职律师的经历计入社会律师执业年限。据此，公职律师可以转为社会律师，我国律师队伍包括社会律师、公职律师和公司律师等。选项 B 为正确答案。

《公职律师管理办法》第 13 条规定了公职律师的主要职责是受所在单位委托或者指派从事提供法律意见、参与起草法律法规草案、普法宣传等法律事务。据此，公职律师参与法律事务必须受所在单位委托或指派，不能接受法律援助机构指派为退役军人担任辩护人。选项 C 错误。

《公职律师管理办法》第 14 条第 2 款规定，公职律师应当接受所在单位的管理、监督，根据委托或者指派办理法律事务，不得从事有偿法律服务，不得在律师事务所等法律服务机构兼职，不得以律师身份办理所在单位以外的诉讼或者非诉讼法律事务。据此，公职律师只是不能以律师身份办理所在单位以外的诉讼或者非诉讼法律事务，如果以近亲属等身份不在限制之列。选项 D 错误。

4. [答案] B　　　[难度] 中

[考点] 律师事务所（律师事务所的管理制度）

[命题和解题思路] 2016 年司法部对《律师事务所管理办法》进行修订，本题 A、B、C 三个选项均为本次修订增加的规定，本题体现"逢新必考"命题规律。命题人在 C 选项中运用"无中生有"之计，虚构情节干扰考生。题目属于识记类试题，考点单一，解题法律依据明确。本题的难度主要体现在"细"，考查内容非常细致，考生对部分选项记忆不牢极易造成误选。考生对于新修改的法律规范，通过对比应当着重对新增或修改内容予以重点复习。

[选项分析] 选项 A 考查禁止律所投资入股兴办企业制度。《律师事务所管理办法》第 44 条规定，律师事务所应当在法定业务范围内开展业务活动，不得以独资、与他人合资或者委托持股方式兴办企业，并委派律师担任企业法定代表人、总经理职务，不得从事与法律服务无关的其他经营性活动。据此，A 项错误。

选项 B 考查违规律师辞退和除名制度。《律师事务所管理办法》第 43 条规定，律师事务所应当建立违规律师辞退和除名制度，对违法违规执业、违反本所章程及管理制度或者年度考核不称职的律师，可以将其辞退或者经合伙人会议通过将其除名，有关处理结果报所在地县级司法行政机关和律师协会备案。B 项为正确答案。

选项 C 考查律师表彰制度。《律师事务所管理办法》第 56 条规定，律师事务所应当建立律师表彰奖励制度，对依法、诚信、规范执业表现突出的律师予以表彰奖励。据此，律师事务所可以自主决定表彰律师，无需律协批准。C 项错误。

选项 D 考查投诉查处制度。《律师事务所管理办法》第 57 条第 2 款规定，已担任合伙人的律师受到 6 个月以上停止执业处罚的，自处罚决定生效之日起至处罚期满后 3 年内，不得担任合伙人。据此，祝律师在被处罚期满 1 年后不得担任合伙人。D 项错误。

易混淆点解析

律师辞退或者除名的适用情形包括：（1）律师违法违规执业；（2）违反执业律所章程；（3）年度考核不称职。将律师除名应由合伙人会议通过，辞退律师无需此程序。

5. [答案] AB　　　[难度] 中

[考点] 律师（律师的权利和义务）

[命题和解题思路] 2016 年司法部对《律师执业管理办法》进行修订，命题人以此为素材命制本题。题目考点单一，虽然命题人在选项中精心设计四个小案例，但考生结合诉讼法规定和常识不难作出准确判断。考生抓住"律师应当依法维护当事人的合法权益"这条主线，即便不了解《律师执业管理办法》也可解答本题。选项 A 中律师为被告人利益着想肯定没错；选项 B 律师制止当事人不合法行为亦属合情合理；选项 C 律师有"吃里爬外"之嫌排除；选项 D 说法有欺诈之嫌亦可排除。

[选项分析]《律师执业管理办法》第 31 条规定，律师担任辩护人的，应当根据事实和法律，提出犯罪嫌疑人、被告人无罪、罪轻或者减轻、免除其刑事责任的材料和意见，维护犯罪嫌疑人、被告人的诉讼权利和其他合法权益。《刑事诉讼法》第 42 条规定，辩护人收集的有关犯罪嫌疑人不在犯罪现场、未达到刑事责任年龄、属于依法不负刑事责任的精神病人的证据，应当及时告知公安机关、人民检察院。据此，甲律师收集被告人不在犯罪现场的证据，提交检察院要求其审查。该行为维护了被告人的合法权益符合规定。A 项正确。

《律师执业管理办法》第 37 条规定，律师承办业务，应当引导当事人通过合法的途径、方式解决争议，不得采取煽动、教唆和组织当事人或者其他人员到司法机关或者其他国家机关静坐、举牌、打横幅、喊口号、声援、围观等扰乱公共秩序、危害公共安全的非法手段，聚众滋事，制造影响，向有关部门施加压力。据此，乙律师对当事人及家属的违法做法予以劝阻，符合《律师执业管理办法》规定。B 项正确。

《律师执业管理办法》第 32 条第 2 款规定，律师提供法律咨询、代写法律文书，应当以事实为根据，以法律为准绳，并符合法律咨询规则和法律文书体例、格式的要求。据此，律师接受一方当事人法律咨询，应当根据案件事实和法律规定为其提供专业的法律意见。丙律师在法律咨询中却致电对方当事人，告知对方诉讼请求缺乏法律和事实依据，其行为不符合规定。C 项错误。

《律师执业管理办法》第41条规定，律师应当按照有关规定接受业务，不得为争揽业务哄骗、唆使当事人提起诉讼，制造、扩大矛盾，影响社会稳定。诉讼并不是解决继承纠纷的唯一途径，丁律师的说法意在通过哄骗当事人提起诉讼争揽该案件的代理业务，不符合《律师执业管理办法》规定。D项错误。

6. ［答案］BD　　　［难度］难

［考点］法律援助制度（法律援助申请和审查、法律援助实施）、律师和律师事务所执业中违法犯罪行为的法律责任

［命题和解题思路］法律援助绝对是本学科重点，自2013年以来已连续五年命题考查。本题中命题人遵循"重者恒重"规律，以小案例形式对法律援助的申请、审查以及救济程序进行考查。为增加难度，选项C还附带考查了律师事务所执业中违法行为的行政法律责任的处罚主体。选项D的法律依据并不在大纲附录法律法规范围，考生不熟悉相关规定，可以根据法律援助制度的性质推导作答。

［选项分析］《法律援助法》第38条规定，对诉讼事项的法律援助，由申请人向办案机关所在地的法律援助机构提出申请；对非诉讼事项的法律援助，由申请人向争议处理机关所在地或者事由发生地的法律援助机构提出申请。据此，黄某请求支付劳动报酬，应当向欠薪单位住所地的县法律援助机构提出申请。县法律援助中心不得以黄某户籍不在本县为由拒绝受理其口头申请。A项错误。

《法律援助法》第49条第1、2款规定，申请人、受援人对法律援助机构不予法律援助、终止法律援助的决定有异议的，可以向设立该法律援助机构的司法行政部门提出。司法行政部门应当自收到异议之日起5日内进行审查，作出维持法律援助机构决定或者责令法律援助机构改正的决定。据此，县司法局审查后认为黄某的异议成立，可以责令法律援助机构向黄某提供法律援助。B项正确。

《律师法》第50条第1款第6项规定，律师事务所拒绝履行法律援助义务，由设区的市级或者直辖市的区人民政府司法行政部门视其情节给予不同的处罚措施。据此，对拒绝接受县法律援

助中心指派的律所，可以给予警告的处罚，但该县司法局无权作出。C项错误。

《法律援助投诉处理办法》第5条第1项规定，违反规定办理法律援助受理、审查事项，或者违反规定指派、安排法律援助人员，投诉人可以向主管该法律援助机构的司法行政机关投诉。据此，法律援助中心未能指派合格律师造成损失的救济方式是投诉，因不具有可诉性，县法院驳回黄某起诉的做法正确。D项正确。

7. ［答案］C　　　［难度］中

［考点］律师（律师的权利和义务）

［命题和解题思路］五机关联合发布的《关于依法保障律师执业权利的规定》是2016年大纲增加的法律法规，命题人遵循"逢新必考"命题规律，对公安机关、看守所、国家安全机关和法院的行为是否符合保障律师执业权利的规定进行综合考查。试题考查面较宽，四个选项涉及四个法律条文，且选项表述并未照搬法律规定，命题人分别在选项B和D运用"暗度陈仓""无中生有"之计巧设陷阱，具有相当的迷惑性，难度较高。

［选项分析］《关于依法保障律师执业权利的规定》第6条规定，辩护律师接受犯罪嫌疑人、被告人委托或者法律援助机构的指派后，应当告知办案机关，并可以依法向办案机关了解犯罪嫌疑人、被告人涉嫌或者被指控的罪名及当时已查明的该罪的主要事实。据此，县公安局仅告知涉嫌罪名，未告知该罪的主要事实，不符合律师执业权利保障的规定，A项错误。

《关于依法保障律师执业权利的规定》第7条第3款规定，看守所应当设立会见预约平台，采取网上预约、电话预约等方式为辩护律师会见提供便利，但不得以未预约会见为由拒绝安排辩护律师会见。据此，看守所提示律师如未按期会见必须重新预约方可会见，其潜台词是如果律师未重新预约则拒绝安排辩护律师会见，这不符合上述规定。B项错误。

《关于依法保障律师执业权利的规定》第9条规定，辩护律师在侦查期间要求会见危害国家安全犯罪、恐怖活动犯罪、特别重大贿赂犯罪案件在押的犯罪嫌疑人的，应当向侦查机关提出申请。……因有碍侦查或者可能泄露国家秘密而不许可会见的，应当向辩护律师说明理由。据此，危害

国家安全犯罪，国家安全机关说明理由拒绝辩护律师会见符合规定。C 项为正确答案。

《关于依法保障律师执业权利的规定》第 35 条规定，辩护律师作无罪辩护的，可以当庭就量刑问题发表辩护意见，也可以庭后提交量刑辩护意见。合议庭合议后当庭拒绝律师发表辩护意见的请求不符合规定。D 项错误。

8. ［答案］CD ［难度］中

［考点］法律援助制度（法律援助范围和条件、法律援助申请和审查、法律援助实施）

［命题和解题思路］法律援助制度是本学科为数不多的高频热门考点。命题人采用小案例形式，对法律援助的适用条件、申请对象、救济程序进行考查。题目涉及考点多，具有相当的综合性，"一拖四"的命题形式进一步增加解题难度。考生应当分情形牢记申请法律援助的条件以及法律援助的申请对象，借此可排除选项 A 和 B 后准确作答。

［选项分析］《关于刑事诉讼法律援助工作的规定》第 2 条第 2 款第 3 项规定，人民检察院抗诉的，犯罪嫌疑人、被告人没有委托辩护人，可以申请法律援助。此时无须审查经济状况，但必须由当事人提出申请，不属于法院通知提供法律援助的情形。A 项错误。

《关于刑事诉讼法律援助工作的规定》第 2 条第 1 款规定，犯罪嫌疑人、被告人因经济困难没有委托辩护人的，本人及其近亲属可以向办理案件的公安机关、人民检察院、人民法院所在地同级司法行政机关所属法律援助机构申请法律援助。乙在邻县涉嫌犯罪被邻县检察院批捕，其因经济困难应向邻县的司法行政机关申请法律援助。B 项错误。

丙可能被判处无期徒刑，属于应当通知法律援助的情形。《关于刑事诉讼法律援助工作的规定》第 24 条规定，犯罪嫌疑人、被告人及其近亲属、法定代理人，强制医疗案件中的被申请人、被告人的法定代理人认为公安机关、人民检察院、人民法院应当告知其可以向法律援助机构申请法律援助而没有告知，或者应当通知法律援助机构指派律师为其提供辩护或者诉讼代理而没有通知的，有权向同级或者上一级人民检察院申诉或者控告。据此，县公安局没有通知援助，丙有权向

该县检察院或者市检察院申诉或者控告。C 项为正确答案。

强制医疗案件属于应当通知法律援助的情形。《关于刑事诉讼法律援助工作的规定》第 15 条第 2 款规定，对于应当通知辩护的案件，犯罪嫌疑人、被告人拒绝法律援助机构指派的律师为其辩护的，公安机关、人民检察院、人民法院应当查明拒绝的原因，有正当理由的，应当准许，同时告知犯罪嫌疑人、被告人需另行委托辩护人。D 项为正确答案。

> **易混淆点解析**
>
> 申请刑事辩护法律援助的前提条件是犯罪嫌疑人、被告人没有委托辩护人。除此之外，因具体情形不同，刑事辩护法律援助的适用条件也有所差异。

适用情形	一般情形	有证据证明犯罪嫌疑人、被告人属于一级或者二级智力残疾；共同犯罪案件中，其他犯罪嫌疑人、被告人已委托辩护人；人民检察院抗诉；案件具有重大社会影响	未成年人；视力、听力、言语残疾人；不能完全辨认自己行为的成年人；可能被判处无期徒刑、死刑的人；申请法律援助的死刑复核案件被告人；缺席审判案件的被告人；强制医疗案件
适用条件	困难+申请	申请	公检法通知

9. ［答案］C ［难度］中

［考点］法律援助制度（法律援助范围和条件、法律援助申请和审查、法律援助实施）

［命题和解题思路］法律援助制度属于每年必考的高频考点，本题是"重者恒重"规律的产物。命题人以 2013 年大纲增加的法规《关于刑事诉讼法律援助工作的规定》为素材，以检察院提出二审抗诉为主线，对法律援助制度的申请形式、适用条件、援助人员、救济程序四个考点进行综合

考查。题目中四个选项涉及四个知识点，虽然考查范围广，但考查内容均有明确的法律依据，基本属于法条识记题，难度不高。考生在复习中全面了解法律援助的制度规定，不难作出正确选择。

［选项分析］选项A考查法律援助的形式。与《法律援助条例》不同，《法律援助法》对法律援助的申请形式并无明文规定，因此可认为申请人用书面或者口头形式申请法律援助均符合规定。选项A错误。

选项B考查法律援助的适用条件。《关于刑事诉讼法律援助工作的规定》第2条第2款第3项规定，人民检察院抗诉的案件，犯罪嫌疑人、被告人没有委托辩护人，可以申请法律援助。此时，法律援助机构无须审查犯罪嫌疑人、被告人的经济状况。本案属于检察院二审抗诉案件，法律援助机构不必审查王某的经济状况。B项错误。

选项C考查刑事法律援助的援助人员。《刑事诉讼法》第35条第1款规定，对于符合法律援助条件的，法律援助机构应当指派律师为其提供辩护。据此，王某的辩护人必须由法律援助机构指派律师担任。C项为正确答案。

选项D考查不予提供法律援助的救济方式。《关于刑事诉讼法律援助工作的规定》第23条规定，申请人对法律援助机构不予援助的决定有异议的，可以向主管该法律援助机构的司法行政机关提出。据此，审查申请人异议的主体是主管法律援助机构的司法行政机关而非法律援助机构。选项D错误。

易混淆点解析
法律援助的形式包括法律咨询、代理和刑事辩护。其中，刑事辩护法律援助必须指派律师；法律咨询、代理对援助人员并无明确限定，律师事务所的律师、法律援助机构的工作人员以及其他社会组织的所属人员均可。法律咨询援助不需要审查经济状况；代理援助应当审查经济状况；特殊情形的刑事辩护可以不审查经济状况（详见2016年第85题的易混淆点解析）。

10. ［答案］AC ［难度］中
［考点］律师（律师的权利和义务）
［命题和解题思路］《最高人民检察院关于依法保障律师执业权利的规定》是2015年大纲增加

的法律法规，命题人以此为素材命制本题，体现了"逢新必考"命题规律。本题主要考查考生对该规定的了解程度，虽然涉及对律师四项权利的保障规定，但选项表述基本为法条原文，难度较低。选项D是重点干扰项，对考生的记忆精确度要求较高。此类试题提醒考生务必高度重视大纲新增法律法规，在复习中应重点关注。

［选项分析］选项A考查对律师会见权的保障。《最高人民检察院关于依法保障律师执业权利的规定》第5条规定，人民检察院在会见时不得派员在场，不得通过任何方式监听律师会见的谈话内容。据此，检察院在律师会见犯罪嫌疑人时，不得派员在场。选项A正确。

选项B考查对律师阅卷权的保障。《最高人民检察院关于依法保障律师执业权利的规定》第6条规定，人民检察院应当依照检务公开的相关规定，完善互联网等律师服务平台，并配备必要的速拍、复印、刻录等设施，为律师阅卷提供尽可能的便利。律师查阅、摘抄、复制案卷材料应当在人民检察院设置的专门场所进行。必要时，人民检察院可以派员在场协助。因此，检察院在案件移送审查起诉后律师阅卷时，可以派员在场。选项B错误。

选项C考查对律师调查取证权的保障。《最高人民检察院关于依法保障律师执业权利的规定》第7条第1款规定，人民检察院应当依法保障律师在刑事诉讼中的申请收集、调取证据权。律师收集到有关犯罪嫌疑人不在犯罪现场、未达到刑事责任年龄、属于依法不负刑事责任的精神病人的证据，告知人民检察院的，人民检察院相关办案部门应当及时进行审查。选项C正确。

选项D考查对律师发表意见权的保障。《最高人民检察院关于依法保障律师执业权利的规定》第8条规定，人民检察院应当依法保障律师在诉讼中提出意见的权利。人民检察院应当主动听取并高度重视律师意见。法律未作规定但律师要求听取意见的，也应当及时安排听取。据此，对于律师要求听取意见的法律未作规定事项，检察院"应当"而非"可以"安排听取意见。选项D错误。

易混淆点解析
律师会见时检察院不得派员在场；律师阅卷时检察院可以派员在场。

11. [答案] B　　[难度] 难

[考点] 法律援助制度（法律援助的概念、法律援助实施）

[命题和解题思路] 法律援助制度一向是考试重点，本题符合"重者恒重"命题规律。命题人采用"一拖四"的形式，对法律援助的概念、类型、适用条件、援助人员等知识予以综合考查。选项 C 中"熟悉未成年人身心特点"是答题干扰信息，如果对法律援助知识掌握不牢，很容易坠入陷阱。

[选项分析]《法律援助法》第 2 条规定，本法所称法律援助，是国家建立的为经济困难公民和符合法定条件的其他当事人无偿提供法律咨询、代理、刑事辩护等法律服务的制度，是公共法律服务体系的组成部分。据此，法律援助完全是无偿的，

不存在免除 80% 律师服务费的说法。A 项错误。

实施法律援助的前提条件是申请人没有委托代理人或者辩护人。根据《关于刑事诉讼法律援助工作的规定》第 22 条规定，受援人自行委托辩护人或者代理人，法律援助机构应当作出终止法律援助决定。B 项为正确答案。

法律援助人员包括律师和法律援助机构的其他人员，其中刑事辩护必须由律师担任。《关于刑事诉讼法律援助工作的规定》第 13 条第 2 款规定，对于未成年人案件，应当指派熟悉未成年人身心特点的律师担任辩护人。指派非律师担任辩护人不符合规定。C 项错误。

选项 D 是重点干扰项。法律咨询法律援助不需要审查经济状况。丁申请法律咨询援助，不能以其经济状况较好，拒绝提供。D 项错误。

第五章　公证制度

试　题

📶 **1.** 甲商场销售侵犯乙公司知识产权的假冒伪劣产品。为收集证据以追究其法律责任，乙公司的代理律师亲自去甲商场购买侵权产品，并让公证机构派公证员全程录像后出具公证书。公证书提交法院后，甲商场认为该公证书不具有法律效力。对此，甲商场下列哪一理由可以成立？（2021 年回忆版）

A. 公证事项超出了公证业务范围

B. 公证机构跨区域办理公证业务

C. 乙公司代理律师的行为违反律师职业道德，导致公证书无效

D. 甲商场提供的监控录像显示公证的时间内律师和公证员并未进入甲商场

📶 **2.** 魏某立下遗嘱，其名下房屋死后由长子魏大继承。因其行动不便，委托长子魏大到甲公证处代为办理遗嘱公证。公证员王某独自对材料审核后出具公证书。次子魏二获知此事后，认为公证书有错误，书面申请甲公证处予以复查，甲公证处仍指派王某负责复查事宜。关于本案，下列哪些选项不符合法律规定？（2019 年回忆版）

A. 魏大代为办理魏某的遗嘱公证

B. 王某独自办理该遗嘱公证

C. 魏二书面申请复查公证书

D. 甲公证处指派王某复查公证书

📶 **3.** 公证制度是司法制度重要组成部分，设立公证机构、担任公证员具有严格的条件及程序。关于公证机构和公证员，下列哪一选项是正确的？（2017-1-50）

A. 公证机构可接受易某申请为其保管遗嘱及遗产并出具相应公证书

B. 设立公证机构应由省级司法行政机关报司法部依规批准后，颁发公证机构执业证书

C. 贾教授在高校讲授法学 11 年，离职并经考核合格，可以担任公证员

D. 甄某交通肇事受过刑事处罚，因此不具备申请担任公证员的条件

📶 **4.** 关于公证制度和业务，下列哪一选项是正确的？（2016-1-50）

A. 依据统筹规划、合理布局设立的公证处，其名称中的字号不得与国内其他公证处的字号相同或者相近

B. 省级司法行政机关有权任命公证员并颁发公证员执业证书，变更执业公证处

C. 黄某委托其子代为办理房屋买卖手续，其住所地公证处可受理其委托公证的申请

D. 王某认为公证处为其父亲办理的放弃继承公证书错误，向该公证处提出复议的申请

📶 **5.** 关于我国公证的业务范围、办理程序和效力，下列哪一选项符合《公证法》的规定？（2015-1-50）

A. 申请人向公证机关提出保全网上交易记录，公证机关以不属于公证事项为由拒绝

B. 自然人委托他人办理财产分割、赠与、收养关系公证的，公证机关不得拒绝

C. 因公证具有较强的法律效力，要求公证机关在办理公证业务时不能仅作形式审查

D. 法院发现当事人申请执行的公证债权文书确有错误的，应裁定不予执行并撤销该公证书

详　解

1. ［答案］D　　［难度］中

［考点］公证机构和公证员、公证程序与公证效力

［命题和解题思路］公证制度每年必考一题。本题另辟蹊径，以案例题形式对公证业务范围、公证执业管辖、公证书无效事由等知识点予以考查。题目考查形式灵活，部分选项表述较为隐晦，需要借助于《公证法》的相关规定推导后准确作答。

［选项分析］《公证法》第 11 条第 1 款规定："根据自然人、法人或者其他组织的申请，公证机构办理下列公证事项：……（九）保全证据；……"据此，本案属于保全证据公证，属于公证机构的业务范围。选项 A 错误。

《公证法》第 25 条第 1 款规定，自然人、法人或者其他组织申请办理公证，可以向住所地、经常居住地、行为地或者事实发生地的公证机构提出。据此，住所地、经常居住地、行为地或者事实发生地不会在同一个地方，因此公证机构跨区域办理公证业务并不违规。选项 B 错误。

乙公司代理律师冒充消费者去调查取证，其行为并未违反律师职业道德，不能据此主张公证书无效。选项 C 错误。

《公证法》第 13 条第 1 项规定，公证机构不得为不真实、不合法的事项出具公证书。据此，若能证明公证事项不真实，公证书自然不具有法律效力。甲商场提供的监控录像，显示公证时间内律师和公证员并未进入甲商场，这表明公证书的内容不真实，公证书不具有法律效力。选项 D 正确。

2. ［答案］ABD　　［难度］中

［考点］公证程序与公证效力

［命题和解题思路］公证制度虽属小众制度，但几乎每年必考。本题以"遗嘱公证"为切入点，对公证代理、公证办理程序、公证书复查等知识点予以综合命题。公证书复查相对冷僻，以往从未命题，考生可运用诉讼回避的原理推导判断。选项 A 和 B 只要了解公证制度的例外性规定，不难准确作答。

［选项分析］《公证法》第 26 条规定，自然人、法人或者其他组织可以委托他人办理公证，但遗嘱、生存、收养关系等应当由本人办理公证的除外。据此，本案为遗嘱公证，必须由魏某本人亲自办理，不得委托其长子代办公证。选项 A 错误，当选。

《公证程序规则》第 53 条第 1、2 款规定，公证机构办理遗嘱公证，应当由 2 人共同办理。承办公证员应当全程亲自办理，并对遗嘱人订立遗嘱的过程录音录像。特殊情况下只能由 1 名公证员办理时，应当请 1 名见证人在场，见证人应当在询问笔录上签名或者盖章。据此，题干表述中未言明有见证人在场，公证员王某独自办理遗嘱公证，不符合规定。选项 B 错误，当选。

《公证法》第 39 条规定，当事人、公证事项的利害关系人认为公证书有错误的，可以向出具该公证书的公证机构提出复查。《公证程序规则》第 61 条第 3 款规定，复查申请应当以书面形式提出，载明申请人认为公证书存在的错误及其理由，提出撤销或者更正公证书的具体要求，并提供相关证明材料。据此，选项 C 表述正确，不当选。

《公证程序规则》第 62 条规定，公证机构收到复查申请后，应当指派原承办公证员之外的公证员进行复查。复查结论及处理意见，应当报公证机构的负责人审批。据此，公证员王某不应负责复查事宜。选项 D 错误，当选。

3. ［答案］C　　［难度］难

［考点］公证机构和公证员（公证业务范围、公证机构的设立、公证员的条件与任免）

［命题和解题思路］2016 年中国公证协会第七届常务理事会通过《办理遗嘱保管事务的指导意见》，这为本题的命制提供了新素材。命题人采用"一拖四"形式，对公证制度的三个考点进行

综合考查，题目具有相当的综合性，且考查内容对考生的记忆精确度要求很高，难度颇高。选项A的解题依据有超纲之嫌，考生不了解出具公证书的条件很容易误选本项。从命题技巧来说，如果将选项C中11改为10以内的数字将会更具迷惑性，因为考生将两种考核担任公证员的情形混淆后误选的可能性更大。"一拖四"式题目，除非考生能够笃定某个选项后作出选择，否则运用排除法是较为理想的解题方式。

[选项分析]选项A是重点干扰项，考查公证业务范围。《办理遗嘱保管事务的指导意见》第7条规定，公证机构应当向申请人出具保管证书。据此，公证机关根据当事人申请办理遗嘱保管业务，应当出具保管证书而非公证书。A项错误。因该解题依据并不属于大纲附录法律法规范围，考生不熟悉该规定可以运用公证理论推导作答。《公证法》第12条第3项规定，根据自然人、法人或者其他组织的申请，公证机构可以办理保管遗嘱、遗产或者其他与公证事项有关的财产、物品、文书。需要注意的是，公证机构在此类业务中实施的是"保管"行为，这不同于需要出具公证书的"公证"行为。此类行为不会产生公证的法律效力，也无需出具公证书。

选项B考查公证机构的设立程序。《公证法》第9条规定，设立公证机构，由所在地的司法行政部门报省、自治区、直辖市人民政府司法行政部门按照规定程序批准后，颁发公证机构执业证书。据此，设立公证机构的审批主体是省、自治区、直辖市人民政府司法行政部门，而非司法部；报批主体是所在地的司法行政部门，而非省级司法行政机关。B项错误。

选项C考查公证员考核任职条件。《公证法》第19条规定，从事法学教学、研究工作，具有高级职称的人员，或者具有本科以上学历，从事审判、检察、法制工作、法律服务满10年的公务员、律师，已经离开原工作岗位，经考核合格的，可以担任公证员。据此，贾教授符合担任公证员的考核任职条件。C项正确。

选项D考查担任公证员的禁止条件。《公证法》第20条第2项规定，因故意犯罪或者职务过失犯罪受过刑事处罚，不得担任公证员。交通肇事罪属于一般过失犯罪，不是职务过失犯罪。该罪不属于担任公证员的禁止条件，甄某可以申请

担任公证员。D项错误。

难点解析
并非所有的公证业务公证机构都需要出具公证书。《公证法》第11条、第12条分别规定了公证机构可以办理的公证事项和公证事务。公证事项不同于公证事务，对于公证事项公证机构应当审查后出具公证书，而对于公证事务公证机构不能出具公证书。

4. [答案]C [难度]中
[考点]公证机构和公证员（公证机构的设立、公证员的条件与任免）、公证程序与公证效力（公证的申请、公证的救济）

[命题和解题思路]命题人采用"一拖四"形式对公证制度进行考查，题目考查范围广，四个选项涉及四个考点，难度较高。命题人在本题中设陷阱的招数是"偷梁换柱"，将选项A"所在省、自治区、直辖市"换为"国内"，选项D的"复查"改为"复议"。此招式对知识点的记忆精确度要求极高，稍有差池即会坠入彀中。虽然说公证在司法制度学科中属于相对小众化的制度，但每年均会考查，复习时不应有所偏废。

[选项分析]《公证法》第7条规定，公证机构按照统筹规划、合理布局的原则，可以在县、不设区的市、设区的市、直辖市或者市辖区设立；在设区的市、直辖市可以设立一个或者若干个公证机构。公证机构不按行政区划层层设立。《公证机构执业管理办法》第19条第2款规定，公证机构名称中的字号，应当由两个以上文字组成，并不得与所在省、自治区、直辖市内设立的其他公证机构的名称中的字号相同或者近似。据此，A项错误。

《公证法》第21条规定，担任公证员，应当由符合公证员条件的人员提出申请，经公证机构推荐，由所在地的司法行政部门报省、自治区、直辖市人民政府司法行政部门审核同意后，报请国务院司法行政部门任命，并由省、自治区、直辖市人民政府司法行政部门颁发公证员执业证书。《公证员执业管理办法》第15条规定，公证员变更执业机构，应当经所在公证机构同意和拟任用该公证员的公证机构推荐，报所在地司法行政机关同意后，报省、自治区、直辖市司法行政机关

办理变更核准手续。公证员跨省、自治区、直辖市变更执业机构的，经所在的省、自治区、直辖市司法行政机关核准后，由拟任用该公证员的公证机构所在的省、自治区、直辖市司法行政机关办理变更核准手续。据此，**公证员的任命主体是国务院司法行政部门，颁发执业证书的主体是省级司法行政机关。公证员变更执业公证机构，则由省级司法行政机关办理。**B项错误。

《公证法》第25条规定，自然人、法人或者其他组织申请办理公证，可以向住所地、经常居住地、行为地或者事实发生地的公证机构提出。申请办理涉及不动产的公证，应当向不动产所在地的公证机构提出；申请办理涉及不动产的委托、声明、赠与、遗嘱的公证，可以适用前款规定。据此，黄某之子办理的是涉及不动产委托公证，可以向房屋所在地或者黄某住所地公证处提出申请。C项正确。

《公证法》第39条规定，当事人、公证事项的利害关系人认为公证书有错误的，可以向出具该公证书的公证机构提出复查。公证书的内容违法或者与事实不符的，公证机构应当撤销该公证书并予以公告，该公证书自始无效；公证书有其他错误的，公证机构应当予以更正。据此，王某应向公证处提出复查申请，而非复议。D项错误。

易混淆点解析

公证的救济方式包括公证书复查和提起诉讼两类，虽然启动主体均为当事人和公证事项的利害关系人，但两者的适用情形和对象明显不同。

救济方式	适用情形	适用对象
公证书复查	公证书有错误（公证书证明内容与实际情况不符或者违反法律、法规的强制性规定；公证书制作不规范，表述不恰当）	出具公证书的公证机构
提起诉讼	对公证书的内容有争议	有管辖权的法院

5. [答案] C　　[难度] 中

[考点] 公证机构和公证员（公证业务范围）、公证程序与公证效力（公证的申请、公证的

审查、公证的救济）

[命题和解题思路] 命题人采用表述题形式，对公证业务范围、公证代理、审查方式和救济途径四个知识点予以综合考查。本题涉及考点多，考查范围广，难度较高。与其他三项司法制度相比，公证制度虽然每年都会命题考查，但几乎不会单独命题，往往一道题涉及多个考点，考查内容较为分散。考生欲正确解答公证类试题，不能投机取巧，应当扎实对各项公证制度进行全面掌握。

[选项分析] 选项A考查公证业务范围。《公证法》第11条第1款第9项规定，根据自然人、法人或者其他组织的申请，公证机构可以办理保全证据公证。据此，保全网上交易记录属于保全证据，属于法律规定的公证办理事项范围，公证机关不应拒绝公证申请。A项错误。

选项B考查公证代理制度。《公证程序规则》第11条第1款规定，当事人可以委托他人代理申办公证，但申办遗嘱、遗赠扶养协议、赠与、认领亲子、收养关系、解除收养关系、生存状况、委托、声明、保证及其他与自然人人身有密切关系的公证事项，应当由其本人亲自申办。据此，赠与和收养关系公证因与当事人人身关系密切，必须由当事人本人提出公证申请。自然人委托他人办理时，公证机关应当拒绝。B项错误。

选项C考查公证的审查方式。《公证法》第29条规定，公证机构对申请公证的事项以及当事人提供的证明材料，按照有关办证规则需要核实或者对其有疑义的，应当进行核实，或者委托异地公证机构代为核实，有关单位或者个人应当依法予以协助。据此，公证机关在办理公证时，根据需要可以询问当事人、调查、勘验等，不能仅作形式审查，C项正确。

选项D考查公证的救济方式。《公证法》第37条规定，经公证的以给付为内容并载明债务人愿意接受强制执行承诺的债权文书确有错误的，人民法院裁定不予执行，并将裁定书送达双方当事人和公证机构。《公证法》第39条规定，当事人、公证事项的利害关系人认为公证书有错误的，可以向出具该公证书的公证机构提出复查。公证书的内容违法或者与事实不符的，公证机构应当撤销该公证书并予以公告，该公证书自始无效。据此，D项错误。

债权文书，但法院无权撤销公证文书；公证文书只能由其制作主体公证机关撤销。

第六章　法律职业道德概述

试　题

1. 关于法律职业道德的表述，下列哪些选项是正确的？（2021 年回忆版）

A. 法律职业道德能抑制法律技术理性中的"非道德因素"

B. 法律从业人员的专业技术水平并不必然影响其法律职业道德水平

C. 打造德才兼备的法律职业人才中的"德"不只包括法律职业道德

D. 解决纠纷、化解矛盾是法律职业道德的首要目的

2. 关于法律职业道德的特殊性，下列表述正确的是：（2021 年回忆版）

A. 法律职业人员的程序性思维等职业思维可能会与大众观念存在差异

B. 法律职业道德的实践性使其尤为关注法律从业人员的职业行为

C. 立法本身存在的矛盾和冲突直接导致法律职业道德和各种价值存在冲突和矛盾

D. 法律职业道德的问题，可适用朴素的价值观视角来找到正确答案

3. 关于法律职业道德及其基本原则，下列哪一表述是错误的？（2020 年回忆版）

A. 忠于党、忠于国家、忠于人民、忠于法律是法官职业道德的首要原则

B. 法律职业道德只约束法律从业人员的职业内行为，不约束职业外行为

C. 只有在法律实践过程中，才能体现出法律从业人员的法律职业道德水准

D. 法律职业道德本质是道德意识，虽然大多以法律形式来规定，但仍要依赖于从业人员内心的约束

4. 法律职业道德具有不同于一般职业道德的职业性、实践性、正式性及更高标准的特征。关于法律职业道德的表述，下列哪些选项是正确的？（2017-1-83）

A. 法律职业人员专业水平的发挥与职业道德水平的高低具有密切联系

B. 法律职业道德基本原则和规范的形成，与法律职业实践活动紧密相连

C. 纵观伦理发展史和法律思想史，法律职业道德的形成与"实证法"概念的阐释密切相关

D. 法律职业道德基本原则是对每个法律从业人员职业行为进行职业道德评价的标准

5. 法律在社会中负有分配社会资源、维持社会秩序、解决社会冲突、实现社会正义的功能，这就要求法律职业人员具有更高的法律职业道德水准。据此，关于提高法律职业道德水准，下列哪些表述是正确的？（2016-1-83）

A. 法律职业道德主要是法律职业本行业在职业活动中的内部行为规范，不是本行业对社会所负的道德责任和义务

B. 通过长期有效的职业道德教育，使法律职业人员形成正确的职业道德认识、信念、意志和习惯，促进道德内化

C. 以法律、法规、规范性文件等形式赋予法律职业道德以更强的约束力和强制力，并加强道德监督，形成他律机制

D. 法律职业人员违反法律职业道德和纪律的，应当依照有关规定予以惩处，通过惩处教育本人及其他人员

6. 根据中国特色社会主义法治理论有关内容，关于加强法治工作队伍建设，下列哪些表述是正确的？（2015-1-83）

A. 全面推进依法治国，必须大力提高法治工作队伍思想政治素质、业务工作能力、职业道德水准

B. 建立法律职业人员统一职前培训制度，有利于他们形成共同的法律信仰、职业操守和提高业务素质、职业技能

C. 加强律师职业道德建设，需要进一步健全完善律师职业道德规范制度体系、教育培训及考核机制

D. 为推动法律服务志愿者队伍建设和鼓励志愿者发挥作用，可采取自愿无偿和最低成本方式提供社会法律服务

7. 根据有关规定，我国法律职业人员因其职业的特殊性，业外活动也要受到约束。下列哪些说法是正确的？（2014-1-85）

A. 法律职业人员在本职工作和业外活动中均应严格要求自己，维护法律职业形象和司法公信力

B. 业外活动是法官、检察官行为的重要组成部分，在一定程度上也是司法职责的延伸

C. 《律师执业行为规范》规定了律师在业外活动中不得为的行为

D. 《公证员职业道德基本准则》要求公证员应当具有良好的个人修养和品行，妥善处理个人事务

8. 关于法律职业道德，下列哪一表述是不正确的？（2013-1-45）

A. 基于法律和法律职业的特殊性，法律职业人员被要求承担更多的社会义务，具有高于其他职业的职业道德品行

B. 互相尊重、相互配合为法律职业道德的基本原则，这就要求检察官、律师尊重法官的领导地位，在法庭上听从法官的指挥

C. 选择合适的内化途径和适当的内化方法，才能使法律职业人员将法律职业道德规范融进法律职业精神中

D. 法律职业道德教育的途径和方法，包括提高法律职业人员道德认识、陶冶法律职业人员道德情感、养成法律职业人员道德习惯等

详　解

1. [答案] ABC　　　[难度] 中

[考点] 法律职业道德

[命题和解题思路] 法律职业道德是每年必考内容，本题采用表述题形式，对法律职业道德的内涵理解进行考查。各选项若未发现明显的瑕疵即可视为正确，可适度运用常识作出判断，选项B、C均可借助常识辅助作答。选项D运用"移花接木"之法，将司法的直接功能混淆为法律职业道德的首要目的的设置陷阱。

[选项分析] 法律技术理性中存在一定的"非道德因素"，对法律职业道德的倡导可对其予以抑制。选项A正确。

法官、检察官、律师等属于法律实践人员，其专业水平的高低与职业道德水平的高低密切联系。虽然法律职业的专业属性对于法律职业道德的影响具有积极意义，但法律从业人员的专业水平并不必然影响其法律职业道德水平。选项B正确。

培养德才兼备的法律职业人才中的"德"包括政治品德、职业道德、社会公德、家庭美德等内容，因此并不仅包括法律职业道德。选项C正确。

解决纠纷是司法的直接功能，其并不是法律职业道德的首要目的。仅运用法律职业道德也难以解决纠纷、化解矛盾。选项D错误。

2. [答案] AB　　　[难度] 中

[考点] 法律职业道德

[命题和解题思路] 法律职业道德是每年必考内容，本题采用表述题形式，对法律职业道德的特征进行考查。解答此类问题可借助于部门法知识辅助作出判断，排除存在明显瑕疵的选项即可作出选择。

[选项分析] 法律职业人员的程序性思维，强调按照法定程序去处理案件，这很可能会与大众依据朴素正义形成的观念存在差异。选项A正确。

法律职业道德具有实践性，只有在法律实践过程中，才能体现出法律职业道德的水准。因此，法律职业道德尤为关注法律从业人员的职业行为，职业外行为仅是偶有涉及。选项B正确。

立法存在矛盾和冲突，这并不会直接导致法律职业道德和其他价值出现矛盾和冲突，两者并无因果关系。选项C错误。

法律职业道德具有职业性，与特定的法律职业实践活动密切相连，仅依靠朴素的价值观不可能解决法律职业道德面临的各类问题。选项D错误。

3. [答案] B　　　[难度] 易

[考点] 法律职业道德

[命题和解题思路] 法律职业道德几乎每年必考，绝对是本学科的命题重点。此类试题均采用表述题形式命制，对法律职业道德及其基本原则

作出四项表述，大多采用否定式设问形式。本题的大部分选项表述，在以往考题中均有所涉及，这种"炒冷饭"式的题目难度较低，应避免失分。若考生了解法官、检察官等职业道德中有关业外行为的规定，本题可直接作答。

[选项分析] 法律职业人员应当把忠于党、忠于国家、忠于人民、忠于法律作为必须遵循的首要原则。选项 A 表述正确，不当选。

虽然法律职业道德规范法律职业从业人员的职业行为，在特定的职业范围内发挥作用，但是法律职业道德并不只是约束从业人员的职业内行为，可能影响到法律职业形象和司法公信力的职业外行为也要受到法律职业道德约束。选项 B 表述错误，当选。

法律职业道德的作用在于调整法律职业关系，对从业人员的法律职业活动中的具体行为进行规范。因此，只有在法律实践过程中，才能体现出从业人员的法律职业道德水准。选项 C 表述正确，不当选。

职业道德是一般道德在职业行为中的反应，法律职业道德亦是如此，因此法律职业道德本质上属于道德意识。法律职业道德不同于一般职业道德在于往往通过法律、法规等形式表现出来，但除了法律的外在约束力之外，还必须依赖于从业人员内心的约束。因此，在实践中应当选择合适的内化途径和方法才能使法律职业者将法律职业道德规范融入法律职业精神之中。选项 D 表述正确，不当选。

4. [答案] ABD　　[难度] 中
[考点] 法律职业道德

[命题和解题思路] 命题人以表述题形式，对法律职业道德的特征予以考查。本考点近十年已考查多次，属于法考的高频考点，复习时应重点关注。为增加难度，命题人将法理学中"法的概念争议"考点作为干扰信息进行跨学科考查。考生只要了解法律职业道德的特征，不难对 A、B、D 选项作出判断；相较而言 C 选项难度更高，考生熟悉"实证法"概念的内涵方可作出判断。

[选项分析] 法律职业具有专业属性，法律职业的专业属性对于法律职业道德具有十分重要的积极影响。因此，法官、检察官、律师和公证员等法律职业人员的专业水平高低，与其职业道德水平的高低密切相连。A 项正确。

法律职业行为过程，就是法律职业实践过程，只有在法律实践过程中，才能体现出法律执业道德的水准。因此，法律职业道德的形成，与法律职业实践活动密切相关。B 项正确。

选项 C 是重点干扰项。基于对法和道德关系的不同主张，可将法的概念分为实证主义法的概念和非实证主义法的概念。实证主义的法的概念强调法和道德分离，认为道德因素不能被纳入法的概念之中。而包括法律职业道德在内的职业道德理论是伴随职业的分化、发展和成熟而逐步形成的。因此，"实证法"概念的阐释与法律职业道德形成完全无关。C 项错误。

法律职业道德的基本原则是最根本的职业道德规范。职业道德原则不仅是从业人员进行职业活动的根本指导思想，而且也是对每个从业人员的职业行为进行职业道德评价的最高标准。D 项正确。

5. [答案] BCD　　[难度] 中
[考点] 法律职业道德

[命题和解题思路] 命题人采用表述题形式，对法律职业道德的内涵及特征的理解作出考查。本考点无疑是本学科的重点内容，本题是"重者恒重"规律的产物。试题以学科重点知识点作为命题素材，选项内容基本是对辅导用书表述的简单修改，难度不高。

[选项分析] 职业道德既是本行业人员在职业活动中的行为规范，又是行业对社会所负的道德责任和义务。奉献社会即是我国《公民道德建设实施纲要》提出的职业道德的内容之一。A 项错误。

法律职业道德教育的途径和方法，主要包括提高法律职业人员道德认识、确立法律职业人员道德信念、陶冶法律职业人员道德情感、锻炼法律职业人员道德意志、养成法律职业人员道德习惯等。通过上述途径和方法，最终促使法律职业道德内化。B 项正确。

相较于一般职业道德，法律职业道德的表现形式更为正式，主要通过法律、法规、规范性文件等形式表现出来。法律职业道德要求法律职业人员具有更高的法律职业道德水准，要求更为明确，其约束力和强制力也更强。法律职业人员违反法律职业道德，要承担职责责任。因此，法律职业道德不仅表现为自律，更要形成他律机制。C项正确。

法律职业人员违反法律职业道德和纪律，应承担职业责任。具体而言，法官、检察官的职业责任包括违纪行为的责任和执行职务中犯罪行为的刑事责任；律师、公证员的职业责任包括违纪行为的处分和执业中违法犯罪行为的民事法律责任、行政法律责任和刑事法律责任。D项正确。

易混淆点解析

四类法律职业违反法律、职业道德和纪律均会承担违纪行为责任，但具体责任形式有所不同。

法官	警告、记过、记大过、降级、撤职、开除
检察官	警告、记过、记大过、降级、撤职、开除
律师	训诫、通报批评、公开谴责、取消会员资格
公证员	警告、严重警告、罚款、记过、暂停会员资格、取消会员资格

6. [答案]　ABC　　　[难度]　中
[考点]　法律职业道德

[命题和解题思路]《关于进一步加强律师职业道德建设的意见》是2015年考试增加的法律法规，命题人以其为新素材，结合《全面推进依法治国决定》命制本题。题目采用表述题形式，对法律职业道德内容进行综合考查。考生解答表述类多选题，凡是在选项表述中未发现原则性错误，一般应当入选。

[选项分析]《全面推进依法治国决定》明确提出，全面推进依法治国，必须大力提高法治工作队伍思想政治素质、业务工作能力、职业道德水准。A项正确。

《全面推进依法治国决定》提出，我国将建立法律职业人员统一职前培训制度。这有利于推进法治专门队伍正规化、专业化、职业化，全面提高司法人员的职业道德和职业技能。B项正确。

《关于进一步加强律师职业道德建设的意见》，要求健全完善进一步加强律师职业道德建设的长效机制。具体包括职业道德规范制度体系、职业道德教育培训机制、践行职业道德的监督管理机制、遵守职业道德的考核奖惩机制和职业道德建设扶持保障政策。C项正确。

《全面推进依法治国决定》提出，推动法律服务志愿者队伍建设。建立激励法律服务人才跨区域流动机制，逐步解决基层和欠发达地区法律服务资源不足和高端人才匮乏问题。法律服务志愿者的工作性质决定了向服务对象提供社会法律服务应当采用自愿无偿方式，不能向服务对象收取任何费用，最低成本方式提供社会法律服务表述不妥。各级政府为推动法律服务志愿者队伍建设和鼓励志愿者发挥作用，必须加大财政投入，仅靠志愿者自愿无偿提供社会法律服务不利于解决我国法律服务人才分布不均衡问题，法律服务人才跨区域流动激励机制离不开必要的财政支持。D项错误。

7. [答案]　ABCD　　　[难度]　中
[考点]　法律职业道德、法官职业道德的主要内容（维护司法形象）、检察官职业道德的主要内容（廉洁）、律师的执业职责、公证员职业道德的主要内容

[命题和解题思路]　命题人采用表述题形式，以业外活动为切入点，对四类法律职业人员的职业道德进行串联考查。本题涉及考点多，考查范围广，但只要考生准确把握法律职业人员业外活动的重要性，很容易作出判断，难度不高。

[选项分析]　法律职业人员应当自觉遵守法律职业道德，在本职工作和业外活动中严格要求自己，维护法律职业形象和司法公信力。A项正确。

《法官职业道德基本准则》第3条规定，法官应当自觉遵守法官职业道德，在本职工作和业外活动中严格要求自己，维护人民法院形象和司法公信力。虽然《检察官职业道德基本准则》并未对此作明文规定，但检察官无疑应当自觉约束业外活动，维护检察官的职业形象。B项正确。

《律师执业行为规范（试行）》第15条规定，律师不得为以下行为：（1）产生不良社会影响，有损律师行业声誉的行为；（2）妨碍国家司法、

行政机关依法行使职权的行为；（3）参加法律所禁止的机构、组织或者社会团体；（4）其他违反法律、法规、律师协会行业规范及职业道德的行为；（5）其他违反社会公德，严重损害律师职业形象的行为。据此，律师的业外活动也要受到《律师执业行为规范》的规制。C 项正确。

《公证员职业道德基本准则》第 15 条规定，公证员应当道德高尚、诚实信用、谦虚谨慎，具有良好的个人修养和品行。第 21 条规定，公证员应当妥善处理个人事务，不得利用公证员的身份和职务为自己、家属或他人谋取私人利益。D 项正确。

8. [答案] B　　[难度] 中

[考点] 法律职业道德

[命题和解题思路] 法律职业道德的概念和特征是高频考点。本题中考试采用表述题形式，对法律职业道德的特征和基本原则的理解进行考查。干扰选项根据常识即可排除，难度不高。本题采否定式设问形式，考生选择时应特别留意。

[选项分析] 法律是调整社会关系的主要规范，在社会中负有分配社会资源、维持社会秩序、解决社会冲突、实现社会正义的功能，因此要求法律职业人员具有更高的职业道德水准，要求更为明确，法律职业道德约束力和强制力也更为明显。A 项表述正确，不选。

选项 B 是重点干扰项。考生要抓住"互相"一词，这是解题的关键信息。互相尊重、相互配合原则要求法官、检察官、律师等法律职业人员，彼此尊重各方的诉讼地位。这不仅要求检察官、律师在法庭上听从法官的指挥，而且法官也应当保障检察官、律师的诉讼权利，不得随意打断或制止其发言。B 项说法片面，为正确答案。此外，在庭审中法官并非处于"领导地位"，据此也可判断出本选项表述错误，当选。

在实践中，只有选择合适的内化途径和适当的内化方法才能使法律职业者将法律职业道德规范融进法律职业精神中。C 项表述正确，不选。

法律职业道德教育的途径和方法，主要包括提高法律职业人员道德认识、确立法律职业人员道德信念、陶冶法律职业人员道德情感、锻炼法律职业人员道德意志、养成法律职业人员道德习惯等方面。D 项表述正确，不选。

第七章　法官职业道德

试　题

1. 为了防止利益输送和利益勾连，切实维护司法廉洁和司法公正，法官、检察官应杜绝与律师进行不正当的接触交往。据此，下列哪些行为不违反法律职业道德？（2022 年回忆版）

A. 赵法官、钱检察官和孙律师同堂培训后一起在食堂进行研讨

B. 李检察官办理某未成年人犯罪案件，告知其监护人聘请熟悉未成年人心智的辩护律师

C. 周法官将同事吴法官的家庭住址、电话号码告知郑律师

D. 王律师代理某疑难案件，向其同学冯法官咨询，冯法官收取 1 万元咨询费

2. 法律从业人员应当强化职业道德观念，遵守模范道德准则，坚守职业道德底线。对此，下列哪些情形不违反司法工作人员的职业道德规范？

（2022 年回忆版）

A. 甲法官读本科的女儿在其任职辖区的法律援助中心当志愿者，甲法官没有任职回避

B. 乙法官的同事向其询问某案开庭时间，乙法官拒绝后予以记录，但未向纪检监察部门报告

C. 丙检察官退休 3 年后，在保留机关退休待遇的情况下，去律所担任法律顾问

D. 丁检察官被开除后在其原任职辖区内的律所从事信息技术工作

3. 郑法官审理某借款纠纷案，明知原告提交的借条虚假却未予核实，并指使书记员伪造庭审笔录，故意违背事实和法律，判决被告偿还原告借款 50 万元。关于郑法官可能承担的职业责任，下列哪些选项是正确的？（2019 年回忆版）

A. 可给予其降级、撤职乃至开除处分

B. 惩戒决定应由法官惩戒委员会作出

C. 可追究其民事法律责任

D. 可追究其刑事法律责任

4. 下列哪一法官的行为违反法官职业道德的要求？（2018 年回忆版）

A. 王法官审理某新型商事案件，就法律适用的疑难问题向法学专家咨询，综合专家意见后依其独立判断作出判决

B. 被告就其案件向区人大申诉，区人大常委会向法院询问，周法官按院长指示向区人大作出书面解释

C. 某市领导电话暗示承办人徐法官，原告是当地纳税大户应判其胜诉。徐法官表示理解，但未作任何承诺，最后依法判决原告胜诉

D. 某公益诉讼判决生效后，检察院提出抗诉，合议庭法官对检察院在庭外调查的证据未经质证即予以采纳

5. 张法官与所承办案件当事人的代理律师系某业务培训班同学，偶有来往，为此张法官向院长申请回避，经综合考虑院长未予批准。张法官办案中与该律师依法沟通，该回避事项虽被对方代理人质疑，但审判过程和结果受到一致肯定。对照《法官职业道德基本准则》，张法官的行为直接体现了下列哪一要求？（2017-1-48）

A. 严格遵守审限

B. 约束业外活动

C. 坚持司法便民

D. 保持中立地位

6. 银行为孙法官提供了利率优惠的房屋抵押贷款，银行王经理告知孙法官，是感谢其在一年前的合同纠纷中作出的公正判决而进行的特殊安排，孙法官接受该笔贷款。关于法院对孙法官行为的处理，下列说法正确的是：（2016-1-100）

A. 法院认为孙法官的行为系违反廉政纪律的行为

B. 如孙法官主动交代，并主动采取措施有效避免损失的，法院应从轻给予处分

C. 由于孙法官行为情节轻微，如经过批评教育后改正，法院可免予处分

D. 确认属于违法所得的部分，法院可根据情况作出责令退赔的决定

7. 法律职业人员在业内、业外均应注重清正廉洁，严守职业道德和纪律规定。下列哪些行为

违反了相关职业道德和纪律规定？（2015-1-84）

A. 赵法官参加学术研讨时无意透露了未审结案件的内部讨论意见

B. 钱检察官相貌堂堂，免费出任当地旅游局对外宣传的"形象大使"

C. 孙律师在执业中了解到委托人公司存在严重的涉嫌偷税犯罪行为，未向税务机关举报

D. 李公证员代其同学在自己工作的公证处申办学历公证

8. 下列哪些行为违反了相关法律职业规范规定？（2013-1-85）

A. 某律师事务所明知李律师的伯父是甲市中院领导，仍指派其到该院代理诉讼

B. 检察官高某在办理一起盗车并杀害车内行动不便的老人案件时，发现网上民愤极大，即以公诉人身份跟帖向法院建议判处被告死刑立即执行

C. 在法庭上，公诉人车某发现李律师发微博，当庭予以训诫，审判长怀法官未表明态度

D. 公证员张某根据甲公司董事长申请，办理了公司章程公证，张某与该董事长系大学同学

详　解

1. [答案] AB　　　[难度] 中

[考点] 法官职业道德的主要内容、检察官职业道德的主要内容

[命题和解题思路] 本题以"一拖四"小案例形式，对法官和检察官职业道德的主要内容予以考查。涉及的《关于建立健全禁止法官、检察官与律师不正当接触交往制度机制的意见》是2022年法考大纲新增内容。解题的关键在于准确把握《关于建立健全禁止法官、检察官与律师不正当接触交往制度机制的意见》第3条第1款规定的各类违规行为，能结合具体案例作出分析判断。

[选项分析]《关于建立健全禁止法官、检察官与律师不正当接触交往制度机制的意见》第3条第1款第1项规定，严禁法官、检察官在案件办理过程中，非因办案需要且未经批准在非工作场所、非工作时间与辩护、代理律师接触。同法第3条第1款第5项规定，严禁法官、检察官非因工作需要且未经批准，擅自参加律师事务所或者律师举办的讲座、座谈、研讨、培训、论坛、学术交流、开业庆典等活动。据此，选项A并未言

明法官、检察官在办案过程中与辩护律师接触，参加的培训也未交代是律所或律师举办，培训后一起聚餐研讨并不违反规定。选项 A 当选。

《关于建立健全禁止法官、检察官与律师不正当接触交往制度机制的意见》第 3 条第 1 款第 3 项规定，严禁法官、检察官为律师介绍案件；为当事人推荐、介绍律师作为诉讼代理人、辩护人；要求、建议或者暗示当事人更换符合代理条件的律师；索取或者收受案件代理费用或者其他利益。据此，李检察官办理某未成年人犯罪案件，告知其监护人聘请熟悉未成年人心智的辩护律师，这并不属于为当事人推荐辩护人的行为，并不违反规定。选项 B 当选。

《关于建立健全禁止法官、检察官与律师不正当接触交往制度机制的意见》第 3 条第 1 款第 2 项规定，严禁法官、检察官向律师泄露案情、办案工作秘密或者其他依法依规不得泄露的情况。据此，周法官将同事吴法官的家庭住址、电话号码等个人信息告知郑律师，有变相为吴法官和郑律师的不正当接触牵线搭桥的嫌疑。选项 C 不当选。

《关于建立健全禁止法官、检察官与律师不正当接触交往制度机制的意见》第 3 条第 1 款第 5 项规定，严禁法官、检察官以提供法律咨询、法律服务等名义接受律师事务所或者律师输送的相关利益。据此，冯法官收取王律师 1 万元咨询费属于违规行为。选项 D 不当选。

2. [答案] AB [难度] 中

[考点] 法官职业道德的主要内容、检察官职业道德的主要内容

[命题和解题思路] 本题以"一拖四"小案例形式，对法官任职回避、离任检察官从事律师职业的限制规定等知识点予以考查。C 和 D 选项涉及《关于进一步规范法院、检察院离任人员从事律师职业的意见》，这是 2022 年法考大纲新增内容。准确记忆《法官法》有关任职回避的适用情形可判断 A 选项；司法机关内部人员过问案件应当记录，而非主动向纪检监察部门举报，据此可判断选项 B；法院、检察院退休人员担任律所的"法律顾问"不再保留机关的各种待遇，据此可排除选项 C；法官、检察官被开除后不得到律所从事任何工作，据此可排除 D 选项。

[选项分析]《法官法》第 24 条规定，法官的

配偶、父母、子女有下列情形之一的，法官应当实行任职回避：（一）担任该法官所任职人民法院辖区内律师事务所的合伙人或者设立人的；（二）在该法官所任职人民法院辖区内以律师身份担任诉讼代理人、辩护人，或者为诉讼案件当事人提供其他有偿法律服务的。据此，甲法官的女儿在读书期间到法律援助中心担任志愿者，其女儿不是律所的合伙人或设立人，也并非以律师身份代理案件，志愿者也不提供有偿法律服务，因此甲法官无须任职回避。选项 A 当选。

《司法机关内部人员过问案件的记录和责任追究规定》第 6 条规定，对司法机关内部人员过问案件的情况，办案人员应当全面、如实记录，做到全程留痕，有据可查。同法第 8 条规定，司法机关纪检监察部门应当及时汇总分析司法机关内部人员过问案件的情况，并依照规定的方式对司法机关内部人员违反规定干预办案的线索进行处置。据此，乙法官的同事向其询问某案开庭时间，这属于过问案件，乙法官应如实记录，未主动向纪检监察部门报告并不违反相关规定。选项 B 当选。

《关于进一步规范法院、检察院离任人员从事律师职业的意见》第 4 条第 2 项规定，辞去公职或者退休的人民法院、人民检察院领导班子成员，四级高级及以上法官、检察官，四级高级法官助理、检察官助理以上及相当职级层次的审判、检察辅助人员在离职 3 年内，其他辞去公职或退休的人民法院、人民检察院工作人员在离职 2 年内，不得到原任职人民法院、人民检察院管辖地区内的律师事务所从事律师职业或者担任"法律顾问"、行政人员等，不得以律师身份从事与原任职人民法院、人民检察院相关的有偿法律服务活动。同法第 4 条第 3 项规定，人民法院、人民检察院退休人员在不违反前项从业限制规定的情况下，确因工作需要从事律师职业或者担任律师事务所"法律顾问"、行政人员的，应当严格执行中共中央组织部《关于进一步规范党政领导干部在企业兼职（任职）问题的意见》（中组发【2013】18号）规定和审批程序，并及时将行政、工资等关系转出人民法院、人民检察院，不再保留机关的各种待遇。据此，丙检察官退休 3 年后，去律所担任法律顾问并不违反上述规定，但不应再保留机关的各种待遇。选项 C 不当选。

《关于进一步规范法院、检察院离任人员从事

律师职业的意见》第 4 条第 1 项规定，被开除公职的人民法院、人民检察院工作人员不得在律师事务所从事任何工作。据此，法官被开除后不得在律所从事任何工作，丁检察官被开除后在其任职辖区内的律所从事信息技术工作违反规定。选项 D 不当选。

3. [答案] AD　　[难度] 中

[考点] 法官执行职务中违纪行为的责任、法官执行职务中犯罪行为的刑事责任

[命题和解题思路] 前些年考试更多关注于职业道德规范的理解和运用，近几年则对法官、检察官的职业责任考查更为频繁，甚至达到每年必考的程度。本题除了考查法官职业责任的类型之外，还对法官惩戒中法院和法官惩戒委员会的分工予以考查。解题的关键在于明确法官惩戒委员会的职责，其解题依据并不在大纲附录法律法规之列，仅在辅导用书中有所涉及。

[选项分析] 《人民法院工作人员处分条例》第 43 条规定，故意违背事实和法律枉法裁判的，给予降级或者撤职处分；情节严重的，给予开除处分。据此，选项 A 正确。

选项 B 是主要干扰项。《关于建立法官、检察官惩戒制度的意见（试行）》第 3 条规定，法官、检察官惩戒工作由人民法院、人民检察院与法官、检察官惩戒委员会分工负责。人民法院、人民检察院负责对法官、检察官涉嫌违反审判、检察职责行为进行调查核实，并根据法官、检察官惩戒委员会的意见作出处理决定。据此，法官惩戒委员会负责提出审查意见，法院、检察院负责作出处理决定。选项 B 错误。

法官的职业责任包括纪律处分和刑事责任，不包括民事责任和行政责任。郑法官的行为涉嫌触犯枉法裁判罪，可追究其刑事责任。选项 C 错误，选项 D 正确。

> **易混淆点解析**
>
> 惩戒委员会负责提出审查意见，并对意见提出的异议作出处理；法院、检察院负责对行为调查核实，并根据惩戒委员会的审查意见作出处理决定。

4. [答案] D　　[难度] 中

[考点] 法官职业道德的主要内容

[命题和解题思路] 法官职业道德的主要内容是本学科考查频率最高的考点。本题遵循"重者恒重"规律，采用"一拖四"小案例形式，对各法官行为是否符合职业道德规范进行考查。主要涉及法官维护审判独立、坚持实体和程序公正并重的道德规范。对于《法官职业道德基本准则》的规定不需要死记硬背，应侧重对基本原理的领会。"细节决定成败"，选项 A 中"依其独立判断"、选项 C 中"依法"都是解题的关键信息。值得注意的是，本题前三个选项是对 2005 年司考试题的改编，对本学科而言，司考真题在法考时代并未完全过时。

[选项分析] 《法官职业道德基本准则》第 8 条规定，坚持和维护人民法院依法独立行使审判权的原则，客观公正审理案件，在审判活动中独立思考、自主判断，敢于坚持原则，不受任何行政机关、社会团体和个人的干涉，不受权势、人情等因素的影响。据此，虽然王法官就法律适用疑问向专家咨询，但判决的作出是依据其独立判断的结果，王法官的行为并不违反法律规定。选项 A 不当选。

根据《法官职业道德基本准则》第 8 条规定，周法官虽然向区人大作出书面解释，但其审判活动和结果并未受到区人大的影响，其行为并不违反法律规定。选项 B 不当选。

根据《法官职业道德基本准则》第 8 条规定，面对领导电话打招呼，徐法官未作任何承诺，虽然最后判决结果和领导的诉求一致，根据选项表述，那是依法判决的结果。徐法官裁判案件并未受到外在因素的影响，符合法律规定，选项 C 不当选。

《法官职业道德基本准则》第 10 条规定，牢固树立程序意识，坚持实体公正与程序公正并重，严格按照法定程序执法办案，充分保障当事人和其他诉讼参与人的诉讼权利，避免执法办案中的随意行为。又根据《最高人民法院关于适用〈中华人民共和国民事诉讼法〉的解释》第 419 条第 2 款规定，人民检察院因履行法律监督职责向当事人或者案外人调查核实的情况，应当向法庭提交并予以说明，由双方当事人进行质证。据此，合议庭应对检察院提交的证据组织双方质证，未经质证不能直接采纳。合议庭法官的行为违反了程序法的规定，选项 D 为正确答案。

5. ［答案］ D ［难度］ 中

［考点］ 法官职业道德的主要内容（保证司法公正、坚持司法为民、维护司法形象）

［命题和解题思路］ 法官职业道德的主要内容几乎每年都会考查，是本学科不折不扣的高频考点，本题仍为"重者恒重"命题规律的产物。命题人以案例题形式旨在对恪守法官职业道德行为的类型识别进行考查，这与以往试题考查某项行为是否符合法官职业道德要求的命题方式明显不同。指令句中"直接体现"是解题关键信息，案例材料可能会涉及若干职业道德规范，考生通读案例后，要归纳材料的"中心思想"，再选出与材料内容关系最密切的职业道德规范方可准确作答。

［选项分析］ 审限是由诉讼法规定的案件审理期限。《法官职业道德基本准则》第 11 条规定，严格遵守法定办案时限，提高审判执行效率，及时化解纠纷，注重节约司法资源，杜绝玩忽职守、拖延办案等行为。严格遵守审限，要求法官不得未经批准超期审理，也不得无故超越审限。题干表述根本与审理期限无关，A 项错误。

选项 B 是重点干扰项。业外活动是指法官司法职务以外的所有活动，它也属于法官职业道德规制的范围。《法官职业道德基本准则》第 3 条规定，法官应当自觉遵守法官职业道德，在本职工作和业外活动中严格要求自己，维护人民法院形象和司法公信力。约束业外活动，要求法官应当慎重对待与当事人、律师以及可能影响法官形象的人员的接触和交往。根据题干表述，张法官与做律师的业务培训班同学偶有来往，承办其同学作为代理律师的案件时主动申请回避，其行为的确体现了约束业外活动要求。但题干的核心内容不在于此，而是张法官申请回避未获批准，还能坚持依法公正办案。因此，张法官的行为涉及但并未直接体现约束业外活动要求。B 项错误。

《法官职业道德基本准则》第 21 条规定，认真执行司法便民规定，努力为当事人和其他诉讼参与人提供必要的诉讼便利，尽可能降低其诉讼成本。张法官的行为与司法便民无直接关系，C 项错误。

《法官职业道德基本准则》第 13 条规定，自觉遵守司法回避制度，审理案件保持中立公正的立场，平等对待当事人和其他诉讼参与人，不偏

祖或歧视任何一方当事人，不私自单独会见当事人及其代理人、辩护人。据此，张法官并未因一方代理律师是其同学而有所偏袒，坚持依法沟通，确保审判过程和结果公正合法。其行为直接体现了保持法官中立地位的要求。D 项为正确答案。

6. ［答案］ ACD ［难度］ 难

［考点］ 法官执行职务中违纪行为的责任

［命题和解题思路］ 命题人以小案例形式，对法官违纪行为的认定以及处分的适用进行考查。试题虽然考点单一，但考查角度"既冷僻又细致"，难度颇高。自 2008 年以来，本题考点之前仅考查过一次，考生复习时如果"挑肥拣瘦"，一味聚焦于高频考点，面对本题可能会一筹莫展。考生欲正确解题，除了要判断孙法官的行为是否违纪之外，还应谙熟违纪行为的从轻、减轻、免除等适用情形。

［选项分析］ 《人民法院工作人员处分条例》第 59 条第 1 款规定，接受案件当事人、相关中介机构及其委托人的财物、宴请或者其他利益的，给予警告、记过或者记大过处分；情节较重的，给予降级或者撤职处分；情节严重的，给予开除处分。孙法官接受银行提供的优惠利率贷款，而该银行又是孙法官曾办理案件的当事人，这属于接受案件当事人提供利益的行为，违反了廉政纪律的要求。A 项正确。

《人民法院工作人员处分条例》第 14 条规定，主动交待违纪违法行为，并主动采取措施有效避免或者挽回损失的，应当在本条例分则规定的处分幅度以外降低一个档次给予减轻处分。据此，孙法官主动交待违纪行为，并主动采取措施有效避免损失，法院应减轻给予处分，而非从轻给予处分。B 项错误。

《人民法院工作人员处分条例》第 15 条规定，违纪违法行为情节轻微，经过批评教育后改正的，可以免予处分。据此，孙法官行为情节轻微，如经过批评教育后改正，法院可免予处分。C 项正确。

《人民法院工作人员处分条例》第 18 条第 1 款规定，对违纪违法取得的财物和用于违纪违法的财物，应当没收、追缴或者责令退赔。没收、追缴的财物，一律上缴国库。据此，确认属于违法所得的部分，法院可视情况作出责令退赔的决

定。D 项正确。

易混淆点解析

　　法官出现违纪行为后，根据不同情形，在对其实施处分时会作出相应处理。

从重处分	从轻处分	减轻处分	免除处分
在共同违纪违法行为中起主要作用；隐匿、伪造、销毁证据；串供或者阻止他人揭发检举、提供证据材料；包庇同案人员	主动交待违纪违法行为；主动采取措施，有效避免或者挽回损失；检举他人重大违纪违法行为，情况属实	主动交待违纪违法行为，并主动采取措施有效避免或者挽回损失	应当给予警告处分，又有减轻处分情形；违纪违法行为情节轻微，经过批评教育后改正

7. [答案] AD　　[难度] 中

　　[考点] 法官职业道德的主要内容（忠诚司法事业）、检察官职业道德的主要内容（廉洁）、律师（律师的权利和义务）、公证程序与公证效力（公证的申请）

　　[命题和解题思路] 命题人采用"一拖四"案例题形式，对法官、检察官、律师和公证员职业行为是否符合职业道德规范进行综合考查。本题涉及考点多，考查范围广，难度较高。通过一道题分别判断四类法律职业人员的行为是否符合道德规范，此种串联式考查模式是本学科常用的命题套路。此类试题对考生法律应用能力要求较高，不了解基本原理，仅靠死记硬背法律规范难以准确判断。

　　[选项分析]《法官职业道德基本准则》第 7 条规定，法官应当保守国家秘密和审判工作秘密。本条规定并不考虑法官的主观状态，即便赵法官无意透露了未审结案件的内部讨论意见，同样属于泄露审判工作秘密，违反了上述规定。选项 A 为正确答案。

　　选项 B 是重点干扰项。检察官职业道德要求检察官不从事、参与违法违规营利活动，以及其他可能有损检察官廉洁形象的商业、经营活动。钱检察官免费担任当地旅游"形象大使"不属于

商业活动，"免费"也不具有营利性质，钱检察官的行为并不违反检察官职业道德的规定。从另一个角度看，钱检察官担任当地旅游局对外宣传"形象大使"，促进当地旅游业发展，服务于地方经济建设，具有公益性质。这与为旅游公司商业代言完全不同，商业代言即便免费，也会使公众合理怀疑该检察官与旅游公司存在利益输送。B 项错误。

　　《律师法》第 38 条规定，律师对在执业活动中知悉的委托人和其他人不愿泄露的情况和信息，应当予以保密。但是，委托人或者其他人准备或者正在实施的危害国家安全、公共安全以及其他严重危害他人人身、财产安全的犯罪事实和信息除外。逃税罪显然不在上述犯罪之列，孙律师了解情况后未向税务机关举报并不违反《律师法》的规定。C 项错误。

　　《公证程序规则》第 8 条规定，公证人员不得代理当事人在本公证处申办公证。李公证员的行为明显违反了上述规定，D 项为正确答案。

8. [答案] BC　　[难度] 难

　　[考点] 律师参与诉讼或仲裁规范、检察官职业道德的主要内容（公正）、法官职业道德的主要内容（维护司法形象）、公证员职业道德的主要内容

　　[命题和解题思路] 命题人采用一题多问的形式，编制四个小案例对法官、检察官、律师和公证员的行为是否合乎职业道德规范作出综合考查。试题考查范围广，涉及解题依据多，对考生记忆的精确度要求高，难度颇大。考生可使用排除法答题，了解法官任职回避以及公证员回避的具体情形可排除 A、D 两选项。

　　[选项分析] 选项 A 是重点干扰项。《法官法》第 24 条第 2 项规定，法官的配偶、父母、子女在该法官所任职人民法院辖区内以律师身份担任诉讼代理人、辩护人，或者为诉讼案件当事人提供其他有偿法律服务的，法官应当实行任职回避。李律师的伯父是甲市中院领导，叔侄关系不属于上述规定的情形。律所指派李律师到其伯父所在的中院代理诉讼，不违反规定，A 项不选。

　　《检察官职业道德基本准则》第 4 条规定，坚持公正理念，维护法制统一。据此，检察官应当依法履行检察职责，不受公众舆论的影响。检察

官未经批准，不得对正在办理的案件发表个人意见或者进行评论。高检察官的行为违法了检察官职业道德"公正"的要求，B 项为正确答案。

《刑诉解释》第 306 条规定，庭审期间，全体人员应当服从法庭指挥，遵守法庭纪律，尊重司法礼仪，不得对庭审活动进行录音、录像、拍照或者使用即时通讯工具等传播庭审活动。李律师在法庭上发微博，违反了上述规定。《法官行为规范》第 26 条第 4 项规定，在庭审中法官应当维护

庭审秩序，保障审判活动顺利进行。审判长怀法官可以对李律师采取暂扣存储介质或者相关设备等处罚措施，审判长怀法官未表明态度违反了上述规定，C 项为正确答案。

《公证法》第 23 条规定，公证员不得为本人及近亲属办理公证或者办理与本人及近亲属有利害关系的公证。张某为其大学同学办理了公司章程公证，同学关系不适用回避制度，D 项符合规定，不选。

第八章　检察官职业道德

试　题

1. 陈检察官办理未成年人卫某故意伤害案，主动向其阐明法律规定，积极劝说引导其认罪认罚，组织双方自愿达成和解。关于陈检察官的行为，体现了下列哪些检察官的职业道德基本要求？（2022 年回忆版）

A. 担当　　　　B. 忠诚
C. 为民　　　　D. 公正

2. 2016 年 10 月 20 日，《检察人员纪律处分条例》修订通过。关于规范检察人员的行为，下列哪些说法是正确的？（2017-1-84）

A. 领导干部违反有关规定组织、参加自发成立的老乡会、校友会、战友会等，属于违反组织纪律行为

B. 擅自处置案件线索，随意初查或者在初查中对被调查对象采取限制人身自由强制措施的，属于违反办案纪律行为

C. 在分配、购买住房中侵犯国家、集体利益的，属于违反廉洁纪律行为

D. 对群众合法诉求消极应付、推诿扯皮，损害检察机关形象的，属于违反群众纪律行为

3. 根据法官、检察官纪律处分有关规定，下列哪一说法是正确的？（2016-1-46）

A. 张法官参与迷信活动，在社会中造成了不良影响，可予提醒劝阻，其不应受到纪律处分

B. 李法官乘车时对正在实施的盗窃行为视而不见，小偷威胁失主仍不出面制止，其应受到纪律处分

C. 何检察官在讯问犯罪嫌疑人时，反复提醒犯罪嫌疑人注意其聘请的律师执业不足 2 年，其行为未违反有关规定

D. 刘检察官接访时，让来访人前往国土局信访室举报他人骗取宅基地使用权证的问题，其做法是恰当的

4. 关于检察官职业道德和纪律，下列哪一做法是正确的？（2014-1-47）

A. 甲检察官出于个人对某类案件研究的需要，私下要求邻县检察官为其提供正在办理的某案情况

B. 乙检察官与其承办案件的被害人系来往密切的邻居，因此提出回避申请

C. 丙检察官发现所办案件存在应当排除的证据而未排除，仍将其作为起诉意见的依据

D. 丁检察官为提高效率，在家里会见本人所承办案件的被告方律师

详　解

1. ［答案］CD　　　［难度］中
［考点］检察官职业道德的主要内容

［命题和解题思路］本题以小案例形式，对检察官职业道德规范的理解与运用予以考查。解题的关键在于准确把握检察官职业道德的具体内涵，再结合案情表述就能准确作答。

［选项分析］《检察官职业道德基本准则》第 3 条规定，坚持担当精神，强化法律监督。据此，"担当"突出检察官敢于对司法执法活动的监督、坚守防止冤假错案的底线。根据案情

表述，陈检察官的行为和法律监督完全无关。选项 A 错误。

《检察官职业道德基本准则》第 1 条规定，坚持忠诚品格，永葆政治本色。据此，"忠诚"突出忠于党、忠于法律、信仰法治。它是对检察官政治品行的要求，彰显我国检察官的政治本色。根据案情表述，陈检察官的行为和政治品行无关。选项 B 错误。

《检察官职业道德基本准则》第 2 条规定，坚持为民宗旨，保障人民权益。据此，"为民"突出让人民群众在每一个司法案件中都能感受到检察机关在维护公平正义。根据案情表述，陈检察官办理未成年人犯罪案件，除了坚持感化、挽救犯罪嫌疑人卫某，还通过和解对被害人权益予以保护，这体现了为民的要求。选项 C 正确。

《检察官职业道德基本准则》第 4 条规定，坚持公正理念，维护法制统一。据此，"公正"突出维护法制的统一、权威和尊严。要求检察官坚持打击犯罪与保障人权并重、公平与效率兼顾、程序正义和实体正义并重，正确处理好办案质量与办案数量、执行实体法与执行程序法的关系。根据案情表述，陈检察官办理未成年人犯罪案件，贯彻教育、感化、挽救的方针，坚持教育为主、惩罚为辅的原则，加强对未成年人的特殊保护，这体现了公正的要求。选项 D 正确。

2. [答案] ABCD   [难度] 中

[考点] 检察官执行职务中违纪行为的责任

[命题和解题思路] 2016 年最高检对《检察人员纪律处分条例》予以修订，命题人遵循"逢新必考"规律、以此为新素材命制本题。《检察人员纪律处分条例》涉及内容非常繁杂，对考生记忆量和记忆精确度要求较高。幸运的是命题人手下留情，命题角度简单，仅考查检察人员违纪行为的类型归属。选项内容根据常识即可作出准确判断，未设置干扰项，难度较低。考生解答本题，只需要将选项内容前后部分进行对比，即可得出正确答案。本题再次提醒考生，对于新修改的法律规范一定要高度重视。

[选项分析]《检察人员纪律处分条例》第 66 条规定，领导干部违反有关规定组织、参加自发成立的老乡会、校友会、战友会等，情节严重的，给予警告、记过、记大过或者降级处分。本条规

定的"拉帮结派"行为明显违反组织纪律要求，是对检察人员违反组织纪律行为的处分。A 项正确。

《检察人员纪律处分条例》第 78 条规定，擅自处置案件线索、随意初查或者在初查中对被调查对象采取限制人身自由强制性措施的，给予记过或者记大过处分；情节较重的，给予降级或者撤职处分；情节严重的，给予开除处分。本条规定行为只能在办案过程中发生，是对检察人员违反办案纪律行为的处分。B 项正确。

《检察人员纪律处分条例》第 113 条规定，在分配、购买住房中侵犯国家、集体利益，情节较轻的，给予警告、记过或者记大过处分；情节较重的，给予降级或者撤职处分；情节严重的，给予开除处分。本条规定行为显然违反清正廉洁要求，是对检察人员违反廉洁纪律行为的处分。C 项正确。

《检察人员纪律处分条例》第 127 条规定，对群众合法诉求消极应付、推诿扯皮，损害检察机关形象，情节较重的，给予警告、记过或者记大过处分；情节严重的，给予降级或者撤职处分。本条规定行为是对群众利益的损害，是对检察人员违反群众纪律行为的处分。D 项正确。

易混淆点解析

检察人员和法院工作人员的违纪行为类型极其相似，考生在复习时可以对比记忆。

检察人员违纪行为类型	法院工作人员违纪行为类型
违反政治纪律、组织纪律、办案纪律、廉洁纪律、群众纪律、工作纪律、生活纪律行为	违反政治纪律、组织人事纪律、办案纪律、廉政纪律、财经纪律、管理秩序和社会道德行为以及失职行为

---

3. [答案] D   [难度] 难

[考点] 法官执行职务中违纪行为的责任、检察官执行职务中违纪行为的责任

[命题和解题思路] 命题人采用"一拖四"形式，编制四个小案例对法官、检察官的行为是否违纪进行综合考查。题目考点较为冷僻，近十

年中仅考查三次。本题考查范围广，干扰项设计巧妙，难度颇高。法官、检察官纪律处分规定内容繁杂、条文多，花费较多时间专门对其复习性价比实在太低。此类题目可运用常识和部门法知识辅助作答，选项 A、C 可用常识进行判断，选项 D 可借助于刑法规定作出选择。如直接选择有困难，考生不妨运用排除法作答。

[选项分析]《人民法院工作人员处分条例》第 104 条规定，参与迷信活动，造成不良影响的，给予警告、记过或者记大过处分。据此，张法官的行为应受纪律处分。A 项错误。本选项根据常识也不难作出判断，作为公职人员的张法官参与迷信活动并造成不良的社会影响，如此恶劣的行为岂能不受纪律处分。

选项 B 是重点干扰项，考查法官职业道德是否要求见义勇为。考生如果熟悉《人民法院工作人员处分条例》的规定，固然可以准确作答，因为该条例并未规定法官没有见义勇为应受处分。本选项也可根据法律职业道德基本原理推断作答，见义勇为属于社会公德倡导的行为，与法律职业活动无关。李法官未能制止盗窃行为，没有做到见义勇为，有违社会公德，但并不违反法官职业道德，因此不应受到纪律处分。B 项错误。

《关于进一步规范司法人员与当事人、律师特殊关系人、中介组织接触交往行为的若干规定》第 5 条第 2 项规定，严禁司法人员为当事人推荐、介绍诉讼代理人、辩护人、或者为律师、中介组织介绍案件，要求、建议或者暗示当事人更换符合代理条件的律师。何检察官的提醒，意在暗示犯罪嫌疑人更换执业经验不足的律师。何检察官的行为明显违反了上述规定。C 项错误。

骗取宅基地使用权证不属于犯罪行为，根据《土地管理法》第 78 条的规定，该行为的处理机关是县级以上人民政府农业农村主管部门。《人民检察院信访工作规定》第 32 条第 2 款规定，不属于本院管辖的信访事项，应当转送有关主管机关处理，并告知信访人。刘检察官虽然没有将信访事项转送给国土局处理，而是让来访人直接前往国土局信访室举报，其做法也并无不妥。D 项正确。

难点解析

违纪行为的责任属于法官、检察官职业责任，是法官、检察官违反法律、职业道德和审判、执行纪律或者检察工作纪律所应当承担的责任。法律职业道德只能适用于法律职业人员从事法律职业活动过程中，因此，法官、检察官从事与法律职业活动无关的事项，不可能违反法律职业道德，也就不应当承担违纪行为责任。

---

4. [答案] B　　[难度] 中

[考点] 检察官职业道德的主要内容（公正）

[命题和解题思路] 命题人采用"一拖四"形式，编制四个小案例，对检察官行为是否符合职业道德和纪律规范作出考查。题目考点单一，根据诉讼法知识和常识亦可作出判断，难度较低。

[选项分析] 检察官应当严格遵守检察纪律，不私自探询其他检察官、其他人民检察院或者其他司法机关正在办理的案件情况和有关信息。甲检察官出于个人研究需要，私下要求邻县检察官为其提供正在办理的某案情况，这明显违反了"公正"中"遵守纪律"的规定。A 项错误。

检察官对法定回避事由以外可能引起公众对办案公正产生合理怀疑的，应当主动请求回避。乙检察官与其承办案件的被害人系来往密切的邻居，这虽不属于法定的回避事由，但为避免公众质疑其公正办案，主动提出回避申请。其行为符合检察官职业道德和纪律要求，B 项为正确答案。

检察官应当树立程序意识，坚持程序公正与实体公正并重，严格遵循法定程序，维护程序正义。丙检察官发现所办案件存在应当排除的证据而未排除，仍将其作为起诉意见的依据，这不符合程序正义的要求，也违反了"公正"中"遵循程序"的规定。C 项错误。

检察官应当严格遵守检察纪律，不违反规定会见案件当事人、诉讼代理人、辩护人及其他与案件有利害关系的人员。丁检察官在家里会见承办案件的被告方律师，属于违规会见，违反了"公正"中"遵守纪律"的规定。D 项错误。

第九章　律师职业道德

1. 刘某雇请甲公司为其装修新房，工程完工后，刘某认为装修材料不合格，存在环境污染问题，遂委托张律师对甲公司提起诉讼。张律师的下列哪些行为符合律师执业纪律规范？（2023年回忆版）

A. 告知刘某自己是本地代理环境污染案件最多的律师

B. 委托的鉴定机构不具备环境污染检测资质

C. 告知刘某支付律所为其垫付的鉴定费、公证费

D. 通知刘某法院未采纳甲公司违约的主张

2. 2023年，司法部召开律师工作座谈会，强调要切实加强律师行业党的建设，加快建设党和人民满意的高素质律师队伍，对广大律师提出了五点希望："一是做拥护中国共产党领导、拥护我国社会主义法治这一从业基本要求的践行者；二是做热爱国家，强国建设、民族复兴的奋斗者；三是做人民群众合法权益的维护者；四是做经济社会高质量发展的推动者；五是做行业清风正气的守护者。"下列哪些做法符合"五点希望"的要求？（2023年回忆版）

A. 甲律所开展律师培训，专题学习党的纪律规范

B. 乙律所整理律师违规典型案例供律师阅读学习

C. 冯律师经常参加法律援助等公益法律服务

D. 陈律师作为党员律师，带队开展公益普法知识讲座

3. 王律师在甲律所执业期间，以"乙法律服务中心"名义在某网络平台发布视频，配字"提供法律咨询、代写文书等服务"，用于个人宣传。关于王律师的行为，下列哪一评价是正确的？（2022年回忆版）

A. 在网络平台进行业务推广，违反律师执业规范

B. 属于干扰正常的诉讼和仲裁活动

C. 属于以不正当方式承揽业务

D. 以非律师身份宣传，并不违背律师执业规范

4. 甲公司因乙公司拖欠其工程款申请仲裁，委托正义律师事务所的王律师担任诉讼代理人。后因无法挽回全部工程款，甲公司将正义律师事务所诉至法院，认为王律师在仲裁期间存在执业过错导致其遭受损失。对此，王律师的下列哪一行为可支持甲公司的主张？（2021年回忆版）

A. 3年前曾担任外地某检察院的检察官

B. 将其代理仲裁期间与甲公司的相关合同提交法院

C. 代理仲裁期间违规会见仲裁员被处以停止执业1年的行政处罚

D. 仲裁中未提出甲公司对工程款优先受偿，未告知甲公司任何风险

5. 某律师事务所律师代理原告诉被告买卖合同纠纷案件，下列哪一做法是正确的？（2016-1-49）

A. 该律师接案时，得知委托人同时接触他所律师，私下了解他所报价后以较低收费接受委托

B. 在代书起诉状中，律师提出要求被告承担精神损害赔偿20万元的诉讼请求

C. 在代理合同中约定，如胜诉，在5万元律师代理费外，律师事务所可按照胜诉金额的一定比例另收办案费用

D. 因律师代理意见未被法庭采纳，原告要求律师承担部分诉讼请求损失，律师事务所予以拒绝

6. 王某和李某斗殴，李某与其子李二将王某打伤。李某在王某提起刑事自诉后聘请省会城市某律师事务所赵律师担任辩护人。关于本案，下列哪一做法符合相关规定？（2015-1-48）

A. 赵律师同时担任李某和李二的辩护人，该所钱律师担任本案王某代理人

B. 该所与李某商定辩护事务按诉讼结果收取律师费

C. 该所要求李某另外预交办案费

D. 该所指派实习律师代赵律师出庭辩护

7. 某律师事务所一审代理了原告张某的案件。一年后，该案再审。该所的下列哪一做法与律师

执业规范相冲突？（2014-1-48）

A. 在代理原告案件时，拒绝与该案被告李某建立委托代理关系

B. 在拒绝与被告李某建立委托代理关系时，承诺可在其他案件中为其代理

C. 得知该案再审后，主动与原告张某联系

D. 张某表示再审不委托该所，该所遂与被告李某建立委托代理关系

8. 下列哪一情形下律师不得与当事人建立或维持委托关系？（2013-1-48）

A. 律师与委托当事人系多年好友

B. 接受民事诉讼一方当事人委托，同一律师事务所其他律师系该案件对方当事人的近亲属，但委托人知悉且同意

C. 同一律师事务所不同律师同时担任同一民事案件争议双方当事人代理人

D. 委托关系停止后二年，律师就同一法律业务接受与原委托人有利害关系的对方当事人委托

详 解

1. ［答案］CD ［难度］中

［考点］律师业务推广行为规范、律师与委托人或当事人的关系规范

［命题和解题思路］律师与委托人或当事人的关系规范是考试考查的重点，本题以张律师的行为为主线，对律师业务推广行为规范以及律师与委托人或当事人的关系规范进行综合考查。题目考查范围广，涉及法律规范多，但根据排除法比较容易得分。了解律师不得做比较宣传可排除 A 选项；掌握律师应依法维护委托人的合法权益规则，可排除 B 选项。

［选项分析］《律师业务推广行为规则（试行）》第10条第4项规定，律师、律师事务所进行业务推广时，不得贬低其他律师事务所或者律师；与其他律师事务所、其他律师之间进行比较宣传。据此，张律师声称其是本地代理环境污染案件最多的律师，属于比较宣传，违反了律师业务推广规则。A 选项错误，不当选。

《律师执业行为规范（试行）》第36条规定，律师应当充分运用专业知识，依照法律和委托协议完成委托事项，维护委托人或者当事人的合法权益。据此，张律师委托的鉴定机构不具备环境污染检测资质，这明显不利于维护委托人的合法权益。B 选项错误，不当选。

鉴定费、公证费等费用应由当事人自行负担，若律所为其垫付，有权告知当事人支付。张律师告知刘某支付律所为其垫付的鉴定费、公证费，并不违反律师执业纪律规范。C 选项正确，当选。

《律师执业行为规范（试行）》第43条规定，律师在承办受托业务时，对已经出现的和可能出现的不可克服的困难、风险，应当及时通知委托人，并向律师事务所报告。据此，法院未采纳甲公司违约的主张，这意味着原告刘某有败诉的风险，张律师应当及时通知委托人刘某。D 选项正确，当选。

2. ［答案］ABCD ［难度］中

［考点］律师执业基本行为规范

［命题和解题思路］"五点希望"是司法部于2023年6月30日召开律师工作座谈会时提出的。本题以新闻事件作为命题素材，对"五点希望"内涵的理解与运用予以考查。解题的关键在于了解"五点希望"的具体内涵，再结合选项表述逐一作出判断。

［选项分析］律师要做拥护中国共产党领导、拥护我国社会主义法治这一从业基本要求的践行者。坚持用党的创新理论凝心铸魂，自觉坚持党对律师工作的领导，坚定走中国特色社会主义法治道路。据此，甲律所组织律师专题学习党的纪律规范，坚定正确政治方向。A 选项正确，当选。

律师要做行业清风正气的守护者。坚持正确价值导向，恪守职业道德和执业纪律，依法依规诚信执业。据此，乙律所整理律师违规典型案例供律师阅读学习，让律师避免违规执业，依法诚信规范执业。B 选项正确，当选。

律师要做人民群众合法权益的维护者。践行法治为民宗旨，通过依法执业办案、公益法律服务等解决人民群众急难愁盼问题，维护社会公平正义。据此，冯律师经常参加法律援助、陈律师带队开展公益普法知识讲座，都是通过公益法律服务解决群众问题，维护群众合法权益。C 选项和 D 均正确，当选。

3. ［答案］C ［难度］中

［考点］律师业务推广行为规范、律师参与诉讼或仲裁规范

[命题和解题思路] 本题取材于真实案例，对律师业务推广、律师参与诉讼或仲裁等执业行为规范予以考查。作为解题依据的《律师和律师事务所违法行为处罚办法》是2021年考试大纲新增法律法规。不了解该规定的话，可运用排除法答题。律师通过网络平台进行业务推广是顺应网络化时代之需，并不违规，据此排除A选项；王律师违规的原因是其执业律所与对外宣传的信息不一致，这与干扰正常诉讼和仲裁活动完全无关，选项B可排除；律师对外宣传信息一定要真实，不能以非律师身份宣传，据此排除选项D。

[选项分析]《律师和律师事务所违法行为处罚办法》第6条第3项规定，以对本人及所在律师事务所进行不真实、不适当宣传或者诋毁其他律师、律师事务所声誉等方式承揽业务的，属于《律师法》第47条第2项规定的律师"以不正当手段承揽业务的"违法行为。据此，王律师在甲律所执业，却以"乙法律服务中心"名义对外宣传，其宣传信息不真实，属于以不正当手段承揽业务。选项C为正确答案，其他选项均错误。

4. [答案] D　　[难度] 难

[考点] 律师和律师事务所执业中违法犯罪行为的法律责任

[命题和解题思路] 本题以案例题形式，对律师和律师事务所民事法律责任的适用情形予以考查。选项C涉及的《律师和律师事务所违法行为处罚办法》是2021年法考大纲新增法律法规。选项A涉及对《检察官法》规定的法定期限的考查；选项B根据常识可予以排除；选项C是主要干扰项，其属于违法执业行为，但与甲公司遭受损失之间无因果关系亦应予以排除。

[选项分析]《检察官法》第37条规定，检察官从人民检察院离任后2年内，不得以律师身份担任诉讼代理人或者辩护人。检察官从人民检察院离任后，不得担任原任职检察院办理案件的诉讼代理人或者辩护人，但是作为当事人的监护人或者近亲属代理诉讼或者进行辩护的除外。据此，王律师3年前曾担任外地某检察院的检察官，以律师身份代理本案并不违反法律规定。选项A错误。

王律师将其代理仲裁期间与甲公司的相关合同提交法院，并不属于违法行为，选项B错误。

《律师和律师事务所违法行为处罚办法》第46条规定，律师、律师事务所因违法执业受到行政处罚，其违法行为对当事人或者第三人造成损害的，应当依法承担相应的民事责任。据此，王律师代理仲裁期间违规会见仲裁员虽然属于违法执业行为，也受到了行政处罚，但其违法行为与当事人损失之间并无直接因果关系，并不需要承担民事赔偿责任。选项C错误。

《律师法》第54条规定，律师违法执业或者因过错给当事人造成损失的，由其所在的律师事务所承担赔偿责任。律师事务所赔偿后，可以向有故意或者重大过失行为的律师追偿。据此，因律师过错为当事人造成损失，应承担赔偿责任。承包人对建设工程款依法享有优先受偿权，但王律师在仲裁中并未予以主张，也未向甲公司告知潜在的风险。王律师放弃优先受偿权的行为，可能为甲公司的工程款清偿带来损失。选项D正确。

5. [答案] D　　[难度] 难

[考点] 律师与其他律师的关系规范、律师与委托人或当事人的关系规范

[命题和解题思路] 命题人以代理买卖合同纠纷为主线，采用"一拖四"命题形式，对三项律师制度进行综合考查。本题命题角度新颖，考查范围广，选项B附带对合同纠纷不得提出精神损害赔偿作出考查，难度较高。考生欲正确解题，除了解律师执业规范外，还应具备民法知识。任何方面有所欠缺，均难以准确作答。本题提醒考生，解答司法制度类试题，除了运用法律职业行为规范外，还要借助部门法知识辅助作出判断。此外，"律师收费制度"在2018年法考大纲中已经删除。

[选项分析]《律师执业行为规范（试行）》第83条规定，律师或律师事务所相互之间不得采用下列手段排挤竞争对手的公平竞争：（2）为争揽业务，不正当获取其他律师和律师事务所收费报价或者其他提供法律服务的条件。律师私下了解他所报价后以较低收费接受委托，这明显违反了上述规定。A项错误。

《律师执业行为规范（试行）》第36条规定，律师应当充分运用专业知识，依照法律和委托协议完成委托事项，维护委托人或者当事人的合法权益。本案是合同纠纷，依法不应提出精神损害赔偿请求，且该请求可能会让当事人承担额外的诉讼费用。律师的行为违反了法律规定，也没有

维护当事人的合法权益。B 项错误。

律师收取的费用分为律师服务费和办案费用。律师服务费是指律师事务所因本所执业律师为当事人提供法律服务，根据国家法律规定或双方的自愿协商，向当事人收取的一定数量的费用。办案费用是指律师在办案过程中发生的律师费以外的其他费用。包括司法、行政、公证等部门收取的费用等。律师事务所按照胜诉金额的一定比例收取费用，指的是风险代理，办案费用不适用风险代理。C 项错误。

律师和当事人之间是合同关系。《律师执业行为规范（试行）》第 44 条规定，律师根据委托人提供的事实和证据，依据法律规定进行分析，向委托人提出分析性意见。第 45 条规定，律师的辩护、代理意见未被采纳，不属于虚假承诺。据此，律师代理意见未被法庭采纳，原告无权要求律师承担诉讼请求损失。D 项为正确答案。

易混淆点解析

是否属于虚假承诺，判断标准不在于律师辩护、代理意见是否被采纳，而是看律师是否依据案件事实和法律规定，客观地向委托人提出分析意见。

6. ［答案］C ［难度］中

［考点］律师与委托人或当事人的关系规范、执业前提

［命题和解题思路］律师与委托人或当事人的关系规范向来是高频考点，命题人遵循"重者恒重"规律，采用案例题形式，附带对律师执业条件、律师收费类型和风险代理的适用范围三个知识点进行综合考查。题目虽然涉及考点多，考查范围广，但各个选项均有明确的解题依据，整体看本题难度不高。考生熟悉律师执业条件和收费制度，不难作出准确选择。

［选项分析］《最高人民法院关于适用〈中华人民共和国刑事诉讼法〉的解释》第 43 条第 2 款规定，一名辩护人不得为两名以上的同案被告人，或者未同案处理但犯罪事实存在关联的被告人辩护。据此，赵律师不能同时担任同案被告人李某和李二的辩护人。《律师执业行为规范（试行）》第 51 条规定，同一律师事务所的不同律师同时担任同一刑事案件的被害人的代理人和犯罪嫌疑人、

被告人的辩护人，但在该县区域内只有一家律师事务所且事先征得当事人同意的除外。省会城市绝对不可能只有一家律师事务所，因此，同一律所的赵律师与钱律师不能同时担任本案被告人的辩护人和自诉人的代理人。A 项错误。

《律师服务收费管理暂行办法》第 12 条规定，禁止刑事诉讼案件、行政诉讼案件、国家赔偿案件以及群体性诉讼案件实行风险代理收费。题干案例是刑事自诉案件，不适用风险代理收费，律所不得与李某协商辩护事务按照诉讼结果收取律师费。B 项错误。

律师收取的费用包括律师服务费和办案费用。办案费用是指律师在办理案件过程中发生的律师费以外的其他费用。具体包括：（1）司法、行政、仲裁、鉴定、公证等部门收取的费用；（2）合理的通讯费、复印费、翻译费、交通费、食宿费等；（3）经委托人同意的专家论证费；（4）委托人同意支付的其他费用。办案费用应当由委托人在律师服务费之外另行支付。律所要求李某另外预交办案费符合规定，C 项为正确答案。

《律师法》第 13 条规定，没有取得律师执业证书的人员，不得以律师名义从事法律服务业务；除法律另有规定外，不得从事诉讼代理或者辩护业务。实习律师并未获得律师执业证书，不得从事诉讼代理或者辩护业务，该所指派实习律师替代赵律师出庭辩护不符合规定。D 项错误。

易混淆点解析

并非所有的民事案件均可约定风险代理收费，但所有的刑事案件和行政案件均不适用风险代理收费。不适用风险代理的民事案件包括：（1）婚姻、继承案件；（2）请求给予社会保险待遇或者最低生活保障待遇案件；（3）请求给付赡养费、抚养费、扶养费、抚恤金、救济金、工伤赔偿案件；（4）请求支付劳动报酬案件。

7. ［答案］D ［难度］中

［考点］律师与委托人或当事人的关系规范

［命题和解题思路］命题人采用小案例形式，对利益冲突审查制度的适用进行考查。本题考点属于考试的重点内容，已连续两年命题。题目虽考点单一，但部分选项并无明确法律规定，需要考生根据利益冲突审查制度的目的作出判断，难

度较高。考生准确记忆《律师执业行为规范（试行）》第51条有关绝对利益冲突的规定，固然可以准确答题；如果未能牢记，只要把握禁止"双方代理"这一主线，也可作出判断。

[选项分析]《律师执业行为规范（试行）》第51条第1项规定，律师不得在同一案件中为双方当事人担任代理人。据此，律师代理原告张某的案件时，拒绝与该案被告李某建立委托代理关系，该做法符合规定。A项不选。

《律师执业行为规范（试行）》第51条第1项规定，律师不得双方代理。但就本案而言，律师为被告李某的其他案件代理不属于双方代理。律师拒绝与被告李某建立委托代理关系时，承诺可在其他案件中为其代理，这不违反利益冲突审查制度。B项不选。

一审案件的代理律师，可以在该案的后续程序中，为同一方当事人继续提供法律服务。该律所得知该案再审后，主动与一审代理的原告张某联系，并不违反利益冲突审查制度。C项不选。

《律师执业行为规范（试行）》第51条第7项规定，在委托关系终止后，同一律师事务所或同一律师不得在同一案件后续审理或者处理中又接受对方当事人委托。且委托关系终止已超过1年，即便李某同意，也不得与其建立委托关系。该所与被告李某建立委托代理关系，违反了利益冲突审查制度。D项为正确答案。

易混淆点解析

在委托关系终止后，同一律师事务所或同一律师不得在同一案件后续审理或者处理中接受对方当事人委托。但在委托关系终止后1年内，律师又就同一法律事务接受与原委托人有利害关系的对方当事人的委托，委托人同意其代理或者继续承办的除外。

8. [答案] C　　[难度] 中

[考点] 律师与委托人或当事人的关系规范

[命题和解题思路] 命题人采用表述题形式，对律师与委托人或当事人的关系规范作出考查。本题考点向来是考试重点，本题是"重者恒重"规律的产物。本题虽然考点单一，解题法律依据明确，但选项设计对法条记忆精确度要求较高，难度较大。考生欲正确解题，应当准确记忆《律师执业行为规范（试行）》第51、52条的规定。因两条内容具有一定的相似性，建议考生对比记忆。

[选项分析] 委托人与律师之间的授权委托关系，属于合同关系。律师与委托人之间存在亲属、朋友等关系，均不构成回避的理由。A项错误。

《律师执业行为规范（试行）》第52条第1项规定，接受民事诉讼、仲裁案件一方当事人的委托，而同所的其他律师是该案件中对方当事人的近亲属的，律师应当告知委托人并主动提出回避，但委托人同意其代理或者继续承办的除外。本选项符合但书的规定，律师可以与委托人建立委托关系。B项错误。

《律师执业行为规范（试行）》第51条第5项规定，在民事诉讼、行政诉讼、仲裁案件中，同一律师事务所的不同律师同时担任争议双方当事人的代理人，或者本所或其工作人员为一方当事人，本所其他律师担任对方当事人的代理人的，律师及律师事务所不得与当事人建立或维持委托关系。据此，C项为正确答案。

《律师执业行为规范（试行）》第52条第5项规定，在委托关系终止后1年内，律师又就同一法律事务接受与原委托人有利害关系的对方当事人的委托的律师应当告知委托人并主动提出回避，但委托人同意其代理或者继续承办的除外。委托关系停止后两年已经超过了规定的1年期限，律师可以与委托人建立委托关系。D项错误。

第十章　公证员职业道德

试　题

📶 **1.** 甲省乙县某公证处的公证员田某在办理房屋委托公证时，未严格执行自然人身份审查规定，对冒用他人身份信息提出的申请出具公证书，导致当事人刘某的房产在不知情的情况下被买卖。关于本案的处理，下列哪一说法是正确的？（2020年回忆版）

A. 可由甲省司法行政部门吊销田某的执业证书

B. 可由乙县司法行政部门对公证处予以罚款处罚

C. 刘某可向公证处和田某主张民事赔偿责任

D. 刘某可向公证处所在的法院起诉撤销公证书

2. 法律职业人员在业内、业外均应严守职业道德和纪律规定。下列哪些行为违反了相关职业道德和纪律规定？（2019 年回忆版）

A. 审判员赵某审理某股权纠纷案，其妻是原告公司的隐名股东

B. 钱某从检察院辞职后担任律师，在名片上写明其在检察院的任职经历

C. 公证员孙某为其配偶的同学办理了婚姻状况公证

D. 仲裁员李某未主动披露其与仲裁申请人张某之间是经常聚会的朋友关系

3. 法律职业人员应自觉遵守回避制度，确保司法公正。关于法官、检察官、律师和公证员等四类法律职业人员的回避规定，下列哪些判断是正确的？（2015-1-85）

A. 与当事人（委托人）有近亲属关系，是法律职业人员共同的回避事由

B. 法律职业人员的回避，在其《职业道德基本准则》中均有明文规定

C. 法官和检察官均有任职回避的规定，公证员则无此要求

D. 不同于其他法律职业，律师回避要受到委托人意思的影响

4. 关于法律职业人员职业道德，下列哪一说法是不正确的？（2014-1-49）

A. 法官职业道德更强调法官独立性、中立地位

B. 检察官职业道德是检察官职业义务、职业责任及职业行为上道德准则的体现

C. 律师职业道德只规范律师的执业行为，不规范律师事务所的行为

D. 公证员职业道德应得到重视，原因在于公证证明活动最大的特点是公信力

详 解

1. ［答案］A ［难度］中

［考点］公证程序与公证效力（公证的救济）、公证机构和公证员执业中违法犯罪行为的法

律责任

［命题和解题思路］公证制度几乎每年必考一题，相较于以往命题，本题考查角度较偏。公证制度以往考题基本聚焦于公证员条件和任免、公证代理等内容，而本题则对公证救济方式和公证法律责任予以考查。各选项虽有《公证法》的明文规定，但考查点很细，需要对不同行政处罚措施的主体、赔偿责任主体以及撤销公证书的主体等准确把握才可正确解题。

［选项分析］《公证法》第 42 条第 1 款第 2 项规定，公证机构及其公证员为不真实、不合法的事项出具公证书的，由省、自治区、直辖市或者设区的市人民政府司法行政部门对公证机构给予警告，并处 2 万元以上 10 万元以下罚款，并可以给予 1 个月以上 3 个月以下停业整顿的处罚；对公证员给予警告，并处 2000 元以上 1 万元以下罚款，并可以给予 3 个月以上 12 个月以下停止执业的处罚；有违法所得的，没收违法所得；情节严重的，由省、自治区、直辖市人民政府司法行政部门吊销公证员执业证书；构成犯罪的，依法追究刑事责任。据此，可由甲省司法行政部门吊销田某的执业证书，选项 A 为正确答案；乙县司法行政机关无权对公证处作出罚款的处罚，选项 B 错误。

《公证法》第 43 条规定，公证机构及其公证员因过错给当事人、公证事项的利害关系人造成损失的，由公证机构承担相应的赔偿责任；公证机构赔偿后，可以向有故意或者重大过失的公证员追偿。据此，刘某可向公证处主张民事赔偿责任，但不能向田某主张赔偿，公证处赔偿后可向刘某追偿。选项 C 错误。

《公证法》第 39 条规定，当事人、公证事项的利害关系人认为公证书有错误的，可以向出具该公证书的公证机构提出复查。公证书的内容违法或者与事实不符的，公证机构应当撤销该公证书并予以公告，该公证书自始无效；公证书有其他错误的，公证机构应当予以更正。据此，刘某欲撤销公证书，应当向公证处提出申请，由公证处复查后作出处理，而法院无权撤销公证书。选项 D 错误。

2. ［答案］ABD ［难度］中

［考点］法官职业道德的主要内容、律师业务

推广行为规范、公证员职业道德的主要内容、仲裁员职业道德的主要内容

[命题和解题思路]　法律职业道德经常采用不同法律职业"串烧"式命题形式。本题采用"一拖四"案例题形式，对法官、律师、公证员和仲裁员职业行为是否符合职业道德规范予以糅合命题。选项B的解题依据是2018年发布的《律师业务推广行为规则（试行）》，符合"逢新必考"规律。考生解答判断是否符合职业道德类考题无需死记硬背，无论选项情节设计如何新奇，只要能够把握不同法律职业道德的基本要求，甚至依据朴素的正义观，秉承公允善良之心，即可作出准确判断。

[选项分析]　《法官职业道德基本准则》第13条规定，自觉遵守司法回避制度，审理案件保持中立公正的立场，平等对待当事人和其他诉讼参与人，不偏袒或歧视任何一方当事人，不私自单独会见当事人及其代理人、辩护人。据此，赵某之妻是原告公司的隐名股东，赵某审理该案时应主动回避。选项A不符合规定，当选。

律师印制和使用名片是律师业务推广的方式之一。《律师业务推广行为规则（试行）》第10条第3项规定，律师、律师事务所进行业务推广时，不得明示或者暗示与司法机关、政府机关、社会团体、中介机构及其工作人员有特殊关系。据此，钱某将其在检察院的任职经历印在名片上，暗示其与该检察院存在特殊关系，也属于变相不正当竞争行为。选项B不符合规定，当选。

《公证员职业道德基本准则》第4条规定，公证员应当自觉遵守法定回避制度，不得为本人及近亲属办理公证或者办理与本人及近亲属有利害关系的公证。据此，孙某为其配偶的同学办理公证并不违反回避的职业道德要求。选项C不当选。

仲裁员职业道德要求仲裁员应主动披露。仲裁员主动披露其与当事人或代理人之间的某种关系，以便于当事人和仲裁机构考虑此种关系是否影响该仲裁员的独立性和公正性。李某的行为违反了仲裁员主动披露要求。选项D当选。

3.　[答案]　CD　　[难度]　难

[考点]　法官职业道德的主要内容（保证司法公正）、检察官职业道德（公正）、律师与委托人或当事人的关系规范、公证员职业道德的主要内容

[命题和解题思路]　《律师职业道德基本准则》是2015年考纲增加的法律法规，命题人以此为新素材，结合其他职业道德基本准则，以"回避"为切入点，对四类法律职业人员回避制度的具体适用进行串联考查。题目构思巧妙，涉及考点多，考查范围广，对知识的广度和精确度均要求较高，难度颇大。考生解答本题可采用排除法，了解律师回避的适用情形也可排除A选项，熟悉《律师职业道德基本准则》的内容很容易排除B选项。

[选项分析]　根据《民事诉讼法》第47条、《刑事诉讼法》第29条、《公证程序规则》第23条的明确规定，法官、检察官、公证员与案件当事人存在近亲属关系时，应当回避。律师回避制度强调律师不得代理与本人或者近亲属有利益冲突的法律事务，而律师与委托人之间存在近亲属关系不适用回避。A项错误。

《法官职业道德基本准则（试行）》第3条明确规定了法官的回避要求，而《公证员职业道德基本准则》《律师职业道德基本准则》则无公证员和律师回避的规定。《检察官职业道德基本准则（试行）》第16条对检察官回避也有规定，但2016年新颁布的《检察官职业道德基本准则》对此已无明文规定。B项错误。

除了诉讼法规定的诉讼回避外，《法官法》第24条和《检察官法》第25条都明确规定了法官、检察官任职回避制度。而公证员不是国家公务员，不适用任职回避制度，《公证法》也没有任职回避的规定。C项正确。

《律师执业行为规范（试行）》第52条明确规定了律师回避的情形，律师应当告知委托人并主动提出回避。但如果委托人同意其代理或者继续承办案件，律师则不受回避规定的限制。因此，律师回避要受到委托人意思的影响。而法官、检察官和公证员的回避与委托人意思无关，遇有法律规定的回避情形时就应当主动回避，或者被申请回避。D项正确。

> **难点解析**
> 任职回避不同于诉讼回避。任职回避适用于法院、检察院、党政机关等单位的公务员，强调不允许具有特定范围内的亲属关系的人同时担任

特定的职务；而诉讼回避必须就具体个案而言，其适用对象不限于法官、检察官等公务员。

4. ［答案］C ［难度］中

［考点］法官职业道德的概念和特征、检察官职业道德的概念和特征、律师职业道德的概念和特征、公证员职业道德的概念

［命题和解题思路］命题人采用"一拖四"形式，对四类法律职业人员的职业道德认知进行串联考查。题目设计巧妙，考查方式灵活，并未拘泥于对个别道德规范的考查，而是从宏观层面对不同法律职业的职业道德特点和适用对象进行综合考查。本题提醒考生，复习时应注重对比归纳。既应掌握具体道德规范，又要在宏观上领会不同规定的精神实质，这样才能做到"点面结合"，不留死角。

［选项分析］法官在诉讼中应当恪守中立地位、不偏不倚，依照自己的独立意志作出裁判。

因此，法官职业道德特别强调法官的独立性和中立地位。A 项不选。

检察官职业道德，是指检察官在履行检察职能的活动中，应当遵守的行为准则和规范。它是检察官的职业义务、职业责任以及职业行为上的道德准则的体现。B 项不选。

律师职业道德主要对律师的执业行为进行规范，同时也规范律师事务所的行为，如律师事务所业务推广、收费等内容。C 项为正确答案。

公证活动的最大特点是公信力，公证公信力也是公证行业的立业之本。正因为其具有公信力，才更强调公证员的职业道德。D 项不选。

> **易混淆点解析**
>
> 法官职业道德的适用对象是法官和法院内的相关工作人员；律师职业道德的适用对象是执业律师和律师事务所；公证员职业道德的适用对象是执业公证员、办理公证的辅助人员和其他工作人员。

桑磊法考

2024客观题网络辅导